Die Urgroßmutter

Die Urgroßmutter

BAND 1: MÄDCHENTRÄUME

Ein historischer Roman aus der Wiege der Eidgenossenschaft

EVA-MARIA MÜLLER

Impressum

Originalausgabe 2022

ISBN 978-9-4036632-3-4

Umschlag:

Foto von Flüelen: © Staatsarchiv Uri. Das Bild wurde freundlicherweise zur Verfügung gestellt.

Trachtenfrau: Münchener Bilderbogen Nr. 22, Verlag: Braun & Schneider in München, ohne Jahr, um 1880

Satz: Saqib Arshad

Verlagsportal: Bookmundo

Gedruckt in Deutschland

Für alle namenlosen Urgroßmütter

Kein Denkmal wurde für sie errichtet,
weil sie
keine bahnbrechende Erfindung machten
keine Weltkonzerne gründeten
keine Kunstwerke schufen
keine Pionierinnen waren.
Sie kamen nirgends zuerst,
sondern immer zuletzt.
Ihr Name fehlt in den Stammbäumen,
weil sie nur Frauen waren.
Sie schenkten Kindern das Leben,
unseren Vorfahren,
sie litten, schufteten und vergaßen ihre Träume.
Ihr Erbe tragen wir in uns
bis ins siebte Glied.
Den namenlosen Urgroßmüttern widme ich diese Geschichte,
weil sie ihr Leben meisterten
allein und vergessen,
weil es uns ohne sie nicht gäbe.

Übersichtskarte

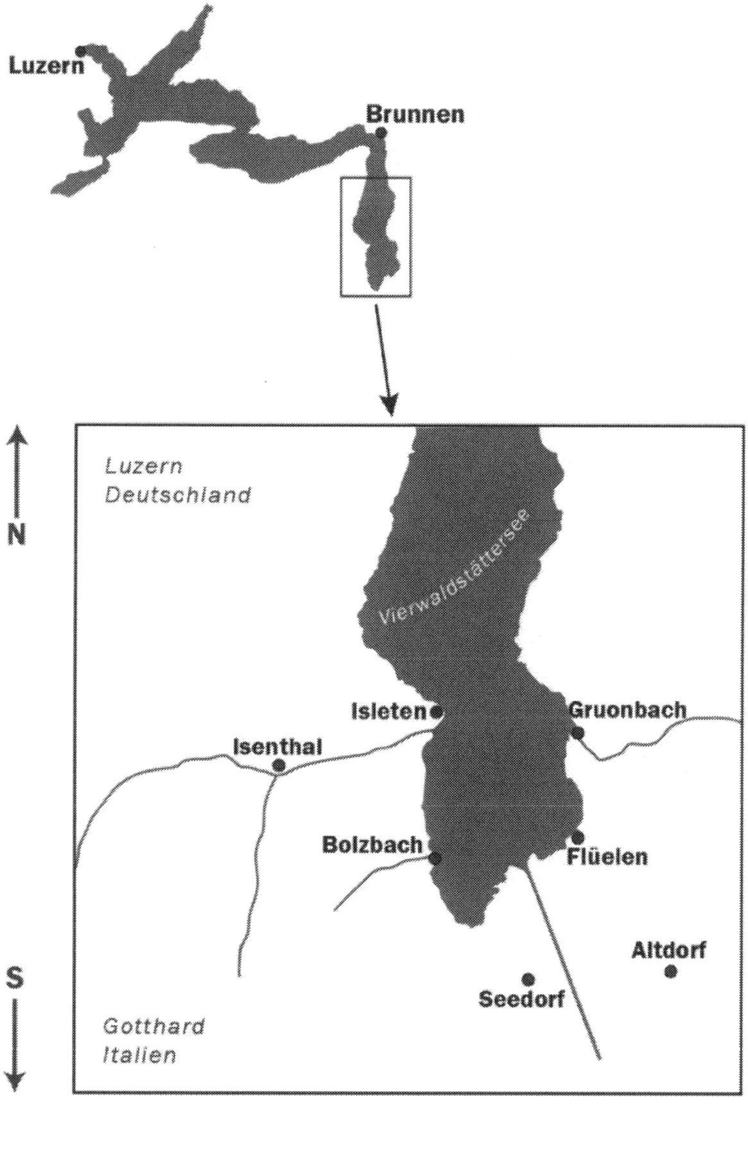

Mit * gezeichnete Wörter sind im Anhang erklärt.

Prolog

Am 5. Januar 1853 erblickte in einem einfachen Blockhaus in einem kleinen Dorf am Urnersee ein Mädchen das Licht der Welt. Es war das zweite Kind nach einem Sohn, dem Stammhalter Niklaus, benannt nach seinem Vater. Das zweite Kind hätte ebenfalls ein Junge werden und nach dem Großvater Josef heißen sollen. Nun lag da zur Enttäuschung des Vaters ein Mädchen. Was blieb anderes übrig, als es Josefa zu nennen?

Diesen Namen schrieb der Pfarrer wenig später ins Taufbuch. Jedoch hielt ihn niemand im Stammbaum der Familie fest. Nur die männlichen Nachkommen fanden Aufnahme in die Ahnentafel. Mädchen waren nicht wichtig, weil sie den Familiennamen nicht vererbten. Mädchen wurden geheiratet und gehörten dann zu einer anderen Familie. Ein Mädchen zählte viel weniger als ein Junge.

Die Umstände in jener Familie zu jener Zeit ließen im Kind einen Widerspruchsgeist wachsen, weil es sich schon sehr früh ungerecht behandelt fühlte. Was konnte es dafür, als Mädchen geboren zu sein?

Josefa wollte nicht heiraten und sich einem Mann unterordnen, wie es für ein Mädchen vorgesehen war. Sie wollte eigenständig sein, wollte beweisen, dass sie genauso gut wie die Brüder war. Sie lernte mit Eifer und entwickelte einen starken Überlebenswillen. Allen Hürden zum

Trotz, eignete sie sich die nötigen Kenntnisse an, um unabhängig zu werden.

Josefa wurde in eine Zeit geboren, in der die Schweizerische Eidgenossenschaft eben erst entstanden war. Es war eine Zeit des Umbruchs. Ganz Europa wurde neu geordnet. Herzogtümer und Königreiche verwandelten sich in moderne Staaten. Sie bauten Verkehrswege von der Nordsee bis nach Afrika. Städte wuchsen, zahllose Fabriken entstanden, Universitäten, Banken und Krankenhäuser gab es bald in jedem Land. Eine Erfindung jagte die nächste. Nichts blieb so, wie es zuvor war.

Fortschrittsgläubige Männer regierten das junge Land. Sie planten neue Verkehrswege quer durch die Schweiz, kühne, kunstvolle Alpenstraßen sowie ein visionäres Eisenbahnprojekt durch wildes, unberechenbares Gelände mit enormen Höhenunterschieden und dem längsten Eisenbahntunnel der Welt. Beseelt vom Glauben an eine erfolgreiche Zukunft, kümmerten sie sich nicht um die Opfer, die ihre Vorhaben fordern würden. Die Menschen am Fuß des Gotthards hatten ihre Pläne mitzutragen, ob sie wollten oder nicht.

Die Männer im fernen Bern entschieden über das Schicksal der Leute im kleinen Dorf auf dem Weg zum Gotthard. Sie ließen Häuser niederreißen, dem See Land abtrotzen und elegante Promenaden bauen. Sie ließen Felsen durchbohren, Brücken über Schluchten schlagen und Wunden in Bergflanken reißen. Sie zerstörten damit jahrhundertealte Erwerbszweige und schufen neuartige Arbeitsplätze.

Niemand konnte damals erahnen, wie sehr diese Projekte Josefas Familie betreffen würden. Das schlafende Mädchen wusste nicht, was kommen würde. Es wusste nichts von den Kämpfen mit seinem Bruder, es ahnte nicht, dass es für Mädchen keine Ausbildung gab und dass Mächte ihr Schicksal lenken würden, die nicht zu beeinflussen waren. Das Mädchen schlief selig in jener Januarnacht und träumte von einem schönen Leben.

5 Jahre alt

Juni 1858

Josi gähnte und rieb sich die Augen. Mit der rechten Hand tastete sie nach einem ihrer langen, dicken Zöpfe und wickelte ihn um den Zeigefinger. Sie liebte das Gefühl des Haarbündels in ihrer Hand. Wie ein Seil schien es ihr Halt und Sicherheit zu geben. Vorsichtig setzte sich die Fünfjährige auf. Sie wollte einen Blick aus dem weit geöffneten Fenster erhaschen, ohne ihre Geschwister aufzuwecken. Die Sonne ließ erst die obersten Spitzen des Gitschen und der Bauenstöcke aufleuchten, den imposantesten Gipfeln der gegenüberliegenden Bergkette. Sie schienen umso mächtiger, als der Urnersee zu deren Füssen noch im Dämmerlicht des anbrechenden Tages lag.

Die Traurigkeit, die Josi unvermittelt überfiel, war wie ein plötzlicher Regenschauer, der den Tag trübte. Obwohl sie mit vier Geschwistern das Bett teilte, breitete sich eine plötzliche Kälte aus. Die drei Brüder, die sich ihr gegenüber aneinander kuschelten, waren seltsam fern, als ob sie Nebel verschluckt hätte. Und Maria, die erst seit Elisas Geburt vor drei Monaten neben Josi ebenfalls im großen Bett schlief, vermochte keine Geborgenheit zu vermitteln. Sie war mit ihren zwei Jahren noch so klein, dass sie kaum spürbar war.

Mit der Ankunft der jüngsten Schwester wurde es eng, nicht nur im Bett, sondern auch in Mutters Herzen. Mit jedem Neuankömmling schien Josi ein Stück weiter an den Rand gedrängt zu werden, weiter weg von ihrer Wärme und Fürsorge. Jeder Schrei des Säuglings verlangte nach deren vollen Aufmerksamkeit, drängte sie zur Eile, ließ alles andere unwichtig erscheinen. Unwichtig, so fühlte sich Josi seither. Das Neugeborene benötigte die Mutter dringender als sie. Die vielen Kinder verursachten mehr und mehr Arbeit und Sorgen, sogen die mütterliche Liebe restlos auf, sodass für Josi nichts mehr blieb. Als zweitgeborene zählte Josi bereits zu den Großen. Sie musste verstehen, sie musste vernünftig sein. Und sie musste sich mehr und mehr um die Kleinen kümmern. Half sie der Mutter, war sie ihr nahe und war für sie wichtig.

Leise schlüpfte sie aus dem Bett und trat ans Fenster. Der Sommer kündigte sich an. Die würzige Luft einatmend, in der bereits der süße Duft der Linden herüberwehte, schaute sie von der Schlafkammer im oberen Stock in die Ferne zur stolzen Pyramide des Bristen, die den Weg zum Gotthard markierte. Von dort wandte sie ihren Blick zum Garten mit den rankenden Bohnen, weiter zum Hühnerhof bis zur Ziegenweide, die bis weit zum Waldrand hinaufreichte und noch ein Stück weiter bis zum weitläufigen Obstgarten. Es war so schön hier, dass sie die düsteren Schatten in ihrem Kopf zu vertreiben versuchte. Sie lauschte eine kurze Weile dem Lied der Amsel auf dem höchsten Punkt des Nussbaumes, in dessen Schutz sich das Heimwesen der Familie Gisler befand. Das Plätschern des Brunnens vor dem Haus wurde vom gleichmäßigen Rauschen des Gruonbachs untermalt, der sich unweit des Hauses in den Urnersee ergoss. Noch war alles still, die Hühner und die Ziegen im Stall. Nur die ersten Insekten schwirrten im Sonnenlicht.

Josi liebte den frühen Morgen. Ein paar Augenblicke nur für sich bedeuteten ihr ganzes Glück. Sie träumte davon, mit der Amsel in den Himmel fliegen zu können, weit weg, sich unbeschwert und leicht zu fühlen. Wie es wohl war, die Welt von oben zu betrachten? Sie träumte davon frei zu sein, die Dinge zu tun, die sie erfreuten. Sie träumte davon geliebt zu werden, oder wenigstens bemerkt untern den vielen Kindern.

Die Schatten am gegenüberliegenden Ufer zogen sich langsam zurück, um der Sonne Platz zu machen. Mit einem Mal spürte Josi eine ungewohnte Angst in sich aufsteigen. Etwas lag drohend in der Luft. Irgendetwas stimmte nicht, ohne dass sie wusste, woher dieses dumpfe Gefühl stammte. Hatte sie etwas Schlechtes geträumt? Durch die Ritzen des Fußbodens drangen die vertrauten morgendlichen Geräusche. Alles schien wie immer. Nichts deutete auf ein Unglück hin. Josi hörte ihre Mutter in der Küche das Frühstück zubereiten. Sie machte Feuer, hantierte mit Töpfen und bald lockte der Duft von Haferbrei und Kaffee.

Innerlich aufgewühlt, zog das Mädchen ihr Sommerkleid über, griff nach einem Wolltuch, um die Frische des jungen Tages abzuhalten. Josi hörte ihre Mutter durch die Stube in die Schlafkammer der Eltern gehen, um das neugeborene Schwesterlein zu holen. Auf Zehenspitzen, schlich das Mädchen zur Zimmertür, als ein gellender Schrei die morgendliche Idylle durchschnitt. Es war ein Schrei, so spitz und durchdringend, wie sie noch keinen gehört hatte. Ein Schrei, der durch Mark und Bein ging – und er stammte von ihrer Mutter. Josi erschrak fürchterlich, ihr Atem setzte für einen Augenblick aus, ihr Herz klopfte bis zum Hals, Schweiß trat aus allen Poren.

Nun waren auch ihre Geschwister aufgewacht. Ihre Brüder drängten zur Tür, stießen sie grob zur Seite. Im Bett begann Maria zu weinen. Josi war hin- und hergerissen. Am liebsten wäre sie auch losgelaufen, um zu erfahren, was der Mutter zugestoßen war. Doch Maria konnte die

Treppe noch nicht sicher alleine hinuntergehen. Gewohnt, auf ihre jüngeren Geschwister aufzupassen, ging Josi zurück, hob Maria aus dem Bett und stellte sie auf die kleinen Füßchen. An der Hand führte sie das immer noch weinende Kind Stufe um Stufe hinunter. Wie lähmend langsam die Kleine war! Was hätte Josi dafür gegeben, selbst loszurennen. Die Buben brauchten sich nicht um die Schwester zu kümmern. Weitere Schreie ertönten von unten. Ungeduldig zog Josi an Marias Hand: „Jetzt mach schon!" Ein herzerweichendes Schluchzen der Mutter und ein lautes „Nein!" vermischte sich mit den aufgeregten Stimmen der Brüder.

Die beiden Mädchen traten als letzte in die Küche, wo die Mutter auf einem Stuhl am Tisch saß, schluchzend und in sich zusammengesunken. Wirre Haare hingen um das verweinte Gesicht. Was war bloß los? Josi wagte kaum zu atmen. So aufgewühlt hatte sie die Mutter noch nie gesehen, so verzweifelt und wie von Sinnen. Sie drückte das Händchen der Schwester fester, die jetzt lauter weinte. Die Mutter presste ihr jüngstes Mädchen an die Brust. Immer wieder schrie die Mutter dessen Namen: „Elisa, nein! Jesses Maria und Sankt Josef, Elisa! Heilige Mutter Gottes, nein, Elisa!" Sie heulte und weinte und jammerte wieder und wieder „Elisa!"

Nun trat der Vater von draußen in den Raum. Im angebauten Ziegenstall hatte er den Lärm gehört. Er ließ seinen Blick über die befremdliche Szene schweifen, während er den Kessel mit der frischen Ziegenmilch auf den Küchentisch stellte.

„Was ist denn hier los?" Er blickte auf seine Frau, auf den Säugling in ihren Armen, die Schar Kinder, die mit weitaufgerissenen Augen in einiger Entfernung auf ihre Mutter starrten, und fragte: „Was ist? Ist etwas mit Elisa?"

Die Mutter drückte das Kind fester an sich und wurde von einer neuen Welle Tränen erfasst: „Elisa", stieß sie nur kläglich hervor. Allmählich begriff der Vater, was geschehen sein musste. Er fasste an das reglose, kalte Köpfchen seiner Jüngsten, hielt seine Hand unter das Näschen, um sich zu vergewissern, dass sie nicht mehr atmete. Erschrocken zog er seine Hand zurück. Was hatte dies zu bedeuten? Unschlüssig druckste er ein wenig herum und meinte schließlich: „Wie konnte das passieren? Was hast du getan?"

Die Mutter schaute ihn erschrocken an. Diese Frage war ein Stich in ihr Herz. War es nicht genug, dass ihr Kind tot war? Trug sie tatsächlich Schuld? Hatte sie zu wenig aufgepasst? Sie beugte sich beschützend über ihr Kind, ohne zu antworten, noch immer völlig aufgelöst.

„Was ist passiert? Warum ist das Kind tot?", doppelte der Vater nach. Er klang unsicher, auch wenn er versuchte, bestimmt zu wirken.

Seine Frau seufzte. Sie wollte ein wenig Festigkeit in ihre Stimme bringen. Doch es gelang ihr nicht. Schließlich stieß sie unter Schluchzern hervor: „Ich weiß es nicht. In der Nacht war sie unruhig. Sie war ziemlich blass und schwitzte. Das ist nichts Ungewöhnliches. Ich stillte sie und sie entspannte sich. Eben schlief sie noch friedlich in ihrem Bettchen. Ich zog mich an, bereitete das Frühstück. Wie jeden Morgen. Als ich sie zum Stillen holen wollte, war sie nicht mehr." Die Mutter zitterte am ganzen Leib. „*Es** hat sie geholt. Einfach so. Ich habe nichts getan. Jesses Maria, was wird denn jetzt? Gott sei uns gnädig. Vergib uns unsere Sünden. Heilige Maria, Mutter Gottes, bitt für uns", schluchzte sie mit ersterbender Stimme.

Die Mutter hatte am Morgen geglaubt, der kleine Engel schlafe friedlich, als sie aus dem Zimmer ging. Sie hatte nicht bemerkt, dass Lisa tot und der Körper bereits erkaltet war. Darum saß der Schock so tief, als sie den Leichnam in ihre Arme schloss.

Der Vater war genauso ratlos wie der Rest der Familie. Dieser Tod kam völlig unerwartet. Wie konnte ein Kind einfach so sterben? Elisa war nicht krank gewesen. Im Gegenteil, ein ruhiges Kind, das bereits ein wenig Speck angesetzt hatte. Die Geburt war problemlos verlaufen. Alle hatten sich über das wonnige Bébé* gefreut, auch wenn es wieder nur ein Mädchen war. Und nun dies. Er spürte Unmut aufsteigen. Das Jammern seiner Frau und Marias Weinen zerrten an seinen Nerven. Er hasste es, wenn die Dinge nicht nach Plan liefen. Er hasste Gefühlsausbrüche. Er hasste es, nicht Herr der Lage zu sein. Heute hatte er eine wichtige Besprechung mit einem Kunden. Er hatte keine Zeit für ein totes Kind.

„So haben wir halt ein Wohlgängerli* im Himmel. Elisa wird sicher ein guter Schutzengel für uns alle sein", brummte er verlegen. Niedergeschlagen strich er seiner verzagten Frau über den Kopf, wusste nicht, was er sonst tun oder sagen sollte. Eine Weile lang stand er unruhig von einem Bein aufs andere. Als sich seine Frau nicht beruhigte, zeichnete er schließlich ein Kreuz auf Elisas Stirne.

„Heilige Maria, Mutter Gottes, bitt für uns, jetzt und in der Stunde unseres Todes", murmelte er.

„Amen", antworteten die Kinder mechanisch. Die Mutter schluchzte erneut auf.

„Und jetzt hör auf zu jammern. Beruhige dich. Weinen und Klagen machen sie auch nicht mehr lebendig", murrte der Vater ungeduldig. Doch die Mutter saß in Tränen aufgelöst da und klammerte sich an den Säugling.

Schließlich räusperte er sich und meinte: „Wir wissen nicht, warum der Herrgott sie so schnell wiederhaben wollte. Legen wir unser Schicksal in seine Hände." Zu seiner Frau gewandt fügte er an: „Es kommt sicher bald ein Neues. Elisa war noch klein. Sie hat kaum gelebt. Was heulst du denn so? Immer mal wieder stirbt so ein Würmchen, das weißt du doch." Ein wenig ungehaltener fügte er noch hinzu: „Es bleiben dir ja noch fünf andere Kinder. Reiß' dich gefälligst zusammen. Die brauchen dich." Das Schluchzen der Mutter übertönte seine Worte.

„Du weißt doch, dass ich heute den Lusser treffe, um mit ihm einen neuen Vertrag auszuhandeln. Das ist mein wichtigster Kunde. Da kann ich nicht zu spät kommen. Ihr Weiber könnt nur heulen und jammern. Schluss jetzt."

Hatte die Mutter richtig gehört? Bedeuteten dem Vater seine Kinder denn gar nichts? Die Geschwister blieben reglos, wie angewurzelt stehen. Sie verstanden nicht, was vorgefallen war, und wussten nicht, was sie tun sollten. *Es* war über die Familie hereingebrochen, hatte einfach so die gewohnte Ordnung zerstört. Von diesem Augenblick an, war nichts mehr so, wie es zuvor gewesen war.

Maria zappelte und wimmerte, sodass Josi ihre Schwester endlich losließ. Schnurstracks watschelte die Kleine zur Mutter, wollte auf ihren Schoss klettern, doch diese bemerkte gar nicht, dass ein weiterer Spross an ihrem Rock zerrte. Immer noch beugte sie sich über ihr Jüngstes und weinte verzweifelt. Maria setzte sich auf den Boden und stimmte mit Gebrüll in deren Klagelied ein. Niemand beachtete sie.

Schließlich schob der Vater die Kinder zur Seite, schritt durch die Stube in die Schlafkammer der Eltern. Er legte die Stallkleider ab und zog seinen besten Anzug an. Sorgsam flocht er die Kette der Taschenuhr durch ein Knopfloch seiner Weste, vergewisserte sich, dass er die Pfeife und etwas Tabak eingesteckt hatte und fuhr sich mit einem Blick in den Spiegel über der Kommode durch die Haare und über den Schnurrbart. Er hob die Schublade unter dem Bett, die während der Nacht als Kinderbettchen diente, auf die Kommode, entfernte das Bettzeug und kehrte in die Küche zurück.

„Gib mir das Kind. Wir müssen es aufbahren. Wenn ich den Lusser treffe, gehe ich gleich zum Pfarrer. Er soll herkommen, Elisa segnen und mit dir die Beerdigung besprechen. Ein Glück war sie getauft. Ich sage dann auch dem Leichenhuhn* sowie deinen Eltern Bescheid."

Noch immer umklammerte die Mutter das Kleine mit festem Griff und wollte es nicht hergeben. Sie wollte nicht wahrhaben, dass es gestorben war, dass keine Liebe der ganzen Welt es je zurückbringen würde. Sie wollte es liebkosen, ihm die Brust geben, damit neuer Lebenssaft es endlich aufweckte. Elisa schlief doch sicherlich nur. Das hier war nur ein Alptraum. Es konnte nicht wahr sein. Vermochte ihre Mutterliebe ihr Kind nicht zu retten? War sie nicht stark genug?

Der Vater hatte keine Geduld. Ihm war das Geschehen unheimlich. Er musste dem ein Ende setzen, damit das Leben weitergehen konnte. Mit sanftem Druck löste er das Kind aus der mütterlichen Umarmung, trug es in die Kammer. Er legte es in das leere Kinderbettchen, öffnete das Fenster und zündete anschließend zwei Kerzen an. Er tauchte seine Fingerspitzen ins Weihwassergeschirr und zeichnete damit ein großes Kreuz über dem Körper des Kindleins.

Die Mutter setzte sich voller Kummer an den Stubentisch, hatte keinen Blick für die wartende Kinderschar in der Küche. Der Vater blickte unruhig auf seine Taschenuhr und schloss die Türe hinter sich. Zurück in der Küche, goss er jedem Kind etwas Ziegenmilch ein und verteilte den Haferbrei, damit sie frühstücken konnten. Zögerlich und schweigend löffelten sie. Niemand wagte zu fragen, was los sei. Niemand verstand, was *Es* angerichtet hatte. Mit der kurzen Anweisung, während seiner Abwesenheit brav zu sein, verließ der Vater das Haus.

Die Mutter saß derweil mit gefalteten Händen in der Stube. Den Blick starr auf den Herrgottswinkel* gerichtet, ihren Rosenkranz als Rettungsanker haltend, bewegte sie lautlos die Lippen im Gebet. Sie erflehte Erbarmen vom Gekreuzigten, ihr die Sünden zu vergeben und ihre Kinder zu verschonen. Sie bat die Muttergottes um Beistand, um Kraft sowie um Sicherheit. Sie beschwor die himmlischen Heerscharen und sämtliche Heiligen, den Allmächtigen gnädig zu stimmen. Schließlich bat sie ihr verstorbenes Töchterlein, als Engel in Zukunft die Familie zu beschützen.

Das Gebet vermochte sie allmählich zu beruhigen. Ein Ruck lief durch ihren Körper, als sie in ihrem Herzen eine Kammer öffnete. Dort sperrte sie ihren Schmerz und ihre Trauer ein. Fest verschloss sie den Raum, sodass sie ihren Kummer nicht mehr spürte. Ihr Mann hatte recht. Nebenan warteten fünf Kinder, um die sie sich kümmern musste. Da gab es keinen Platz, keine Zeit für Herzweh.

In der Küche spürte Josi Mutters Qualen, als ob es ihre eigenen wären. Sie kniete auf die Holzbank, sammelte die Löffel ein, stellte die Schüsseln und Becher zusammen. Wie ein Stein drückte der Schmerz in ihrer Brust, erschwerte das Atmen. Elisa war tot. Josi spürte Mutters innere Leere, ihre Verzweiflung, ihre Hilflosigkeit, sie spürte den Abgrund, der sich eben geöffnet hatte. Viel hätte sie darum gegeben, der Mutter beistehen zu können, doch sie wusste nicht wie. Sie trug das Geschirr zum Brunnen und spülte es ab. Maria hatte sich beruhigt. Sie saß nun auf dem Küchenboden und klopfte mit einem Holzstück auf den harten Stein. Josi traten Tränen in die Augen.

Nach einer langen Weile seufzte die Mutter tief. Sie richtete sich auf, strich ihren Rock gerade und legte den Rosenkranz zurück zum Gekreuzigten neben den vertrockneten Stechpalmenzweig. Mit geübtem Griff löste sie die Kämme, um ihre Haare neu zu richten. Auch sie ging hinüber in die Schlafkammer, um ihr totes Kind mit Weihwasser zu segnen. Kerzengerade betrat sie schließlich die Küche, wo sie sich schweigend am Herd zu schaffen machte. Als Josi das saubere Geschirr hereintrug, strich sie ihr wortlos über den Kopf. Josi wusste, von jetzt an würde sie die Mutter noch mehr brauchen als bisher. Sie war die einzige, die ihr helfen konnte. Von jetzt an, würde sie einen Teil ihrer Last tragen müssen.

Inzwischen war der Vater hinüber zur Sägerei gegangen. Er gab den beiden Gesellen Anweisungen, bevor er mit kräftigen Schlägen gegen Flüelen* ruderte. Thomas, der ältere Geselle, öffnete die Schleuse des Kanals, der weiter oben vom Gruonbach abgezweigt war. Bald setzte sich das mächtige Wasserrad ächzend in Bewegung. Wenig später dröhnte die Umgebung des Hauses wie jeden Tag. Josi mochte den Lärm nicht. Er war metallisch hart und furchteinflößend. Es war ein unentwegtes Poltern und Schlagen, ein Rauschen und Klirren, ein Hämmern und Klopfen, das durch Mark und Bein ging. Der Lärm begleitete sie schon ihr Leben lang, von früh bis spät. Er zeugte von einer unbändigen Kraft, die ein fünfjähriges Mädchen im Nu hätte zermalmen können. Lärm bedeutete Gefahr.

In Josis kindlicher Fantasie war das Sägewerk ein Monster, vor dem sie sich in Acht nehmen musste. Es bestand aus Stangen und Zahnrädern, aus meterlangen Riemen und gewaltigen Ketten, aus Drähten und Seilen, die alle geheimnisvoll miteinander verbunden waren. Die einzelnen Teile bewegten sich gegenseitig und vermochten die drehende Bewegung des Rades in das Auf-und-Ab des Sägeblattes zu übersetzen. Mit tausend spitzen Zähnen fraß es sich unerbittlich durch die dicken Stämme, rauf-runter-rauf-runter, und nach jedem Runter verschob sich der Baum mit einem Ruck um ein kleines Stück, damit das Sägeblatt neues Futter fand. Kaum war ein Brett fertig abgeschnitten, wurde der Stamm auf einem Schlitten, der sich auf Schienen bewegte, zurückgezogen, von wo sich das Blatt erneut durch das Holz fraß.

Der Vater hatte das Haus sowie die Sägemühle vor der Heirat selbst gebaut. Das Anwesen lag weit außerhalb des Dorfes und war nur über den See erreichbar. Einzig ein schmaler Holzsteg führte über den Gruonbach, danach ein holperiger Fußpfad ins Zentrum von Flüelen. Die Abgeschiedenheit bedeutete für die Familie eine gewisse Freiheit, weil keine

Nachbarn jeden Schritt beobachteten. Sie bedeutete aber auch Einsamkeit. Jeder Austausch mit anderen Menschen war anstrengend und nur selten fand jemand den Weg hierher.

Gerade jetzt dehnte sich für die Mutter die Strecke ins Dorf ins Unermessliche, keine dreißigminütige Ruderfahrt, nein, sieben Ozeane trennten sie von ihren Verwandten dort. Niemand hatte sie vor der Hochzeit darauf vorbereitet, was es hieß, so weit entfernt zu wohnen. Sie war in Flüelen im Gasthaus Adler aufgewachsen, stets umgeben von vielen Menschen. Sie sah fremde Reisende und hörte, was sich in der Welt ereignete. Keine Minute war sie allein gewesen.

Hier war sie allein, seit sieben Jahren schon. Die nächsten Nachbarn lebten am anderen Bachufer, etwa fünfzehn Minuten entfernt. Es waren die Witwe Arnold und ihr unverheirateter Sohn Toni, die einen kargen Hof bewirtschafteten. Er war zu klein zum Leben und zu groß zum Sterben. Kränklich und schwach wie beide waren, hätte sich die Mutter in ihrer Not nicht an sie wenden können. Sonst gab es hier nur die Stimmen des Waldes, die schroffen Felswände und das pausenlose Lied des Baches. Es würde lange dauern, bis der Pfarrer endlich hier war.

Nun taumelte die Mutter in einen bodenlosen Abgrund, ohne Aussicht auf eine rettende Hand. Ihr Mann war weg, die Säge lärmte. Die Kammer in ihrem Inneren, die den Schmerz und die Trauer einschloss, leckte. Quälend zerfraß der Verlust ihr Herz. Ihre Seele schrie, ohne von irgendjemandem gehört zu werden. Am liebsten hätte ihr trockener Mund ihr Leid ausgespuckt, um es loszuwerden. Doch es klebte hartnäckig in ihrem Inneren. Trotz des sonnigen Tages befand sie sich in einem tosenden Sturm. Sie hätte sich sogar gewünscht, er trüge sie mit sich fort, irgendwohin, wo es Linderung gab.

Allein musste sie einen Weg finden, keine Stütze weit und breit. Nur ihre verstörten Kinder. Für die musste sie sorgen, weil sie noch lebten. Sie musste eine Stärke zeigen, die sie nicht fühlte. Ein toter Säugling durfte sie nicht in Gefahr bringen. Sie musste sich dem Leben widmen, musste das Wetter nutzen, um für den langen Winter vorzusorgen. Jeder Tag zählte.

Nochmals gab sich die Mutter einen Ruck. Sie musste das durchstehen. Sie nahm Maria auf den Arm, befahl den beiden Buben und Josi, sie in den Garten zu begleiten, damit sie die Kinder im Auge behalten konnte. Klaus hatte bereits die Ziegen aus dem Stall gelassen und trieb sie zur Weide, ganz oben am Waldrand. Die Mutter setzte Maria auf den Boden und schloss sorgsam die Gartentüre hinter sich. Das war für sie sehr wichtig. Der Zaun umschloss das Eigen*, wie die Urner ihr Grundstück nannten.

Um sich abzulenken, wollte die Mutter den schönen Tag nutzen. Es gab gerade alle Hände voll zu tun, damit die Ernte später reichlich ausfiel. Karotten und Krautstiel aussäen, das Bohnenbeet jäten und wässern, den Kartoffelacker aufhäufeln. Für Totengebete war jetzt keine Zeit. Die mussten warten. Die Lebenden waren wichtiger. Wenn schon ein Kind hatte sterben müssen, so sollten die übrigen wenigstens im Winter nicht hungern.

Etwas von der Mutter entfernt, lockerte Josi kniend den Boden zwischen den Gemüsen und zupfte Unkraut, während die Kleinen mit Steinen ein Spiel spielten, das nur sie verstanden. Die Mutter konnte sich nicht richtig auf ihre Arbeit konzentrieren. Ihre Gedanken ließen ihr keine Ruhe. Sie blickte hinüber zu ihrem zweistöckigen Blockhaus, das seit sieben Jahren ihr Heim war. Es wirkte freundlich und einladend. Mit Steinen beschwerte Schindeln schützten vor der Witterung. Bergseits war ein kleiner Stall für die Ziegen, den Bock und für die Hühner angebaut. Seit sieben Jahren hatte sie es zu einem wohnlichen Heim gemacht, in dem sich alle geborgen fühlten. Seit sieben Jahren hatte sie die Familie beschützt, für sie gekocht und sie gepflegt, und auch gebetet. Sieben Jahre lang hatte sie ein bescheidenes Glück gekannt. Und nun war *Es* unvermittelt über sie gekommen und hatte ihr ein Kind geraubt. Warum nur? War dieses bescheidene Glück zu viel verlangt? Sie wollte nicht hadern, auch wenn sie gerade von einer neuerlichen Welle von Trauer gepackt wurde. Sie hätte sich gewünscht, ihr Mann wäre hier, würde sie begleiten nach dem schrecklichen Verlust. Sie musste, nein sie wollte trotzdem zufrieden sein.

Mit einem Ruck richtete sich die Mutter auf, legte das Gerät säuberlich beiseite.

„Kommt, Kinder, wir sollten etwas essen. Der Pfarrer kommt sicher bald. Dann wollen wir alle gemeinsam für Elisa beten, damit sie in den Himmel kommt."

Sie hob Maria auf, ließ die Kinder durch die Gartentür treten und schloss sie gewissenhaft hinter sich.

August 1858

Seit Elisas Tod war alles anders. So klein sie bei ihrem Tod noch gewesen war, noch kaum eine eigene Spur hinterlassen hatte, eine gewaltige Lücke. Etwas fehlte, ohne dass es irgendjemand hätte benennen können. Vielleicht war es Mutters seliges Lächeln, nachdem sie das Jüngste gestillt hatte? Vielleicht war es der Puls des werdenden Lebens? Vielleicht war es die Sorglosigkeit der jungen Eltern, die mit diesem Schicksalsschlag aus dem Haus verschwunden war. Auch wenn niemand darüber sprach, trübte das Ereignis die Lebensfreude im Haus. Ungeweinte Tränen fraßen sich in das Gleichgewicht der Familie, höhlten es aus, öffneten nach und nach Abgründe. Unmerklich veränderten sich einzelne Familienmitglieder.

Die Mutter hatte sich noch nicht von ihrem Schrecken, ihrem Schmerz und ihrem quälenden Schuldgefühl erholt. Nicht nur ihre

Seele, auch ihr Körper schmerzte. Sie fühlte sich ständig müde, vermochte ihre vielen Pflichten kaum zu erfüllen. Sie war schweigsamer, unduldsamer, wies die Kinder häufiger in harschem Ton zurecht. Seit einigen Tagen kämpfte sie außerdem mit Unwohlsein und Übelkeit. Hundeelend war ihr zumute, doch sie konnte sich keine Pause gönnen. Unwillig scheuchte sie die Kinder weg, solange es nichts ganz Dringendes war.

Kaum eine Minute konnte sie sich hinsetzen, weil immer eines der Kinder etwas brauchte, weil immer etwas zu tun war. Die sonntägliche Christenpflicht vernachlässigte sie fast immer. Ihre Verwandten sah sie kaum. Sie hatte zu viele kleine Kinder, die sie nicht ins Dorf tragen konnte. Wer hätte sie an ihrer Stelle hüten sollen? Neben der Arbeit in Haus und Garten verarbeitete die Mutter die Milch zu Käse und Butter und sammelte die Eier ein. Etwas vom Haus entfernt war ein gemauerter Kühlraum in den Hang eingelassen. Ein Rinnsal, das vom Bach abgezweigt worden war, durchfloss ihn. Dieser Keller hielt Milch, Butter und Käse auch im Sommer angenehm frisch. Die Eier legte die Mutter in einem Steinzeugtopf in Wasserglas ein, um das ganze Jahr über einen Vorrat davon zu haben, auch wenn die Hühner nicht legten.

Die Kinder hielten sich, so gut sie konnten, von ihr fern. Noch immer verstanden sie nicht wirklich, was vorgefallen war. Sie sehnten sich nach der mütterlichen Liebe, die mit ihnen gesprochen und ihnen versichert hätte, dass alles in Ordnung war. Stattdessen war nichts in Ordnung.

Heiri und Willi zogen sich in ihre eigene Welt zurück. Knaben weinen nicht. Knaben sind stark, Knaben zeigen keine Gefühle. Sie begnügten sich mit einigen Holzstücken, mit Tannzapfen, Steinen oder mit etwas Moos, bauten daraus ihre eigene Welt. Es waren kleine Häuschen oder Ställe, die sie sorgsam ausstatteten, während Maria in Josis Obhut öfter weinte und quengelte.

Klaus wurde allmählich zum Tyrannen für seine Geschwister. Er kommandierte sie herum, ließ seine Unzufriedenheit an ihnen aus. Als Erstgeborener war er gewohnt gewesen, die ungeteilte Aufmerksamkeit von allen zu erhalten. Der Vater hatte ihn jeweils mit vor Stolz geblähter Brust vor seinen Geschäftsfreunden gerühmt, die ab und zu das abgelegene Heimwesen besuchten. Nun war auch der Vater schweigsamer und Klaus blieb unbeachtet.

Klaus wählte Josi, um an ihr seine Launen auszulassen, und ließ keine Gelegenheit aus, sie zu ärgern. „Du dumme Ziege, verzieh' dich." Er verhunzte ihren Namen: „Josi – Grosi", „Josi – Hosi" oder, schlimmer noch, „Josi – Scheiße". Sobald er bemerkte, dass er mit seinem Hohn eine Spitze in Josis Herz treiben konnte, wiederholte er den Spitznamen, sooft er sie sah. Spielte er mit Heiri, wies er sie herrisch weg: „Dich können wir hier nicht brauchen, das ist nichts für Weiber. Weiber sind dumm." Sie durfte nicht mehr mitmachen und fühlte sich von ihren Brüdern zur Seite gedrängt, allein, weit und breit niemand, der ihr zu Hilfe kommen würde.

Je länger der Sommer dauerte, desto gemeiner wurde Klaus. Ging er an Josi vorbei, verpasste er ihr hinterrücks einen Fausthieb. Josi wusste nicht, womit sie seinen Zorn auf sich zog, wie sie ihn hätte vermeiden können. Sie wusste nicht, wie sie sich wehren sollte. Klaus war viel stärker als sie und durch nichts zu besänftigen. War Josi besonders nett zu ihm, boxte er sie und knurrte: „Glotz' nicht so blöde. Das hält ja niemand aus." Versuchte sie sich zu wehren und bat die Mutter um Hilfe, hörte sie von ihr: „Ein gutes Christen-Mädchen wird nicht zornig. Es verzeiht seinen Feinden. Unser Heiland* hat uns gelehrt, wenn dich jemand auf die Wange schlägt, halte ihm die andere hin."

Josi hütete sich, das auszuprobieren. Sie wusste, Klaus würde erbarmungslos ein zweites Mal zuschlagen, heftiger als beim ersten Mal. Auf jeden Fall grinste er überlegen, wenn die Mutter nicht eingriff. Versuchte sich Josi mit Worten zu wehren, und Argumente zu finden, weshalb Klaus im Unrecht sei, entgegnete die: „Lasst mich in Ruhe. Ich habe keine Zeit für eure Kindereien. Es braucht immer zwei zum Streiten!" Jedes Mal nahm Klaus eine herablassende Siegerpose ein und flüsterte eine weitere Beleidigung: „Siehst du, dumme Kuh, Mutter findet auch, dass man dich einfach hauen *muss*."

Josi hätte sich gewünscht, der Vater nähme mehr Anteil am Familienleben. Er war groß und kräftig, mit Händen wie Tatzen. Er hätte sie beschützen können, aber er tat es nicht, weil er sie nicht sah. Er hätte ihr die Welt erklären können, aber er tat es nicht, weil er zu viele Dinge zu erledigen hatte. Josi verstand nicht wirklich, warum er so beschäftigt war. Während des Tages war er meist drüben in der Sägerei. Am Abend traf er sich mit seinen Freunden im Dorf am Stammtisch.

Zuhause sprach er manchmal von der Politik, wie wichtig die sei. Bei solchen Gelegenheiten erzählte er von den tapferen Eidgenossen, die sich gegen die Habsburger gewehrt und auf dem Rütli* einen Eid geschworen hatten. Fast konnte man diese Wiege der Eidgenossenschaft auf der anderen Seeseite vom Haus aus erkennen. Die Wiese war der Stolz der Urner, weil sie das Herz der Schweiz war, und dieses Herz lag in ihrem Kanton.

Er sprach davon, wie sehr sich alles veränderte und sich enorme Möglichkeiten für den Tüchtigen böten. Er wollte dazugehören, Teil von etwas Größerem sein, die Zukunft mitgestalten und davon auch profitieren. Das alles war für ihn wichtiger als die tägliche Sorge um die Kinderschar, die Hausarbeit, die Tiere oder der Garten. So sah und hörte er nicht, was sich in seinem Haus ereignete.

Klaus nutzte dies hemmungslos aus. Jeden Tag ging er ein Stücklein weiter. Jeden Tag wurde er dreister. Eines Morgens schubste er seine

Schwester so sehr, dass sie mehrere Stufen die Treppe hinunterfiel. Niemand bemerkte etwas. Niemand kümmerte sich um sie. Mühsam rappelte sie sich auf, während Klaus drohend zischte: „Wehe, du sagst jemandem etwas!"

Erst als er sich verdrückt hatte, bemerkte Josi das Blut an Bein und Ellenbogen. Sie stillte es mit kaltem Wasser am Brunnen. Am Knie klaffte eine Wunde, die lange nicht zu bluten aufhörte. Sie ließ ihr Kleid darüber hängen, sodass niemand etwas bemerkte, außer sie selbst. Jeder Schritt erinnerte sie an ihren Sturz. Auch der sanfte Druck des Kleides ließ sie manchmal aufstöhnen. Doch sie wollte die Wunde verbergen. Jede Frage der Mutter hätte womöglich den Zorn ihres Bruders weiter angestachelt. Josi wollte nur eins, in Ruhe gelassen werden.

Für gewöhnlich litt Josi nur innerlich. Sie fühlte sich wie ein wundes Tier, alleingelassen und den Angriffen ihres Bruders schutzlos ausgeliefert. Manchmal versuchte sie sich einzureden, dass alles nur halb so schlimm und sie wehleidig sei, so wie Klaus es ihr vorwarf, wenn er bei den Eltern Lieb Kind spielte. Er verstand es, ihnen weis zu machen, Josi habe ihn provoziert und er habe sich bloß *ein wenig* gewehrt. Josi übertreibe und es sei gar nichts vorgefallen. Gemeinheiten mit Worten ließen sich nicht beweisen. Doch dieses Mal rieb sich Josi die blauen Flecken an Arm und Schienbein. Vorsichtig betastete sie ihr Knie. Der Schmerz war noch immer heiß und pochend, nicht nur im Bein, auch im Herzen. Dieser Stoß ihres Bruders hatte eine tiefe Wunde hinterlassen. Er hatte sie einfach liegenlassen, kümmerte sich lieber um seine Ziegen als um sie. Dieses Mal war es schlimm gewesen. Daran zweifelte Josi an diesem Morgen nicht. Trotzdem fraß sie ihren Schmerz in sich hinein. Wem hätte sie sich anvertrauen sollen, so weit außerhalb des Dorfes, so ganz allein in der Familie?

Sie träumte davon Mutters Liebe wiederzuerlangen. Wenn sie nur recht brav war, dann würde sicher bald alles besser werden. Wenn sie die

Gemeinheiten ihres Bruders einfach hinnahm und *so tat, als ob nichts wäre*, würde er bestimmt von ihr ablassen. Darum suchte Josi Mutters Nähe und half im Haushalt fleißig mit. Alle Kinder spürten die dunkle Wolke, die das Leben der Familie überschattete, doch Josi litt am meisten darunter Sie wollte die Mutter entlasten. Sie kehrte Kammern darunter. Sie wollte die Mutter entlasten. Sie kehrte Kammern und Treppen, leerte Nachttöpfe und half im Garten. Auch beim Trocknen von Obst und Gemüse oder beim Einlegen von Kohl zu Sauerkraut war sie der Mutter eine Stütze.

„Wenn ich deine Grübchen sehe, wird mir leicht ums Herz", pflegte die Mutter zu sagen. Josi freute sich darüber und verschwieg ihren eigenen Kummer. Er war weit weniger wichtig als die Sorgen der Mutter.

6 Jahre alt

März 1859

Die Aufregung im Dorf war groß. Jemand hatte die Frechheit, ein Hotel auf dem Rütli bauen zu wollen. Das Baugespann war ausgesteckt. So etwas war unerhört. Es erhitzte die Gemüter, war im Empfinden der Bevölkerung ein Frevel* erster Güte. Das Rütli, diese Wiese an den Gestaden des Urnersees, hatte Friedrich Schiller besungen und in ganz Europa berühmt gemacht, weil hier die drei ersten Eidgenossen den ewigen Schwur geleistet hatten. Das Rütli, die Wiege der Schweiz, sollte durch das Getriebe einer modernen Wirtschaft entweiht werden. So etwas durfte nicht geschehen! Darin waren sich alle einig und alle waren bereit, einen Beitrag dafür zu leisten.

Für einmal diskutierten beide Eltern die Nachricht im Amtsblatt. Es war ein Aufruf an das Schweizervolk für eine Geldspende: *Das Rütli, die Geburtsstätte unserer Eidgenossenschaft, für die schweizerische Nation zu erwerben und die erforderlichen Mittel durch eine freiwillige Nationalsteuer aufzubringen.*

„55'000 Fr., das ist eine Menge Geld", sinnierte der Vater.

„Aber, wenn jeder nur eine ganz kleine Summe beiträgt, kann der Betrag zusammenkommen. Es sind dann nur ein paar Rappen pro Einwohner", wagte die Mutter einzuwenden.

„Also Kinder, hört, was hier steht." Der Vater richtete sich an seine drei Ältesten, Klaus, Josi und Heiri. *„Es ist die Jugend, an die wir uns wenden.* Auch wenn ihr die Schule noch nicht besucht, sollt ihr einen Beitrag leisten. Hier geht es darum, den Geist unseres Vaterlandes für eure Zukunft zu erhalten, gerade jetzt, wo wir nicht wissen, wie sich die Lage im Süden und im restlichen Europa entwickeln wird. Wir brauchen diesen Ort, der für unsere Heimat steht, dringender als je. Er hilft uns, den Geist des Widerstandes gegen fremde Mächte zu stärken. Wir brauchen ihn, wenn wir frei bleiben wollen."

Die Kinder schauten sich ratlos an. Wie sollten sie einen Beitrag leisten, da sie ja kein Geld hatten?

„Ihr könnt mir helfen, etwas mehr als üblich zu verdienen", schlug die Mutter vor. „Du Josi, kannst mir beim Einkochen von Butter helfen. Ihr zwei Buben werdet Holzabschnitte bündeln, die wir zum Anfeuern verkaufen können. So lassen sich ein paar Rappen verdienen, die wir beitragen können."

Der Vater brachte dem Lehrer schließlich einen ganzen Franken als Beitrag seiner Familie. Tausende taten es ihm gleich. Der benötigte Betrag wurde bei weitem übertroffen. Die Schweizerische Gemeinnützige Gesellschaft konnte schließlich das Rütli erwerben und hatte noch Geld übrig für weitere Projekte zur Stärkung des Vaterlandes.

April 1859

„Krieg!" Dieses eine Wort ließ die Kinder erstarren, die gerade beim Abendessen saßen. Der Vater hatte es von Altdorf* mit nach Hause gebracht, wo er geschäftlich unterwegs gewesen war. Für gewöhnlich aß die Familie nach dem Tischgebet schweigend, doch an diesem Abend waren die Neuigkeiten zu aufregend, als dass sie der Vater hätte für sich behalten können. Von der Stirnseite überblickte er den Tisch, an dem seine Kinder wie die Orgelpfeifen aufgereiht saßen. Jedes Jahr, wenn die Familie erneut wuchs, rückte die Mutter etwas weiter weg von ihm. Die Tafel war lang. Sie würde Platz für viele Nachkommen bieten.

„Dein Bruder Karl hat den Marschbefehl erhalten. Ein halbes Bataillon muss an die Grenze im Tessin. Als Offizier geht er mit", ließ er die Mutter wissen.

„Um Himmels Willen. Wer kämpft gegen wen? Der Krieg wird doch nicht auch zu uns kommen? Gott steh' uns bei", seufzte sie.

„Österreich hat Sardinien angegriffen. Frankreich unterstützt die Italiener. Damit steckt halb Europa in einem Krieg. Wir Eidgenossen müssen unsere Grenzen verteidigen. Wir wollen verhindern, dass wir auch in die Kämpfe verwickelt oder gar besetzt werden. Unsere Nachbarn sind unersättlich, wenn es um ihr Territorium geht."

„Muss Onkel Karl jetzt sterben?" Josi vergaß zu kauen. Sie versuchte zu begreifen, was sie eben gehört hatte. Mutters Bruder war etwas jünger als sie und war stets gut gelaunt. Karl war Josis Taufpate und ihr Lieblingsonkel. Er hatte seinerseits einen Narren an ihr gefressen, freute sich an ihrer Aufgewecktheit und ihrer Wissbegier. Anders als Vaters Brüder, interessierte er sich für sie. Er fragte immer, was sie gerade beschäftigte, brachte ihr eine Kleinigkeit mit oder wusste spannende Geschichten zu erzählen. Manchmal schrieb er auch etwas in sein Notizbuch, während er mit ihr sprach, so wichtig war ihm, was sie sagte. Darauf war Josi mächtig stolz. Auch wenn sie ihn nur selten sah, gehörte er zu den wichtigsten Menschen in ihrem jungen Leben, war ihr einziger Lichtblick. Sie könnte es nicht ertragen, wenn er nicht mehr wäre.

„Aber nein. Vorläufig geht es nur darum, die Grenzen zu schützen. Wir müssen auch verhindern, dass Umstürzler in die Schweiz fliehen und von hier aus Anschläge planen. Der Krieg ist zum Glück weit weg. Es bedeutet jedoch, dass viele junge Männer einrücken müssen. Morgen heißt es, ab in die Kaserne, wo die Soldaten ihre Ausrüstung fassen. Schon übermorgen soll die Kolonne losmarschieren. Sie muss so schnell als möglich ins Tessin. Wir müssen verhindern, dass uns die Habsburger oder die Sarden erneut unterjochen."

„So wie damals, als Tell* den Gessler* erschoss?", wollte Klaus wissen.

„Ganz genau. Wie hat es der große deutsche Dichter Schiller so treffend formuliert?" Der Vater richtete sich hoch auf, hob die Hand zum Schwur und, als ob seine Füße zu Wurzeln würden, die Vaterlandsliebe aus dem Boden sogen, rezitierte er feierlich:

„Wir wollen sein ein einzig Volk von Brüdern,
in keiner Not uns trennen und Gefahr.
Wir wollen frei sein, wie die Väter waren,
Eher den Tod! Als in der Knechtschaft leben."

Alle Kinder blickten staunend auf den Vater, ließen sich mitreißen von seiner Inbrunst. Auch wenn die Kleinen nicht verstanden, was er sagte, spürten sie, dass ihm diese Worte alles bedeuteten. Sie stammten direkt aus seinem Innersten, waren Teil seines Wesens. Der Vater liebte seine Heimat, mehr noch, er liebte den Gedanken einer unabhängigen Schweiz, für die er sich einsetzen wollte.

Den Rücken reibend erhob sich die Mutter und begann das Geschirr abzuräumen. Ihr Bauch war schon wieder ganz dick. Von Monat zu Monat bewegte sie sich langsamer, stöhnte öfter oder fühlte sich häufiger unwohl. Je grösser der Bauch wurde, desto ungelenker war sie, desto mehr brauchte sie Josis Hilfe. Die ahnte, dass der dicke Bauch erneuten Nachwuchs bedeutete, wusste es aber nicht mit Sicherheit. Es war ein Geheimnis, das niemand verriet.

Besorgt meinte die Mutter: „Wenn Karl bloß nichts passiert. Die können doch jetzt nicht losmarschieren. Hier gießt es seit Tagen. Die Straßen sind aufgeweicht. Und in den Bergen fällt Schnee. Das ist lebensgefährlich. Der Gotthard könnte unpassierbar sein."

„Ein Krieg richtet sich nun mal nicht nach dem Wetter. Ein tapferer Soldat lässt sich von etwas Schnee nicht aufhalten, wenn das Vaterland ruft. Österreich ist stark gewachsen seit Gesslers Zeiten. Ein einzelner vermag diese Armee nicht mehr zu stoppen. Wir müssen alle zusammenstehen, um unsere Freiheit zu verteidigen. Im Tessin treffen unsere Männer auf Truppen aus weiteren Kantonen. Auch die Schweiz ist gewachsen, seit Wilhelm Tell gelebt hat. Wir sind jetzt auch sehr viele, um gegen unsere Feinde zu kämpfen. Wir werden es nicht zulassen."

„Dass ihr Männer auch immer nur Krieg im Kopf habt! Möge Gott verhüten, dass die Schweiz da reingezogen wird. Zum Glück musst du nicht gehen. Es reicht, wenn Karl seinen Kopf riskiert." Sie seufzte tief.

„Das versteht ihr Weiber nicht. Hier geht es um unsere Freiheit. Die Eidgenossenschaft ist umgeben von Herzogtümern, König- und Kaiserreichen. Wir sind die einzig Freien. Wir sind die einzig Unabhängigen. Wir müssen unsere Freiheit verteidigen."

„Was nützt uns diese Freiheit, wenn unsere Männer getötet werden? Der Herrgott möge uns beschützen." Sie bekreuzigte sich.

Sie zeigte den Kleinen, dass es Zeit fürs Bett war, hob Maria auf den Arm und ging nach oben.

ꕥ

In den kommenden Tagen marschierten Hunderte Soldaten durch Flüelen. Sie kamen mit dem Schiff aus anderen Kantonen, um die Truppen an der Grenze zu verstärken. Scharfschützen aus Luzern zogen siegesgewiss gegen den Gotthard, der noch immer tief verschneit war. Nicht der Kampf gegen den Feind, sondern gegen die Naturgewalten ermüdete sie, wenn sie ihre Ausrüstung zwischen meterhohen Schneemassen gegen Süden zogen.

Die nächsten Wochen waren für die Familie Gisler schwierig, geprägt von Ungewissheit und von der Sorge um die Männer an der Grenze. Wie es Onkel Karl wohl erging? Und den anderen, den Verwandten oder Bekannten aus dem Dorf? Die drohende Lage drückte auf die Gemüter, noch mehr, als es Elisas plötzlicher Tod vor einem Dreivierteljahr eh schon tat.

Onkel Karls Brief, der vier Wochen später eintraf, vermochte Mutters Ängste nur wenig zu lindern. Er berichtete vom strapazierenden, tagelangen Marsch über den Pass im Schnee, vom sonnigen, heißen Wetter im Süden und vom anstrengenden, zermürbenden Dienst. Alle paar Tage wurden die Männer verlegt, mussten sich an einem anderen Standort neu organisieren. Zum Glück gab es keine Kämpfe nahe der Grenze. Ihm ging es gut, obwohl sich unter den Truppen eine Durchfallerkrankung ausgebreitet hatte. Onkel Karl rechnete damit, dass sein Bataillon Anfang Juli nachhause zurückkehren könne, obwohl die letzte Schlacht in diesem unsinnigen Krieg noch lange nicht geschlagen sei.

Alle hofften, die Kriegsmächte würden sich bald einigen. Die Nachrichten von blutigen Schlachten im Norden Italiens trafen nur spärlich ein. Sie waren umso schrecklicher. Beide Seiten kämpften mit äußerster

Entschlossenheit. Die Frontlinie zog von einem Ort zum nächsten, hinterließ zahllose Tote, abgebrannte Dörfer, zerstörte Felder, verzweifelte Menschen. Nach mehreren Wochen zeichnete sich ab, dass Österreich unterliegen würde. Das stolze, mächtige Kaiserreich musste Land an Sardinien abtreten und sich aus der Lombardei zurückziehen.

Juni 1859

Inzwischen ging das Leben in Josis Familie weiter. Die Mutter wurde dicker und dicker, bis der Vater im Juni eines Tages den Kindern erklärte: „Die Mutter ist krank. Ihr müsst für ein paar Tage zur Großmutter ins Dorf."

Erstaunt kletterten sie ins Boot. Doch weil das Gesicht des Vaters nicht besonders ernst war, sorgten sich auch die Kinder nicht. Während er Richtung Flüelen ruderte, sahen sie die Hebamme mit dem Gebärstuhl auf dem Rücken, die sich langsam dem Haus näherte. In der Hand trug sie eine seltsame, gebauchte Tasche. Die Geschwister rätselten, was sie wohl darin verborgen habe.

„Sie bringt darin der Mutter ein neues Kind. Das weiß ich ganz bestimmt. Ich habe genau gehört, wie die größeren Buben in der Schule darüber gesprochen haben. Ihr werdet schon sehen, dass ich recht habe." Klaus erzählte diese Nachricht mit dem Ton der Bestimmtheit, die keinen Widerspruch duldete, und fühlte sich sehr überlegen. Er glaubte, das Rätsel um die stetig wachsende Familie gelöst zu haben. Der Vater lächelte und schwieg, sog die Unbekümmertheit seiner Kinderschar in sich auf.

Wenige Tage später schlief tatsächlich ein winziges Schwesterlein in der Schlafkammer der Eltern. Es lag in der Schublade, die nun wieder als Bettchen diente und während der Nacht neben der Mutter stand. Deren Bauch war wieder dünner, sie war entspannter. Ab und zu spielte sogar ein Lächeln auf ihrem müden Gesicht. Die Eltern gaben dem Neugeborenen erneut den Namen Elisa, um die Mutter über den Verlust ihres Kindes vor einem Jahr hinwegzutrösten. Die neue Elisa sollte die Lücke füllen. Sie sollte den Schicksalsschlag vergessen lassen, und so war es bald auch.

Das neue Kind beeindruckte Josi jedoch nicht besonders. Der Säugling bedeutete lediglich, dass Mutters volle Aufmerksamkeit erneut auf den Neuankömmling gerichtet war. Es bedeutete, dass Josi jetzt auch noch beim Waschen der Windeln half, den ekligen Brei auskratzte und die Tücher im kalten Brunnenwasser auswusch, bis ihre Finger wund wurden. Mehr als einmal hob Klaus eine saubere Windel in die Höhe, beäugte sie kritisch und sagte: „Schön hast du das gemacht."

Anschließend ließ er sie *aus Versehen* in den Eimer mit dem Ausgekratzten fallen mit der Bemerkung: „Oh, das tut mir jetzt aber leid", sodass sie Josi erneut schruppen musste.

Nicht auf solche Gemeinheiten zu reagieren, *so tun als ob nichts vorgefallen wäre*, schien Josi die beste Strategie. Sie hatte sich angewöhnt, die aufsteigende Wut runterzuschlucken und mitzuspielen, als ob es tatsächlich ein Versehen gewesen sei. *Es braucht immer zwei zum Streiten.* Sie beachtete Klaus so wenig als möglich, nahm wortlos die schmutzige Windel, um sie erneut zu waschen. Sie ging ihm einfach aus dem Weg, was nicht ganz einfach war. Klaus fand immer eine Gelegenheit, sie zu ärgern. Es war Josis einzige Hoffnung, dass er irgendwann von seinen Schikanen ablassen würde.

Doch die zahllosen Demütigungen und Bosheiten nagten an ihr. Die Tage schienen grauer, die Luft garstiger, auch wenn die Sonne schien. Wie ein gehetztes Reh suchte das Mädchen Schutz in dunklen Ecken, versuchte sich unsichtbar zu machen, dem drohenden nächsten Schmerz irgendwie auszuweichen. Auch wenn Josi von Menschen umgeben war, fühlte sie sich einsam. Es gab niemanden, mit dem sie ihren Kummer hätte besprechen können. Die Mutter hatte dringendere Sorgen, der Vater sah sie nicht und Onkel Karl weilte irgendwo an der Grenze zu Italien. Sonst gab es weit und breit keinen, dem sie sich hätte anvertrauen können. So öffnete sie in ihrem Inneren eine Kammer und sperrte ihre Einsamkeit hinein. Sie wollte *so tun, als ob* es nichts Böses gebe. Sie wollte es nicht mehr fühlen. Sie hoffte, dass der innere Tumult von alleine verschwinden würde, wenn sie nicht mehr darüber nachdachte. Irgendwie musste dies ein Ende nehmen und wenn sie es nicht mehr spürte, würde es bestimmt viel schneller gehen. Nachdem sie die Türe zu dieser Kammer verschlossen hatte, fühlte sie sich schwerer. Sie trug nun ein eingesperrtes Tier in ihrem Herzen, das pausenlos an ihrer Freude nagte.

Für Josi war dies nicht so wichtig. Viel wichtiger war, dass die Mutter seit Elisas Ankunft wieder fröhlicher war, dass sie den Säugling koste und herzte und sie manchmal wieder ein Lied summte. Wichtiger war, dass ein Strahlen auf ihr Gesicht zurückkehrte, das sich über die Kinderschar ausbreitete und etwas von der früheren Unbeschwertheit zurückbrachte. Wichtiger war, dass die ganze Familie wieder aufatmete und die dunkle Wolke weggezogen war.

Juli 1859

Im Juli kehrten die Urner Truppen tatsächlich aus dem Tessin zurück. Wenig später besuchte Onkel Karl seine Schwester und deren Familie. Josi lief ihm über den Gruonbach entgegen. Er hob sie hoch und drehte sich mit ihr einmal um seine Achse, bevor er sie behutsam wieder auf die Erde stellte.

„Na, was kannst du mir Neues in deinem Garten zeigen?"

Josi fühlte sich mächtig stolz, dass der Onkel von *ihrem* Garten sprach, auch wenn sie der Mutter nur beim Jäten oder beim Hacken half.

„Schau mal, wie herrlich die Sonnenblumen dieses Jahr sind. Sie wachsen viel höher als ich selbst bin. Und hier haben wir Krautstiel angesät. Den mag ich gerne."

„Da freue ich mich auch schon darauf! Und was sehe ich denn dort hinten? Was sind denn das für Kräuter?"

„Das sind Kamillen und daneben Ringelblumen", antwortete Josi selbstbewusst. „Aus den Kamillenblüten stellen wir Tee her."

„Ganz richtig. Die Kamille ist eine sehr gute Medizin. Du tust gut daran, immer einen Vorrat davon im Haus zu haben! Das ist sehr wichtig." Er stellte sich aufrecht hin und rezitierte übertrieben feierlich: *„Für Schnupfen, Schlaf und Magenweh, trinkt die Frau Kamillentee."* Onkel Karl lachte fröhlich und Josi stimmte ein. Unvermittelt machte er ein ernstes Gesicht und sagte: „Oh, Entschuldigung. Ich habe mich geirrt. Ich glaube es heißt: *Es dröhnt der Kopf, der Zahn tut weh, da hilft nur noch Kamillentee."* Wieder lachten beide. „Nein warte, es war glaube ich: *und zwickt und zwackt die große Zeh, dann trinkt man halt Kamillentee."* Josi klatschte vor Freude in die Hände.

„Wie man aus Ringelblumen Salbe herstellt, zeige ich dir, wenn du etwas grösser bist."

„Oh ja, bitte!"

„Jetzt muss ich aber auch die anderen begrüßen. Sonst essen die den ganzen Kuchen alleine auf. Und das wäre zu schade. Meine Schwester beehrt mich schließlich nicht jeden Tag mit solchen Leckereien."

Da es ein sonniger Tag war, saßen alle draußen im Schatten des mächtigen Walnussbaums. Zur Feier der glücklichen Heimkehr hatte die Mutter einen Zwetschgenkuchen gebacken, der im Nu verspeist war.

Danach passte Josi auf Willi und Maria auf, die am Boden mit Holztieren spielten, während die kleine Elisa schlief. Sie setzte sich so, dass sie gut hören konnte, was der Onkel erzählte. Klaus und Heiri drängten sich nahe an ihn. Sie waren *Männer,* die nichts von den Abenteuern eines Soldaten verpassen wollten, auch wenn sie noch so klein waren.

Eigentlich waren Karls Erinnerungen nicht für Kinderohren gedacht. Dieser Krieg war einer der blutigsten und grausamsten der jüngsten Vergangenheit. So versuchte er seine Erzählung abzumildern. Er hatte die Schlacht nicht selbst erlebt, sondern kannte sie nur aus Berichten von Flüchtlingen.

Unter den Schweizern waren keine Toten zu beklagen, wohl aber unter den kriegführenden Parteien. Die Schlachtfelder in Norditalien, in Palestro, Magenta, Solferino, und wie die Orte heißen mochten, sie waren voller Toter. Zehntausende waren gefallen, zehntausende waren verstümmelt oder wurden vermisst. Vor allem die Schlacht in *Solferino* war an Grausamkeit nicht zu überbieten. Stundenlang kämpften die Österreicher und die Alliierten um jeden Meter Boden. Waren Männer gefallen, drängten von hinten immer neue nach. Sie kämpften auf den toten Körpern ihrer Kameraden. Noch schlimmer wurde es, als die Kavallerie nachrückte und die Pferde die am Boden liegenden Verletzten zertrampelten.

Die Schlacht endete erst, als sich nach einer tagelangen, mörderischen Hitze ein heftiges Gewitter entlud. Es ließ den Tag zur Nacht werden. In der plötzlichen Dunkelheit war an einen Kampf nicht mehr zu denken. Wo vorher dichte Staubwolken die Sicht behindert hatten, verwandelten die Wassermassen den Boden in kürzester Zeit in einen sumpfigen Morast. Knöcheltief versanken Mensch und Tier.

Bei den Österreichischen Truppen wurde der Rückzug zu einer wilden Flucht. Die Verzweiflung des jungen Kaisers, Franz Josef von Österreich, war unbeschreiblich. Er, der wie ein Held Kugeln und Geschosse jeder Art neben sich hatte einschlagen sehen, er weinte über diese Niederlage. Von Schmerz erfüllt warf er sich den Fliehenden entgegen, ihnen ihre Feigheit vorwerfend.

Doch es half nichts. Die Schlacht war verloren und damit der Krieg. Die Bewohner der Orte trauten sich lange nicht aus ihren Kellern, wo sie ohne Wasser und Nahrung ausgeharrt hatten. Während der ganzen Nacht hörten sie das Schreien und Wimmern der Sterbenden auf ihren Feldern.

Was der kommende Tag preisgab, war entsetzlich. Tote und Verletzte, soweit das Auge reichte, und nur wenige Krankenwärter. Die Verwundeten wurden in Spitäler, Kirchen und Klöster gebracht. Kaum jemand verstand sich auf die Pflege, wusste, wie Wunden gesäubert oder Glieder amputiert werden mussten. Es fehlte an Verbandsmaterial und Medikamenten, nichts, was die unerträglichen Schmerzen linderte. Es fehlte an Betten und Nahrung. Kurz, es fehlte an allem, was das Leiden der endlos vielen Männer in Not etwas erträglicher hätte machen können.

Es waren Frauen, unzählige Frauen, die sich freiwillig in den Dienst der gequälten Männer stellten. Sie nahmen es auf sich, den Schrecken des Krieges zu begegnen und den Verwundeten beizustehen, das ungeschönte Leid der hilflosen Kämpfer zu ertragen. Sie scheuten sich nicht, sich dem Gestank des faulenden Fleisches, der ungewaschenen Körper, der verkrusteten Exkremente auszusetzen. Sie packten zu. Sie halfen, so gut sie mit den einfachen Mitteln helfen konnten.

Dann geschah etwas, was es so noch nie gegeben hatte. Die Frauen dienten den Soldaten unter einem einzigen Leitgedanken. Daraus entwickelte sich in kurzer Zeit ein Motto, ein Motto, das sich in Windeseile auf alle Spitäler, Kirchen und Klöster in der ganzen Region ausbreitete, wo Verletzte gepflegt wurden. *Tutti fratelli*, alle sind Brüder.

Die Frauen mochten nicht unterscheiden, ob der Leidende auf seiner armseligen Pritsche Italiener oder Österreicher war. Sie standen jedem bei, versuchten die Schmerzen zu lindern, so gut sie es eben vermochten. *Tutti fratelli.* Oft genug mussten sie einen jungen Burschen alleine sterben lassen. Sie mussten ihre eigene Hilflosigkeit hinnehmen und trotzdem weitermachen. Es waren ihrer zu viele.

Josi lauschte gebannt der schaurigen Geschichte. Sie hörte dieses Motto, *tutti fratelli - alle sind Brüder.* Sie verstand, dass nur Brüder in den Krieg zogen, nur Brüder mussten in schrecklichen Schlachten kämpfen, nur Brüder starben im Feld. Zum ersten Mal war sie froh, ein Mädchen zu sein. Sie würde nie in einen Krieg ziehen müssen. *Tutti fratelli.*

Onkel Karl bemerkte Josis ernstes Gesicht. Er wollte sie aufheitern. Diese Kriegsgeschichten waren nichts für ein kleines Mädchen. Mit einem spitzbübischen Lächeln wandte er sich an sie.

„Und, Josi, weißt du auch, dass unser Wilhelm Tell dem italienischen König Vittorio Emanuele das Leben gerettet hat?"

Josi blickte verwundert auf. „Wie soll das gehen? Wilhelm Tell ist doch schon lange tot", protestierte sie.

„Ich habe trotzdem folgende Geschichte gehört. Pass nur gut auf. Der italienische König soll gut Deutsch können und er liest auch gerne die Werke deutscher Dichter, besonders die von Friedrich Schiller. Dessen *Wilhelm Tell* nahm er sogar mit in die Schlacht. Einmal fühlte er plötzlich, dass er einen Schuss erhalten hatte. Sein Waffenrock war auf der Brust zerfetzt, er selbst blieb jedoch unversehrt. Der dicke Band von *Wilhelm Tell* hatte die Kugel aufgefangen. Ist das nicht bemerkenswert? Wilhelm Tell hat dem italienischen König das Leben gerettet! Können wir nicht stolz auf unseren Helden sein?"

Alle lachten. An die Buben gewandt fuhr er fort: „Und ihr, merkt euch, Literatur ist wichtig! Sie kann Leben retten. Darum geht fleißig zur Schule und achtet später darauf, immer ein gutes Buch mit euch zu führen. Wer weiß, vielleicht wird es auch euch einmal das Leben retten."

Herbst 1859

Im Herbst wendete sich Josis Leben plötzlich, mehr als sie je vermutet hätte. *Das* war ein Lichtblick. Nun gab es auf einmal viel Neues und Aufregendes. Die Eintönigkeit ihres Alltags gewann an Abwechslung, unerwartet zeigte sich ein Hoffnungsschimmer. Den erfreulichen Umstand verdankte sie der Tatsache, dass Klaus seit Anfang Oktober zur Schule ging. *Das* veränderte ihren Alltag gewaltig.

Es hatte weniger damit zu tun, dass ihr Bruder nun täglich einige Stunden außer Haus war und sie während dieser Zeit nicht drangsalieren konnte. Es war etwas völlig Anderes, etwas Überraschendes. Durch den Schulbesuch brachte er nämlich jeden Tag etwas Unbekanntes und Spannendes nach Hause, um das ihn Josi beneidete. Sie hätte alles dafür gegeben, ebenfalls die Schule besuchen zu dürfen, das Lesen zu lernen, um mehr von der Welt zu erfahren. Doch sie musste noch ein ganzes Jahr warten. Durch die Schule öffnete sich für Klaus eine neue Welt. Er erzählte von Buchstaben und Wörtern, die er lesen lernte. Er erzählte von Geschichten, die der Lehrer vortrug. Er erzählte von anderen Kindern. Dadurch öffnete sich eine Tür, raus aus dem engen Kreis zuhause, die zuvor verschlossen war.

Im Haus der Familie Gisler gab es kaum Lesestoff. Neben der dicken Hausbibel lag nur ein Andachtsbuch auf Mutters Nachtkästchen. Außerdem erwarb der Vater jedes Jahr die Brattig*, *Der hinkende Bot**, einen Kalender, in dem die Mutter Tag für Tag nachschaute, für welche Arbeiten in Haus und Garten der Mond gerade günstig stand. Für den Vater waren die Daten sämtlicher Märkte in der Schweiz erwähnt.

Zudem berichtete der Kalender über die wichtigsten Ereignisse des vergangenen Jahres.

Da Josis Neugier geweckt war, bat sie die Mutter, ihr die verschiedenen Zeichen zu erklären. So lernte das Mädchen die Wochentage und die Monate kennen. Sie eignete sich die zwölf Tierkreiszeichen, die Namen der Heiligen und die Bauernregeln an. Ohne dass sie es richtig bemerkte, prägte sich Josi ein, wie die Wörter geschrieben wurden, bis sie nach und nach den Kalenderteil lesen konnte. Jeden Tag lernte sie zudem eine neue Zahl, die sie mit einem Stöckchen so lange in den Sand zeichnete, bis sie diese fehlerfrei schreiben konnte. Nach kurzer Zeit kannte sie die Ziffern von eins bis 31.

Gleichzeitig begann Josi zu zählen: Elisa war das siebte Kind, das die Mutter geboren hatte, aber nur sechs lebten noch. 14 Ziegen, ein Ziegenbock, 18 Hühner und ein Hahn lebten mit ihnen. Sie fand elf Eier in den Nestern. Acht Erbsen waren in einer Schote, in der nächsten nur sechs. Zwanzigmal musste sie schrubben, bis der Fleck weg war. Sieben Knöpfe waren an Vaters Jacke. Überall in Haus und Garten gab es unzählige Dinge, die sie nutzte, um sich mit den Zahlen zu beschäftigen und so dem eintönigen Alltag etwas Reizvolles abzugewinnen.

Auf der Rückseite des Kalenders war das große Einmal-Eins abgedruckt. Die Zahlen waren in einer Pyramide angeordnet, zuoberst die Eins. In der zweiten Linie war links eine Zwei groß gedruckt, daneben in zwei Linien Ziffern, oben eins und zwei, darunter zwei und vier. In der dritten Linie waren neben der Drei oben eins, zwei und drei und darunter die Ziffern drei, sechs und neun. Es dauerte nicht lange, bis Josi die Logik dahinter entschlüsselt hatte, indem sie diese Darstellung immer wieder betrachtete. Nach nur wenigen Wochen hatte sie das Einmal-Eins verstanden. Es machte ihr großen Spaß, die Zahlenreihen im Kopf aufzuzählen, während sie ihre Hausarbeiten verrichtete: vier – acht – zwölf – sechzehn, fünf – zehn – fünfzehn – zwanzig – fünfundzwanzig.

Josi nahm den Kalender so oft als möglich zur Hand. Mit ein wenig Gruseln studierte sie das Titelbild, auf dem drei Krieger standen, die Hand zum Schwur erhoben. Daneben war ein anderer abgebildet, der anstelle eines Beines eine Prothese aus Holz trug. Auf dem Boden bemerkte Josi gar eine kleine Schnecke, die wohl andeuten sollte, dass dieser verstümmelte Bote nur langsam vorankam. Das Bild erklärte derart den Namen der Brattig*, *Der hinkende Bot**. Im Innern des Kalenders gab es noch mehr Bilder, die Josi mit Inbrunst betrachtete, aber nicht immer verstand. Nur zu gerne hätte sie die Geschichten gelesen, die dazu gehörten.

Mit Klaus' Schulbesuch veränderte sich auch das Familienleben. Während die jüngeren Geschwister am Abend bereits schliefen, setzte sich der Vater nun öfters mit seinem Ältesten in die Stube. Josi half der Mutter beim Spinnen, und hörte genau zu, wie der Vater zuerst eine Weile mit Klaus das Lesen übte. Doch der fand es zu anstrengend und übte bald lieber wie der Vater an der Pfeife zu ziehen. Die Mutter war etwas ungehalten, schalt ihren Sohn faul und brachte ihm die Kaffeemühle, damit er wenigstens genügend Pulver für den nächsten Tag vorbereitete. Der Vater las nun selbst vor. Das war spannend. Josi konnte ihre Neugier kaum zähmen.

Weil die Texte nicht für Kinder geschrieben waren, erklärte der Vater, worum es sich in den Geschichten handelte. In diesen Stunden war er wie ausgewechselt. Er genoss es zu erzählen, er genoss es, wenn ihm alle bewundernd zuhörten. Er fühlte sich wohl in seiner Rolle als Redner. Und für einmal störte es ihn gar nicht, dass Josi *nur ein Mädchen* war.

Zuerst las der Vater eine kurze Anekdote vor, von denen es im Kalender viele gab: „*Ein Lehrer malte seinen Schülern die Qualen der Verdammnis und die Größe des höllischen Feuers in so grellen Farben aus, dass alle in eine erschreckliche Furcht gerieten, nur ein Mädchen nicht, die Tochter eines Steinkohlenbesitzers. Dieses bat nach der Schule den Lehrer: er möchte doch seinen Vater empfehlen, dass er die Kohlen zu diesem Feuer zu liefern bekomme."*

Während die Mutter herzhaft lachte, frage der Vater seine Kinder, was sie aus der Geschichte lernen könnten. Klaus brummte etwas Unverständliches vor sich hin, aber Josi erklärte sofort: „Wenn der Vater Kohlen verkauft, erhofft er sich, dass er ein gutes Geschäft machen kann. Es braucht viele Kohlen, um ein Feuer in alle Ewigkeit am Brennen zu halten. Das hat seine Tochter begriffen und wollte ihm helfen."

„Gut bedacht, Josi, und genauso wollen wir es mit dem Holz halten, wenn in Zukunft in Uri viel gebaut wird. Merkt euch Kinder, ein guter Kaufmann kann in jeder Situation einen Gewinn erwirtschaften. Es kommt nur darauf an, dass man die Gelegenheit erkennt." Selbstgefällig stopfte er seine Pfeife neu und entzündete sie, bevor er fortfuhr: „Schaut mal her."

Er zeigte im Kalender auf das Bild einer Dampflokomotive, die aus einem Tunnel fuhr. Davor tanzten fröhliche Menschen, während andere ein großes Fass anzapften. Mit diesem Bauwerk war die Strecke Basel – Luzern fertiggestellt und mit einem großen Fest eröffnet worden. Es war ein riesiger Triumph für das Schweizerische Eisenbahnnetz, auch wenn der Bau des Tunnels am Hauenstein durch ein Unglück mit vielen Toten überschattet worden war. Der Fortschritt war unaufhaltsam und näherte sich auch dem Lande Uri.

Mit Leidenschaft in der Stimme fügte er schließlich an: „Ich will euch nun ein Geheimnis verraten. Möchtet ihr es hören?"

„Ja", riefen Kinder und Mutter wie aus einem Munde.

„Bald wird es auch so einen Tunnel durch den Gotthard geben, nur wird er noch viel länger werden. Es wird eine Eisenbahn durch Flüelen gebaut, eine Linie, die von Deutschland bis nach Italien führt. Der Gotthardtunnel wird von Göschenen nach Airolo gehen, das sind 15 Kilometer. Er wird *der längste Tunnel der ganzen Welt* werden." Der Gedanke an diesen Sieg der Technik über die Natur rötete Vaters Wangen, so begeistert war er. Stolz erfüllte ihn zu dieser erfolgreichen Nation zu gehören. Er sah sich als Teil einer glänzenden Zukunft, die Wohlstand für alle brachte.

Josi wusste nicht genau, wie weit 15 Kilometer waren, aber sie wusste, dass das Tessin weit weg war. Es dauerte mit der Postkutsche über den Pass einen ganzen Tag lang, um nach Bellinzona zu kommen. Wie sollte jemand einen so langen Tunnel durch den Berg bauen können, der hart und gefährlich und abweisend war? Schon der Bau der Teufelsbrücke* in der Schöllenenschlucht* war ein riskantes Unterfangen gewesen, das niemand für möglich gehalten hätte. Doch einen Tunnel durch den ganzen Gotthard, das war ungeheuerlich! Manchmal hatte Josi im nassen Sand des Deltas Tunnel gegraben. Sie wusste, dass sie einzustürzen drohten, wenn sie allzu lang waren, sie wusste, wie schwierig es war, von zwei Seiten zu graben und sich in der Mitte zu treffen, sie wusste, Tunnel waren eine heikle Sache. Darum konnte sie kaum glauben, dass irgendjemand ernsthaft in Erwägung zog, einen Tunnel durch den Gotthard zu bohren, durch den ein Zug fahren konnte.

„15 Kilometer soll er sein? Bis ins Tessin?", platzte Josi heraus. Sie wollte unbedingt mehr wissen.

„Es ist noch nichts beschlossen, aber darüber wird gesprochen. Das ist richtig. Es wäre für Uri eine große Chance, glaube ich. Die Regierung streitet noch mit den Bündnern, ob nicht der Lukmanier geeigneter wäre, und mit den Wallisern, die eine Bahn durch den Simplon möchten. Am Ende wird der Bundesrat* in Bern entscheiden, welche Linie die beste ist. Auf jeden Fall drängen die Deutschen und die Italiener, damit es eine direkte Verbindung gibt."

„Warum mischen sich die anderen Kantone ein, wenn es um die Verbindung von Norden nach Süden geht? Der Gotthard ist doch der beste Weg", wollte nun auch Klaus wissen.

Der Vater holte eine Schiefertafel mit einem Griffel vom Büffet. Klaus schob seine Kaffeemühle zur Seite und auch die Mutter unterbrach ihre Arbeit am Spinnrad, um besser zu sehen, was der Vater zeichnete. Er deutete auf eine etwas gezackte Form in die Mitte. „Das hier ist die Schweiz", erklärte er, indem er senkrecht nach oben einen dicken Strich zog.

„Im Norden grenzen das Großherzogtum Baden und die Königreiche Württemberg sowie Bayern an die Schweiz. Hier im Westen liegt das französische Kaiserreich." Er fügte weitere Striche an. „Hier im Osten ist es das Kaiserreich Österreich, im Süden haben wir das Königreich Sardinien-Piemont. Unser Land ist im Verhältnis zu diesen großen Staaten winzig. Wir sind stets bedroht, dass uns eines dieser Länder erobern könnte. Das haben wir ja erst kürzlich erlebt, als Onkel Karl an die Grenze musste. Zum Glück wurde ein größerer Krieg verhindert und die Schweiz blieb unversehrt."

„Gottseidank ist uns Schlimmeres erspart geblieben", bekreuzigte sich die Mutter.

„Die Schweiz ist für alle umliegenden Staaten wichtig. Die Alpen bilden eine Sperre auf dem Weg von Norden nach Süden. Bereits planen die Preußen mit den Habsburgern eine Bahn über den Brenner, die Franzosen bauen einen Tunnel durch den Mont Cenis. Wenn wir Schweizer keine Bahn durch die Alpen bauen, geht der ganze Verkehr an uns vorbei." Er zeigte auf der Tafel, wo diese Gebiete lagen.

„Wir brauchen eine Bahn quer durch die Alpen, damit wir am Fortschritt teilhaben können. Wenn wir diese Verbindung schaffen, müssen wir aber auch an unsere eigene Lage denken, an *die militärische Bedrohung*, wie im Mai. Da wurde diese Grenze hier, zwischen Sardinien und

Österreich, verschoben. Die Italiener haben jetzt mehr Land. Wir müssen damit rechnen, dass sie vielleicht auch die Schweiz einnehmen wollen, wie das die Franzosen schon einmal machten. Unsere Väter haben die französische Invasion erlebt. Vor noch nicht allzu langer Zeit waren wir ein Teil von Frankreich. Da gab es die Schweiz nicht mehr! Gerade gibt es wieder Auseinandersetzungen mit den Franzosen. Sie wollen die Vereinbarung wegen Savoyen nicht einhalten. Wir müssen uns wehren, sonst sind wir bald nicht mehr so frei, wie wir bleiben wollen. Der Gotthard ist für *die Verteidigung unseres* Landes von größter Wichtigkeit."

Er erklärte nun auf seiner Karte, wo die anderen beiden Pässe lagen. Der Lukmanier war zu weit im Osten, der Simplon aber zu weit im Südwesten. „Nur der Gotthard liegt im Zentrum. In einem Kriegsfall könnten sich unsere Truppen von allen Landesteilen hierher zurückziehen und umgekehrt dauert es an alle Grenzen ungefähr gleich lang, um uns zu verteidigen. Im Frühling hat sich gezeigt, wie wichtig eine Eisenbahn für unsere Verteidigung ist. Die Truppen von Zürich brauchten fast drei *Wochen*, bis sie endlich an der Grenze waren. Mit einer Bahn durch den Gotthard wären sie in einem oder zwei *Tagen* vor Ort. Das könnte über Sieg oder Niederlage entscheiden."

„In einem Tunnel spielt auch das Wetter keine so große Rolle", bemerkte Klaus. „Onkel Karl kämpfte mit dem Schnee auf dem Gotthard. Der hat seine Truppe aufgehalten, sie bedroht und auch erschöpft."

„Das hast du gut bemerkt", freute sich der Vater. „Darum ist aus militärischer Sicht der Gotthard die beste Lösung. Das ist die Meinung unseres Landammanns* Müller*, von unserem Bundesgeneral Dufour* und das ist auch meine Meinung. Aus diesem Grund setze ich mich dafür ein. Kinder, überlegt euch doch einmal: Diese Bahn verbindet nicht nur Deutschland mit Italien, sondern England mit Ägypten! Sie bietet die direkteste Verbindung für den Warenverkehr und gibt uns damit eine Machtstellung. Kein Nachbarstaat möchte diese wichtige Handelsverbindung gefährden, sondern er wird alles daransetzen, sie zu erhalten. Sie wird uns helfen, Krieg von unserem Land abzuwenden. Darum brauchen wir dringend eine Gotthardbahn."

Vaters Stimme war lauter geworden. Er schien vergessen zu haben, dass er in seiner Stube mit seinen Kindern sprach und nicht am Stammtisch war. Für ihn war es eine Herzensangelegenheit, dass Uri an das Eisenbahnnetz Europas angeschlossen würde.

„Wann beginnen sie zu bauen?", erkundigte sich Josi.

„Bis der Tunnel gebaut wird, dauert es noch sehr lange, vielleicht zehn, vielleicht auch zwanzig Jahre, gerade weil diese Pläne erst verhandelt werden. Bis dann seid ihr zwei längst erwachsen! Ich bin mir ganz sicher, dass die Gotthardlinie gewinnt. Das wäre für Uri, für die Eidgenossenschaft und für uns alle bestimmt die beste Lösung."

„Und du würdest bei diesem Tunnel mitarbeiten?"

„Aber nein. Vielleicht könnte ich Holz für die Stützen beim Bau liefern. Aber es wird ja nicht nur ein Tunnel gebaut. Es wird die ganze Linie von Immensee bis nach Chiasso gefertigt. Dazu braucht es auch Bahnhöfe, Brücken und vor allem Schwellen für die Schienen. Stellt euch vor, wie viele Schwellen die brauchen werden, zehntausende. Da können wir bestimmt eine große Menge liefern."

Sofort erfasste Josi die Chance, die sich durch das Bauwerk ergab. Eisenbahnschwellen mussten auf Maß gesägt werden. Es brauchte unendlich viele davon. Vaters Säge würde bestimmt auf Hochtouren laufen.

Der Vater fuhr indes fort: „Außerdem werden viele Arbeiter hierherkommen, um die Bahn zu bauen. Die brauchen eine Unterkunft und müssen heizen. Die Gotthardbahn benötigt sehr viel Holz. Ich könnte bestimmt davon profitieren. Das wäre eine große Sache. Ich versuche, die anderen in der Gemeinde davon zu überzeugen, dass diese Bahn für Uri wichtig ist und dass sich die Regierung dafür einsetzen muss. Sie ist jeden Franken wert, auch wenn sie noch so teuer ist. So eine Gelegenheit kommt sonst nie wieder. Die dürfen wir nicht verpassen."

„Wer baut den Tunnel? Wie geht das überhaupt, durch den Felsen? Ist der nicht viel zu hart?" Josis Fragen überschlugen sich förmlich.

„Wie ich schon sagte, braucht es noch lange, bis die Bahn gebaut wird. Deine vielen Fragen sind noch nicht geklärt. Auf jeden Fall kommen großartige Zeiten auf uns zu. Die Eisenbahn transportiert ja nicht nur Menschen, sondern auch Waren. Wenn die fertig ist, kann ich mein Holz ganz einfach bis nach Deutschland oder Holland verkaufen. Wir müssen es nicht mehr umständlich auf Schiffe verladen. Es fährt direkt von hier an seinen Bestimmungsort. Das gibt für mich ganz neue Möglichkeiten." Vaters Augen leuchteten, als er sich die Zukunft vorstellte.

„Gibt es in Deutschland keine Wälder, dass die dort dein Holz brauchen?"

Der Vater lachte. „Doch, doch, es gibt in Deutschland Wälder, sehr viele sogar. Nur ist das Holz aus den Bergen von bester Qualität, weil es langsam wächst, und darum ist es sehr begehrt. Besonders das Holz aus dem Isenthal*, das ich von meinen Brüdern beziehe, kann ich weit herum verkaufen. Das Holz vom Walnussbaum eignet sich für Möbel und Vertäfelungen, aber auch für *Gewehrschäfte*. Stellt euch vor, eben habe ich ein Angebot abgegeben. Es geht um Walnussholz für 10'000 Zündnadelflinten*."

„Wer braucht denn so viele Gewehre?", wollte Klaus wissen.

„Ich weiß es nicht. Es sind kaum Jäger. Wahrscheinlich ist es die preußische Armee. Die Annonce lautete auf eine Adresse *Poste Restante* in Zürich. Das beste Angebot wird den Auftrag erhalten. Ich hoffe sehr, dass ich den Zuschlag bekomme. Meine Brüder haben eben eine große

Menge Nussbaumholz geschlagen. Und ich habe zwanzig Stämme gekauft, die neulich im Amtsblatt ausgeschrieben waren, wie wenn ich geahnt hätte, dass so ein Auftrag wartet. Ich konnte sie sehr günstig erwerben. Das passt wunderbar. Merkt euch Kinder: Im Einkauf liegt der Gewinn!"

„10'000 Stück, das gibt viel Geld", überlegte Josi, „wenn du für jedes nur zwei Franken erhältst, dann gibt das – sehr viel." Sie ärgerte sich, dass sie so große Zahlen noch nicht rechnen konnte, war sich aber sicher, dass es eine ungeheure Summe ergäbe, mehr als sie sich je vorstellen könnte.

„Ganz genau. Darum wäre der Auftrag sehr einträglich."

„Mir gefällt es nicht, wenn du mit Gewehren Geld verdienst. Das ist nicht christlich", warf die Mutter ein.

„Davon verstehst du nichts", erwiderte der Vater barsch. „Wenn ich das Geschäft nicht mache, macht es ein anderer. Ich kann keinen Krieg verhindern, wenn ich darauf verzichte. Außerdem bettelst du doch auch die ganze Zeit, dass du Geld für Lebensmittel oder für den Haushalt brauchst. Woher soll das kommen, wenn nicht von Geschäften? Und schließlich verkaufe ich ja keine Gewehre, sondern nur Holz. Das kann mir niemand verbieten. Ich kann nicht bestimmen, wozu es verwendet wird."

Klaus grinste. Die Mutter wusste auf diesen Einwand nichts zu erwidern. Also schwieg sie, während der Vater fortfuhr: „Holz kann man noch für viele andere Dinge verwenden. Mein Bruder hat zum Beispiel eine Technik entwickelt, mit der er Tannenholz sehr dünn sägen kann. Eigentlich ist es eher ein Hobeln. Dieses Holz eignet sich hervorragend für den Bau von Musikinstrumenten."

„Musikinstrumente? Welche baut man aus unserem Holz?"

„Ganz viele verschiedene, aber in Uri gibt es keine Instrumentenbauer. Darum verkaufe ich das Holz bis jetzt nach Luzern und Zürich. Bald kann ich es vielleicht bis nach Füssen oder Salzburg liefern. Dort lieben die Instrumentenbauer das Holz aus dem Bergwald. Auch Lindenholz kann ich in die Westschweiz oder in den Schwarzwald exportieren, sobald eine Bahn fährt. In diesen Gegenden gibt es viele Uhrenbauer, die es als Frontpartien von Kuckucksuhren verwenden. Die Bahn transportiert es bald schneller und sicherer. Es besteht weniger die Gefahr, dass die kostbare Fracht unterwegs beschädigt wird. Das bringt für alle nur Vorteile."

Josi war begeistert, so viel Neues zu erfahren. Bisher hatte sie das Holz nur als Baustoff für Häuser betrachtet. Dass daraus sogar Geigen, Harfen oder Pianos hergestellt wurden, hatte sie nicht gewusst. Doch ihre Gedanken kreisten weiter um den Bau einer Eisenbahn. Das war das Aufregendste, was der Vater eben erzählt hatte. Darum fragte sie: „Wenn die Bahn durch Flüelen geht, wo führt die durch? Das Dorf ist so klein. Es gibt keinen Platz zwischen dem See und dem Berg. Da ist nur eine einzige Gasse. Werden die Häuser abgerissen? Und die Kirche? Die steht fast direkt am See. Wie soll das gehen?"

„Immer langsam, Josi. Zuerst wird geplant, erst dann gebaut. Es werden nicht einfach so Häuser abgerissen. Vielleicht ist es irgendwo auf der Strecke nötig. Die Bahn kann nicht um jeden Stall einen Bogen machen." Er lachte bei diesem Gedanken. Niemand sollte es wagen, sich dem Fortschritt in den Weg zu stellen. „Die wird in einer möglichst geraden Linie geführt. Und du hast Recht. In Flüelen ist der Platz knapp. Da soll die Bahn in einem Tunnel durch den Berg fahren und das Dorf umfahren. Der Bahnhof soll am Dorfausgang gegen Altdorf zu stehen kommen. Noch streiten sich der Bahnunternehmer Escher* und der Kanton, welches die beste Linienführung sein soll, falls die Gotthardbahn gewinnt."

Josi brauchte eine Weile, um das Gehörte zu verstehen. Doch der Vater fuhr bereits fort: „Auf jeden Fall wird die Bahn nicht weit weg von unserem Haus durchführen."

„Wird unser Haus abgerissen? Müssen wir fort?"

„Nein, bestimmt nicht. Unser Haus liegt zu nahe beim See. Die Linie wird weiter oben durchführen."

„Und dann? Da ist doch der Axenberg. Wo soll da eine Eisenbahn hin? Das geht doch gar nicht. Es ist felsig und viel zu steil. Sogar für Säumer ist der Weg sehr gefährlich. Wie soll eine Bahn dort fahren?"

„Mit Tunneln und Brücken", erklärte der Vater stolz. „Die heutige Kunst der Ingenieure ist weit fortgeschritten. Es gibt fast keine Hindernisse mehr, sei das Gelände auch noch so wild. Auch wir werden wohl einen Teil unserer Weide und des Waldes hergeben müssen, wenn wir dieses Projekt verwirklichen wollen."

„Tunnel und Brücken", echote Josi, „hier bei uns, auf unserem Land?"

„Ja. Über den Gruonbach müssen sie eine Brücke bauen und durch den Axenberg einen Tunnel. Die Bahn muss möglichst ohne Steigungen fahren können."

Nun meldete sich auch Klaus: „Das geht doch nicht. Was ist dann mit den Ziegen? Wo sollen die weiden, wenn die Bahn unser Land braucht? Und unser Wald? Den brauchen wir ebenfalls." Auch die Mutter doppelte nach: „Eine Bahn durch unser *Eigen*? Das darf nicht sein. *Es* mag das nicht leiden. *Es* wird uns alle vernichten. Das *Eigen* darf man nicht durchqueren. Das bringt Unglück." Sie bekreuzigte sich.

„Wenn wir das Land an die Gotthardbahngesellschaft verkauft haben, ist es ja nicht mehr *unser Eigen*. Es gehört dann den Unternehmern. Du kannst also beruhigt sein. Die Bahn wird nicht durch *unser Eigen* führen, sondern daran vorbei", versuchte der Vater zu beschwichtigen.

„Das ist gefrevelt*", konterte die Mutter ungewohnt heftig. Sie widersprach sonst dem Vater nie. „Du kannst *Es* nicht überlisten. Diese Bahn wird uns zum Verhängnis werden. Sie bringt alles durcheinander. Ich bin gegen diese Bahn. Die bringt nur Unglück. Du wirst schon sehen. *Es* mag das nicht leiden", wiederholte sie ihre Bedenken mit Nachdruck. Damit war ihre Meinung zu diesem Thema gemacht. Sie wollte keine Bahn durch ihr *Eigen*, auch nicht, wenn sie das *Eigen* zuerst verkaufen würde. Sie wollte kein Land verkaufen. Sie wollte in Ruhe leben, ohne Veränderungen. Sie brauchte keine Bahn.

Der Vater überhörte Mutters Einwand. Er hatte seine Meinung ebenfalls schon vor langer Zeit gemacht. Er wollte diese Bahn und er würde sich bei seinen Freunden sowie im Landrat* dafür einsetzen, dass sie gebaut würde, und zwar möglichst bald. Er würde sich ganz bestimmt nicht durch die unbegründeten Ängste seines Weibes davon abbringen lassen.

Zu Klaus gewandt fuhr er fort: „Vielleicht werden wir die Ziegen verkaufen müssen. Das weiß ich noch nicht, und es dauert noch sehr lange, bis es soweit ist. Aber sollten wir nicht mehr genügend Futter für sie haben, sehe ich keinen anderen Weg. Mit dem erweiterten Holzhandel verdienen wir bestimmt mehr als mit den Ziegen. Mach' dir mal keine Sorgen, mein Junge. Diese Bahn wird für uns alle mehr Wohlstand bedeuten. Wir müssen nur die Gelegenheit beim Schopf packen, so wie der Kohlehändler in der Geschichte vorhin. Wir können den Fortschritt nicht aufhalten, und wir wollen das auch nicht."

Doch auch Klaus ließ sich nicht so leicht beruhigen. Das Gespräch wurde hitziger. Die Kinder wollten sich nicht von ihren Tieren trennen, auch wenn dieser Tag in weiter Ferne liegen mochte. Schließlich mischte sich die Mutter erneut ein und setzte dem Wortwechsel ein Ende: „Josi, jetzt lass den Vater in Ruhe mit deiner Fragerei. Das ist nichts für Mädchen. Sie verstehen nichts von diesen Dingen. Sie hören zu. Sie fragen nicht und sie stören den Vater nicht. Ab ins Bett mit euch zwei. Es ist schon spät."

Murrend gehorchten die beiden. Mit einer Kerze stiegen sie in ihre Schlafkammer hoch, wobei Klaus seiner Schwester zuraunte: „Du sollst nicht so dumm fragen, hat die Mutter gesagt. Von deinem Geschwätz wird mir noch ganz übel, so wie mir immer übel wird, wenn ich dich sehe." Er mimte sich übergeben zu müssen. Josi überhörte die Bemerkung. *So tun, als ob nichts sei.*

Sie legte sich leise zu ihren Geschwistern, flüsterte ihr Abendgebet und versuchten einzuschlafen. Unruhig wälzte sie sich von einer Seite auf die andere. Schließlich schlummerte sie doch. Sie träumte, wie eine Dampflokomotive mit lautem Pfeifen aus dem Axenberg raste, direkt auf ihr Haus zu. Zahllose Tiere flüchteten vor dem feuerspeienden Ungetüm, eine Gruppe Rehe, Hasen, Hirsche rannten in Panik durch den Wald. Rechts und links knickten Bäume wie Streichhölzer. Krähen flatterten mit lautem Geschrei erschrocken in die Luft. Schließlich fuhr der Zug mitten durch ihr Bett fuhr. Schweißgebadet und mit Herzklopfen wachte sie auf und fand bis zum Morgen keine Ruhe mehr.

7 Jahre alt

April 1860

Im Frühjahr wiederholte sich, was Josi und die restlichen Geschwister bereits kannten. Die Mutter wurde allmählich so dick, dass sie kaum mehr gehen konnte. Immer öfter klagte sie über Rückenschmerzen, fühlte sich müde oder unwohl. Eines Tages verkündete der Vater erneut: „Die Mutter ist krank", was bedeutete, dass sämtliche Kinder ins Boot Richtung Flüelen gepackt wurden. Als sie nach ein paar Tagen zurückkehrten, lag dieses Mal ein neues *Brüderlein* in der Schublade.

Wie groß war die Freude über diesen Umstand, *ein Sohn*! Endlich, nach drei Mädchen. Wisi wurde von allen bestaunt und geherzt, bis ihn die Mutter zurück in sein Bettchen legte. Die freudige Nachricht hatte sich schnell unter den Verwandten und im Dorf herumgesprochen. Nach und nach kam Besuch, um den kleinen Jungen zu bewundern und die strahlenden Eltern zu beglückwünschen.

Die Mutter erholte sich nur langsam von ihrer *Krankheit*, brauchte viel Zeit, um ihren Jüngsten zu stillen und sorgte sich, dass es ihm gut ging. Auf gar keinen Fall durfte ihm etwas zustoßen. Sie betete oft um Schutz und Beistand. Für Josi brachte dieses siebte Kind noch mehr Arbeit, mehr Windeln waschen, mehr Brei an Elisa verfüttern, mehr Kleider säubern.

Sie lernte nun auch, wie sie Wisi *Fätschen* * musste, damit er sich nicht im Gesichtchen kratzen konnte. Sie hüllte ihn bei angelegten Ärmchen und gestreckten Beinchen in ein großes leinenes Tuch und wickelte ihn eng mit einer breiten Binde ein, so dass er sich nicht mehr bewegen konnte. Die Mutter betonte: „Das ist nötig, damit seine Glieder gerade wachsen und er sich nicht erkältet". Als Schnuller diente ein Leinenläppchen, das mit Honig, süßem Brei oder vorgekautem und in Milch eingeweichtem Brot gefüllt wurde. Um dem kleinen Wisi das Einschlafen zu erleichtern, tunkte die Mutter den Schnuller zuweilen auch in Branntwein. Josi mochte den scharfen Geruch gar nicht, aber dem Brüderlein schien der Schlaftrunk zu munden.

Eines Tages kam Josi hinzu, als die Mutter den kleinen Wisi badete. Ganz erstaunt bemerkte sie, dass ihr Bruder anders als sie selbst aussah.

„Wieso hat er etwas zwischen den Beinen und ich nicht?"

„Still, darüber spricht man nicht", erwiderte die Mutter unwirsch, „der liebe Gott hat dich halt *nicht fertig* gemacht. Das ist bei allen Mädchen so. Und nun will ich nicht mehr darüber reden. Hast du verstanden? Ich will nie wieder etwas davon hören."

Damit war das Gespräch zu Ende. Mutters Tonfall war so bestimmt, dass es Josi nicht wagte, noch weitere Fragen zu stellen, unfähig die Antwort zu verstehen. Lange Zeit versuchte sie herauszufinden, was das zu bedeuten hatte. *Warum machte der liebe Gott die Mädchen nicht fertig?* Warum hatten die Buben etwas mehr als sie? War Gott also doch nicht allmächtig? Wie konnte es sein, dass er etwas versäumte oder dass ihm ein Fehler unterlief? *Nicht fertig.* Als Mädchen war sie *nicht fertig* und die Buben waren fertig. Was konnte sie dafür, dass sie ein Mädchen war?

Hatte Klaus doch Recht, dass etwas mit ihr nicht stimmte? Josi blieb allein mit ihren Gedanken. Wen hätte sie fragen sollen, wenn die Mutter nicht darüber sprechen wollte?

In den folgenden Wochen wusste die Mutter nicht, wie sie ihren vielen Pflichten nachkommen sollte. Noch immer geschwächt von der Geburt ihres jüngsten Sohnes, fand sie kaum die Kraft für die restlichen sechs Kinder. Elisa war erst jährig und brauchte genauso viel Obhut wie der Säugling Wisi. Josi kümmerte sich zum Glück um Willi und Maria und half auch sonst in Haus und Garten, wo sie nur konnte. Die beiden älteren Buben spielten meistens irgendwo miteinander. Die Weide, der Wald, der Bach, der See, es gab genügend Möglichkeiten für die zwei.

Der Vater hatte wenig Zeit für seine wachsende Familie. Als feuriger *Patriot* besuchte er den Stammtisch im Hotel Helvetia, so oft er konnte. Dort fand er Gesinnungsgenossen und konnte neben dem Amtsblatt Zeitungen aus Zürich und aus Bern lesen. So konnte er sich über Politik informieren. Der Wirt, Georg Ziegler, ein stämmiger Mann mit buschigen Augenbrauen und entschlossenem Kinn, war Flüelens Dorfvogt*. Die beiden kannten sich, seit Josis Vater aus dem Isenthal übersiedelte und Land kaufen wollte. Er hatte ihm dabei geholfen, das Grundstück so weit außerhalb des Dorfes günstig zu erwerben. Niemand hatte zuvor verstanden, dass der Wildbach eine unerschöpfliche Energiequelle war, die nutzen konnte, wer die Gelegenheit erkannte.

„Hilfst du mir, dann helf' ich dir", hatte der Wirt damals gesagt. Dabei war es geblieben. Der Wirt wurde bald zu seinem Freund. Die beiden unterstützten sich gegenseitig, wo sie nur konnten. Sie waren aus derselben Mischung von Fortschrittsglauben und Patriotismus. Josis Vater hatte mitgeholfen, dass der Wirt zum Dorfvogt und später zum Gemeinderat gewählt wurde und bald würde er wohl Landrat von Uri sein. Die

beiden Männer wollten mitbestimmen, das junge Land gestalten. Gemeinsam mit ihren Freunden quälte sie die Frage: Sollte die Schweiz in einen neuerlichen Krieg verwickelt werden? Welcher Weg würde aus der aktuellen Krise führen?

Mit tiefen Sorgenfalten im Gesicht kehrte der Vater jeweils zurück, war missmutig und wortkarg. Erst bei der abendlichen Lesestunde erzählte er manchmal von seinem Kummer.

„Vater, was bedeutet *neutral*?", wollte Josi eines Abends wissen. Sie hatte dieses Wort aus einem Gespräch aufgeschnappt.

„Das bedeutet, dass sich ein Land nicht in einen Krieg zwischen zwei anderen Ländern einmischt. Die Schweiz ist neutral. Darum war sie an den verschiedenen Kriegen rund um unser Land bisher nicht beteiligt."

„Warum sollte man sich einmischen wollen?"

„Manchmal ist es nicht so einfach, sich rauszuhalten. Jetzt gerade spitzt sich die Lage in der Region rund um Genf gefährlich zu, weil sich Frankreich nicht an die Abmachungen hält. Das bereitet mir und meinen Freunden die allergrößten Sorgen. Wir wissen nicht, ob wir nicht doch einen Krieg führen müssen."

„Worum geht es? Musst du auch in den Krieg?", wollte nun auch Klaus wissen.

„Eigentlich ist das nichts für Kinder und schon gar nicht für Mädchen. Aber vielleicht schadet es nicht, wenn ihr früh etwas über Politik lernt. Es ist manchmal nicht so einfach zu wissen, was richtig ist und was falsch."

„Bitte, bitte, Vater, erzähle uns mehr darüber. Was haben die Franzosen gemacht? Sind die böse? Was haben wir damit zu tun?" Klaus und Josi fragten wild durcheinander.

„Ihr erinnert euch, dass Onkel Karl vor einem Jahr an die Grenze musste, weil die Österreicher gegen die Italiener Krieg führten, einen sehr blutigen Krieg. Das Königreich Sardinien-Piemont siegte nur, weil es von Frankreich unterstützt worden war. Doch diese Hilfe hatte einen Preis. Die Italiener mussten Land an Frankreich abtreten. Dieses Gebiet heißt Savoyen und liegt auf der südlichen Seite des Genfersees. Und dieser Abtausch führt nun für die Schweiz zu einem immensen Konflikt."

„Warum?"

„Es gibt einen Vertrag aus dem Jahr 1815, als ganz Europa Frieden schloss. Diese Friedenskonferenz nennt man den *Wiener Kongress.* Dort erhielt die Schweiz den Auftrag, Nordsavoyen im Falle eines Krieges *militärisch zu besetzen.* Das heißt, die Schweiz muss dafür sorgen, dass dieses Gebiet genauso neutral bleibt wie sie selbst."

„Was bedeutet das? Was geschieht denn jetzt?"

„Wir wissen noch nicht, was genau geschehen wird. Das hängt davon ab, ob der der französische Kaiser, Napoleon III., in Savoyen einmarschiert oder nicht. Die Schweiz müsste das eigentlich verhindern. Aber können wir das? Wir befürchten, dass Frankreich die Schweiz erneut unterjocht, dass wir wieder zu einem Teil von Frankreich werden, wie damals unter seinem Onkel, Napoleon Bonaparte. Damit würden wir unsere Freiheit verlieren."

Die Kinder und die Mutter schwiegen betroffen. Würde es tatsächlich Krieg geben? Bilder der alten Geschichten drängten sich in ihre Köpfe, von drei Armeen, die hier am Urnersee gekämpft hatten, von Soldaten, die mordeten und raubten, was ihnen in die Finger kam. Und danach die Schmach, ein Teil von Frankreich zu werden. Die Schweiz hatte unter Napoleon zu existieren aufgehört. Alle kannten sie diese Geschichten, hatten sich gefürchtet, wenn sie der Großvater in schauerlichen Tönen erzählt hatte.

Der Vater fuhr nun fort: „Das Problem besteht darin, dass wir dem französischen Kaiser nicht trauen können. Anfang des Jahres hat er versprochen, das Gebiet von Hochsavoyen an die Schweiz abzutreten. Doch er sicherte das nur in vertraulichen Gesprächen zu. Es gibt keine schriftlichen Verträge und er will sich an nichts zu erinnern. Jetzt wollten einige junge Leute dieses Versprechen gewaltsam einfordern. Ein Zug von Freischärlern ist bereits mit einem gekaperten Schiff in das Gebiet eingedrungen. Sie wollten einen Aufstand von Leuten unterstützen, die sich gerne der Schweiz anschließen möchten."

Die Spannung in der Stube stieg. Man hörte nur das Ticken der Uhr, weil alle den Atem anhielten.

„Das geht natürlich nicht. Das ist fast eine Kriegserklärung an Frankreich. Darum hat sie das schweizerische Militär umgehend zurückgeholt. Es war bereits in der Region. Man hat die Grenzbesetzung als Wiederholungskurs für die Rekruten getarnt, um Frankreich nicht vorzeitig zu erzürnen. Im Moment stehen sechs Bataillone am Genfersee und die übrige Armee ist in Alarmbereitschaft. Auch Urner bereiten sich auf einen Ernstfall vor. Wir wissen nicht, ob wir auch einrücken müssen."

„Musst du auch in den Krieg?"

„Wenn es tatsächlich zum Krieg kommt, werde ich wahrscheinlich auch einrücken müssen. Wir versuchen das zu verhindern. Ein großer Teil der Bevölkerung möchte keinen Krieg. Wir versuchen zu verhandeln und Hilfe von anderen Ländern zu erhalten. Wir möchten eine internationale Konferenz, um unsere Anliegen zu prüfen und in diesem Fall zu vermitteln. Denn, was können wir als so winziges Land schon gegen Frankreich tun?"

„Habt ihr Hilfe erhalten?"

„Bis jetzt leider nicht. Der Bundesrat hat seine besten Leute in die großen europäischen Städte geschickt, um Unterstützung zu erhalten. In

Paris, Wien, London, Berlin und Turin führten sie Verhandlungen. Mit allen Mitteln suchten die Gesandten nach Verbündeten. Doch die Hilfe blieb bis jetzt aus. Niemand will deswegen die Franzosen brüskieren. Die Schweiz bleibt auf sich gestellt."

„Was geschieht jetzt?"

„Das wissen wir nicht. Wir hoffen noch immer auf Verhandlungen und auf Hilfe von anderen Staaten."

Es vergingen mehrere Wochen. Die Spannung blieb in der Luft, schien zum Greifen. Sie übertrug sich auf die Menschen am Urnersee. Würde die Schweiz bald wieder ausradiert werden, von der Landkarte verschwinden, wie so viele andere Reiche? Darüber war man sich nicht einig. Der kleine Staat fühlte sich als Spielball der großen Mächte. In allen Landesteilen versuchten Männer die richtige Strategie zu entwickeln, aber sie waren höchst gespalten in ihren Ansichten, wie das geschehen sollte. Noch nie seit der Gründung der Eidgenossenschaft war der Zwist derart groß.

Gleichzeitig liefen die Verhandlungen wegen der Gotthardbahn. Die junge Schweiz hinkte mit dem Aufbau von Industrie den anderen Ländern hinterher. Noch immer war ein Großteil der Bevölkerung bettelarm. Im ländlichen Uri gab es kaum ein Auskommen. Hier lärmten keine Fabriken, rauchten keine Schlote wie in den Städten Europas. Der Verkehr über den Gotthard und die Berglandwirtschaft lieferten den Bewohnern ihr karges Brot. Darum durfte die Eidgenossenschaft den Anschluss an den Fortschritt nicht verpassen. Doch wie, und was wollte man dafür riskieren? Preußen und Italien verlangten nach einer Verbindung und waren bereit, sich an den Kosten zu beteiligen. Der Vater und seine Freunde wollten sich für die Bahn einsetzen und sich so auf die Seite des Fortschritts stellen.

Die Stimmung in der Familie blieb bedrückt. Die Kinder fürchteten, der Vater müsse in den Krieg ziehen. Die Gespräche drehten sich weiterhin um das Pulverfass am Genfersee. Eines Abends brachte der Vater diese Neuigkeit nach Hause: „Kinder, es wird wohl keinen Krieg geben. Inzwischen hat Napoleon III. klare Verhältnisse geschaffen. Ich sagte ja, wir können ihm nicht trauen."

„Was ist passiert?"

„Er ließ abstimmen. Die Bevölkerung Savoyens konnte sagen, ob sie bei Frankreich bleiben will oder nicht. Sie konnte aber nicht entscheiden, ob sie zur Schweiz gehören möchte. Die überwältigende Mehrheit soll für Frankreich gestimmt haben."

„Was sagst du dazu? Ist das gut für uns?"

„Was sollen wir schon dazu sagen? Wir können nur mit den Zähnen knirschen. Im Moment scheint es keinen Krieg zu geben. Napoleon übernimmt nun die zivile und militärische Kontrolle über Savoyen. Aber dieser Konflikt ist noch nicht wirklich gelöst. Es kann jederzeit wieder losgehen."

August 1860

Für Josi verging der Sommer mit viel zu viel langweiliger Hausarbeit. Sie spürte die politischen Spannungen nur, ohne jedoch zu verstehen, was vor sich ging. Niemand sprach mit einem Kind, einem Mädchen noch dazu, über die Belange der jungen Eidgenossenschaft. So versuchte sie bloß, möglichst viel unbeschwerte Zeit zu genießen. Was gingen sie die Sorgen der Erwachsenen an, wenn die Sonne schien und im Garten alles so herrlich blühte?

Zwischendurch gelang es ihr, sich davonzustehlen. Sie hatte entdeckt, wie sie unbemerkt auf den Nussbaum klettern konnte. Der Zaun, der den Garten umfriedete, war ziemlich niedrig. Hatte sie sich darauf hochgezogen, konnte sie einfach den untersten Ast erreichen und sich im Laub des mächtigen Baumes verbergen. Da niemand auf die Idee kam, dass ein Mädchen auf einen Baum klettern könnte, blieb sie dort unbemerkt. Sie lauschte dem Wind in den Blättern, beobachtete die Wellen auf dem See oder die Wolken am Himmel, spitzte die Ohren für nahe Gespräche. Wann immer es ging, schnappte sich Josi die *Brattig* und verkroch sich in ihr Versteck. Sie studierte die Bilder, entzifferte neue Wörter, übte sich im Rechnen. In diesen Momenten vergaß sie alles um sich herum. Sie vertiefte sich in Geschichten, die der Vater vorgelesen hatte, träumte von Abenteuern.

Eines Tages im August beobachtete Josi von ihrem Ausguck aus, wie zahllose Schiffe auf Flüelen zusteuerten. Es kamen immer mehr und mehr. Ein Schiff nach dem anderen, und es wollte kein Ende nehmen. Helle Lichtblitze blinkten von metallenen Gegenständen, viele Männerstimmen sprachen durcheinander.

Zu ihrer großen Verwunderung entdeckte Josi nach einer Weile, dass ausschließlich Soldaten, Pferde und Maultiere auf den Schiffen transportiert wurden. Es waren viele, und es kamen immer mehr und noch mehr. Sie hörte fröhliche Soldatenlieder. Das wollte so gar nicht zu den Gewehren, den Uniformen, dem Kriegsgerät passen. Was mochte das bedeuten? Höchst bestürzt kletterte sie herunter und lief zum Vater in die Sägerei.

„Vater, Vater, was ist geschehen? Warum kommen so viele Soldaten zu uns? Haben wir jetzt doch auch Krieg?"

Der Vater brachte die Säge zum Schweigen. Verwundert blickte er auf den See, wo nun auch er die Truppen sah. Tausende Soldaten und hunderte Pferde steuerten auf den Hafen in Flüelen zu. Unverständliche Befehle ertönten, Stimmengewirr, Unruhe. Auch auf die große Distanz war die Aufregung zu spüren. Die Männer machten sich bereit, bald von Bord zu gehen.

„Es ist die erste große Übung unserer Schweizer Armee", erklärte er schließlich beruhigend, sich an ein Gespräch im Hotel Helvetia erinnernd. „Wir müssen unsere Verteidigung üben. Die Truppen werden einen Kampf im Hochgebirge trainieren. Danach marschieren sie über die Furka ins Wallis. Es ist wichtig, dass die Soldaten die Verhältnisse in den Bergen kennen. Nur so können wir in Zukunft unsere Feinde besiegen."

Von der Sägerei aus konnten sie nicht sehen, wie die Schiffe anlegten. Doch vom See her ertönten Kommandos und immer wieder Pferdegewieher. Der Platz beim Hafen war begrenzt. Josi konnte sich nicht ausmalen, wie sich die vielen Menschen und Tiere dort ordnen konnten. Es dauerte Stunden, bis die letzten Rufe verklangen und wieder Ruhe einkehrte.

Nach 14 Tagen konnte der Vater während der abendlichen Lesestunde vom erfolgreichen Abschluss des Manövers in Sitten berichten. Die Soldaten hatten im Hochgebirge Schießübungen absolviert, in eisiger Höhe biwakiert und über den Furkapass das Wallis erreicht.

„Wisst ihr, was das Unglaublichste ist?"

„Nein, was ist es", wollten Josi und Klaus ungeduldig wissen.

„Dieses Manöver in den Bergen hat den Bundesrat davon überzeugt, dass wir in der Schweiz nicht nur Eisenbahnen brauchen. Wir brauchen auch *Straßen*. Es war für die Soldaten sehr mühsam auf den schmalen Pfaden über die hohen Pässe zu gehen. Nun haben die eidgenössischen Räte beschlossen, dass über den Furka- und den Oberalppass eine Straße gebaut werden soll. Und was das tollste ist", er legte eine kurze Pause ein, um die Spannung zu erhöhen, „es soll auch eine Straße durch den Axen* gebaut werden."

„Eine Straße am Axen? Dann gibt es keine Bahn?", erkundigte sich Josi.

„Wenn ich es richtig verstanden habe, wollen sie die Straße *und* die Bahn bauen. Wegen der Armee. Unsere Landesverteidigung benötigt gute Verkehrswege. Im Ernstfall könnten die Truppen nicht schnell genug vor Ort sein."

„Dann wird es aber eng im Dorf."

„Es wird auch bei uns eng. Wo sollen die beiden Linien entlangführen? Bleibt dann noch etwas übrig von unserem Land oder wird unser Haus gar abgerissen?", sorgte sich Klaus.

„Unser Bundesgeneral Dufour findet diese Verbindung für die Armee sehr wichtig. Das Manöver hat gezeigt, wie schwierig und umständlich es ist, die Truppen mit dem Schiff zu verschieben. Nun findet er eine Straße am Axen dringend. Er will diese Straßenprojekte vorantreiben." Die Kinder schauten gespannt auf den Vater. Sie konnten sich nicht vorstellen, was solche Projekte für sie bedeuten würden.

„Schon vor über zwanzig Jahren hat unser verehrter Herr Landammann Müller Pläne für eine Straße weiter oben am Berg gezeichnet. Die wurden nie umgesetzt, weil unsere Regierung ein solches Bauwerk zu teuer fand. Da nun das Militärdepartement die Straße als wichtig erachtet, hat man seine Pläne wieder hervorgeholt.

Jetzt streiten verschiedene Gruppen im Kanton über den besten Verlauf. Die einen möchten sie ganz nahe über dem Wasserspiegel bauen, damit es möglichst wenig Steigungen gibt. Die sind für die Pferde ermüdend und verlangsamen den Verkehr. Die anderen ziehen eine Linienführung weiter oben am Berg vor. Sie meinen, dass *die Bahn* auf Seehöhe gebaut werden müsse. Auch für sie sind Steigungen ein Problem. Wie dem auch sei, beide Trassen führen an unserem Haus vorbei. Es muss nicht weichen. Aber ich werde bestimmt den größten Teil der Weide und unseren Wald verkaufen müssen, wenn *beide Projekte* verwirklicht werden."

„Eine Bahn *und* eine Straße durch unser *Eigen*. Das kann nicht gut gehen. *Es* wird uns holen. Besser würden wir ganz von hier wegziehen. Jesses Maria und Sankt Josef." Die Mutter bekreuzigte sich.

„Was soll das Gerede, Weib? Niemand wird uns holen. Die Ingenieure verstehen ihr Handwerk. Die bauen Straßen und Bahnstrecken durch ganz Europa. Wo kämen wir denn hin, wenn niemand sein Land verkaufen würde? Willst du hier versauern?" Seine Stimme schwoll drohend an. Er duldete keinen Widerspruch.

„Wir brauchen diese neuen Verkehrswege. Denk an die Handelsverbindungen, an die Touristen, die unser Land besuchen. Das ist die neue Zeit. Wir können uns dagegen nicht verschließen und ich will das auch nicht."

Der Vater war erregt. Für ihn bedeuteten Straße und Bahn eine bessere Zukunft. Er wollte ein Teil davon sein. Josi wusste nicht so recht, was sie von all dem halten sollte. Auf der einen Seite sah sie Vaters Begeisterung, seinen unerschütterlichen Glauben daran, dass diese Bauwerke nötig seien und sie in eine bessere Zukunft führen würden. Sie ahnte, dass es auch in ihrem Leben mehr geben könnte als alles, was sie bis jetzt erfahren und gelernt hatte. Sie spürte etwas in sich, das daran teilhaben wollte. Es war aufregend und spannend und bot zahllose Möglichkeiten. Sie wünschte sich die engen Grenzen ihres Heims sprengen zu können, weil sie auf ein Leben jenseits der Familie hoffte.

Auf der anderen Seite war Mutters Angst fast greifbar. Josi spürte in ihrem eigenen Körper die Bedrohung durch eine namenlose Macht, welche die Familie vernichten würde. Es war die Angst vor dem Unbekannten, dem nie Dagewesenen, das gelingen, aber vielleicht auch scheitern könnte. Die Mutter sorgte sich um ihre Kinder, wollte sie beschützen und bewahren. Aus ihrer Sicht bedeutete Veränderung das Schicksal herauszufordern und Unglück auf sich zu ziehen. Sie vertraute auf die Altvorderen, die das Bestehende geschaffen hatten. Wenn sie ohne Straße und Bahn gelebt hatten, wozu brauchte es sie nun?

Josi liebte beide Eltern. Wer hatte Recht? Beide. Sie spürte beide Teile in sich und wollte beiden glauben. Ihre Eltern stritten sonst nie. Doch diese Gespräche über die Zukunft, über die neuen Verkehrswege und alle ihre Folgen, brachten sie auseinander. Die Stimmung trübte sich, sobald darüber gesprochen wurde. Das mochte Josi gar nicht. Am liebsten hätte sie selbst lesen und verstehen wollen, was die Erwachsenen besprachen. Nur so hätte sie begreifen können, warum die Eltern miteinander stritten. Sie war beseelt vom Wunsch endlich die Schule besuchen zu dürfen. Doch das dauerte und dauerte.

Oktober 1860

Endlich war Josis großer Tag da, der erste Schultag. Voller Erwartung erwachte sie schon früh am Morgen. Sie stellte es sich wunderbar vor, all die spannenden Dinge zu erfahren, die sie schon lange beschäftigten. Endlich würde sie lernen dürfen, endlich würde ihr jemand alle ihre Fragen beantworten. Sorgfältig zog sie sich ihre beste Bluse und zwei dicke Röcke an, weil es schon sehr kalt war. Darüber spannte sie eine saubere Schürze. Die viel zu großen, ausgetretenen Schuhe einer fernen Cousine stopfte sie mit Papier, um sie passend zu machen. Zuhause brauchte sie keine Schuhe. Da lief sie meistens barfuß oder auf grob behauenen Holzschuhen, die sie mit breiten Lederriemen an die Füße schnallte.

Die Mutter flocht ihr sorgfältig die Zöpfe und steckte sie wie zwei Schnecken über ihre Ohren. „Wozu musst du in die Schule gehen", sinnierte sie, „gerade jetzt, wo mit dem kleinen Wisi so viel zu tun ist. Maria ist für viele Aufgaben noch zu klein. Ich kann dir doch alles beibringen, was du als Hausfrau und Mutter wissen musst. Wozu braucht es da eine Schule? Du wirst ja sowieso heiraten."

„Ich möchte mehr lernen. Ich freue mich darauf. Und ich helfe dir auch am Nachmittag, wenn ich wieder zurück bin, versprochen. Bitte, lass mich gehen." Josi spürte einen Kloss im Hals. Die Angst, dass sie womöglich zuhause bleiben musste, schnürte ihr die Kehle zu. Sie wollte unbedingt zur Schule.

„Ich weiß schon, die Schule ist Pflicht. Ich denke halt bloß, dass mir niemand eine Magd bezahlt, wenn du nicht da bist. Du bist ein tüchtiges Mädchen. Ich bin sehr froh um dich."

Sanft strich ihr die Mutter über den Kopf und seufzte. Josi sah deren kummervolles Gesicht, spürte die erdrückende Müdigkeit, wurde unsicher, ob sie nicht doch zuhause bleiben sollte. Durfte sie die Mutter im Stich lassen? Wäre es nicht ihre Pflicht, zuhause zu helfen? Die Mutter brauchte sie. Unsicher schaute sie zu Boden, kämpfte mit aufsteigenden Tränen. Sie wollte so gerne zur Schule gehen, hatte sich seit einem ganzen Jahr darauf gefreut. Würde nun alles zunichte wegen ihres kleinen Bruders, wegen der verstorbenen Schwester? Josi wusste, wie sehr die Mutter auf sie vertraute. Sie wollte sie nicht enttäuschen.

„Geh du nur. Ich werde es schon irgendwie schaffen." Wieder seufzte die Mutter und atmete schwer. Ihr Tonfall passte nicht zu ihren Worten.

„Danke. Ich werde dir ganz bestimmt helfen, wenn ich zurück bin." Ein Stein fiel Josi vom Herzen. Sie durfte tatsächlich zur Schule gehen! Im Spiegel über der Waschkommode ihrer Eltern bewunderte sie ihre neue Frisur. Sie sah aus wie ein richtiges Schulmädchen.

Gemeinsam mit Klaus machte sie sich nach dem Frühstück auf den Weg. Sobald sie außer Sichtweite des elterlichen Hauses waren, zog Klaus mit so langen Schritten aus, dass Josi nicht mehr mithalten konnte. Sie hütete sich allerdings ihrem Bruder zu zeigen, wie sehr sie es genoss, den Weg alleine zu gehen. Klaus hätte sicher eine Möglichkeit gefunden, ihr dieses kleine Vergnügen zu vergällen. Darum tat sie so, als ob sie sich fürchtete, und ließ ihn triumphierend ziehen. Dafür war sie für fast eine Stunde ungestört. Niemand verlangte etwas von ihr, niemand erteilte Befehle, niemand ärgerte sie.

Es war für Josi anstrengend den holperigen Weg zu gehen. Ihre kurzen Beine verloren sich in den tiefen Löchern, ließen sie stolpern, sodass sie einige Male beinahe hingefallen wäre. Nicht auszudenken, was passieren würde, sollte sie an ihrem ersten Schultag bereits schmutzig in die Klasse treten! Sie schaute sich um, ob auch niemand sie sehen würde, und raffte dann kurzerhand ihre Röcke bis weit übers Knie. Nun konnte sie ungehindert gehen. Das war herrlich. Nur leider streifte das nasse Gras ihre Wollstrümpfe, sodass diese bald durchtränkt waren. Für ein kurzes Wegstück genoss sie das leichte Gehen. Wie gut es die Brüder in ihren Hosen hatten! Gerne hätte sie sich auch so gekleidet. Doch Mädchen in Hosen, das war undenkbar.

Erst bei der Ziegelhütte ließ sie den Rocksaum wieder fallen. Hier wandelte sich der Weg in eine bequemere Fahrstraße. Bald erreichte Josi die ersten Gebäude des Dorfes. Es bestand aus knapp sechzig Häusern, die sich bei der Schiffsanlegestelle rund um die Kirche schmiegten. Etwa die Hälfte davon waren Gasthäuser und Stallungen, um die Reisenden über den Gotthardpass zu beherbergen. Das Leben der Menschen drehte sich seit Generationen um den Weg nach Süden. Er brachte Fremde aus vielen Ländern hierher, ermöglichte Arbeit und Verdienst. Über den Pass gelangten Waren von Nord nach Süd und umgekehrt. Er war die Lebensader des ganzen Gebiets.

Weil es keine Straße nach Norden gab, gelangten Güter und Personen über den See nach Uri. Flüelen war *der Hafen von Uri.* Darum war der winzige Ort am See so wichtig. Die Reisenden stiegen vom Dampfschiff auf die Kutschen um. Viele übernachteten hier.

Ein kleiner Umweg führte Josi an der Sust* vorbei zur Schifflände*. Sie schlängelte sich durch die Kutschen und Fuhrwerke, die auf die Abfahrt warteten, streichelte einem der Pferde über die Nüstern. Sie schnupperte ein wenig von der Betriebsamkeit mit den vielen fremden Menschen, bevor sie die Mädchenschule*, gleich hinter der Kirche, erreichte.

Im Schulzimmer klangen zahlreiche Stimmen durcheinander. Die älteren Kinder hatten sich bereits in die hinteren Reihen gesetzt, erzählten einander die letzten Neuigkeiten. Die vielen Mädchen saßen dicht gedrängt im ungemütlich engen und kalten Schulzimmer. Die Neulinge drängten sich auf den vordersten Bänken. Da Josi eine der letzten war, sah sie zunächst keinen freien Platz. Schließlich zwängte sie sich nahe am Fenster neben ein pausbäckiges Mädchen mit fast schwarzen Augen, das ihren Zopf wie eine Krone kunstvoll um den Kopf gesteckt trug. Ihr feines, blaues Kleid war mit Rüschen verziert. Sie stach aus den anderen Kindern heraus und roch angenehm nach Veilchenseife. Kein anderes Mädchen war auch nur annährend so elegant angezogen. Kein anderes Mädchen roch so gut wie sie.

In den Kleidern der meisten Kinder hing der abgestandene Geruch der 14 Wirtshäuser, die es in Flüelen gab. Sie rochen nach kaltem Zigarrenrauch, schlechtem Fett, verschüttetem Bier und viel zu viel Arbeit. Die Kinder der Fuhrleute stanken nach Pferdemist. Die Bauernmädchen rochen auch nicht besser. In deren Stuben mischten sich Gerüche von geschmolzenem Käse, Kirschwasser, von Hühnern und auch menschlicher Ausdünstungen in den Rauch von Tabakspfeifen, denn selbst Knaben von vier bis fünf Jahren rauchten bereits. Die Räume wurden nur selten gelüftet, damit der Holzvorrat den ganzen Winter reichte. In all dies mischte sich ein Hauch von Angst und Verzweiflung, von Schweigen und Dulden, von Einsamkeit und unbekannten Träumen. Je wärmer es im Schulzimmer wurde, desto intensiver entwickelte sich der Mief, der nicht nur das Atmen, sondern auch das Denken behinderte.

Josi beobachtete ihre Banknachbarin eingehender. Die kecke Stubsnase und die feinen Lachfältchen unter den Augen, ließen Josi sofort ihr eigenes ärmliche Äußere vergessen. Dieses Mädchen unterschied sich deutlich von allen. Es versprühte einen Schalk, der den anderen fehlte. Josi fühlte sich zu ihr hingezogen.

„Ich bin Josi", stellte sie sich vor.

Erst musterte sie die Nachbarin etwas mürrisch, doch nachdem die Prüfung zu ihrem Wohlwollen ausgefallen war, grinste sie übers ganze Gesicht und rutschte etwas zur Seite, um Josi Platz zu machen.

„Ich heiße Käthi. Darf ich deine Freundin sein?"

Bevor die Kinder etwas Weiteres besprechen konnten, verebbte das Gemurmel. Schwester Idda, gefolgt von Pfarrer Dittli, trat vor die Klasse. Der Nonnenhabit gab nur wenig preis vom strengen Gesicht der Lehrerin, welches das Lächeln schon vor Jahren verlernt hatte. Nach einer kurzen Begrüßung übergab sie dem Pfarrer das Wort. In seinem gewohnten Singsang, den Josi von der Predigt kannte, begann er seine Ansprache.

„Liebe Mädchen, der erste und vorzüglichste Zweck der Schule ist *das geistige Wohl*, damit meine ich *eure christliche Erziehung*. Ihr sollt zu guten und braven Kindern werden, das heißt, folgsam und sittlich. Denkt immer daran, in der Jugend sollt ihr euren Eltern Freude bereiten, im Alter werdet ihr ihnen eine Stütze und Hilfe sein."

Käthi kicherte. „Ich denke nicht daran. Das ist doch viel zu langweilig", flüsterte sie. Erschrocken schaute Josi zu ihrer Kameradin. Bestimmt würde der Pfarrer das ungehörige Benehmen gleich tadeln. Doch der war so versunken in seine Rede, dass er die Kinder nicht wahrnahm.

„Ihr sollt gehörig lesen lernen, Gedrucktes und Geschriebenes. Ihr wisst selbst, wozu das wichtig ist. Ihr sollt später mit Schreiben und Rechnen eure Geschäfte besorgen und euren Eltern in deren Angelegenheiten helfen können. Das ist in kurzem der Zweck der Schule. Sie möchte euch darüber hinaus nicht unnötig mit weiterem Stoff anstrengen."

Josis Magen krampfte sich zusammen. Was sollte das heißen? Würde sie hier etwa nichts von all den interessanten Dingen lernen, für die sie so brannte? Sie wollte die Welt verstehen. Lesen und Rechnen konnte sie bereits. Das war nichts Neues. Blieb nur noch das Schreiben. War das alles? Sie hörte die Stimme des Pfarrers nur noch von weitem, als er endete: „Damit ihr diesen Zweck erreichen könnt, bedarf es des *fleißigen Schulbesuches*. Und so sage ich euch also ganz klar, kein Kind wird zur ersten Heiligen Kommunion zugelassen, sofern es die Schule nicht regelmäßig besucht. Sagt das euren Eltern, damit sie euch stets pünktlich zum Unterricht schicken."

In Josi kämpften unterschiedliche Gefühle. Die Schule hatte sie jetzt schon tief enttäuscht. Sie befürchtete, dass dies so bleiben würde. Am liebsten wäre sie umgekehrt, um sich zuhause mit dem *Hinkenden Boten* selbst zu beschäftigen oder wenigstens der Mutter bei der Hausarbeit zu helfen. Doch sollte sie sich selbst sowie ihren Eltern die Schmach zufügen, wenn sie nicht zur ersten Heiligen Kommunion zugelassen würde? Unter ihren langen Wimpern schielte sie zu Käthi. Die saß mit gesenktem Kopf da, zog eine Schnute und wippte gelangweilt mit ihren Füssen.

Nachdem der Pfarrer die Klasse verlassen hatte, wollte Schwester Idda die neuen Kinder kennenlernen. Ehe es sich Josi versah, zeigte die Lehrerin mit einer Weidenrute auf sie und befahl barsch: „Du da hinten, aufstehen! Wie heißt du?"

Josi war eines der kleinsten Kinder. Die Lehrerin hatte wohl gemutmaßt, sie wolle sich verstecken und sie daher als erste aufgerufen. Eingeschüchtert erhob sie sich: „Ich bin Josi Gisler."

„Das will ich *nie mehr* hören, verstanden?", wetterte die blecherne Stimme der Nonne. Josi wusste nicht, weshalb sie gescholten wurde, beschloss aber, sich nichts anmerken zu lassen. Das hatte sie mit Klaus geübt. *So tun, als ob nichts sei*. Sich nichts anmerken lassen bedeutete, dass die Situation bald beendet war. Mit gesenktem Kopf wartete sie darauf zu erfahren, was von ihr verlangt wurde.

„Wir sind eine *christliche Schule*. Darum tragt ihr hier eure *christlichen Namen*. Habt ihr das alle verstanden?" Sie schaute drohend in die ausdruckslosen Gesichter der Mädchen. „Also, wie heißt du?" Mit der Weidenrute klopfte sie ungeduldig wippend auf ihre linke Hand.

„*Josefa* Gisler", antwortete Josi kleinlaut. Sie mochte diesen Namen nicht, Josefa. Warum hatten ihre Eltern sie nicht wenigstens Maria getauft? Warum musste es ein Name sein, den sonst Buben trugen? Ihr Name war für sie eine Pein. Doch den anderen erging es nicht besser. Ihre neue Freundin war nun während des Unterrichts *Katharina*, das nächste Kind hieß *Vincentia* anstelle von Zänzi, gefolgt von *Cäcilia*, die eigentlich Zilli war. Keins der Kinder mochte seinen ungewohnten Namen. Durch ihn fühlte sich die Schule für alle an wie ein unpassendes Kleid, in das sie hineingezwängt wurden.

Während sich der Unterricht den älteren Kindern zuwandte, begannen Josis wollene Strümpfe zu trocknen. Es juckte fürchterlich, sodass sie sich nur mit größter Mühe stillhalten konnte. Immer wieder versuchte sie sich zu kratzen, ohne die Aufmerksamkeit der Schulschwester auf sich zu ziehen. Doch die fragte inzwischen die älteren Kinder das Einmal-Eins ab, während die Erstklässlerinnen stillsitzen mussten. Ohne dass sie es selbst bemerkte, sagte Josi die Resultate leise vor sich hin. Sie konnte gar nicht verstehen, weshalb die meisten Mädchen bei so leichten

Aufgaben stockten. Unvermittelt fiel ein Schatten auf sie. Drohend stand die Schwester vor ihr.

„Was unterstehst du dich, Josefa Gisler", schrie sie aufgebracht, „du hältst dich wohl für etwas Besseres? Du meinst wohl, als Neuling hättest du eigene Rechte? Du wirst hoffentlich bald lernen, was *Disziplin* bedeutet, *Gehorsam, Demut. Das* sollt ihr hier lernen. Ihr sollt zu treuen *Dienerinnen* werden. Nur so könnt ihr an der Seite eurer Männer eine Familie führen." Sie blickte in die Klasse. Unterwürfig hielten die Mädchen ihre Köpfe gesenkt.

„Und du? Was fällt dir ein? Wie kannst du es wagen, den Kindern vorzusagen? Wollen wir doch mal sehen, wie es um deine Rechenkünste steht, da du gerade mal *einen Tag* zur Schule gehst." Einige Mädchen unterdrückten ein Kichern. Sie warteten gespannt, wie Josi sich sogleich blamieren würde. Die anderen waren vor Schreck erstarrt. Was würde nun passieren? Sie zogen den Kopf noch mehr ein. Schwester Idda hob siegessicher ihre Stimme.

„Sieben mal acht?" – „56" – „Neun mal drei?" – „27" – „Fünf mal fünf?" – „25".

Zur großen Überraschung aller wusste Josi sämtliche Aufgaben ohne Zögern zu beantworten. Die Klasse schwieg, als die Lehrerin bemerkte: „Nun, du scheinst ja bereits etwas zu können. Das gibt dir aber noch lange nicht das Recht, den anderen Kindern vorzusagen. Wenn ich dich noch einmal erwische, kriegst du was auf deine Tatzen." Dazu schwang sie bedrohlich die Weidenrute und deutete Schläge auf die ausgestreckten Finger an.

Auch nachdem sich Josi allmählich an die Schule gewöhnt hatte, konnte sie ihr nichts abgewinnen. Sie war enttäuscht, unzufrieden und verzweifelt. Schwester Idda verstand den Unterricht vornehmlich als *katholische Erziehung*, so wie es Pfarrer Dittli am ersten Schultag erklärt hatte. Die Mädchen sollten Gottes Gesetze kennen, fromm und tugendhaft werden und zu treuen Dienerinnen ihrer Ehemänner heranwachsen. Darum begann der Tag mit Gebet und Kirchengesang. Da ein besonderes Fest bevorstand, übte die Lehrerin auch den *Schweizerpsalm** mit den Kindern. Als wahre Schweizerinnen sollten sie ihn beherrschen und mit einstimmen können. Als nächstes folgten die Lehre des Katechismus, das Abfragen der sieben Todsünden oder wahlweise der zehn Gebote und schließlich übten sie ein wenig Lesen oder Rechnen, alles Dinge, die Josi längst wusste. Schreiben würde erst im nächsten Jahr zum Unterricht gehören. Es war zum Verzweifeln.

Die älteren Mädchen lernten zudem stricken, sticken, nähen und vor allem stopfen. Während des ganzen Unterrichts kam nichts von dem zur Sprache, was Josi so brennend interessierte, nichts über die Länder, aus denen die Touristen anreisten, nichts über die Eisenbahn oder die Axenstraße, nichts über seltsame Vorkommnisse, wie sie im *Hinkenden Bot* standen, nichts über drohende Kriege. Schwester Idda benutzte ausschließlich die Bibel und den Katechismus als Lesebuch.

Einen einzigen Vorteil bot die Schule allerdings. Der war so enorm, dass sich Josi trotz aller Eintönigkeit jeden Tag darauf freute. Dank der Schule durfte sie ins Dorf gehen. Auf dem Platz vor dem Brunnen, beim Landesteg oder vor dem Krämerladen lernte sie und sog begierig alles in sich auf. Im Dorf war auch im Winterhalbjahr beträchtlich viel los.

Nach der Schule schlenderte Josi oft zum Hafen und trieb sich dort eine Weile herum, bevor sie sich auf den Heimweg begab. Das bot ihr die Gelegenheit, die emsige Betriebsamkeit genau zu beobachten, wenn Dampfschiffe von Luzern anlegten. Kutscher stritten um die besten Halteplätze beim Schiffsteg, eingespannte Pferde warteten ungeduldig tänzelnd darauf, endlich lostraben zu dürfen, und Hoteliers versuchten mit lautem Geschrei möglichst viele Gäste anzulocken, obwohl das eigentlich verboten war. Die Fuhrmänner verjagten neugierige Kinder, vertrieben Hunde mit Fußtritten, fluchten oft so derb, dass Josi fürchtete, der Boden könnte sich öffnen, um die sündigen Burschen zu verschlucken. Zwischen den wartenden Fuhrwerken, den Koffern und Kisten streunte sie umher, hüpfte über dampfende Misthaufen, von denen die Schmeißfliegen stoben, bewunderte die Herrschaften, die von weither gereist kamen, Neues und Aufregendes in das kleine Dorf brachten.

Außerdem hatte Josi nun eine Freundin, die Käthi vom Hotel Ochsen*. Es war das beste Haus im Ort mit feiner Kundschaft aus den großen Städten Europas. Manche Gäste stammten sogar aus Amerika oder Russland. Seit die Gotthardstraße vor dreißig Jahren mit Kutschen befahrbar wurde, reisten immer mehr Leute aus Deutschland, England oder Frankreich an den Comersee oder weiter mit der Eisenbahn bis nach Mailand und Rom. Im Sommer blieben etliche Touristen für mehrere Tage oder Wochen in Flüelen, genossen die Aussicht auf den See mit der malerischen Bergkulisse und das gute Essen.

Josis Großvater betätigte sich als Fremdenführer. Er führte die Leute mit der Kutsche nach Altdorf oder in eines der schönen Täler und erklärte dabei die Gegend. Niemand konnte so schön Geschichten erzählen wie er! Am meisten interessierte die Fremden die Sage von Wilhelm Tell, der den österreichischen Landvogt Gessler getötet hatte. Schaurigschön malte der Großvater das Geschehen aus, als ob er es mit eigenen Augen gesehen hätte.

Jetzt im Herbst waren es fast ausschließlich Handelsreisende oder Gelehrte, die den Weg über den Gotthard nutzten. Käthi umgab ein Hauch der großen weiten Welt, der Josi magisch anzog. Ihr Leben war aufregend, verglichen mit Josis im einfachen Heimwesen weit außerhalb des Dorfes.

Die Touristinnen im Ochsen brachten etwas Großstadtflair ins Dorf. Sie trugen modische Hüte und weit ausladende Seidenkleider in leuchtendem Blau oder Grün oder sogar in sehr hellem Beige, mit Rüschen und vielen Knöpfen über der Brust. Wie schwierig musste es sein, solche Kleider auf einer langen Reise über staubige Landstraßen oder in rußigen Zügen sauber zu halten! Die in enge Korsetts gezwängten Taillen wirkten umso schlanker, als die Röcke in mehreren Schichten über einem Reifrock lagen. Die üppigen Verzierungen sowie die breiten Ärmel verliehen diesen Damen in Josis Augen eine engelgleiche Erscheinung, wie es keiner Einheimischen je möglich war, auch nicht in der prächtigsten Sonntagstracht. Ihre Stiefeletten waren stets glänzend und neu, kunstvoll über zahllose Ösen verschnürt. Josi hätte sich ihre Mutter nie in so einer vornehmen Aufmachung vorstellen können. Sie lehnte jegliche Art von Extravaganz ab. „Stolz ist eine Todsünde und Hoffart bringt dich in die Hölle", lautete ihr Kommentar, wenn Josi begeistert die feine Bekleidung der Fremden beschrieb.

Am meisten wunderte sich Josi über den Umstand, dass diese Leute nicht arbeiten mussten, im Gegenteil, oft reisten Dienstboten oder Zofen mit. Ihre Reisen dauerten manchmal mehrere Monate, bis sie wieder nach Hause zurückkehrten. Während dieser langen Zeit gaben sie viel Geld aus, denn die Aufenthalte in Hotels und die Fahrten mit der Eisenbahn, dem Schiff und der Kutsche waren teuer. Gerne hätte Josi gelernt, worin das Geheimnis der reichen Leute bestand.

Käthi mochte die Schule genauso wenig wie Josi. Zwar konnte sie noch nicht lesen und rechnen, dafür aber einige Sätze in anderen Sprachen. Die beiden Mädchen übten miteinander, was immer Käthi aufgeschnappt hatte. Ab und zu wagten sie es sogar, eine feine Dame anzusprechen: „Bonjour, Madame, comment allez-vous, ma chérie?"

Die Angesprochene war verwundert, freute sich aber über die aufgeweckten Kinder. Sie sah über die mangelnden Manieren der beiden

Mädchen hinweg. Unter viel Gelächter antwortete sie und verzieh ihnen, dass sie etwas Ungehöriges gesagt hatten. Fröhlich korrigierte sie, „mein Liebling" durften nur Erwachsene zu Kindern sagen, aber nie umgekehrt.

Käthi war das einzige Kind der Familie, die *Tochter des Hauses*, wie sie in spöttischem Ton erzählte. Ihre Eltern hatten viel mit ihr vor. Sie sollte die beste Erziehung erhalten und einmal das Hotel übernehmen. Doch Käthi hielt nicht so viel von diesen Plänen. Die Eltern duldeten ihren Umgang mit Josi, hießen ihn aber nicht wirklich gut. In ihren Augen bedeutete das einfache Mädchen eine Gefahr für ihre Tochter. Sie spürten, dass sich Josi genauso wenig um die gesellschaftlichen Normen scherte wie Käthi.

Wenn der Vater im Dorf Besorgungen zu erledigen hatte oder sich mit seinen Freunden traf, durfte Josi manchmal im Gasthaus Helvetia auf ihn warten, bis er sie anschließend nach Hause ruderte. Dieses Haus unterschied sich enorm vom Ochsen. Unmittelbar beim Hafen gelegen, verfügte das Hotel Helvetia neben einer Gaststube im Erdgeschoss über einen Saal im ersten Stock. Sein herrlicher Ausblick auf den See und die Berge war wie geschaffen für weitsichtige Pläne und ermöglichte dem Vater, sich mit Gleichgesinnten zu treffen, ohne dass fremde Ohren ihren Unterhaltungen lauschten. Am Stammtisch verkehrten die Einheimischen, die lautstark politisierten. Josi liebte die geschäftige Atmosphäre, auch wenn sie nicht viel von dem verstand, was die Männer besprachen.

Die Wirtin war sehr dick und bewegte sich entsprechend langsam. Josi ahnte, dass es auch hier bald ein weiteres Kind geben würde. Unter einem weißen Häubchen schauten zwei gütige Augen wohlwollend auf

Josi, die sich um die kleinen Kinder in der rauchigen Gaststube kümmerte. Mit einem Blick hatte Josi erkannt, dass dies ein ungeeigneter Spielplatz für die beiden Mädchen von zwei und vier Jahren war. Es war für Josi so selbstverständlich, dass sie gar nicht bemerkte, wie sehr sich die Wirtin über sie wunderte. Erschöpft von der vielen Arbeit in Haus und Küche, konnte sie sich zu wenig um die beiden kümmern. Die beiden Buben, Georg und Franz, waren älter als Josi und beachteten sie gar nicht. Was sollten sie schon mit einem kleinen Mädchen mit Zahnlücken?

Nach einigen Kaffee Träsch* erhitzten sich die Gemüter am Stammtisch schnell. Viele Einheimische begrüßten den aufkeimenden Tourismus, während andere ihn bekämpften. Waren die Fremden Fluch oder Segen? Konnte man den städtischen Politikern trauen, die von *Fortschritt* sprachen? Die bevorstehenden Projekte von Alpenstraßen sowie einer Eisenbahnlinie über den Gotthard entzweite die Gemeinde. Die Männer fürchteten um ihre Arbeit als Säumer oder Kutscher. Was sollte aus ihnen werden, wenn man bequem mit einem Zug ins Tessin reisen konnte?

Das Leben in Uri hatte sich stark verändert, seit 1848 die Schweizerische Eidgenossenschaft entstanden war. In diesem Jahr hatten sich alle Stände zusammengeschlossen und mit der ersten Bundesverfassung etwas Ruhe ins Land gebracht. Viele alteingesessene Politiker fühlten sich aber von den fortschrittlicheren städtischen Kantonen überstimmt, die sie nur wenige Jahre zuvor noch als Feinde blutig bekämpft hatten. Unzufriedenheit schwelte in den Gemeinden. Der Bundesrat bestand aus lauter liberalen Männern, die an eine bessere Zukunft glaubten mit einem starken Wachstum der Wirtschaft. Sie erließen Gesetze, mit denen sie Uris uralte Vorrechte auf dem See und über den Gotthardpass aufhoben. Anstatt von den Zöllen am Pass zu leben, bezahlten die Urner erstmals Steuern.

Und so schimpften etliche Männer am Stammtisch, der Bundesstaat habe ihnen *ihre Freiheit geraubt.* Wilhelm Tell habe den Gessler* umsonst erschossen, denn nun stünden sie nicht mehr unter dem Joch der Habsburger, sondern unter dem von Bern. Nichts sei besser geworden, sondern alles nur noch schlechter.

Der Vater gehörte zu den Befürwortern der neuen Zeit. Er sah die Möglichkeiten, die sich für seinen Holzhandel öffneten. Schon jetzt lieferte er Holz bis nach Luzern. Er war dafür auf die Schiffe angewiesen, die wegen des Wetters oft nicht fahren konnten. Die Eisenbahn und Straßen würden sein Geschäft erleichtern. Daher setzte er sich für die Pläne aus Bern ein. Auch der Wirt des Hotels Helvetia befürwortete die neuen Verkehrswege. Viele andere Eigentümer von Gaststätten hofften auf mehr Touristen und mehr Handel. Gemeinsam wollten sie Uri zu neuen Einnahmen verhelfen und die Bevölkerung aus der Armut führen. Männer wie Josis Vater wollten, dass sich etwas veränderte. Sie sehnten sich nach neuen Errungenschaften, waren fasziniert von den Erfindungen, die es weltweit plötzlich gab. Sie suchten nach Wachstum und nach einer besseren Zukunft und wussten, dass sie selbst etwas beitragen mussten, damit dies einträfe.

Die Stimmen waren dröhnend, der Tabakrauch wurde dichter, Fäuste krachten auf den Tisch. Alle redeten durcheinander. Jeder war von seiner Meinung überzeugt und wollte sich nicht umstimmen lassen, versuchte aber die anderen für sich zu gewinnen. Josi fürchtete sich, wenn die Männer so lautstark stritten und zu keiner Einigung kamen. Dann verkroch sie sich mit den Mädchen in die Küche, wo sie sie fröhlich mit der Wirtin plauderte. Bald entwickelte sich eine Freundschaft zwischen den beiden.

21. Oktober 1860

Für ein Fest hätte man sich keinen würdigeren Tag ausdenken können. Nachdem es tags zuvor noch wie aus Kübeln geregnet hatte, zeigte sich der Himmel gnädig. Die Morgenluft war rein und klar, der See lag friedlich da und spiegelte die Bergspitzen. Wer immer an diesem Morgen unterwegs war, erinnerte sich unweigerlich an Schillers Verse, *es lächelt der See, er ladet zum Bade.*

Einige Schulkinder waren auserkoren teilzunehmen. Josi war überglücklich, dass sie mitgehen durfte. Was für eine Aufregung, was für eine Abwechslung! Nicht einmal Klaus, der vor Neid fast platzte, vermochte ihre Vorfreude zu trüben.

Sie hatte sich für diesen speziellen Tag herausgeputzt wie noch nie, mit einer Tracht, welche die Mutter nach Vorgaben der Regierung eigens für sie genäht hatte. Die Mädchen sollten den Kanton Uri würdig vertreten und dem Fest Farbe verleihen. Die weiße Bluse unter dem schwarzen Mieder strahlte blütenrein, ein roter Rock leuchtete fröhlich und auf dem Kopf thronte ein kecker Strohhut. Am Vorabend hatte ihn Klaus *aus Versehen* zertreten wollen. Doch glücklicherweise kam die Mutter gerade rechtzeitig, um das *Missgeschick* zu verhindern.

Schon am Morgen drängten sich beim Landungssteg die Menschen, Josi und die anderen Schulkinder unter ihnen. Leider war Käthi nicht dabei, sodass sich Josi unter den vielen Leuten etwas verloren fühlte. Doch die Vorfreude war stärker. Ganz Flüelen, ja ganz Uri schien ungeduldig auf den Beinen. Alle wollten mit, obwohl der Festakt erst am Mittag stattfinden würde. Alle wollten der Enthüllung des Denkmals für *Friedrich Schiller* beiwohnen. Sie verstanden es als ihre patriotische Pflicht.

Das Fahren auf dem Dampfer war so gar nicht mit dem Transport auf Vaters Ruderboot zu vergleichen. Kaum ein Schwanken war zu verspüren. Die riesigen Schaufelräder bewegten sich wie von Zauberhand angetrieben. Josi war ganz aufgeregt, weil sie zum ersten Mal mit dem modernen Verkehrsmittel fuhr. Ruhig glitt das Schiff auf dem Wasser, vorbei an der elterlichen Säge. Sie wollte winken, doch niemand zeigte sich, der ihren Gruß hätte erwidern können.

Steil und erhaben stand der Fels des Axen im See. Wenig später fuhren sie an der Tellsplatte vorbei, wo Tell mit einem mutigen Sprung dem Landvogt Gessler entkommen war. Um diesen Ort besonders zu ehren, stand unmittelbar daneben die Tellskapelle, geschmückt mit großen Fresken, die Josi vom Schiff aus aber nicht erkennen konnte. Dieser Sprung verkörperte das Ideal von Freiheit und Selbstbestimmung, für das die Schweiz berühmt war.

Nun drehte das Schiff und fuhr quer über den See zur Rütliwiese, die nun dank der vielen Spenden dem Schweizervolk gehörte. Ehrfürchtig machten sich die Passagiere gegenseitig darauf aufmerksam, erinnerten einander, dass hier der Ursprung der Schweiz sei. Hier hatten die Urväter den Eid geschworen, sich immer gegenseitig beizustehen. Hier hatten sie beschlossen, frei zu sein und diese Freiheit auf ewig zu verteidigen. Von dieser Wiese nahm die Eidgenossenschaft ihren Ursprung, so wurde es wenigstens erzählt. Kein anderer als *Friedrich Schiller* hatte diese Geschichte besser zu würdigen gewusst und sie mit seinem Drama *Wilhelm Tell* in ganz Deutschland, ja in ganz Europa bekannt gemacht. Sein Schauspiel lockte jedes Jahr zehntausende Menschen hierher. Viele von ihnen führten Schillers Buch im Gepäck. Alle wollten die Stätten sehen, wo Tell seine Heldentaten vollbrachte, sie wollten an seinem Ruhm schnuppern und sich, zurück in ihrer Heimat, damit brüsten.

Mit dieser Fahrt über den herbstlich leuchtenden See, dem dunklen Blaugrün, in dem sich die verfärbten Laubwälder spiegelten, der frischen klaren Luft, der prächtigen Bergkulisse verstand Josi unvermittelt, was Jahr für Jahr so viele Fremde wie magisch hierherzog. Der See und die Berge, verbunden mit den Anfängen der Schweizer Geschichte waren einzigartig. Sie hätte sich nichts Schöneres, nichts Beeindruckenderes vorstellen können, als diesen Moment auf dem See. Jeder auf dem Schiff spürte, dass hier eine besondere Energie war, jeder fühlte sich hier als Schweizer.

Auch von Luzern näherte sich ein festlich geschmücktes Dampfschiff dem etwa 20 Meter aus dem Wasser aufragenden, natürlichen Felsen, dem Mythenstein. Von Brunnen aus starteten zwei Nauen* mit Sängern und Blechmusiken aus Uri und aus Schwyz. Ein drittes Boot mit Sängern erreichte von Stansstad her den Festplatz auf dem See. Sie waren begleitet von zahllosen kleineren Schiffen, die sich alle in Stellung brachten. Es war ein bunter Reigen von Booten, gefüllt mit vaterländischem Stolz.

Feierlich erhoben die Chöre ihre Stimmen. Musik, die eigens für diesen Ehrentag komponiert worden war, schuf die einmalige Stimmung, die sich allen Festteilnehmern tief einprägte. Sogar die Kinder verstummten und waren ganz ergriffen. Nun wurde die Inschrift mit riesigen Goldlettern auf dem Mythenstein andächtig enthüllt: *Dem Sänger Tells, Friedrich Schiller, Die Urkantone, 1859.*

Mit dem Überschuss der Spendensammlung vom vergangenen Jahr hatte man das Denkmal geschaffen. Ein natürlicher Fels, der aus dem See emporragte, war zum Obelisken behauen worden. Er sollte anlässlich des hundertsten Geburtstages den Dichter ehren.

Die Kinder verstanden den Inhalt der folgenden Reden kaum, in denen viel von Vaterland, von Freiheit und von Wilhelm Tell zu hören war. Die drei Urkantone, Uri, Schwyz und Unterwalden, feierten ihre Verbrüderung. Sie feierten den Moment, als sie das Joch der Habsburger abstreiften und zu unabhängigen Landsleuten wurden. Sie beschworen die Heldentaten ihrer Vorväter zu Vorbildern für die Schweiz. Sie priesen den Wagemut und die Entschlossenheit von aufrechten Eidgenossen.

Während der langen Reden schweiften Josis Gedanken ab. Immer und immer wieder hörte sie das Wort *Brüderlichkeit.* Sie hatte mittlerweile vier Brüder, Klaus, den Quälgeist, Heiri und Willi, ihre Spielgefährten, auf die sie aufpasste, und den Säugling, Wisi. *Brüderlichkeit.* Hatten die vier irgendetwas gemeinsam? Sie waren so unterschiedlich, dass sich Josi nichts unter dem Wort *Brüderlichkeit* vorstellen konnte. Warum sprach niemand über die Schwestern? Zählten die nicht? Sie hatte zwei Schwestern, Maria und Elisa. Acht Kinder, aber nur die Brüder wurden genannt. *Brüderlichkeit* schien eine besondere Tugend zu sein, nur, dass Josi und ihre Schwestern nie in der Lage sein würden, diese je zu erwerben. Das war ungerecht.

Gerne hätte sie mit jemandem darüber gesprochen. Doch um sie herum herrschte Schweigen, während der Redner weiter von Gottvertrauen, aufopfernder Liebe, von Freiheit und Vaterland, Heldenmut, Entschlossenheit und Tatkraft sprach.

Endlich durften die Kinder ihren Beitrag leisten. Sie eröffneten den Schweizerpsalm, jenes vaterländische Lied, das sie mit Schwester Idda so intensiv geübt hatten. Bald fielen die Sänger auf den Booten ein, schließlich sangen alle Anwesenden mit Inbrunst. Noch selten hatten sich die Schweizer so einig und verbunden gefühlt. Es folgten Böllerschüsse, Musik, Lebehoch- und Bravorufe mit dem Schwenken von Hüten, so dass es fast kein Ende nehmen wollte. Schließlich fuhren die Ehrengäste nach Brunnen, während die Dampfschiffe mit den vielen Zuschauern ihren Heimathäfen zusteuerten.

Kaum an Land, eilte Josi den langen Weg nach Hause. Noch ganz erfüllt von dem Erlebten wollte sie allen davon erzählen, von der Schifffahrt, der feierlichen Musik und den fröhlichen Gästen. Doch sobald sie die Haustüre öffnete, war ihre gute Laune verflogen. Klaus, Heiri und Willi stritten sich lautstark um irgendetwas, während Maria brüllend am Boden saß. Die Mutter hatte sich mit Wisi zurückgezogen, um ihn zu füttern. Sofort hob Josi die Schwester auf, um sie zu trösten, was ihr bald gelang.

Klaus ließ von seinen Brüdern ab. Mit einem fiesen Grinsen näherte er sich dem Herd und griff nach etwas, was dort auf dem Boden lag. Er trat auf Josi zu, klopfte ihr auf den Rücken und rieb fast zärtlich ihren linken Arm.

„Da ist ja unsere geliebte Schwester", sprach er voller Hohn. „Du kannst gleich das Abendessen zubereiten. Wir freuen uns schon darauf. Vielen Dank, dass du auch mal wieder nach uns siehst, nachdem du dich den ganzen Tag lang nicht hast blicken lassen."

Josi war erstaunt über dieses seltsame Benehmen und vergaß es sofort wieder. Zu viel Arbeit wartete auf sie, Marias Nase putzen, Wasser aufsetzen, um Brei zu kochen, Elisas Windel wechseln. Der schöne Tag war bereits weit weg.

Erst beim Ausziehen entfuhr ihr ein leiser Schrei. Die Tränen schossen ihr in die Augen. Tapfer schluckte sie Josi hinunter. Die Mutter würde zornig sein. Was konnte sie schon tun? Klaus hatte ihr mit einem Stück Kohle die neue weiße Bluse beschmutzt und die Flecken so richtig tief ins Gewebe eingerieben. Sie würde nie mehr ganz sauber werden.

Dezember 1860

Auch im Hotel Helvetia war die Freude groß, dass nochmals ein Knabe zur Familie gestoßen war. Aber ähnlich wie Wisi, plagte auch dieses Kind irgendein Leiden, sodass alle in Sorge waren. Würde es leben oder würde es auch bald zu einem Wohlgängerli* werden wie schon zwei Schwestern vor ihm? Zum Glück war der Betrieb im Winter viel ruhiger als im Sommer. Trotzdem musste sich die Wirtin ein junges Mädchen als Magd holen, so erschöpft war sie. Diese siebte Geburt war schwierig gewesen, hatte länger als üblich gedauert. Sie war so geschwächt, dass sie die vielen Aufgaben nicht mehr alleine bewältigen konnte.

Indes gingen die politischen Diskussionen weiter. Am Stammtisch trafen sich die Bewohner Flüelens am Feierabend. Im Saal oben besprachen einige eingeschworene Befürworter der neuen Zeit, wie sie mehr Einfluss im Kanton gewinnen könnten. Sie alle berieten die neue Situation. Der Kanton Uri beteiligte sich an der Finanzierung der Gotthardbahn! Es war der erste Schritt, damit dieses epochale Bauwerk realisiert werden konnte. Vielleicht, dachten die Bürger Flüelens, würde dieses Bauwerk ja tatsächlich dazu beitragen, den Frieden im Land zu erhalten? Da sich sowohl Sardinien als auch Preußen ebenfalls mit erheblichen Summen verpflichteten, würden sie bestimmt nicht dulden, dass irgendwer die Bahn gefährdete.

8 Jahre alt

Anfang Jahr 1861

Im Winter fühlte sich das Haus klein und eng an. Die Kinder verbrachten die Nachmittage und Abende drinnen. Es gab nicht genügend Platz für alle. Außerdem zahnte Wisi seit Wochen. Das bedeutete, dass er immer wieder weinte und schrie. Die Stimmung in der Familie war oft gereizt. Josi hätte sich ein ruhiges Plätzchen gewünscht. Doch sie musste sich um Elisa und Maria kümmern.

Die Mutter war erschöpft, weil Wisi auch nachts immer wieder unruhig war. Die Veilchenwurzeln, die Onkel Karl ihr gegeben hatten, zeigten kaum Wirkung. Der Junge biss darauf herum, doch seine Schmerzen schienen unvermindert anzuhalten.

Obwohl die Schule eine Enttäuschung blieb, gewöhnte sich Josi mehr und mehr daran. Der Schulbesuch bot ihr ein wenig Freiheit, ein wenig Raum für sich selbst. Zuhause warteten tausend Aufgaben auf sie, das

Hüten der Geschwister, das Helfen in Küche und Haus. Sobald sie unterwegs war, konnte sie ihren Gedanken nachhängen, trug für niemand Verantwortung, außer für sich selbst.

Nun lag der Schnee knietief, was das Gehen noch anstrengender machte. Einige Mädchen von Bauernhöfen weiter oben am Berg, fuhren auf einfachen Schlitten ins Dorf, Josi hingegen stapfte in der Spur, die ihr Bruder hinterlassen hatte. Sie hielt eine kleine Laterne, denn sie musste vor Tagesanbruch aus dem Haus. Der Rocksaum wurde schnell steif und schwer. Die Schuhschäfte hatte sie mit Binden umwickelt, damit der Schnee sie nicht füllte. Trotzdem waren ihre Knöchel bald empfindlich kalt, die Schuhe durchweicht und Schneewasser begann die Stiefel zu füllen.

Anschließend in der Schulstube ruhig zu sitzen, erwies sich als Qual. Es dauerte lange, bis sie sich aufgewärmt hatte. Wie feine Nägel fuhren stechende Schmerzen in die Füße. Am liebsten wäre sie aufgestanden, um aufzutreten und sich zu bewegen. Doch Schwester Idda beobachtete sie mit scharfem Blick. Josi fürchtete deren Argwohn und hielt sich still. *So tun, als ob nichts wäre.*

Nach der Schule durfte Josi ein wenig mit Käthi spielen. Die Mutter hatte nichts dagegen einzuwenden, wenn sie sich mit dem Mädchen traf und erst etwas später nachhause kam. Mit Käthi verband Josi bald eine innige Freundschaft. Die beiden waren sich ähnlich. Sie stachelten sich gegenseitig an, wenn es darum ging, Neues zu entdecken und die Fremden auszukundschaften. So wartete Käthi eines Tages bei der Türe auf Josi und flüsterte ihr zu: „Komm, du musst mir helfen". Sie zog Josi an der Hand, hinaus aus dem Schulhaus und hinüber zum Hotel Ochsen.

„Was gibt es denn?", wollte Josi wissen.

„Das zeige ich dir, wenn wir da sind."

Die beiden Mädchen betraten das Hotel. Der Tresen beim Empfang war mit *Réception* beschriftet. Käthi hob den Zeigefinger auf die Lippen.

„Pst, es darf uns niemand sehen!"

Vorsichtig schaute sie sich um, ob sie nicht beobachtet würden. Alles war leer und verlassen. Sie schlich sich in die verwaiste Loge des Portiers und kehrte mit einem roten Buch in der Hand zurück, das sie gegen die Brust drückte. Mit wenigen Schritten war sie bei der Treppe, die in den oberen Stock und zu ihrem Zimmer führte. Mit einem mulmigen Gefühl folgte ihr Josi.

Käthi schloss das Zimmer auf, trat ein und winkte Josi zu sich. Die staunte ob der Größe des Raumes. Bewundernd schaute sie sich in dem ungewohnten Luxus um. Käthi hatte ein eigenes weiches Federbett nur für sich allein, einen Kleiderschrank sowie einen kleinen Frisiertisch mit einem Spiegel. Durch das Fenster sah man zwar nur auf die düstere Gasse hinter dem Haus, doch Josi hätte viel darum gegeben ein eigenes Zimmer zu haben, ein Zimmer, um manchmal für eine Weile ganz für sich zu sein. In so einem Zimmer hätte sie ihre Ruhe und einen Platz zum Lesen. Ein eigenes Zimmer, da war die Aussicht Nebensache. Die Freundin ließ ihr keine Zeit zum Staunen, sondern winkte ungeduldig mit dem entwendeten Schatz.

„Das haben Herrschaften vergessen, die heute über den Gotthard weitergereist sind", flüsterte Käthi.

„Dürfen wir denn das?"

„Natürlich nicht. Aber was soll's? Das merkt bestimmt keiner. Und wenn sie telegraphieren, damit wir es nachschicken, dann weiß einfach niemand, was damit passiert ist. Das könnte doch jeder genommen haben. Der Portier war ja nicht auf seinem Platz." Sie grinste schelmisch und drückte Josi das Buch in die Hand, während sie sich auf das Bett setzte.

„Komm. Du kannst doch schon lesen. Was steht da? Ich platze vor Spannung, wenn ich das nicht bald erfahre. Dieses Buch tragen viele Gäste bei sich. Endlich kann ich es selbst einmal ansehen."

Nun war auch Josis Neugier geweckt. Ein richtiges, gedrucktes Buch, kein Kalender! Es war sehr solide, obwohl man ihm ansah, dass es schon oft benutzt worden war. Auf dem Einband prangten einige Flecken und die Ecken waren abgewetzt. Mit dem Finger folgte sie langsam den goldenen Buchstaben auf dem Buchdeckel. Mühsam entzifferte sie: *Die Schweiz. Handbüchlein für Reisende, nach eigener Anschauung und den besten Hilfsquellen bearbeitet. Karl Bädeker**

Die beiden Mädchen schauten sich fragend an. Schließlich öffneten sie das Buch an der Stelle, die mit einem Lesezeichen markiert war.

Flüelen, ital. Fiora, ist ein kleines Dorf, der Hafen von Uri, wegen der sumpfigen Ablagerungen der Reuß bei ihrem Einfluss in den See ungesund, wie die vielen Kröpfe, Krüppel und bleichen Gesichter bezeugen.*

„Das gibt es ja nicht", empörte sich Käthi, „*so* wird unser Dorf für die Fremden beschrieben? Dass die sich überhaupt her trauen!"

„Ein bisschen Recht hat das Buch ja schon. Mein Onkel ist der Apotheker in Altdorf. Ich habe neulich gehört, wie er mit dem Doktor über die vielen Leute in Uri mit Kröpfen sprach und es gebe im ganzen Kanton viele Krüppel und auch Schwachsinnige, also nicht nur in Flüelen. Die beiden haben sich darüber unterhalten, wie sie helfen könnten, denn sie meinten, das sei eine Folge von schlechter Ernährung und vom Hunger, den immer noch viele Familie leiden. Sie sagten auch, Napoleon habe die Bergbewohner *Crétins des Alpes* genannt. Das heißt, *Idioten der Alpen*. Dabei ist er doch an der Misere schuld."

„Wer ist Napoleon?"

„Ein französischer Kaiser, der die Schweiz bekriegte. So genau weiß ich es nicht mehr. Mein Großvater erzählte schon oft von der *Franzosenzeit* und davon, wie sich hier in der Gegend drei Heere bekämpften. Das waren Franzosen, Habsburger und Russen. Sie konnten nicht weg, weil es keine Schiffe für den Rückzug gab. Darum haben sie hier miteinander gekämpft. Die Soldaten hatten Hunger. Sie liefen weit, bis sie etwas Essbares fanden. Bis ins Isenthal, wo meine Verwandten wohnen, sollen sie gelangt sein. Sie raubten alles, machten vor nichts Halt und sollen alles gefunden haben. Die Leute haben ihre Wertsachen vergraben. Aber die Franzosen haben sie trotzdem gefunden. Das muss schrecklich gewesen sein."

Käthi lauschte gebannt. Ungeduldig drängte sie Josi weiterzuerzählen. Die berichtete, was sie von ihrem Großvater gehört hatte. Die Soldaten raubten den Bauern das Vieh oder es verhungerte, weil es kein Futter mehr gab. Noch vor dem Winter waren alle Nahrungsvorräte aufgebraucht. So darbten schließlich alle, die Einheimischen und die Fremden. Gegen die Kälte zündeten die Soldaten manchmal sogar Schuppen an, obwohl es dann nicht mehr genügend Unterkünfte hatte. Sie benahmen sich wie Bestien.

Am schlimmsten war der Brand von Altdorf, der 400 Häuser zerstörte. Die meisten Familien verloren dabei alles und kämpften fortan mit der Armut. Diese Ereignisse prägten die ganze Region.

Josi nahm das Buch wieder zur Hand. Als sie ein paar Seiten zurückblätterte, stieß sie auf die Wörter *Franzosen* und *Napoleon Bonaparte*. Die Mädchen ahnten, dass hier genau von den Feldzügen geschrieben wurde, von denen Josi eben erzählt hatte. Doch sie waren enttäuscht. Es waren zu viele schwierige oder unbekannte Wörter. Die Mädchen konnten den Text nicht entziffern. Sie schworen sich, nicht aufgeben zu wollen, bis sie verstanden, was in dem kostbaren Buch stand. Plötzlich schlug die nahe Kirchenuhr. Erschrocken fuhren sie auf.

„Ich muss nach Hause, sonst schimpft die Mutter, wenn ich zu spät bin. Aber morgen machen wir weiter! Wir wollen versuchen, dieses Buch zu lesen. So etwas Interessantes habe ich noch nie gesehen."

Eilig versteckte Käthi den Reiseführer in ihrem Kleiderschrank, bevor die Mädchen das Zimmer verließen.

Von da an trafen sich die beiden oft nach der Schule und übten gemeinsam das Lesen. Josi zeigte ihrer Freundin die Buchstaben und sie suchten nach kurzen, einfachen Abschnitten, die sie verstanden, zum Beispiel die Geschichte von Wilhelm Tell, der den Apfel vom Kopf seines Sohnes schießen musste. Sie stand in Schillers Versen im Reiseführer. Das war packender als der Katechismus. Sie lasen die Stelle so oft, bis Käthi sie nach einigen Tagen fließend lesen konnte.

Tell: Mir schwimmt es vor den Augen!

Erlasset mir den Schuss. Hier ist mein Herz!

Ruft eure Reisigen und stoßt mich nieder!

Gessler: Ich will dein Leben nicht, ich will den Schuss.

– Du kannst ja Alles, Tell! An Nichts verzagst du;

Das Steuerruder führst du wie den Bogen;

Dich schreckt kein Sturm, wenn es zu retten gilt!

Jetzt Retter, hilf dir selbst – du rettest Alle!

Walther Tell: Vater, schieß zu! Ich fürchte mich nicht.

Tell: Es muss!

Stauffacher: Der Apfel ist gefallen!

Der Knabe lebt! Der Apfel ist getroffen!

„Hättest du den Mut, dir einen Apfel vom Kopf schießen zu lassen?", wollte Josi von ihrer Freundin wissen.

„Sicher nicht. Ich bin ja auch kein Knabe! Bei mir wäre der Apfel bestimmt vorher vom Kopf gefallen, weil ich vor Angst gezittert hätte oder fortgelaufen wäre."

Die beiden kicherten. „Ich habe wenigstens einige Brüder, die den Kopf hinhalten könnten. Aber du? Du hast keine Geschwister. Du müsstest das selbst durchstehen."

Sie kicherten erneut. „Nur gut, ist das alles längst vorbei und wir sind seither frei."

Sie steckten ihre Köpfe zusammen und kicherten erneut. Am meisten freute sie, dass niemand von ihrem Geheimnis wusste.

Käthi schnappte von den Touristen immer mehr Brocken in Fremdsprachen auf, wenn sie im Hotel helfen musste. Außer beim Tischdecken ging sie ihrer Mutter beim Trocknen des Geschirrs und beim Putzen zur Hand. Sie brachte Getränke und half beim Abräumen. So lernten beide Mädchen eifrig, aber nicht in der Schule, sondern in der kurzen Zeit danach, bevor Josi ihren Rückweg antrat.

Mai 1861

Der Frühling ließ lange auf sich warten. Wochenlang herrschte kaltes Sudelwetter. Endlich, am Himmelfahrtsfest, leuchtete der Himmel blau, zeigten die Blüten ihre wahre Pracht, erschienen die Berge klar und zum Greifen nahe. Die Natur präsentierte sich dem Herrgott zu Ehren von ihrer schönsten Seite. Die Menschen schwitzten draußen während der Gemeindeversammlung bei fast sommerlicher Hitze und bei absoluter Windstille.

Doch der schöne Schein war trügerisch. Die älteren Einwohner waren unruhig. Sie kannten die typischen Wolkengebilde über den Bergspitzen, die nichts Gutes verhießen. Sie kannten den Druck, der sich pochend über die Schläfen legte. Sie kannten die Tücken des Föhns*, dieses heißen Fallwindes, und fürchteten ihn. Er konnte sich jäh zum Orkan entwickeln, der Mensch und Natur tage- und nächtelang zum Erschlaffen brachte.

Als der Vater nach der Versammlung am Abend nachhause kam, befahl er seiner Frau, unverzüglich das Feuer im Herd zu löschen. Es drohe ein arger Föhnsturm.

„Wieso meinst du? Es ist doch alles ruhig", fragte sie zweifelnd.

Der Vater bestand darauf und wies auch Klaus zurecht, der sich über seine Vorsicht lustig machte.

„Mit dem Föhn ist nicht zu spaßen. Es braucht nur einen kleinen Windstoß, der Glutstücke auf die Holzschindeln trägt. Bevor du dich umschaust, steht das Haus in Flammen. Los, ich dulde keine Widerrede. Es ist auch gegen das Gesetz. Bei Föhn soll man kein Feuer machen. Manch einer hat alles verloren, weil er nicht Acht gab."

Der Vater behielt Recht. Es dauerte nicht lange, und der Wind begann am Haus zu rütteln. Die Mutter sammelte draußen alles ein, was nicht festgebunden war. Während die Familie zu Abend aß, schwoll draußen der Wind zum heftigen Sturm. Der Nussbaum ächzte, die Balken knarrten, die Raben krähten, Unheil verkündend. Bald war das Heulen des Föhns laut und drohend.

Nach dem Essen versammelten sich Eltern und Kinder in der Stube beim Herrgottswinkel, um gemeinsam zu beten. Die Mutter griff nach dem Rosenkranz. Mit leiser, aber sicherer Stimme begann sie das Ritual, in das die anderen einstimmten. „Im Namen des Vaters und des Sohnes und des Heiligen Geistes". Sie bat den Heiligen Florian, die Heilige Agatha und die Heilige Barbara um deren Beistand. Sie empfahl die ganze Familie in die Obhut der Gottesmutter, bevor sie mit dem eigentlichen Rosenkranzgebet begann. Die Angst vor dem Sturm war so groß, dass nicht einmal eine Kerze brannte. In gespenstischer Dämmerung saß die Familie, auf den Schutz der Heiligen hoffend. Dann begleitete die Mutter die Kinder ins Bett. Sie segnete jedes einzelne mit einem Kreuz auf die Stirn, nochmals den Schutz des Allmächtigen erflehend.

Es war eine unruhige Nacht. Keins der Kinder schlief gut. Einige Male erhob sich die Mutter, um nach ihnen zu sehen. Jedes Mal zeichnete sie ein Kreuz über deren Bett. Auch Josi lag wach. Der Sturm war laut und Lärm verhieß nichts Gutes.

Als der Vater nach Mitternacht kurz aus dem Haus ging, um nach dem Rechten zu sehen, glaubte er Rauch zu riechen. Besorgt spähte er über den Bach, ob bei den Nachbarn alles in Ordnung sei. Er konnte kein Feuer entdecken und sonst gab es keine anderen Gebäude in der Nähe. „Werde ich nun auch schon ängstlich wie ein Weib?", wunderte er sich über seine eigene Wahrnehmung. Er redete sich ein, dass er sich getäuscht habe, und kehrte ins Haus zurück.

Auch am nächsten Morgen hielt die stürmische Witterung an. Drohend wild gebärdete sich der See mit grauen, unberechenbaren, meterhohen Wellen, auf denen weiße Kronen tanzten. Eine die nächste jagend, schienen sie in alle Richtungen zu laufen. Wie Nebel stand die Gischt über der Wasseroberfläche. Die Eltern fürchteten, der See könnte überlaufen und die Holzstapel mit sich reißen, so heftig schlug das Wasser ans Ufer. Alle waren unruhig. Die Nerven lagen blank. Noch immer lag etwas unheimlich in der Luft. Das Tosen des Wassers passte so gar nicht zum tiefblauen Himmel.

Es war Thomas, der Geselle, der wenig später atemlos die Schreckensnachricht ins Sägewerk brachte.

„Habt ihr es schon gehört?"

„Was?"

„Ganz Glarus* ist abgebrannt."

„Wie, was soll das heißen, ganz Glarus ist abgebrannt?"

„Fast der ganze Ort ist zerstört. Tausende Menschen haben in der letzten Nacht alles verloren, alles. Sie konnten nichts retten, als das, was sie auf dem Leibe trugen. Zum Glück gibt es nur wenige Tote zu beklagen. Mehr weiß ich auch nicht."

„Um Himmels willen! *Es* hat ganz Glarus heimgesucht? Jesses Maria. Gott sei uns gnädig! Das ist ja furchtbar. Was ist geschehen?" Die Mutter schlug die Hände vor dem Gesicht zusammen.

„Niemand weiß, warum das Feuer ausgebrochen ist. War es ein Missgeschick? War es ein Unfall? War es Brandstiftung? Niemand weiß es. Auf jeden Fall hat der Föhn aus einer kleinen Flamme dieses beispiellose Unglück geschaffen. Er blies die Gluten über die Hausdächer, die im Nu lichterloh brannten. Die Gebäude standen nahe beieinander im Zentrum. Der Feuerteufel hatte ein leichtes Spiel.

Die Feuerwehr war machtlos. Sie telegrafierte noch während der Nacht um Hilfe. Aus der ganzen Umgebung sind Brandwachen angerückt, sogar von Rapperswil. Aber die Gluthitze war so groß, dass sie dem Feuer nicht wehren konnten. Man soll seinen Widerschein bis nach Zürich gesehen haben. Es muss ganz einfach furchtbar gewesen sein. Wer so ein Unglück erlebt hat, wird es seinen Lebtag nicht mehr vergessen."

Thomas war noch immer ganz außer sich. Alle schwiegen entsetzt. Der Hauptort des Nachbarkantons war abgebrannt! Es war nicht zu glauben. Der Vater dachte an den seltsamen Geruch, der ihm in der Nacht in die Nase gestiegen war. Konnte es sein, dass der Rauch von Glarus über die Berge bis nach Flüelen gekommen war? Konnte es sein, dass der Föhn einen Höllenbrand entfachte, den man kilometerweit wahrnehmen konnte? So etwas war einfach unvorstellbar. Es gab doch an jedem Ort eine gut eingerichtete Feuerwehr. Auch in Glarus. Wieso hatte die das Unglück nicht verhindern können?

Unverzüglich machte er sich mit Thomas auf ins Dorf. Sie wollten wissen, was geschehen war, sie wollten helfen, irgendwie, irgendwas. Sie wollten auf keinen Fall tatenlos herumsitzen. Dazu war die Ungewissheit zu groß. Sie hätten sich sowieso nicht auf die Arbeit konzentrieren können.

Unentwegt stürmten noch immer Wellenwände auf das Ufer zu, die Gischt spritzte fast bis zur Haustür. Nicht einmal Tell hätte sich bei diesem Wetter auf das Wasser gewagt. Darum gingen sie zu Fuß, dem Sturm nur mit Mühe entgegenstehend, der sie mit sich zu tragen drohte. Jeder Schritt war ein Kampf gegen die Naturgewalt, die voller Wucht vom Gotthard her auf sie herunterfiel.

Auf dem Platz vor der Kirche hatten sich bereits viele Dorfbewohner versammelt. Mit eingezogenen Schultern, ihre Mützen festhaltend, wollten sie mehr über das beispiellose Unglück erfahren. Alle waren unruhig, sorgten sich um das Dorf, um ihr eigenes Heim. Zum Glück war in Flüelen nichts passiert. Hier hatte die Brandwache Schlimmes verhindert. Aber was wäre beim nächsten Mal?

Eben verlas der Dorfweibel eine Weisung der Regierung von Uri:

Im Hinblicke auf die Berichte, wonach die beispiellose Feuersbrunst den schönen Hauptflecken Glarus beinahe gänzlich eingeäschert, nahezu 500 Häuser nebst der Mehrzahl der öffentlichen Gebäude zerstört und eine Menschenzahl von circa Dreitausend ihres Obdaches, sowie auch größtenteils ihres sämtlichen Besitztums beraubt hat, so zwar, dass sich der daherige Schadenbetrag auf viele Millionen belaufen wird…

Ein Raunen ging durch die Menge. Das Entsetzen war riesig. Glarus, dieser stolze Ort, war nicht mehr. Seine Bewohner hatten alles verloren. Sogar die Kirche, die Tuchfabrik, das Gemeindehaus waren abgebrannt. Jeder dachte bei sich, *das hätte auch uns treffen können.* Auch bei uns stehen die Häuser nahe beieinander. Ein Feuer bei Föhn würde auch unser Dorf in kürzester Zeit auslöschen. Dann hörten sie wieder zu.

Der Regierungsrat beschließt und verordnet hiermit: Es soll eine allgemeine Landeskollekte in allen Gemeinden des Kantons zu Gunsten der Brandbeschädigten von Glarus aufgenommen werden.

Alle Einwohner sollten sich, dem Gebot der Bruderliebe folgend, an der Hilfe für den Nachbarkanton beteiligen, mit Geld oder mit anderen Spenden.

Niedergeschlagen und mit gesenkten Köpfen marschierten die beiden Männer zurück. Hin und her werweissten sie über den Sturm hinweg, wie es zu so einem Unglück hatte kommen können, wichtiger war noch, wie man es in Zukunft vermeiden könnte. War das überhaupt möglich oder war so eine Feuersbrunst ganz einfach Schicksal? War es der göttliche Wille, die Bewohner von Glarus zu prüfen?

Der Föhn war eine unberechenbare Naturgewalt. Er zerschmetterte oft Ställe oder Häuser, kam Feuer dazu, so kannte seine Zerstörungswut kein Halten. In Glarus hatten selbst die modernsten Errungenschaften versagt, nichts und niemand hatte diese Katastrophe zu verhindern vermocht. Demütig senkten sie ihre Häupter. Jeder schickte ein kurzes Dankesgebet zum Himmel.

Einige Male schon war der Vater unruhig gewesen, wenn bei Föhn brennende Kohlestücke aus den Schloten der Dampfschiffe herumgewirbelt wurden. Was, wenn seine Holzstapel in Brand gerieten? Dutzende standen rund um das Sägewerk, einige sehr nahe am Wohnhaus. Es brauchte bei Föhn nur einen einzelnen Funken…

Selten war der Vater so eindringlich, wie an diesem Abend. Er ermahnte seine Familie zur Dankbarkeit und verlangte von jedem einzelnen, etwas für die heimgesuchten Menschen in Glarus zu spenden.

„Sie haben alles verloren. Ihr hingegen könnt gut auf etwas verzichten." Er ging mit gutem Beispiel voran und legte fünf Franken in einen Korb. Die Mutter gab Stoff für eine Kinderbluse dazu. Klaus kramte nach einem Holzpferdchen, das er sowieso nicht mehr zum Spielen brauchte, während sich Josi von einem Paar Socken trennte. Anstelle der anderen Kinder ergänzte die Mutter die Gaben mit drei Tüchern für Windeln sowie mit einem Sack getrockneter Bohnen. Diese Gaben würden am kommenden Tag abgeholt werden.

Die Hilfsgüter kamen von allen Landesgegenden mit dem Zug bis zum verwüsteten Ort. Sogar aus dem Ausland trafen Spenden ein, derart groß war das Mitleid mit den so hart getroffenen Glarnern.

Juli 1861

Ende Juli war es wieder so weit. Die Familie wuchs um einen weiteren Jungen, Christian oder Stineli, wie er von allen liebevoll genannt wurde. Dieses achte Kind war ganz anders als die anderen, strohblond und mit sonnigem Gemüt. Schon bei der Geburt zeigte sich eine kleine Locke, die bald zu leicht krausem Engelshaar heranwuchs. Seine strahlenden Augen zogen jeden sofort in ihren Bann. Man konnte gar nicht anders, als sein fröhliches Lächeln erwidern. Es berührte und wärmte jedes Herz. Von diesem Säugling ging eine magische Kraft aus, die sogar den Vater dazu veranlasste, ab und zu mit ihm zu spielen.

Bis jetzt gab es in der Familie Gisler zwei Typen von Kindern. Die einen hatten dunkelblondes, feines Haar, waren eher groß gewachsen und sehr hübsch. Klaus, Heiri, Elisa und Wisi schlugen dem Vater nach. Sie hatten seine aufrechte Statur geerbt, seine muskulösen Glieder, das schmale, ebenmäßige Gesicht.

Die anderen waren fast schwarz mit dunklen, tiefgründigen Augen unter dichten Brauen. Josi, Willi und Maria glichen mit ihren rundlichen Gesichtern über einem kurzen, vollen Hals der Mutter, trugen deren dichtes, braunes, welliges Haar. Verglichen mit ihren Geschwistern, wirkten sie eher plump und viel weniger schön. Sie bewegten sich schwerfälliger. Josi hatte sich schon einige Male geärgert, dass Klaus von seinem Äußeren her so charmant war. Niemand vermutete in ihm den gemeinen Kerl, der er ihr gegenüber sein konnte. Sie selbst fühlte sich reizlos. *Wieso konnte es nicht umgekehrt sein?* Ein Mädchen brauchte viel eher eine gewisse Anmut als ein Junge.

Stineli stach aus allen hervor. Er war so ganz anders als seine Geschwister. Meistens zufrieden, weinte er selten, im Gegenteil, sehr oft gluckste er vor Glück. Wer ihn sah, war von ihm bezaubert. Seine roten Bäckchen zeugten von seiner soliden Gesundheit. Er schien es nicht erwarten zu können, die Welt um ihn herum zu erobern.

Dieses Kind zu hüten bereitete Josi unerwartet viel Freude. Sie konnte sich stundenlang mit ihm abgeben, ohne dass sie sich je langweilte. Bald spann sich ein inniges Band zwischen den beiden. Stineli war der absolute Liebling, nicht nur von Josi, nein, von der ganzen Familie. Er vermochte Zwiste zu besänftigen, wenn es hieß, *Stineli schläft*. Er brachte eine Fröhlichkeit mit sich, die die Familie lange vermisst hatte. Seit er da war, entspannte sich die Mutter zusehends.

November 1861

Seit Oktober besuchte auch Heiri die Schule. Er begleitete Josi auf dem Schulweg. Die beiden verstanden sich gut, beobachteten unterwegs Tiere, tauschten ihre Gedanken aus. Da Heiri die Knabenschule besuchte, verabredeten sie sich nach dem Unterricht, um auch den Heimweg gemeinsam zu gehen. Heiri wollte wie Josi erst noch ein wenig mit seinen Kameraden spielen, auch er genoss es, der Enge im elterlichen Heim etwas zu entfliehen.

Als Schulkind durfte er nun ebenfalls an der abendlichen Lesestunde teilnehmen. Der Vater übte zuerst mit ihm das Lesen. Heiri war eifrig bei der Sache. Ihm machte das Lernen großen Spaß.

Klaus besuchte bereits die dritte Klasse. Mit ihm übte der Vater inzwischen auch Schreiben und Rechnen. Doch Klaus mangelte es an Ehrgeiz. Seine Fortschritte waren langsam. Manchmal versuchte Josi ihm einzusagen. Doch das gefiel dem Bruder gar nicht. Er wollte sich nicht von einem *blöden Weib* helfen lassen. Lieber stotterte er unzusammenhängend und trieb den Vater dazu, die Übungszeit ungeduldig abzukürzen. Mit Josi übte der Vater nie.

„Jetzt ist es also so weit", verkündete der Vater eines Abends. Er war in Altdorf gewesen, wo er die Pläne für die Axenstraße eingesehen hatte. „Der Regierungsrat hat das *Expropriationsgesetz** verabschiedet. Damit steht dem Bau der Straße nichts mehr im Wege. Es ist kaum zu glauben. Stellt euch das vor: Wir werden in einiger Zeit mit der Kutsche nach Brunnen fahren können."

„Was bedeutet das, Expopo Gesetz?", wollte Heiri wissen, der sich unter diesem schwierigen Wort nichts vorstellen konnte. Er drängte sich auf der Ofenbank dicht an den Vater, während es sich Klaus auf einem Stuhl bequem machte. Noch immer hatte der die Aufgabe, den Kaffee für den kommenden Tag zu mahlen, was er murrend tat. Das gleichmäßige Knirschen der Mühle sowie das Surren der Spinnräder begleiteten das Ticken der Uhr.

„Das bedeutet, dass alle Eigentümer ihr Land verkaufen *müssen*, durch das die Straße führen wird. Wenn sie es nicht freiwillig tun, können sie dazu gezwungen werden. Der Bundesrat hat die Straße als *wichtig für das Militär* eingestuft. Darum beteiligt er sich an den Kosten. Der

Kanton Uri könnte ein so aufwendiges Bauwerk niemals alleine berappen."

Die Mutter wurde unruhig. „Wo genau führt die Straße an unserem Land vorbei? Was ist mit unserem Eigen*? Die Straße wird doch unser Eigen nicht zerschneiden?", wollte sie wissen.

Der Vater griff zur Schiefertafel, auf der er eben noch mit seinem Ältesten geübt hatte. Er reinigte sie und skizzierte mit groben Strichen den See, den Axenberg, den Bach, die Säge, den Wald und etwas weiter weg das Dorf Flüelen.

„Wir haben Glück. Die Straße führt weiter oben an unserem Haus vorbei. Aber hier im Dorf werden Gebäude abgerissen. Das Haus mit dem Lager des Spediteurs* Crivelli muss weichen und weiter führt die Straße genau durch das Hafnerhaus*. Wo der seinen Betrieb wiederaufbauen wird, weiß ich nicht."

„Das ganze riesige Haus muss weg?", fragte Josi entsetzt. „Was wird dann aus den Leuten?"

„Sie erhalten für den Verkauf des Landes genügend Geld, um sich an einem anderen Ort etwas zu kaufen."

„Aber wo? Es hat doch im ganzen Dorf nirgends so viel Platz!" Die Kinder versuchten sich vorzustellen, wie es wäre, ihr Elternhaus verlassen zu müssen. Das wäre schrecklich! Es war ihr Zuhause. Hier kannten sie jeden Stein, jeden Baum, jedes Tier, das in der Abenddämmerung auf der Ziegenweide äste. Sie liebten den Garten, die Obstwiese, den nahen Wald. Sie kannten die Gerüche und das Lichtspiel des Sees. Wohin würden sie gehen? Es war unvorstellbar. Sie wollten in ihrem Holzhaus bleiben, auch wenn es nur ganz einfach war. Sie hätten um kein Geld der Welt mit einem anderen Haus tauschen wollen. Dieses Haus bedeutete ihre Heimat, ihr Gefühl von Geborgenheit.

Unbeirrt fuhr der Vater fort: „Von dort steigt die Straße allmählich an. Sie überquert den Gruonbach hier oben, ziemlich weit weg von unserem Haus. Der Entscheid ist jetzt zugunsten der oberen Linienführung gefallen, weil bald auch die Gotthardbahn gebaut wird. Sie soll weiter unten, näher am Ufer entlangführen. Die kommt dann dichter an unser Haus."

„Über den Bach? Wie soll das gehen? Unser Holzsteg wird doch immer wieder weggespült. Wo wollen sie eine Brücke bauen?"

„Ich habe noch keine Einzelheiten gesehen. Ich habe nur die Strecke studiert, weil uns die betrifft. Diesen ganzen Wald hier und diesen Teil der Weide werde ich verkaufen müssen, weil die Straße hier oben *durch* unser Land führt. Die Bahn folgt erst später, wo genau, steht noch nicht fest. Das wird geregelt, wenn der Bau beschlossen ist."

„Und du kannst nicht verhindern, dass die Straße unser Eigen zerschneidet?" Die Mutter war dem Gespräch im nur spärlich beleuchteten hinteren Teil des Raumes gefolgt.

„Dieses Gesetz bestimmt, dass der Nutzen für die ganze Schweiz oder für den Kanton wichtiger ist als der Schutz unseres Eigentums. Wir müssen froh sein, dass sich der Bundesgeneral Dufour* für die Alpenstraßen einsetzt. Ohne seine Unterstützung würden sie wohl kaum gebaut. Ich jedenfalls bin froh, dass sich das Militär für uns Urner interessiert. So können wir am Fortschritt teilhaben."

Die Mutter ließ ihr Spinnrad ruhen. Sie war sichtlich erregt. „Da redet ihr Männer immer von Freiheit und wie wichtig die sei. Ihr lobt euch, die Freiheit erkämpft zu haben. Die Freiheit sei für uns Schweizer das Wichtigste. Dafür hat Tell den Gessler ermordet, dafür habt ihr Kriege geführt und wollt in Zukunft Kriege führen. Und was nützt diese Freiheit? Sie wird gerade mit Füssen getreten, wenn man uns zwingt, unser Land zu verkaufen. Ich will kein Land hergeben. Ich will es behalten. Wir brauchen es. Es ernährt uns. Ich will nicht weg von hier. Es ist unser Heim.

Was nützt uns eine Freiheit, die uns unser Eigen nimmt? Wäre es nicht besser gewesen, wir wären ein loser Bund von Kantonen geblieben? Dieser neue Staat, er zwingt uns, nach der Pfeife der reichen Zürcher, Berner oder Basler zu tanzen. Was kümmert die unser Heim, wenn sie an ihre Armee, wenn sie an ihre Bahnprojekte denken?

Das ist keine Freiheit, das ist Zwang und *Es* wird uns Verderben bringen. Wir müssen die Grenzen der Natur respektieren. Wir können nicht überall Straßen bauen, nur weil das irgendein General will, nur weil das Militär hier durchmarschieren will. Der Berg wird das nicht leiden. Man soll ihn nicht stören. Das ist nicht richtig. *Es* wird uns alle vernichten. Gott sei uns gnädig."

Noch nie hatten die Kinder die Mutter so aufgebracht gesehen. Sie atmete schwer, redete lauter als sonst, war sichtlich aufgewühlt. Sie bekreuzigte sich.

„Was verstehen Weiber schon von Politik? Schweig still, wenn ich den Buben etwas erkläre. Kümmere du dich um deine Kinder, um Haus und Garten. Von so etwas hast du keine Ahnung", wies sie der Vater barsch zurecht.

„Ich mag keine Ahnung von Politik haben, aber ich weiß, was richtig ist und was nicht. Ich will diese Straße nicht. Bisher ging es doch auch ohne. Wozu brauchen wir die plötzlich?"

Klaus doppelte nach: „Das Militär braucht die Axenstraße, um unsere Freiheit zu verteidigen. Im Ernstfall müssen sich die Truppen schnell bewegen können. Hast du etwa den Sardinischen Krieg bereits vergessen, als Onkel Karl an die Grenze musste? Da haben uns die Italiener, die Franzosen und die Habsburger bedroht. Letztes Jahr wäre es beinahe zu einem Krieg mit Frankreich gekommen. Wir sind nicht sicher. Wir müssen uns verteidigen können."

„Du, werde nicht frech zu deiner Mutter", maßregelte ihn der Vater. Klaus zog eine Schnute und schwieg. Er war beleidigt, dass ihn der Vater für seinen Scharfsinn nicht gelobt hatte.

„Es geht ja nicht nur ums Militär", fuhr der Vater fort, „es geht auch um den Handel und um die Touristen. Wir können uns der Zukunft nicht verschließen. Wir brauchen Straßen durch die Alpen und wir brauchen eine Eisenbahn, wenn wir nicht vollends zum Armenhaus von Europa werden wollen. Glaube mir, wir alle werden ein viel besseres Leben haben. Ganz Uri wird von den neuen Verkehrswegen profitieren."

„Wer es glauben mag, soll es glauben", murmelte die Mutter unzufrieden vor sich hin. Sie setzte sich erneut ans Spinnrad. Wie sehr sie sich auch gegen die Straße sträubte, es gab kein Mittel sie zu verhindern. Auf Frauen hörte niemand. Sie hatten nichts zu sagen. Die Mutter musste sich in ihr Schicksal fügen. Sie bekreuzigte sich nochmals und bat im Stillen den Allmächtigen um seinen Schutz und Beistand.

9 Jahre alt

Oktober 1862

Am frühen Morgen schreckte Josi aus dem Schlaf. Sie hörte Äxte, die auf Stämme schlugen. Tack – tack – tack, immer und immer wieder, tack – tack – tack. Nach einer Weile hörte sie eine Säge, aber nicht Vaters laute, sondern das gleichmäßige Raspeln einer Zweimannzugsäge. Noch mehr Axtschläge, noch mehr sägen, bis Männerstimmen laute Kommandos schrien. Wenig später krachte ein Baum zu Boden. Die Männerstimmen schrien lauter, im Triumph. Mehr hacken, sägen, Stimmengewirr.

Beunruhigt trat Josi ans Fenster. Sie konnte nichts sehen. Noch herrschte trübes Dämmerlicht. Die Arbeiten waren weiter oben am Hang. Der Wald verdeckte die Sicht auf die Männer. Doch Josi wusste, die Geräusche waren nahe, sie wusste, hier wurde *ihr* Wald gerodet, sie wusste, weshalb. Dennoch bereitete es ihr einen ungewohnten Schmerz die Bäume fallen zu hören, Bäume, die schon ihr ganzes Leben lang dort gestanden hatten und die sie zum Teil einzeln kannte.

Nun war es also so weit. Der Vater hatte einen Teil seines Landes verkauft, gegen den Willen der Mutter. Er hatte auch die Hälfte der Ziegen verkauft. Wenn der Wald und die Weide kleiner waren, konnten sie weniger Ziegen ernähren. Der Bau der Axenstraße war endlich beschlossen worden. Landammann Müller konnte seinen Traum verwirklichen, eine Straße nach Brunnen durch den Axen*. Seit mehr als 25 Jahren hatte er dafür gekämpft. Damit würde auch Vaters Traum wahr werden. Uri würde fortan eine Verbindung nach Norden auf dem Land haben. Uri würde teilhaben am Fortschritt, der ganz Europa ergriffen hatte. Für ihn war es ein freudiger Tag, aber nicht für Josi.

Sie trauerte um die Ziegen, wollte sie nicht hergeben. Ähnlich erging es ihren Brüdern. Sie kannten die Tiere seit Jahren und liebten sie. Insgeheim hegten sie einen Groll auf die Erwachsenen. Die Kinder hätten es vorgezogen, ihre Tiere zu behalten. Sie sehnten sich nicht nach Fortschritt, kümmerten sich noch nicht um Warentransporte, Touristen oder gar ums Militär. Sie waren zufrieden mit dem einfachen Pfad ins Dorf. Freilich wussten sie vom Vater um die Vorteile der Straße, doch der Preis, sich von den Ziegen und Bäumen zu trennen, war hoch.

Auch die Mutter war unzufrieden. Noch immer sorgte sie sich um das *Eigen* und ließ sich nur schwer beruhigen. Sie war überzeugt, dass die Straße sie alle ins Verderben reißen würde, wurde aber für diese Meinung ausgelacht. Niemand schenkte ihren Befürchtungen Gehör. Der Vater und die meisten Männer im Dorf schalten sie altmodisch und unbelehrbar. Sie wollten eine Verbindung in den Kanton Schwyz, die weniger wetterabhängig war als der Seeweg. Sie wollten bequemer mit Pferd und Wagen Waren liefern können. Sie wollten mehr Touristen im Land. Für die Männer bedeutete die Straße neue Verdienstmöglichkeiten. So hofften sie wenigstens.

Weniger Ziegen bedeuteten aber weniger Zicklein zum Verkauf als Osterbraten und weniger Käse für die Hotels. Noch wusste die Mutter nicht, wie sie stattdessen Geld verdienen sollte, das sie brauchte, um beim Krämer im Dorf die Dinge zu kaufen, die sie nicht selbst herstellen konnte. Bis der Vater von der Axenstraße profitieren konnte, dauerte es noch einige Jahre. Und bis dahin würde er ihr nur unwillig Geld geben, bis dahin musste sie mit weniger Einnahmen auskommen.

Ausgerechnet Klaus hatte eine Idee, wie sie im nächsten Frühjahr auf einfache Weise etwas dazuverdienen konnten. Er hatte im Dorf gehört, wie begehrt in den feinen Hotels in Altdorf und wohl auch in einigen Herrschaftshäusern Frösche und Schnecken waren. Im feuchten Klima nahe von Bach und See gab es mehr als genug von beiden. Die würde er einsammeln und verkaufen. Dafür wurde viel bezahlt. Diese Aussicht auf zusätzliche Einnahmen heiterte die Mutter wieder etwas auf.

Die Verstimmung der Kinder hielt nicht lange an. Bald gewann der Reiz des Neuen die Oberhand. Der Baubeginn bedeutete eine willkommene Abwechslung auf dem einsamen Heimwesen. Es gab täglich eine Veränderung.

Der Start der Bauarbeiten fiel mit dem neuen Schuljahr zusammen. Jetzt gehörte auch Willi zu den Schulkindern. Da sich Klaus noch immer absetzte, ging Josi jeden Morgen mit ihren beiden jüngeren Brüdern ins Dorf. Nach wenigen Tagen waren sie eine eingeschworene Gemeinschaft, die miteinander auf Erkundungstour ging. Die drei ließen es sich nicht nehmen, durch den verbliebenen Wald zu klettern, um den Arbeitern zuzusehen, auch wenn dies gefährlich sein mochte. Die Mutter hatte es den Kindern verboten. Sie war besorgt, die fallenden Bäume könnten sie treffen. Sie war besorgt, die Männer könnten ihren Kindern ein Leid antun. Man hörte ja so allerhand von diesen Italienern. Sie war auch besorgt, die fremdländischen Arbeiter könnten ungehörige Ideen mit sich bringen. Sie war besorgt, solche Ideen würden nicht nur ihre Familie, sondern das ganze Dorf durcheinanderbringen. Es war gut, so wie es bis jetzt gewesen war. Sie wollte keine Veränderungen.

Doch die Neugier der drei Geschwister war grösser. Geflissentlich überhörten sie Mutters Verbote. So ein Abenteuer wollten sie gewiss nicht verpassen, denn diese Gelegenheit kam nicht wieder. Was gab es da nicht alles zu beobachten!

Meistens schauten die Kinder nur von weitem zu. Es war schwierig mit den Taglöhnern zu sprechen. Die stammten zu einem großen Teil aus dem Piemont und verstanden kaum Deutsch. Die anderen waren Österreicher und deren Dialekt war auch ganz anders als der eigene. Josi hatte jedoch bereits einige Brocken von Käthi gelernt. „Buon giorno", rief sie von weitem und die jungen Burschen antworteten, indem sie fröhlich ihre Hüte schwenkten: „Buon giorno, Signorina."

Das Fällen der Bäume hielt die nächsten Wochen an. Ochsen und Pferde zogen die Stämme aus dem Wald. Die dicksten kamen direkt zu Vaters Sägewerk. Sie hinterließen eine tiefe Spur durch den Wald und über die Weide. Die dünneren Rundhölzer stapelten sich entlang der gerodeten Strecke. Allmählich entstand eine Schneise, den Verlauf der geplanten Straße offenbarend. Es war ein ungewohnt kahles Band, das sich immer deutlicher dem Berg entlang zog.

Manchmal, wenn sie über die Steine und Felsbrocken kletterten, glaubte Josi den Schmerz des Waldes zu spüren. *War das möglich?* Der Boden war jetzt steinig und bloß. Hier und dort ragten Wurzelreste aus dem Grund. Astwerk und Rindenreste waren zu riesigen Haufen geschichtet. Sie würden später zum Heizen verwendet werden. Es fehlte das Moos, das die Schritte federte, es fehlten die Zweige, die ein schützendes Dach bildeten, es fehlten die Stämme, an denen sie sich in die Höhe ziehen konnte. Die nackte Schneise war wie eine ausgedehnte Wunde, die in die Bergflanke geschlagen worden war. Wenn es lange geregnet hatte, drängte mancherorts Wasser an die Oberfläche. Die Rinnsale erinnerten Josi an Blut oder an Tränen. *Weinte der Berg?* Wenn es noch mehr geregnet hatte, rissen die kleinen Bäche den verbliebenen

Humus mit sich und begannen sich in den Boden zu graben. An manchen Stellen trat bald der blanke Fels zum Vorschein. *War das der Knochen des Axen?* Die Kinder konnten sich noch immer nicht vorstellen, wie die Männer den neuen Verkehrsweg der steilen Bergflanke abtrotzen würden, wie sie den Felsen bezwingen wollten. Seit sie denken konnten, bildete er eine undurchdringliche Mauer gegen Norden.

Als der erste Schnee fiel, kamen nach den Holzfällern die Landvermesser mit ihren geheimnisvollen Instrumenten, den Theodoliten*, Messbändern und Basislatten. Sie verteilten sich im Gelände mit langen Stäben, beugten sich über Geräte, laute Anweisungen rufend. Der Atem stand ihnen in dichten Wolken vor den Gesichtern. Wenn sie gerade nichts zu tun hatten, rieben sie ihre kalten Hände, versuchten sie mit ihrem Hauch zu wärmen. Mühsam kletterten sie durch den knietiefen Schnee, der die Unebenheiten des Bodens tückisch verbarg. Manch einer blieb unvermittelt in einer Vertiefung stecken und oft brauchte er die Hilfe seiner Kameraden, um sich wieder daraus hochzuziehen.

Ein hochgewachsener Mann mit einer kleinen Nickelbrille, seine hohe Stirn in Falten gelegt, gab konzentriert die Befehle. Der Mann hielt sich aufrecht. Seine elegante Kleidung aus gutem Tuch passte nicht in die neblige Ödnis. Selbst in diesem unwegsamen Gelände trug er eine Halsbinde zum dunklen Anzug. Über seine Schultern hatte er einen schwarzmelierten Lodenmantel gelegt. Die hohen Stiefel schützten ihn besser vor dem Schnee als die schlechten Schuhe seiner Gehilfen. Einzig der spitze Filzhut schien alt und abgetragen. Neben seiner Eleganz strahlte er Autorität aus. Er war es gewohnt, Befehle zu erteilen, denen niemand zu widersprechen wagte. Selbst die Kinder hatten Respekt vor ihm. Er war so ganz anders als die Piemonteser. Wer mochte das sein?

Beim Näherkommen hörten die Kinder, dass er Urner war. Nach und nach erfuhren sie, dass es sich um Landammann Karl Emanuel Müller* handelte. Als verantwortlicher Ingenieur leitete er die Detailplanung höchst persönlich. Er wies die Arbeiter an, in regelmäßigen Abständen Pflöcke einzurammen. Voller Ehrfurcht beobachteten die Geschwister das Geschehen aus einiger Distanz.

Neben Müller arbeiteten jüngere Geometer, die auf Plänen und in Notizbüchern die Ergebnisse festhielten. Als Willi diese Männer sah, war er wie elektrisiert. Der sonst schüchterne Junge näherte sich spontan dem vornehmen Mann. Josi vermochte ihn nicht zurückzuhalten.

„Darf ich helfen?"

Unwillig starrte der Ingenieur auf den Knirps, der es wagte ihn bei seiner Arbeit zu stören.

„Geht weg hier. Das ist nichts für Kinder."

Willi ließ sich nicht wegscheuchen. Verlegen rückte er seine Mütze zurecht. „Bitte, ich werde auch ganz vorsichtig sein. Ich muss wissen, was Sie hier tun. Das will ich auch können." Er strahlte voller Erwartung über das ganze Gesicht.

Völlig verblüfft schaute Josi auf ihren jüngeren Bruder. „Pst, Willi, du darfst die Männer nicht aufhalten. Sie sind bei der Arbeit." Sie versuchte ihn an der Schulter wegzuziehen. Doch Willi blieb beharrlich.

„Ich störe nicht, ich will helfen. Sagen Sie mir, was ich tun kann, und ich werde es tun." Wie ein Staatsmann stand er gerade aufgerichtet und schlug sich mit seiner Rechten auf die linke Brust.

Nun schmunzelte der Landammann. Vielleicht erinnerte er sich an seine eigene Kindheit, als *er* entschlossen war, *alles* über die Baukunst zu lernen. Es war ungewöhnlich, dass ein so junger Bursche, der eben erst in die Schule gekommen war, derart beharrlich blieb.

„Wie heißt du?"

„Willi Gisler. Bitte, darf ich helfen?"

„Hm, soso. Du bist also der Willi. Wer ist dein Vater?"

„Niklaus Gisler. Uns gehört die Sägerei gleich da unten am Gruonbach. Unser Vater ist sehr stolz, dass er Holz für die Straße sägen darf."

„Wie alt bist du?"

„Ich bin schon sieben, Herr Landammann. Und ich bin viel stärker, als ich aussehe."

„Soso, sieben bist du. Dann bist du eben erst in die Schule gekommen."

„Ja. Ich bin auch fleißig."

„Das ist gut so. Wenn du helfen willst, dann geht ihr jetzt zuerst schnurstracks zur Schule. Das ist wichtig, wenn du Ingenieur werden willst. Dort lernst du rechnen, schreiben und lesen, das brauchst du unbedingt, und zwar musst du *gut* darin sein. Hörst du? Am Nachmittag kannst du für eine Stunde herkommen, falls du immer noch helfen magst. Wir können immer einen Jungen gebrauchen, der uns Dinge holt und bringt. Aber ich warne dich, die Arbeit ist hart."

Willi war ganz aus dem Häuschen. Er durfte tatsächlich auf der Baustelle helfen. „Ich komme ganz bestimmt. Danke, vielen, vielen Dank." Er deutete sogar eine Verbeugung an, als er sich abwandte und seine Geschwister aufforderte: „Kommt schon, beeilt euch, ich muss rechnen lernen."

Von da an gab es für Willi kein Halten mehr. Jede freie Minute besuchte er die Geometer. Er half beim Spannen von Messbändern, trug Dreibeine, die grösser als er selbst waren. Er hielt Messlatten oder Senkbleie, und vor allem ließ er sich die Pläne ganz genau zeigen und erklären.

Zuhause bettelte er beim Vater um altes Papier, mit dem Pakete eingewickelt worden waren. Er versuchte darauf Pläne zu zeichnen, so wie er sie beim Landammann gesehen hatte. Er setzte sorgfältig unzählige Vierecke aufeinander. Das waren die Quadersteine der Stützmauer. Eine punktierte Fläche stand für den Bereich, der zwischen der Mauer und dem Erdreich mit Schotter gefüllt würde. Er bedeckte diese Fläche mit weiteren Vierecken. Das war die Befestigung der Fahrbahn mit Pflastersteinen. Bergseits brauchte es eine Rinne, damit das Wasser abfließen konnte. Auf der Seite zum See hin standen entweder aufrechte Steine als Poller oder sogar eine durchgehende Mauer. Mensch und Tier sollten vor einem Sturz in die Tiefe geschützt werden. Willi wollte jede Einzelheit verstehen. Er war wie besessen.

Am Abend drängte er Josi, mit ihm lesen und rechnen zu üben. Sie erklärte ihm die Logik hinter dem Einmal-Eins auf der Rückseite des *Hinkenden Bot*. In kürzester Zeit hatte er sich dank ihrer Hilfe die Grundlagen angeeignet. Bald war er im Rechnen genauso gut wie seine Schwester. Sie beneidete ihn um seinen Eifer, weil er etwas gefunden hatte, was ihn völlig begeisterte.

Josi hingegen bewegte sich im bekannten Einerlei des Haushaltes. Die Mutter wurde schon wieder dicker, klagte oft über Unwohlsein, musste sich immer mal wieder übergeben. Josi half ihr mit den jüngeren Geschwistern. Sie half beim Kochen, Putzen und Waschen. Inzwischen hatte sie stricken gelernt. So verarbeitete sie am Abend, während der Vater vorlas, eher widerwillig die von der Mutter gesponnene Wolle zu Schals für die Geschwister.

Willi hingegen strahlte, wenn er sich über seine Pläne beugte, er wurde nicht müde, wenn er rechnen übte und er begann sich auszudenken, was er später einmal werden wollte. Er sah sich als Baumeister, der am Fortschritt der Schweiz mitwirkte. Er sah sich als Ingenieur, der imposante Brücken baute und als Architekt von eleganten Gebäuden. Willi wollte unbedingt etwas Neues bauen.

Auch Heiri hatte inzwischen eine Leidenschaft gefunden. Er half in der Sägerei, wann immer es ging. Thomas, der ältere Geselle, hatte seinen Narren an ihm gefressen. Er freute sich an dem aufgeweckten Knaben mit dem blonden Wuschelkopf, der alles über das Sägehandwerk lernen wollte. Während Willi auf der Baustelle war oder über seinen Plänen brütete, stand Heiri in der Sägerei. Er kümmerte sich nicht um den Lärm. Er wollte verstehen, wie die Mechanik der Säge funktionierte. Ohne Murren kehrte er die Sägespäne. Er versuchte sich am Flaschenzug beim Hantieren mit den dicken Stämmen, natürlich ohne Erfolg. Er wollte üben, wie man die Säge schärfte, auch wenn er sich dabei in die Finger schnitt, versuchte sich mit der Schränkzange. Er wollte die unterschiedlichen Hölzer kennenlernen, wissen wozu sie verwendet wurden. Er prüfte bald die Qualität eines Stammes und gab sich fachmännisch, setzte den Risserstock an, um die Hölzer zu vermessen. Keine Arbeit war ihm zu schwer, keine zu gefährlich. Er wollte unbedingt Säger werden.

Allmählich bemerkte der Vater, wie sehr sich Heiri für den Betrieb interessierte und gab ihm bereitwillig jede gewünschte Auskunft. Bald verband die beiden eine innige Freundschaft. Dies schmerzte Josi, da sie sich einmal mehr ausgeschlossen fühlte. Ein Mädchen hatte im Betrieb nichts verloren. Der Vater interessierte sich nach wie vor kaum für sie.

Klaus war ganz anders. Obwohl er mittlerweile gleich groß wie die Mutter und recht kräftig war, wollte er mit dem väterlichen Betrieb nichts zu tun haben. Ihm war die Sägerei zu laut und zu staubig. Er gewöhnte sich ein heftiges Husten an, wann immer er den Werkraum betrat. Damit machte er offenkundig, dass seine feine Lunge nicht für dieses Handwerk geschaffen sei, auch wenn er als ältester Sohn eigentlich als Erbe vorgesehen war. Er fürchtete um seine zarten Hände, die er keineswegs gefährden wollte. Sehr zum Leidwesen des Vaters weigerte er sich, mehr als nötig im Betrieb mitzuhelfen. Er würde sich nicht als Nachfolger eignen, das begann sich abzuzeichnen.

Klaus verstand es, sich von allem fernzuhalten, was anstrengend schien. Er wollte nicht arbeiten, er wollte *befehlen*, weil er sich zu Höherem berufen fühlte. Bald begann er eifrig in der Brattig* zu lesen, obwohl er sich damit schwertat. Mit dem Finger langsam den Zeilen folgend, buchstabierte er halblaut stotternd die Geschichten, die der Vater bereits vorgelesen hatte. Für den Rest der Familie war es nervtötend. Er las nicht aus Interesse. Er las, weil er sich mit dieser Tätigkeit zurückziehen konnte und sich dabei unglaublich wichtig vorkam. Auch er träumte von der Zukunft. Er sah sich im feinen Anzug in einem Büro.

Klaus besaß die Gabe, sich immer dann aus dem Staub zu machen, wenn es um das Verteilen der Aufgaben ging, wie zum Beispiel den Ziegen- oder Hühnerstall auszumisten, ein neues Beet umzugraben oder Feuerholz herbeizuschaffen. Gerade dann, plagte ihn ein ganz dringendes, menschliches Bedürfnis. Er schloss sich so lange auf dem stillen Örtchen über dem Ziegenstall ein, bis jemand anderer damit beauftragt war. Wenn ein Bruder zu murren wagte, er helfe nicht genügend mit, wurde er mit einem Fausthieb zum Schweigen gebracht. Klaus duldete keinen Widerspruch, von niemandem.

Für Josi blieb nach wie vor die Hausarbeit, die sie nicht begeisterte. Es war, was von ihr erwartet wurde. Es war, was sie nahe bei der Mutter sein ließ. Es war, was ein Mädchen, die älteste Schwester von acht Kindern, eben tun musste. Für sie gab es keine Wahl. Mädchen wurden geheiratet. Sie wurden Hausfrauen. Das war nun einmal so. Josi wusste nicht, wovon sie hätte träumen sollen.

In der Eintönigkeit des Alltags war Josis einzige wahre Freude ihr jüngster Bruder Stineli. Fast jeden Tag lernte er etwas dazu und strahlte über jeden noch so kleinen Erfolg. Schon konnte er einige Schritte alleine gehen. Er juchzte, wenn Josi ihn fröhlich in ihre Arme schloss. Doch nun musste sie umso mehr aufpassen, dass er nicht in Gefahr geriet, sobald sie sich wegdrehte. Auf seinen kleinen Beinchen war er unglaublich flink. Und wenn das Gehen noch nicht gelang, so kroch er auf allen Vieren, um irgendetwas Neues zu entdecken. Was lag neben dem Ofen in einem Korb? Schon hatte er einen Splitter im Händchen. Was knisterte im Herd? Schon hatte er ein Fingerchen verbrannt. Was war in der Stube? Schon stolperte er über die Schwelle. Der kleine Bursche war unglaublich entdeckungsfreudig und ließ sich durch die kleinen Zwischenfälle nicht aufhalten. Er war ein Eroberer. Er kannte keine Angst. Er fürchtete keinen Schmerz. Und er war der Sonnenschein der Familie.

Dezember 1862

Mutters Zustand verschlechterte sich zunehmend. Je dicker sie wurde, desto häufiger klagte sie über Bauchschmerzen, war müde und abgekämpft. Josi versuchte sie zu ersetzen, so gut sie das eben neben der Schule vermochte. Darum fiel auch das Festessen am Heiligabend einfacher als üblich aus. Die Mutter mochte nicht kochen oder backen und für Josi war das Hantieren mit heißem Fett zu gefährlich. So gab es dieses Jahr keine Apfelküchlein. Die Mutter sorgte sich, es könnte ein schlechtes Zeichen für das kommende Jahr sein.

„Wer an Heiligabend keine Küchlein bäckt, wird das ganze Jahr hindurch Hunger leiden."

Trotz dieser Befürchtung konnte sie sich nicht dazu aufraffen, weil ihr einfach die Kraft fehlte. So gab es geräucherten Speck und Käse mit Brot, danach in Most eingelegte getrocknete Birnen mit Schlagsahne und Zucker, kein eigentliches Weihnachtsessen, aber doch etwas Feines, etwas Üppiges, das die Fastenzeit beendete.

Sogar die Mitternachtsmesse ließ die Mutter dieses Jahr aus, die zusätzliche Strapaze fürchtend. Darum blieben auch Josi und die jüngeren

Geschwister zurück. Weihnachten war dieses Jahr weniger fröhlich. Daran vermochten auch die Geschenke nichts zu verändern. Onkel Karl hatte ihr ein buntes Buch geschenkt: *Kurze Geschichten für kleine Leute. Ein Sträußlein anmutiger Erzählungen und Gedichtchen zur Bildung des Verstandes und Gemütes. Für brave Kinder im Alter von 4 bis 9 Jahren. Ausgabe für Mädchen von Ernst Lausch.* Josi blätterte es durch, freute sich über die Bilder, legte es aber bald etwas enttäuscht zur Seite, weil die Geschichten eher etwas zum Vorlesen für die Kleinen waren. Sie wollte lieber etwas Richtiges lernen. Sie wollte die Welt verstehen.

Der Vater hatte für die Buben einen riesigen Sack voller Bauklötze hergestellt. Sorgsam hatte er die Holzstücke gehobelt und geschliffen, sogar einige Zylinder gefertigt und Teile mit Rundbögen. Willi war überglücklich und begann unverzüglich Häuser und Brücken zu bauen, doch der tapsige Wisi vergnügte sich damit, mit ungelenken Bewegungen die Bausteine aufeinanderzuschichten, um die Türmchen wenig später mit viel Getöse und Vergnügen wieder zu zerschlagen. Er machte vor Willis Bauwerken nicht Halt. Der geriet in Rage und wollte dem kleinen Bruder keine Klötze mehr überlassen, was Wisi mit lautem Geheul quittierte. Auch Elisa und Maria stritten sich um die Stoffpuppe, die sie erhalten hatten. Beide wollten sie gleichzeitig und versuchten sie an sich zu reißen. Die Kinder spürten, dass irgendetwas bedrohlich in der Luft lag. Es war nichts Friedliches, nichts, was an Weihnachten erinnert hätte. So entstand viel Lärm, den die Mutter nicht ertrug. Sie war froh, als sich der Vater gegen elf mit den Älteren auf den Weg zur Kirche machte.

Als die Kleinen endlich im Bett lagen, schnappte sich Josi ein Buch, das Heiri von seinem Patenonkel erhalten hatte. Der hatte bemerkt, wie sehr sich der Junge für das Handwerk des Sägers interessierte, und wollte ihn darin unterstützen. Heiri hatte sich nicht sonderlich darüber gefreut und nun wollte Josi herausfinden, was es mit dem schmalen Bändchen auf sich hatte. Sie las auf dem Einband: *Anleitung, die Flächen und Körper auszumessen und zu berechnen. Oder die Arbeiten der Zimmerleute, Maurer, Schreiner, Gipser, Tapezierer, Flachmaler etc., sowie auch Steinmassen, Kellerräume, Kanäle, Heustöcke etc. im Quadrat und Kubik auszumessen und ganz genau zu berechnen. Nebst einem Anhang über die Ausmessung runder Gefäße und Waldeinteilung. H. Hofer*

Es war ein Rechenbuch für Erwachsene! Mit diesem Buch würde sie endlich etwas Neues lernen können, jetzt wo sie bereits die dritte Klasse besuchte und sich in der Schule immer noch mehrheitlich langweilte! Sogleich schlug sie es auf und versuchte das erste Kapitel zu verstehen. Zu ihrer großen Freude, war es einfach und anschaulich geschrieben. Sie wollte unbedingt lernen, wie sie die Holzmengen in der Sägerei berechnen konnte.

Dazu musste sie zuerst üben, wie man eine Fläche bestimmte. Josi suchte im Nähkorb der Mutter nach einem Maßband und übte so lange, bis ihr Schritt stets etwa 1 Elle betrug. Sie musste wissen, wie lang ein Schritt war, dann die Schritte zählen, um die Länge zu bestimmen. Wenn ein Schritt eine Elle war, waren drei Schritte drei Ellen. Das war kinderleicht.

Wenn sie die Länge und die Breite einer Fläche kannte, konnte sie deren Größe berechnen. Also brauchte sie bloß Länge und Breite abzumessen, um die Fläche der Stube zu berechnen. Sie machte sich unverzüglich ans Werk. Josi schritt so lange mit Storchenschritten durch den Raum, bis die Mutter sie ins Bett schickte. Sie konnte die aufgeregte Stimmung des Mädchens nicht ertragen. Sie war erschöpft und brauchte Ruhe. Aus den gequälten, müden Augen sprach ein Vorwurf, der Josis Freude über ihre Forschungen unverzüglich trübte. Es war nicht richtig der Mutter Sorgen zu bereiten. Der Mutter ging es nicht gut. Josi würde sich gedulden müssen, aber sie würde sich nicht aufhalten lassen.

Die Tage zwischen den Jahren, als keine Schule war, saßen Josi und Heiri unermüdlich beisammen, wann immer sich Josi etwas Zeit stehlen konnte, und versuchten die Anleitungen im Rechenbuch zu verstehen. Manchmal gingen sie nach draußen, um im Schnee das Gelernte umzusetzen. Sie schritten rund um den Gemüsegarten und berechneten dessen Fläche. Sie stapften rund um die Sägerei, um das ganze Haus, stets bemüht, ihre Schritte gleichmäßig zu halten, und sie schrieben alle Ergebnisse gewissenhaft auf ihre Schiefertafel. Die zeigten sie dem Vater, der sie schmunzelnd überprüfte.

Das hier war kein Spiel, das war die Welt der Erwachsenen. Die beiden Kinder waren mit größtem Eifer bei der Sache. Sie spornten sich gegenseitig an, Heiri, weil er lernen wollte, wie der Vater die Anzahl der Bretter und Balken berechnete, die er aus einem Stamm herstellen konnte, Josi, weil sie die Welt entdecken und verstehen wollte. Anders als für Heiri kam für sie das Handwerk des Sägers als Beruf nicht in Betracht, auch wenn sie es gewollt hätte. Ein Mädchen hätte *niemals* Säger werden können. So viel stand fest. Kein Mensch hätte sie ernstgenommen, alle hätten sie ausgelacht. Ein Mädchen, eine Frau in einer Sägerei, das war undenkbar.

Josi wusste selbst nicht so genau, weshalb sie das Rechnen weit mehr interessierte als die Pflichten einer Hausfrau. Sie ließ sich nicht aufhalten, auch wenn die Mutter hin und wieder seufzte und sich sorgte, sie benehme sich zu sehr wie ein Bub. Ein Mädchen müsse nicht rechnen, es müsse nähen oder stricken, spinnen oder sticken, auf alle Fälle mit ihren Händen arbeiten. Rechnen sei etwas für Männer.

Natürlich versuchte Klaus, das Vergnügen zu trüben. „Weiber sind dumm. Das weiß doch jeder. Wie willst du jemals begreifen, was ein Gelehrter geschrieben hat? Versuch es gar nicht erst."

Doch Josi ließ sich nicht aufhalten. Zu tief war der Wunsch sich mit Zahlen zu beschäftigen. Da sie aufgeweckt war und viel besser lesen konnte, erklärte meistens *sie* ihrem Bruder Heiri, wie die angeführte Formel zu verstehen war. Sie war die treibende Kraft, die unermüdlich immer mehr lernen wollte.

Klaus gefiel das gar nicht. Er fühlte sich ausgeschlossen. Da geschah zwischen seinen Geschwistern etwas, was er nicht kontrollieren konnte. Die beiden teilten ein Interesse, dem er nicht zu folgen vermochte. Das war unerhört. Schließlich war er der Älteste. Die jüngeren sollten gefälligst tun, was er befahl. Er musste unbedingt verhindern, dass Heiri und Josi weiter in diesem Werk lasen.

Eines Abends schlich er sich von hinten an, griff wütend nach dem kostbaren Buch und hielt es triumphierend hoch über die Köpfe der Geschwister.

„Schämst du dich nicht, so nahe neben der da zu hocken?", raunzte er den Bruder an. „Mir wird vom Gestank schon ganz schlecht, wenn ich sie nur von weitem rieche. Weiber verstehen doch vom Handwerk sowieso nichts und noch weniger von Zahlen. Die haben keinen Verstand. Die sind dumm und bleiben dumm. Wenn du mir jetzt nicht *sofort* mit den Ziegen hilfst, dann werfe ich es in den Ofen", drohte er. In Panik sprang Josi auf, versuchte Klaus das Buch zu entreißen, doch der war damit schon in die Küche gelaufen und näherte sich der Ofentür. Es war die Mutter, die gerade noch rechtzeitig verhinderte, dass Klaus seine Drohung wahrmachte.

„Jetzt hört auf damit, aber sofort", schrie sie ungewohnt heftig. „Ich bin eure Streitereien leid. Könnt ihr euch nicht etwas zusammenreißen? Ihr seht doch, dass es mir nicht gut geht. *Es* wird euch schon lehren. Wenn ihr nicht artig seid, wird *Es* eines von euch holen."

Erschöpft sank sie auf einen Hocker, seufzte tief. Blass und schwach saß sie da, fuhr sich mit der Rechten über den Kopf, um eine verirrte Strähne hinter eine Haarnadel zu klemmen, legte ihre Hände auf den dicken Bauch. Sie wusste nicht, was mit ihr los war. So energielos hatte sie sich kaum je gefühlt, dazu die Schmerzen, das Unwohlsein, die stete Sorge, es könnte etwas Ernstes sein. Da konnte sie das Gerangel, die Quengeleien ihrer Kinder kaum ertragen. Es war alles zu viel.

Heiri war den Geschwistern hinterhergerannt, Tränen in den Augen. Aber Buben weinen nicht. Sie schlucken ihre Wut und Verzweiflung hinunter. Er wollte Klaus die Genugtuung nicht gönnen, seine Hilflosigkeit zu zeigen. Da kam auch schon der Vater. Er hatte das Geschrei gehört. Mit einem kurzen Blick in die Runde, hatte er die Situation erfasst. Er erhob die Hand, als ob er Klaus eine Ohrfeige verpassen wollte, ließ es aber bleiben und nahm nur das Buch an sich.

„Wie kannst du es wagen? Ein Buch ist sehr kostbar. *Niemals* darf ein Buch verbrannt werden und schon gar nicht, wenn es ein nützliches Buch ist. Das kommt jetzt zu mir, damit niemand damit Unfug treiben kann." Scharf sah er zu Klaus. Nur sein Blick tadelte das Benehmen seines Ältesten, doch er sagte nichts weiter.

Auch Klaus schluckte seinen Ärger hinunter. Er hasste es, wenn er seinen Willen nicht bekam. Er war der Älteste und er wollte, dass sich alles um ihn drehte. Zu gerne hätte er Josi ihr kleines Glück verdorben. Zu gerne hätte er sie am Boden zerstört gesehen, verzweifelt darüber, dass ihr Buch weg war. Er wusste nicht, dass sich durch diesen Vorfall Josis Leben sehr verändern sollte, zum Guten verändern. Das war das Letzte, was er je gewollt hätte, dass ausgerechnet *er* seiner verhassten Schwester zu etwas verhelfen sollte, was ihr neue Perspektiven öffnete. Hätte er es gewusst, hätte er seine Wut wohl besser im Zaum gehalten. Aber so war es genau dieser Streit, mit dem er ihr ein Vergnügen hatte vergällen wollen, der sie zu ihrer zukünftigen Leidenschaft führte.

Im Moment wusste Klaus nicht, wohin mit seiner Wut und sann auf Rache. Es sollte etwas sein, was Josi *so richtig* weh tat, woran sie *ihr Lebtag lang* zu tragen haben würde. Würde sich noch mehrere Monate gedulden müssen, bis sich endlich eine passende Gelegenheit bot.

10 Jahre alt

Januar 1863

Der Vater hatte sich in der Säge ein beheiztes Kämmerlein eingerichtet, wo er ungestört vom Kindergeschrei seine schriftlichen Arbeiten verrichten konnte. Bis jetzt war es den Sprösslingen strikte untersagt gewesen, ihn dort zu stören. Doch seit dem Jahreswechsel waren Josi und Heiri in diesem unbekannten Reich geduldet, wenn sie leise waren, aber nur Josi und Heiri, keines der anderen Kinder. Klaus konnte es kaum fassen, dass die beiden Jüngeren etwas durften, was ihm versagt blieb.

Staunend bemerkte Josi in dem kleinen Raum ein mit Büchern gefülltes Regal, einen Schreibtisch sowie zwei Stühle. Der Raum roch nach Geschäftstüchtigkeit, er verlangte nach Ehrfurcht. Was hier geschah, war wichtig, zeugte von Scharfsinn und Weitblick. Josi hatte nicht gewusst, dass der Vater so viele Bücher besaß. Während all der Jahre hatte er dieses Geheimnis für sich behalten. Wie gerne hätte sie diese Bücher studiert, geschaut, ob sie etwas davon verstehen konnte. Doch sie rührte sich nicht. Der Vater griff nach dem Weihnachtsgeschenk und reichte es seinen beiden Kindern.

„Hier habt ihr euer Buch. Aber leise sein! Ich muss arbeiten."

Dann wandte er sich seiner Arbeit zu. Zum ersten Mal konnte Josi ihren Vater dabei beobachten, wie er einen großen Folianten auf seinen Tisch legte und ihn sorgfältig aufschlug. Seine Augen leuchteten, als er mit Feder und Tinte darin zu schreiben begann. Es waren wenige Wörter und viele Zahlen. Josi mochte die Zahlen, die aufrecht in Kolonnen standen, in Reih und Glied, wie stolze Soldaten. Der Vater liebte sie auch. Als er das Interesse seiner Tochter bemerkte, erklärte er den beiden Kindern: „Merkt euch das: Die Zahlen sind *das Herz der Firma*. Sie lügen nicht und vereinfachen das Gespräch. Wenn ihr die Zahlen versteht, versteht ihr das Geschäft. Darum ist es wichtig, dass ihr das Rechnen gut lernt. Es gefällt mir, dass ihr so fleißig die Regeln der Kubatur studiert."

„Was schreibst du in das Buch?" Josi war fasziniert von der Tatsache, dass ihr Vater nicht nur in einem Buch *las*, sondern selbst eines *verfasste*, dass er leere Seiten mit Inhalt füllte. Das hatte sie bis jetzt nicht gewusst. Sie kannte nur gedruckte Bücher, wie die Bibel, den Katechismus oder den *Bädeker*. Sie hatte sich nie Gedanken gemacht, wer die Bücher schrieb oder wie die Bücher entstanden. Dass ihr Vater ein Buch schreiben könnte, wäre ihr nie in den Sinn gekommen. Sie rückte ein wenig näher, um genauer sehen zu können und fragte schließlich: „Warum sind es so viele Zahlen und so wenige Wörter?"

„Ich schreibe auf, wie viel Holz ein Kunde gekauft hat und was er mir dafür schuldet. Sobald er es bezahlt hat, halte ich es ebenfalls fest. Weiter notiere ich, wie viel ich für die Stämme bezahlt habe, die ich einkaufe. Am Ende des Jahres, so wie jetzt, zähle ich alles zusammen und sehe, wie viel ich verdient habe."

Josi wollte sogleich mehr wissen, doch ihr Vater hatte zu tun und vertröstete sie auf später. Da es nur einen freien Stuhl gab, hockten sich die beiden Kinder auf den Boden. Dort lasen sie tuschelnd in ihrem Rechenbuch, schrieben mit Eifer auf die Schiefertafel, putzten es wieder weg und begannen neu. Sie wagten kaum miteinander zu sprechen, flüsterten oder verständigten sich mit Zeichen, wann immer es ging. Auf keinen Fall wollten sie den Vater verärgern. Es war zu schön, einen ruhigen Raum zu haben, wo sie sich in ihr Geschenk vertiefen konnten. Die Geschwister mit ihrem ständigen Gerangel, die kränkliche Mutter, die gleich neue Aufgaben verteilen würde, alles war weit weg. Hier, in Vaters Kammer, durften die beiden lernen, was sie interessierte.

Der beugte sich wieder über sein Buch und versuchte sich auf die Zahlen zu konzentrieren. Doch er konnte das Gemurmel seiner Kinder nicht ausblenden. Nach einer Weile drehte er sich nochmals um.

„Sag mal, Josi, wie kommt es eigentlich, dass du schon so gut rechnen und sogar schreiben kannst? In der Schule lernt ihr doch in der dritten Klasse erst das große Einmal-Eins?"

Josi erschrak entsetzlich. Sie fühlte sich ertappt, als ob sie etwas Verbotenes getan hätte. Ihr Herz klopfte wie wild und sie spürte, wie ihr die Röte ins Gesicht stieg. Sie fürchtete, der Vater würde sie gleich tadeln und ihr dann das Buch doch wieder wegnehmen. Ein Mädchen sollte nicht lernen, es sollte den Haushalt führen.

„Ich, ähm, ich", stotterte sie unbeholfen.

„Ich tu dir schon nichts. Du brauchst keine Angst zu haben. Ich freue mich, dass du deinem Bruder die Rechnungen so gut erklären kannst."

Nun atmete Josi auf.

„Rechnen habe ich im *Hinkenden Bot* gelernt und Schreiben habe ich der Mutter abgeguckt. Ich habe sie immer wieder gefragt, wie man einzelne Wörter schreibt und dann so lange geübt, bis ich die schreiben konnte. Ich habe auch in der Schule zugehört, wenn Schwester Idda den älteren Mädchen das ABC erklärte." Sie wartete auf Vaters Reaktion.

Sollte sie ihm erzählen, wie schrecklich langweilig der Unterricht meistens war? Lieber nicht. Es stand Kindern nicht zu, die Lehrerin zu kritisieren.

„Und kannst du denn Geschriebenes auch lesen, zum Beispiel, was hier steht?"

„Ein – nah – men", entzifferte Josi das unbekannte Wort. „Was bedeutet das?"

„Das ist das Geld, das ich verdient habe. Die *Ausgaben* hier in dieser Spalte, bezeichnen das Geld, das ich *ausgegeben* habe. Wenn du willst, zeige ich dir, wie du mir helfen kannst. Ich könnte schon jemanden gebrauchen, der mir ab und zu etwas zur Hand geht. Möchtest du das?"

Josis Strahlen war Antwort genug. Sie konnte gar nichts sagen vor lauter Aufregung. Der Vater schimpfte nicht. Er war zufrieden. Der Vater wollte ihre Hilfe. Er wollte sie in seiner Nähe. Er hatte bemerkt, wie fleißig sie war. Er hatte Josi endlich bemerkt.

Als der Januar ins Land zog, erschienen eines Morgens zahllose Männer. Mit der Ruhe rund um Josis Heim war es nun endgültig vorbei. Es war ein pausenloses Wuseln, wo früher nur der stille Wald gewesen war. Wie Ameisen verteilten sich die Arbeiter über die gesamte Länge der Baustelle. Da es ein ausgesprochen milder Winter war, blieb der Boden weich. Seit Beginn der eigentlichen Bauarbeiten polterte, krachte und hämmerte es von früh bis spät. Dazu schrien, plauderten oder sangen Männer. Hunderte gruben, hackten, schaufelten gleichzeitig. Sie begannen vor Tagesanbruch und endeten in der späten Dämmerung. Mit purer Muskelkraft wollten sie das Gelände verwandeln, ein kühnes Bauwerk schaffen. Gemessen an den Felswänden waren sie verschwindend klein. Es schien ein aussichtsloses Unterfangen. Mit bloßen Händen, in einfachen Hemden, abgenutzten Hosen und dunklen Hüten rangen sie in der Kälte mit dem harten Gestein. Mit Pickel* und Schaufel, Hebeisen und Sprenghammer, Schlegel und Brechstange, Tragegestell und Schubkarre kämpften sie gegen den Berg, vereint im Willen, das Unmögliche möglich zu machen.

Die Arbeit war hart und gefährlich. Immer mal wieder donnerte ein Felsbrocken unkontrolliert eine Wand hinunter. Es blieb kaum Zeit die Kameraden mit einem schrillen Ruf zu warnen. Manchmal vermochten sie sich mit einem jähen Satz zu retten, manchmal aber zerquetschte ein loser Stein eine Hand oder ein Bein. Die Männer schleppten den Verletzten auf ihrem Traggestell bis zum Dorfrand, von wo ihn ein Pferdefuhrwerk nach Altdorf ins Fremdenspital transportierte. Auch Tote waren im Laufe der Monate immer wieder zu beklagen. Jeder Arbeiter musste einen kleinen Teil seines Lohnes in eine Krankenkasse einzahlen, sodass die Arztkosten stets gedeckt waren. Trotzdem bedeuteten die Unfälle viel Leid. Anstatt seine Familie daheim zu unterstützen, wurde der Krüppel für sie zu einer zusätzlichen Belastung, die niemand vergütete.

Dem gerodeten Band entlang waren an mehreren Stellen roh gezimmerte Hütten entstanden, die den Straßenarbeitern Unterschlupf boten. Da verschiedene Unternehmer gleichzeitig an der Straße bauten, konnten die Männer auf diese Weise lange Anmarschzeiten vermeiden. Auch in der Nähe des Gruonbachs stand eine solche Ansammlung von Gebäuden, weil es hier genügend Wasser gab. Das Innere des größten Häuschens war behelfsmäßig unterteilt in einen Raum mit Tischen und Bänken sowie einem Verschlag mit Strohsäcken und Decken, die als Ruhelager dienten. Ein Kanonenofen* vermochte den Raum nur notdürftig zu heizen. In einer kleineren Hütte lagerten Werkzeuge und eine weitere beherbergte eine Küche mit Vorratskammer, in der ein Koch jeden Tag eine warme Mahlzeit zubereitete. Mit ihm freundeten sich die Kinder an.

Josi war sehr neugierig zu erfahren, was in den riesigen Töpfen gekocht wurde, denn ungewohnte Gerüche kitzelten ihre Nase. So lernte sie neuartige Speisen kennen. Die Italiener liebten zum Beispiel Makkaroni*. Sie ersetzten ihnen das Brot, das so weit draußen kaum erhältlich war. Die Arbeiter waren hungrig und verzehrten jeden Tag große Mengen der ungewohnten Nudeln, meist mit Butter und Käse, selten mit einer Fleischsosse.

Auch Polenta*, diesen nahrhaften Brei aus Maisgrieß, hatte Josi nie zuvor gesehen. Sie ließ sich zeigen, wie man die beiden Gerichte kochte. Für die Makkaroni genügte es, einen Topf mit gesalzenem Wasser zum Kochen zu bringen und die Teigröhrchen so lange zu garen, bis sie weich waren. Das traute sie sich ohne weiteres zu. Zudem war es viel einfacher und schneller als die vielen Kartoffeln für die stetig wachsende Familie zu schälen.

Die Polenta war schon schwieriger, weil die leicht anbrannte. Der Brei verlangte nach stetem Rühren, was für das kleingewachsene Mädchen schwierig war. Sie musste sich dazu auf einen Schemel stellen. Dennoch bettelte sie so lange bei den Eltern, bis sie die neuen Lebensmittel beim Krämer im Dorf kauften. Der hatte sein Sortiment angepasst und freute sich darüber, dass er mit den fremdländischen Arbeitern zahlreiche neue Kunden bedienen konnte. Für ihn waren die Männer aus dem Süden ein Segen.

Der Vater zögerte, als die Mutter und Josi zum ersten Mal Makkaroni auftischten. Sollte er nun auch zum *Makkaronifresser* werden, wie man die Piemonteser abschätzig nannte? In der Politik, beim Handel und im Geschäft war er dem Neuen gegenüber sehr aufgeschlossen. Doch auf dem Teller? Da liebte er, was seine Mutter gekocht hatte, Kohl mit Schaffleisch, Bohnensuppe oder Rösti*. Aber Makkaroni? Als sich die Kinder mit Genuss über die neuartige Kost hermachten, versuchte er schließlich auch davon.

„Nun, essen kann man es", grummelte er vor sich hin. Die Mutter jedoch war davon begeistert, weil man die Nudeln so gut lagern konnte. Sie boten eine willkommene Abwechslung zu Kartoffeln und Haferbrei.

Ähnlich argwöhnisch war der Vater der Polenta gegenüber. Zuerst weigerte er sich, dieses *Hühnerfutter* zu sich zu nehmen. Erst als es die Mutter mit Milch, Käse und Butter verfeinerte, gewöhnte er sich schließlich auch daran, sodass nun auch die Polenta den Speisezettel bereicherte.

Februar 1863

Dieses Mal blieben die Gesichter der Erwachsenen ernst und sorgenvoll, als es hieß, *die Mutter ist krank*. Dieses Mal schien sie tatsächlich krank zu sein. Wie gewohnt, verfrachtete der Vater die Kinder auf das Boot und ruderte sie nach Flüelen zu den Großeltern. Die Sorgen setzten sich auch in Josi fest, nein, sie waren schon eine ganze Weile dort. Die Mutter hatte mehr als sonst unter ihrem dicken Bauch gelitten, hatte keine Kraft, brauchte für alles viel länger. Irgendetwas war anders. Irgendetwas stimmte nicht mit ihr, doch was?

Die Kinder blieben einige Tage länger bei den Großeltern. Als sie endlich nachhause zurückkehrten, lag die Mutter noch immer bleich und schwach im Bett. Alle erschraken, auch weil es hieß, sie brauche Ruhe und dürfe nicht gestört werden. Nicht nur die Hebamme und der Arzt waren da, sondern auch Tante Gret. Das bedeutete nichts Gutes. Josi spürte, wie sich neue Angst in ihr festsetzte. Was, wenn *Es* die Mutter holte? Was wäre dann? Es war noch nie vorgekommen, dass die Mutter während des Tages im Bett lag. Auch wenn sie sich unwohl fühlte, war sie stets aufgestanden, hatte gekocht und nach den Kindern und den Tieren gesehen. Sie war immer da. Sie sorgte immer dafür, dass es der Familie gutging. Und nun lag sie krank im Bett.

Josi hörte die Erwachsenen leise miteinander sprechen, die Mutter habe viel Blut verloren, die Wehen hätten viel zu lange gedauert, sie habe keine Kraft zum Pressen gehabt. Mutter und Kind seien in Gefahr gewesen. Sie verstand nicht wirklich, was das alles zu bedeuten hatte, doch sie spürte die tiefe Besorgnis aller.

Auch der kleine Johannes, das mittlerweile neunte Kind, schien irgendwie kümmerlich. Er wimmerte pausenlos, trank kaum, fühlte sich sichtlich unwohl. Die Freude über den Sohn war getrübt. Die kummervollen Gedanken wollten das Haus nicht verlassen.

Tante Gret war Mutters Schwester. Sie besorgte für eine Weile den Haushalt. Sie hatte von der Hebamme strikte Anweisungen erhalten, wie sie die Wöchnerin pflegen sollte. Waschungen mit Kamillenwasser, dreimal täglich Tee aus Frauenmantel und Himbeerblättern. Dazu sollte die Mutter viel stärkende Suppe essen, Brotsuppe oder Hühnerbrühe. Sie müsse bald wieder zu Kräften kommen.

Die Geschwister mochten Tante Gret nicht sonderlich. Sie war selbst kinderlos. Obwohl sie kaum älter als die Mutter war, wirkte sie bereits wie eine Großmutter, hager mit spitzer Nase und ebensolchem Kinn. Das Unheimlichste an ihr waren aber ihre knochigen Hände. Spinnenbeine, fanden die Kinder und gruselten sich, wenn Tante Gret sie berühren wollte.

Zu den Kindern gewandt sagte Tante Gret: „Hört, Kinder, eure Mutter ist sehr krank. Sie braucht eure Hilfe. Seid brav und tut, was man euch sagt! Du, Josi, bist jetzt ihre wichtigste Stütze. Du wirst ihr beistehen müssen, wenn ich wieder zurück muss." Unverzüglich begann sie Aufgaben zu verteilen. Josi kümmerte sich um Wisi und Stineli, Maria um Elisa. Die größeren Buben mussten Feuerholz bringen, den Stall ausmisten, die Hühner füttern. Tante Gret hatte keinen Sinn für Wehleidigkeit. Sie gab forsch ihre Befehle.

Trotzdem waren alle froh, dass Tante Gret da war. Mit ihren klaren Anweisungen vermochte sie der Familie das Gefühl zu vermitteln, das Unheil wenigstens teilweise bannen zu können. Sie strahlte eine Autorität aus, der sich selbst das Schicksal nicht zu wiedersetzen wagte. Sogar der Vater akzeptierte, dass sie nun den Ton angab, mehr noch, er schien sogar erleichtert, weil er mit der Situation nicht umzugehen wusste. Ohne Murren gingen die Kinder ihren Aufgaben nach.

Eines Nachmittags kam Onkel Karl zu Besuch. Er brachte Fencheltee für Johann und eine spezielle Medizin für die Mutter. Sie sollte ihr helfen, nach der schweren Geburt wieder zu Kräften zu kommen. Die Mutter schnupperte skeptisch an der Flasche und schob sie von sich.

„Tut mir leid, Karl. Nur schon vom Geruch wird mir momentan übel."

„Dann halte dir die Nase zu, wenn du einen Löffel voll am Morgen und am Abend nimmst. Ich verspreche dir, das wird dir wieder auf die Beine helfen." Er stellte die Flasche auf das Nachtkästchen, strich Johann über das Köpfchen und seufzte. Es gefiel ihm gar nicht, was er sah.

Sein Besuch bei der Mutter dauerte nur kurz. Sie war noch immer erschöpft und wollte schlafen. Anschließend hieß ihn der Vater, in der Stube Platz zu nehmen. Josi servierte den beiden Männern ein Schwarzes* und benutzte die Gelegenheit, etwas Zeit mit ihrem geliebten Onkel zu verbringen.

„Nun Josi, wie ich höre, lernst du sehr fleißig in der Schule."

Josi strahlte, wagte aber nichts zu erwidern, weil der Vater daneben saß.

„Dann weißt du bestimmt: *Welche Aale tragen bunte Röcke*?" Josi war verdutzt. Sie hatte keine Ahnung, was sie antworten sollte. Nach einer kleinen Pause antwortete Onkel Karl selbst: „Die Korporale." Er lachte mit den anderen über seinen Scherz, bevor er ernster fortfuhr: „Kannst du dich erinnern, als ich euch von den Schrecken des Sardinischen Krieges erzählte?"

„Aber sicher. Das war sehr schlimm."

„Damals hat ein Schweizer Kaufmann die Schlacht bei Solferino beobachtet. Er hieß *Henry Dunant**. Dieser Mann schrieb seine Eindrücke auf. Sein Buch *Eine Erinnerung an Solferino* ist inzwischen weltbekannt. Nun ist er tätig geworden. Zusammen mit vier anderen Männern hat er ein *internationales Komitee der Hilfsgesellschaften für die Verwundetenpflege* gegründet."

„Was bedeutet das?"

„Das bedeutet, dass eine Vereinigung entsteht, die Leute für die Pflege von Verletzten ausbildet. Sollte es wieder Krieg geben, können sie beim Verarzten helfen. Damals starben viele Soldaten, weil ihre Wunden nicht rechtzeitig oder nicht richtig behandelt wurden. Mit einer besseren Pflege hätten sie überlebt."

„Sind das Soldaten?"

„Nein. Es sind freiwillige Männer und Frauen, die in Friedenszeiten lernen, wie man Wunden verbindet und Kranke pflegt. Es sind aber keine Soldaten, sondern ausgebildete Hilfskräfte. Sie sollen die Armee im Kriegsfall unterstützen, aber Freunde sowie Feinde ohne Unterschied pflegen. Erinnerst du dich? Die Frauen handelten damals unter dem Motto '*tutti fratelli*', alle sind Brüder. Jeder, der leidet, soll darum Hilfe erhalten."

„Könnte ich auch mithelfen?" Josi war wie elektrisiert. Es war bestimmt sehr aufregend, etwas über Krankenpflege zu lernen.

„Warum nicht? Wenn du einmal älter bist. Es sind Freiwillige, die mithelfen. Einige andere Offiziere und ich wollen auch in Altdorf eine solche Gruppe gründen. Wir werden später bestimmt jede Hand gebrauchen können. Und du würdest eine Menge lernen. Das kommt dir auch als zukünftiger Ehefrau und Mutter zugute. Wie du gerade erlebst, gilt es immer wieder Kranke zu pflegen."

Josi wurde mulmig, als er davon sprach, sie würde selbst eine Mutter werden. Das wollte sie immer noch nicht. Jedenfalls konnte sie es sich nicht vorstellen, gerade jetzt, da die Mutter krank war. Sie wollte nicht dasselbe Schicksal wie sie erleiden. Eine Familie, das kam für sie nicht in Frage. Onkel Karl ließ ihr keine Zeit, ihren Gedanken nachzuhängen.

„Aber jetzt pflegst du erstmal deinen Bruder und deine Mutter. Du musst Gret tüchtig zur Hand gehen und dabei alles lernen, was du wissen musst. Sie kann ja nicht ewig bei euch bleiben."

Josi nickte stumm. Als Onkel Karl ihr betrübtes Gesicht sah, wollte er sie aufmuntern. „Genug über Krankheit und Krieg. Sag, mein kleines Fräulein: Welche Mücken fressen Mücken?"

Wieder wusste Josi keine Antwort. „Die Grasmücken."

Dieses Mal lachte Josi nur wenig. „Was sind Grasmücken?", wagte sie zu fragen.

„Das sind Vögel, mein Kind. Ich werde sie dir im Frühling zeigen, wenn sie wieder singen. Vielleicht weißt du ja dies: Was steht zwischen jedem Berg und Tal?" Josi schüttelte den Kopf. „Na, das ist doch einfach: Das Wörtchen *und* natürlich." Nun lachten wieder alle.

März 1863

Der Winter hatte kaum Schnee gebracht und auch der Frühling zeigte sich in diesem Jahr trocken und mild. Es regnete gerade genug, damit die Samen gut keimten, die Obstblüten sich öffneten, die Setzlinge rasch wuchsen. Ungestüm drängte das neue Leben ans Licht.

Die Bauarbeiten an der Axenstraße gingen inzwischen weiter, nicht nur in der Nähe des Gislerschen Heimes, sondern auch im Dorf. Auf dem Schulweg gab es jeden Tag etwas zu beobachten, zum Beispiel wie das Hafnerhaus* sowie die beiden Lagerschuppen des Spediteurs Crivelli abgetragen wurden. Bald lagen die Dachziegel in großen Haufen sorgfältig aufeinandergeschichtet, ebenso lagerten noch intakte Balken und geputzte Backsteine auf dem stetig wachsenden Platz.

Anschließend errichteten die Bauarbeiter mehrere riesige Seilzugrammen und karrten zahllose Pfähle heran. Das war nicht minder interessant. Wochenlang erzitterte das Dorf. Je sechs Männer hoben an sechs Seilen ein zentnerschweres Gewicht in die Höhe, das sie wenig später auf einen Pfahl fallen ließen. Pausenlos rammten sie Pfahl um Pfahl, Spundwand* um Spundwand in den Boden des Hafens. Der Laut des Schlages wurde weit über das Wasser getragen, echote von den Berghängen, schuf einen Klangteppich für die ganze Gegend, der mit dem Wellenschlag des Sees harmonierte. Der Lärm der Schlaghämmer prägte sich tief in das Gedächtnis der Menschen ein. Meistens konnte ihn Josi auch zuhause noch hören. Die Pfähle befestigten den Boden, den die Arbeiter dem See abtrotzten, um Raum für die neue Straße zu schaffen.

Der pausenlose Hintergrundslärm erschwerte den Unterricht. Er war laut und zog die Aufmerksamkeit der Kinder auf sich. Hier entstand etwas Neues, etwas, was es noch nie gegeben hatte in dem kleinen Dorf. Das war spannender als der Katechismus. Man schuf Platz für die Straße. Man veränderte das Dorf. Man veränderte sogar den See. Hier herrschte der unbändige Wille, sich von keinem Hindernis aufhalten zu lassen. Hier wurde Flüelens Zukunft gebaut. Diese Aufregung ergriff bald auch die Kinder. Sie spürten, dass sich ihr Leben unaufhaltsam und für immer verändern würde.

In den Flanken des Axen, dort wo die Kalkfelsen leicht zugänglich waren, wurde unentwegt Holz geschlagen. Die Arbeiter errichteten einige Saumpfade, um leichter an die exponierten Stellen zu kommen, wo sie mehrere Kalköfen bauten. Auch beim Dorfausgang errichtete der Unternehmer Siegwart einen Kalkofen, für den er sogar eine Dampfmaschine erwarb, so gefragt war der Rohstoff.

Josi konnte vom Haus aus die qualmenden Öfen sehen. Unersättlich verschlangen sie Klafter um Klafter Holz. Im Gegenzug lieferten sie Tonne um Tonne weißes Pulver, das die Kalkbrenner in wassergefüllte Gruben leerten und dort lagerten, bevor sie es in Fässern zu den Baustellen brachten. Ungeheure Mengen des begehrten Baumaterials brauchte es als Mörtel für Stützmauern und Brückenpfeiler. Auch um die Fahrbahn zu befestigen, dort wo sie nicht gepflastert wurde, fand es Verwendung.

Entlang der Axenstraße entstanden auch einige Wohnhäuser. Vorausschauende Dorfbewohner hatten sich Bauplätze an der zukünftigen Verkehrsader gesichert. Sie sahen eine rosige Zukunft für Uri mit hunderten, ja tausenden von Touristen, so wie sie bereits die Rigi* oder das Berner Oberland besuchten.

In diesen Tagen ertönte auch in den Felsen des Axenberges viermal täglich das warnende Horn. Wenig später explodierte dröhnend die Sprengladung, während das Gelände zitterte. Josi mochte diese Geräusche nicht. Lärm bedeutete Gefahr. Meter um Meter sprengten die Arbeiter einen Schacht in den Felsen. Sobald sich der Staub verzogen hatte, zerkleinerten die Männer die Felsbrocken, trugen sie beiseite, formten sie zu Quadern, die sie beim Bau von Mauern wiederverwenden konnten.

Willi verbrachte noch immer jede freie Minute irgendwo auf der Baustelle. Auch bei diesen Arbeiten war der Junge nicht zu halten. Er wollte alles ganz genau sehen, wollte wissen, wie man Steine zerkleinerte, sie formte, wie man daraus eine stabile Mauer baute.

Giovanni, der kleine, drahtige Italiener, erklärte dem Knaben, wie er einen Stein zuerst genau beobachten müsse, um kleine Bruchlinien zu erkennen. Dort müsse er bloß lange genug klopfen, um den Stein *weich* zu machen. Anschließend sei das Spalten mit dem Meißel ein Kinderspiel. Der junge Südländer war ein erfahrener Steinhauer, während die meisten seiner Kollegen ungelernte Hilfskräfte waren. Sie schaufelten und karrten stundenlang das Geröll von einem Ort zum anderen. Es war alles enorm anstrengend und schweißtreibend.

Harte Steine weichklopfen. Das gefiel dem Knaben. Dazu konnte er die Bruchkante bestimmen, ihnen seinen Willen aufdrängen. Es dauerte tatsächlich nicht lange, bis auch Willi ein Gespür für die Felsbrocken entwickelte, auch wenn der Hammer für seine kleinen Hände viel zu schwer, der Meißel zu groß war. Er fühlte sich mächtig stolz, als ihm das Spalten der Steine nach und nach gelang.

Der ganze Berg schien in Bewegung. Wochen- und monatelang wurde gearbeitet, gesprengt, geschaufelt, gepickelt, gehämmert, geschleppt. Steine und Geröll wurden von hier nach dort und später wieder zurück transportiert. Es wollte kein Ende nehmen. Die Trasse musste grob vorbereitet werden, bevor die Stützmauern, die Brücken, die Tunnels erstellt werden konnten.

Bald gruben die Männer auch beim Gruonbach. Das war besonders interessant. Wie würden sie dieses wilde Gewässer überbrücken? Bis jetzt gab es nur einen einfachen, hölzernen Steg, den die Kinder überqueren mussten, um ins Dorf zu gelangen. Mehr als einmal war er während eines Gewitters weggespült worden. Danach verlagerte der Bach jedes Mal sein Bett. Er strömte mal näher, mal weiter vom Haus entfernt, mal war er in viele Rinnsale unterteilt, mal floss er als breites, wildes Wasser. Der Gruonbach bestimmte das Leben der Familie. Er trieb die Säge an, aber bei schlechtem Wetter schnitt er sie auch vom Dorf ab.

Eine richtige, solide Brücke würde das Heimwesen näher an Flüelen rücken, eine wettersichere Verbindung zu den Dorfbewohnern schaffen, die es für die Familie Gisler noch nie gegeben hatte. Eine Brücke, über die sogar Fuhrwerke und Kutschen fahren konnten, das war wie ein unerfüllbarer Traum. Josi, Heiri und Willi werweissten, wie die Arbeiter die Brücke wohl so stabil bauen würden, dass sie den Fluten trotzte. Eine Brücke würde bedeuten, dass die Baumstämme auch bei Sturm nahe ans Haus geführt werden konnten, dass sie selbst mit einem Fuhrwerk ins Dorf fahren könnten. Eine Brücke über den Gruonbach würde das Leben der Familie stark verändern.

„Das ist doch klar", erklärte Willi altklug. Er holte bei der Sägerei ein Brett und legte es über einen kleinen Bach, der sich vom Hauptfluss abgetrennt hatte. Das Wasser floss über das Brett und begann an ihm zu zerren.

„Schaut her, wenn ich die Brücke einfach so auf den Grund lege, dann wird sie sofort weggeschwemmt. Seht ihr das?" Josi und Heiri nickten. „Das Problem besteht darin, dass der Bach über einen Schuttkegel fließt. Es braucht aber einen genügend großen Abstand zwischen dem Bach und der Fahrbahn. Wenn die Straße möglichst ohne Steigung bleiben soll, gibt es nur eine Lösung."

Er begann zu graben, um das Geröll unter dem Brett zu entfernen. Bald waren seine Hände erst rot, dann blau. Es kümmerte ihn nicht. Schließlich floss das Wasser in einer Rinne unter dem Brett. Es lag nun stabil auf zwei größeren Steinen.

„Sie müssen den Bach tiefer legen. Dadurch wird eine Stufe, eine Art Wasserfall, entstehen. Nur so wird die Brücke genügend Abstand bekommen, die Straße aber ohne zusätzliche Steigung bleiben. Sie können keine Rampe bauen, das wäre für die Pferde zu anstrengend." Er zeigte bei seinem Modell, was er meinte und suchte nach einer Steinplatte, die er senkrecht zum Bachlauf aufstellte.

„Eine Mauer wird sicherstellen, dass der Bach die Stufe nicht sehr bald abträgt."

Genauso gingen die Arbeiten voran. Jetzt, nach dem schneearmen Winter, führte der Gruonbach wenig Wasser. Die Männer standen stundenlang im kalten Bach, begannen damit, sein Bett zu vertiefen, hoben eine Rinne aus dem Geröll, in der sich das Wasser sammelte. Pferde und Ochsen zogen danach riesige Felsbrocken in den Bachlauf. So konnten sie eine Stufe bauen, genauso wie Willi es erklärt hatte. Unter der Brücke entstand allmählich eine gemauerte Schale. Sie sollte den Durchfluss des Wassers erleichtern und verhindern, dass sich der Bachlauf veränderte.

Es folgten die gemauerten Stützen, die sich hoch über das Wasser erhoben. Darüber spannte sich bald eine hölzerne Brücke. Josi konnte die Wagen hören, wenn sie darüberfuhren. Die Hufe und Räder erzeugten auf den Balken unterschiedliche Töne. Es war eine ganz eigene Melodie.

Das geschäftige Chaos dauerte den ganzen Frühling. Es würde auch noch im nächsten Jahr anhalten. Weil an so vielen Stellen gleichzeitig gearbeitet wurde, kam der Bau der Straße sehr zügig voran. Allmählich entstand zwischen Flüelen und Sisikon eine ebene Trasse. Je weiter die Arbeiten fortschritten, desto offensichtlicher wurde es, dass die Brücke über den Gruonbach für die Familie Gisler *keinen Vorteil* bringen würde. Sie war mehrere Meter hoch über dem Bach. Um auf sie zu gelangen, mussten die Kinder mithilfe von vorstehenden Steinen waghalsig die Stützpfeiler hochklettern. Das hatte die Mutter natürlich verboten. Taten sie es trotzdem, vereinfachte sich der Schulweg. Sie mussten nicht mehr den holperigen Pfad benutzen. Aber es gab weiterhin keine Möglichkeit mit einem Gefährt das Haus zu erreichen. Der hölzerne Steg blieb noch immer die einzige Verbindung nach Flüelen. Die Axenstraße hatte das Heimwesen keinen Meter näher zum Dorf gebracht.

Ab und zu besuchte auch der Vater die Baustelle beim Gruonbach. Mit gerunzelter Stirn begutachtete er die gemauerte Schale unter der Brücke.

„Etwas stimmt hier nicht", murmelte er halblaut vor sich hin. „Diese studierten Leute, diese auswärtigen Gaggälari sollen sich das mal anschauen. *Es* wird uns noch alle mit sich reißen. Das hier ist der reinste Pfusch. So geht das nicht."

Die Sorge drückte auf seine Laune. Er war gereizter als sonst, fluchte manchmal auch bei geringfügigen Anlässen. Als eines Tages der Landammann Müller den Fortgang der Arbeiten kontrollierte, suchte der Vater das Gespräch mit ihm. Er wollte ihn darauf hinweisen, dass sich durch den Bau der Straße das Gelände stark verändert habe. Nie zuvor hatte sich so viel Geschiebe angesammelt.

„Glauben Sie mir, es ist alles in bester Ordnung. Sie können ganz beruhigt sein. Als Laie können Sie das natürlich nicht verstehen, aber wir haben alles berechnet und geprüft. Ich gebe Ihnen mein Ehrenwort. Sie sind in Sicherheit. Ihnen wird nichts geschehen."

Der Vater ließ sich nicht beruhigen. Seit Jahren hatte er am Bach gelebt, ihn für den Antrieb der Säge genutzt. Er kannte ihn wie einen guten Kameraden. Er verstand das Rauschen zu deuten, hörte, wie das Wasser gestimmt war. Mit Respekt hatte er sich seiner Kraft für die Sägemühle bedient, stets darauf bedacht, ihm seinen Willen zu lassen. Im tiefsten Inneren aber wusste der Vater, der Wildbach war nicht zu zähmen. Man musste sich ihn zum Freund machen. Wenn man ihn erzürnte, würde er alles mit sich reißen.

Nun hatte die Straße ohne Rücksicht eine tiefe Furche in die Bergflanke gerissen. Stützmauern hinderten Grundwasser in seinem Lauf, zwangen es, einen neuen Weg zu suchen. Der Berg erzitterte unter den Sprengladungen, Felsen zerbrachen unbemerkt im Innern. Wer wusste schon so genau, wie sich die ganzen Veränderungen auswirken würden? Der Vater hatte den Bach während Jahren beobachtet. Und jetzt sah er, dass etwas anders war als je zuvor. *Der Bach war erzürnt.* Eine innere Stimme warnte ihn: *Es* würde das nicht so einfach hinnehmen.

Viel lieber als der Mutter half Josi nun auch dem Vater. Wenn die Säge gegen Abend stillstand, besuchte sie ihn in seinem Kabäuschen. Es war für sie mehr Spiel als Pflicht. Alles hier war abenteuerlich, versprach Interessantes und Neues.

Allmählich begann der Vater seine Tochter in die verschiedenen Arbeiten einzuführen. Bald schon vermochte sie Notizen festzuhalten. Er schrieb mit seinen schwieligen, schrundigen Händen nur unbeholfen und langsam. Sie waren vom Hantieren mit den schweren Hölzern und dem Rudern über kaltem Wasser hart und rau geworden. Um sie zu pflegen, die tiefen Risse zu heilen, hatte Onkel Karl zwar Ringelblumensalbe gebracht. Doch der Vater weigerte sich von dem *Weiberzeugs* zu verwenden. Ein richtiger Mann brauchte keine Arzneien wegen ein paar Kratzern.

Josi war nach kurzer Zeit schon so weit geübt, dass sie die Folianten mit Zahlen füllen durfte, wenn auch vorerst nur mit Bleistift. Sie schrieb nicht nur die Zahlen, sie musste allmählich auch verschiedene neue Wörter lernen. Sie buchstabierte die Namen der Kunden und Lieferanten, die Bezeichnungen für die einzelnen Bretter, Bohlen, Latten, Leisten, Balken, Sparren oder Stützen mit deren Massen und Gewichten, sowie deren Preise. Mit großem Spaß und unermüdlichem Eifer übte sie jeden Tag, bis sie die entsprechenden Wörter fehlerfrei schreiben konnte. Beharrlich stellte sie Fragen und wollte mehr wissen. Geduldig antwortete der Vater und freute sich insgeheim über ihre Wissbegier. Sie ließ ihn vergessen, dass Josi nur ein Mädchen war. So lernte sie nach und nach, ohne es richtig zu bemerken, eine Menge über das Sägehandwerk.

April 1863

Jetzt, gegen Ende des Schuljahres blieb Josi ab und zu der Schule fern. Es gab einfach zu viel zu tun, als dass es die Mutter, geschwächt wie sie noch immer war, alleine hätte bewältigen können. Der kleine, kränkliche Johann vermochte nicht richtig zu trinken. Die Mutter zog sich mit ihm für Stunden zurück, doch er bekam trotzdem nicht genug und wuchs kaum. Oft plagten ihn Bauchschmerzen, sodass er stundenlang weinte. Die Eltern waren ratlos. Die Sorge um das jüngste Kind lastete auf der ganzen Familie.

Josi passte auf ihre Geschwister Maria, Elisa, Wisi und Stineli auf, um die Mutter zu entlasten. Sie führte die Kinder, so oft es ging, in den Garten. Dort hackte sie zwischen den Beeten und sie zeigte den Kleinen, welche Pflanzen sie ausreißen durften und welche zu Gemüse werden würden. Auf der Weide fanden sie Löwenzahn und Gänseblümchen als willkommene Zutaten für den Salat. Selbst Brennnessel und guter Heinrich sammelten sie, um sie Gemüsen und Suppen beizufügen.

Sie spielte aber auch gerne mit ihren Geschwistern oder sie sangen gemeinsam Kinderlieder, so gut das die Kleinen schon konnten.

„Eins, zwei, drei, vier, fünf – wir machen uns auf die Strümpf', sechs, sieben, acht, neun, zehn – lass uns nach Hause geh'n", sang sie ihren Geschwistern vor, bevor sie vom Garten zum Haus zurückgingen. So lehrte sie die Kleinen ganz nebenbei allerlei Nützliches.

Diese Stunden waren fröhlich, vergingen schneller als in der Schule. Stineli begann die ersten Worte zu plappern, übte sich im Laufen und Wisi konnte gar nicht genug kriegen von *hoppe, hoppe Reiter*. Josi setzte ihn dazu auf ihre wippenden Knie, bis sie ihn zwischen ihre Beine fallen ließ, ihn jedoch lachend festhielt. Bei *Kommt ein Bär, wo kommt er her, wo geht er hin? Zu Wiselis Kinn* ließ sie ihre Finger über seinen Bauch bis unters Kinn spazieren, wo sie ihn liebevoll kitzelte. Auch die anderen Geschwister, die eigentlich schon zu alt für diese Spiele waren, drängten auf ihren Schoss. Die Kinder liebten ihre große Schwester.

Eines Tages ging sie zur Säge hinüber, sammelte einige Rindenstücke und brachte sie zurück zu den Kleinen.

„Schaut mal, daraus können wir Schiffchen bauen, die wir auf dem Bach treiben lassen." Die Kinder suchten kleine Kiesel, Moos und Gänseblümchen, um damit die Rindenboote zu verzieren.

Josi nahm Wisi und Stineli bei der Hand, während die beiden Mädchen fröhlich hüpfend folgten. Der Bach führte wenig Wasser. Ein kleines Rinnsal hatte sich vom übrigen Fluss abgetrennt. Dort knieten sich die Kinder nieder und ließen ein Boot nach dem anderen aufs Wasser gleiten. Mit Stecken hielten sie die Rindenstücke zurück, damit sie nicht in den See geschwemmt wurden. Doch nach und nach hatte sich jedes vom Strudel mitreißen lassen und trieb schließlich fort. Freudestrahlend winkten die Kinder den kleinen Booten zum Abschied zu, wünschten ihnen gute Reise, denn Josi hatte erzählt, sie würden bis zum fernen Meer gelangen.

Am nächsten Tag regnete es ununterbrochen wie aus Kübeln. Nebelverhangen waren die Berge, der Blick reichte kaum bis zum Waldrand. Unvermittelt war es wieder kalt geworden. Die Kinder blieben im Haus. Doch zwei Tage später zeigte sich die Sonne erneut, als ob nichts gewesen wäre. Die Mutter war mit Johann im Kämmerchen, Josi hütete ihre jüngsten Geschwister, Klaus, Heiri und Willi waren bei den Ziegen auf der Weide.

„Hör mal, Stineli, du bleibst jetzt schön brav hier in der Küche sitzen. Ich gehe nur schnell in den Kühlkeller hinüber etwas Butter holen. Hörst du?"

Der Junge strahlte sie an und nickte fröhlich. Josi trat hinaus ins Freie und zog die Haustüre hinter sich zu, doch nicht fest genug. Das Mädchen bemerkte nicht, dass sie nicht richtig ins Schloss schnappte. Sie querte den Hühnerhof, schloss die Gartentüre hinter sich und betrat den kühlen, dunklen Raum.

Eine Weile musste sich Josi an das Dämmerlicht gewöhnen, bevor sie die Butter sah, von der sie ein Stück abschnitt und auf den mitgebrachten Teller hob. Als sie zurück ins gleißende Licht kam, blinzelte sie. Sobald sie die Augen wieder öffnete, setzte ihr Herz einen Schlag lang aus. Was war das? Jesses Maria, wer hatte das Gartentor zum Bach bloß offenlassen? *Es holt eines von euch*, schoss es ihr durch den Kopf. Wieso hatte sie es nicht bemerkt? Wieso stand die Haustüre sperrangelweit offen?

Beunruhigt folgte ihr Blick dem Weg hinunter zum Bach. Stineli lief mit einem Stück Rinde im Händchen mit unsicheren Schritten zum Wasser. Er wollte es als Schiffchen auf den Wellen tanzen lassen, es beobachten, bis es weit in den See fortgetrieben und bis zum Meer reisen würde. Gemeinsam hatten sie dieses Spiel nur wenige Tage zuvor entdeckt. Doch nun ging der Bach nach dem starken Regen hoch und der Junge war allein am Ufer. Es war kein Bach mehr. Er war bedrohlich zu einem braunen, schäumenden, schnaubenden, polternden Ungetüm angeschwollen, das alles mit sich riss, was sich ihm in den Weg stellte. Hoch ging das Wasser, schob donnernd Geröll, Steine und Holz mit sich, seine ganze Wucht offenbarend.

Josi ließ einen entsetzten Schrei fahren. Ungehört verschluckte ihn das mächtige Rauschen. Sie rief nach Stineli, nach der Mutter, nach Hilfe. Die Fluten waren lauter, erstickten jeden Laut. Klirrend fiel der Teller zu Boden. Sie rannte zum Ufer. Sie wollte Stineli packen, von der Gefahr wegreißen. Aber sie war zu langsam. Das Brüderchen trat schon auf das nasse Geröll, beugte sich hinunter mit dem Schiffchen in seinem

Händchen, stolperte, rutschte auf den glitschigen Steinen, schlug der Länge nach hin, fiel ins kalte Nass, das sogleich an ihm zerrte, ihn unerbittlich unter Wasser zog und ihn nicht mehr hergab. *Es* hatte kein Erbarmen, trug den Jungen mit sich. Der blonde Haarschopf leuchtete höhnisch aus der trüben Masse hervor. Die Fluten waren mächtig, spülten den kleinen Körper weg, ein Schiffchen nun er, tanzend mal auf, mal unter den Wellen, sie trugen ihn fort, zu schnell, zu weit weg. Josi rannte zum Vater in die Sägerei, in Tränen aufgelöst, drängte ihn zur Eile. Als er mit dem Boot auf den See rausfuhr, brachte er wenig später nur den leblosen Jungen zurück.

Im Ziegenstall hatte Klaus die Szene beobachtet. Siedend heiß durchfuhr es ihn. *Er* hatte nicht aufgepasst, als er von der Weide zurückgekommen war. *Er* hatte das Gartentor offenstehen lassen. Doch das wusste niemand. Niemand hatte gesehen, wie Stineli das Haus verlassen hatte. Niemand wusste, warum das Tor nicht verschlossen war. Da wuchs in Klaus ein gemeiner Plan. Noch immer nagte der Neid an ihm, dass Josi und Heiri in Vaters Kämmerlein durften, während er, der Erstgeborene, dort nichts zu suchen hatte. Klaus sah endlich seine Stunde der Rache gekommen.

In der allgemeinen Aufregung gelang es ihm, unbemerkt ins Haus zu schleichen. Mit einer Unschuldsmiene setzte er sich an den Stubentisch, die Brattig* in den Händen, und tat so, als ob er wie gewohnt tief in seine Lektüre versunken sei, gar nicht bemerke, was um ihn herum geschah.

Der Vater trug Stineli ins Schlafzimmer der Eltern, legte ihn auf das Totenbrett, das immer in einer Ecke bereitstand, und deckte ihn mit einem Tuch zu. Mit Weihwasser zeichnete er ein Kreuz über das tote Kind. Dessen fröhliches Gesicht war fürchterlich entstellt, sein Körper geschunden von den wütenden Wassermassen. Die Mutter wollte den Jungen in ihre Arme schließen, doch der Vater hielt sie zurück. Der kalte, nasse, wunde Körper hätte sie verängstigt. Die übrigen Kinder drängten herbei, um ihren Bruder ein letztes Mal zu sehen. Doch der Vater stellte sich abwehrend davor. Er wollte ihnen den Anblick ersparen.

Josi war in Tränen aufgelöst. „Stineli, Stineli, wach doch wieder auf!" Sie schlug die Hände vors Gesicht, untröstlich. Ihr liebster Spielgefährte, der Sonnenschein der ganzen Familie sollte ihnen für immer genommen sein? Das durfte nicht wahr sein. Der Schock saß so tief, dass sie gar nicht glauben konnte, was eben geschehen war.

Scheinbar verwundert sprang Klaus auf, wollte gebieterisch wissen, was geschehen sei. „Was ist mit Stineli? Hast du etwa nicht auf ihn aufgepasst, du blöde Kuh? Das ist doch deine Aufgabe, das weißt du ganz genau."

Josi schluchzte. Sie hatte das Gartentor hinter sich verschlossen. Da war sie sich ziemlich sicher. Oder etwa doch nicht? Wie konnte das nur passieren? Wie konnte Stineli alleine zum Bach gelangen? Ausgerechnet er. Wieder und wieder liefen die vergangenen Minuten vor Josis innerem Auge ab. Die Verzweiflung über ihre Unachtsamkeit und die Unsicherheit darüber, was vorgefallen war, wollten sie schier erdrücken.

Entrüstet erhob Klaus seine Stimme. „*Du bist schuld*, dass unser Bruder gestorben ist", schrie er vorwurfsvoll. „Wie konntest du ihn nur alleine lassen, ein Kind von gerade einmal zwei Jahren? Du weißt doch, wie unternehmungslustig er ist. Es ist ganz allein *deine Schuld*! Dafür wirst du in die *Hölle* kommen und ewige Qualen erleiden." Empörung und Abscheu troffen aus seiner Stimme. Seine Worte schnitten in Josis eh schon wundes Herz. *Sie* hatte Stinelis Tod verschuldet.

Der Vater gebot Klaus zu schweigen. Von dem Vorfall erschüttert, hatte er keine Nerven für die Streitereien seiner beiden Ältesten. Die Mutter legte Johann, den Jüngsten, in sein Bettchen, ließ ihn für einmal wimmern. Er musste jetzt warten.

„Jesses, Maria und Sankt Josef", seufzte sie, indem sie sich bekreuzigte. „Nun hat *Es* Stineli geholt. Unseren Sonnenschein. Warum nur? Stineli, ach Stineli... Der Herr sei uns gnädig..." Ihre Stimme erstarb. Sie versank in ihrem Schmerz. Nicht dieses Kind. Nicht dieses.

Während der Vater ins Dorf ruderte, um den Pfarrer zu informieren, setzte sich die Familie in die Stube und betete für den toten Bruder. Mechanisch rannen die Worte von den Lippen, deren Sinn die Kinder nicht verstanden. Sie spürten, dass das Ritual der Mutter Trost spendete. Es war das Einzige, was sie für sie und Stineli tun konnten.

Schlag um Schlag näherte sich der Vater dem Dorf. Er hatte es geahnt. Sein ungutes Gefühl. *Der Bach war erzürnt.* Darum hatte er sein liebstes Kind geholt. Würde *Es* die Familie nun verschonen? Aber es war doch nicht seine Schuld. Oder doch? Hätte er das Land nicht verkaufen dürfen? Wie auch nicht? Er musste doch. Die Gesetze verlangten es. Uri brauchte die Straße. Für den Verkehr. Für den Handel. Für den Fortschritt. Die Schweiz brauchte sie. Für das Militär. General Dufour* persönlich hatte sich dafür eingesetzt. War der Frevel nun gesühnt? Das Vertrauen des Vaters in den Fortschritt hatte einen Riss erhalten.

Juni 1863

Die Mutter hatte Stinelis Tod schlecht verwunden. Ihre Erschöpfung, die sie seit Johanns Geburt im Februar belastete, wollte nicht weichen. Sie fühlte sich schwach und kraftlos, vermisste das tote Kind mehr, als sie zugeben wollte, machte sich Vorwürfe, sie habe als Mutter versagt.

Zusätzlich litt sie unter morgendlicher Übelkeit. Sie betete zur Heiligen Jungfrau, dass es nicht das sein mochte, was sie befürchtete, ein weiteres Kind. Es wäre die elfte Geburt in elf Jahren. Nach allem, was sie im Februar durchgemacht hatte, wünschte sie sich eine längere Pause. Doch sie schwieg. Wem hätte sie sich anvertrauen sollen? Die Hebamme hatte andere Wöchnerinnen zu betreuen und Gret, ihre Schwester, lebte zu weit weg.

Mutters Zustand verschlimmerte sich, weil der Säugling Johann noch immer kränkelte und sie deswegen kaum Schlaf fand. Er litt unter häufigem Durchfall, trank zu wenig Milch und ließ sich auch nicht dazu verleiten, gesüßten Grießbrei zu essen. *Es* schonte ihn nicht. Endlich besuchte die Hebamme das Heimwesen am Gruonbach erneut. Sie schärfte der Mutter ein, dem Würmchen unter allen Umständen genügend zu trinken zu geben. – Und sie bestätigte Mutters Befürchtung. Es war sehr wahrscheinlich, dass sie ein weiteres Kind erwartete. Alle Anzeichen deuteten darauf hin.

So sehr die Mutter ihre Familie liebte, das war keine willkommene Nachricht. In ihrem abgekämpften Zustand wollte sie gar nicht an die Beschwerden einer neuerlichen Schwangerschaft und Geburt denken. Sie wurde noch stiller, suchte Halt und Zuversicht im täglichen Gebet. Zur Kirche war sie schon seit Monaten nicht mehr gegangen. Ob die vielen Sorgen eine Strafe dafür waren, dass sie ihre Christenpflicht so grob vernachlässigte?

Ende Mai war außerdem Mutters Vater gestorben, Josis Großvater, der so herrlich Geschichten erzählen konnte. Leider hatte er auch seiner Ehefrau Geschichten erzählt – und seinen Gläubigern, wie sich jetzt herausstellte. Einen Berg Schulden hatte er hinterlassen und niemandem etwas gesagt. In die Trauer mischte sich Empörung. Wieso hatte er nicht besser zu seinem Geld geschaut? Wie konnte er das seiner Ehefrau antun? Er war doch ein Ehrenmann, beliebt und angesehen im Dorf und bei Touristen. Wieso hatte er keine Hilfe geholt, sondern seine Probleme verheimlicht? Die Mutter war außer sich. Sie konnte es nicht fassen.

Trauer und Wut mischten sich, das schlechte Gewissen, vorwurfsvoll über einen Toten zu denken, gesellte sich bald dazu. Wie konnte er nur?

In diesen Tumult an Gefühlen mischte sich die Sorge um ihre Mutter. Was sollte jetzt aus der Siebzigjährigen werden? Sie würde alles verkaufen und aus ihrem geliebten Häuschen ausziehen müssen. Es würde *zwangsversteigert*! Nur schon die Vorstellung daran ließ die Mutter erzittern. Der Erlös würde kaum ausreichen, um die Schulden zu begleichen. Wo würde die Großmutter unterkommen? Etwa hier am Gruonbach? Das war zu beschwerlich für die alte Frau. Würde sie zu Gret ziehen? Wovon sollte sie leben? Lauter offene Fragen, wo die Mutter doch selbst krank war, nicht aus und ein wusste.

Sorgen über Sorgen türmten sich auf ihre Schultern. Sie war hin und her gerissen zwischen ihrer eigenen Schwäche und der Pflicht, die sie als Tochter zu erfüllen hatte. Unter allen Umständen wollte sie ihrer Mutter die Schmach ersparen, *bevogtet* zu werden. Dies erwartete jede Witwe, die nicht selbst für sich sorgen konnte. Eine Frau, die zuvor jahrzehntelang eine Familie versorgt hatte, durfte dann nichts mehr selber entscheiden. Sie war abhängig von irgendeinem Mann, der jeden Franken kontrollierte, den sie ausgeben wollte. Es würde im Amtsblatt veröffentlicht, sodass jeder im ganzen Kanton von der Schande erfuhr. Das war ungeheuerlich und durfte nicht geschehen, auch wenn sie selbst zusammenbrechen würde.

Aber, wie sollte sie diese ganzen Pflichten und Aufgaben bewältigen? Nur gut, dass nun Schulferien waren und Josi sie so gut unterstützte. Ohne das Mädchen hätte die Mutter ihr Tageswerk nicht mehr länger erfüllen können. Neuerliche Gefühle stritten in ihrem Inneren, zerrten an ihren letzten Kräften. Durfte sie ihre Tochter derart belasten? Gab sie ihren Kindern, was diese von ihr erwarteten? Aasgeiern gleich kreisten die Gedanken in ihrem Inneren, schienen nur auf ihren Zusammenbruch zu warten, um sie dann in ewige Verdammnis zu entführen.

Zum Glück ergab sich bald eine geeignete Lösung für die Großmutter. Mitten im Dorf mietete sie ein Zimmer mit einem Kanonenofen, auf dessen gusseiserner Platte sie eine Kleinigkeit kochen konnte. Von der Gemeinde erhielt sie ein Stück Land auf der Allmend. Zum Gemüseanbau fühlte sie sich jedoch zu schwach. Darum entschied sie, stattdessen Kräuter zu pflanzen, die sie ihrem Sohn Karl, dem Apotheker, verkaufte. Außerdem ergab sich die Gelegenheit für einzelne Hotels und für reiche Frauen in Altdorf Stickarbeiten zu übernehmen. Es waren kunstvolle Monogramme auf der Bettwäsche. Das war nicht so anstrengend und die Großmutter konnte die Wäschestücke mitnehmen, wenn sie ihre Töchter besuchte.

Josi ging der Großmutter von Zeit zu Zeit im Garten zur Hand. Sie verkaufte ja auch allerlei Kräuter an ihren geliebten Onkel, wusste worauf sie achten musste, um eine gute Qualität zu erzielen. Josi fühlte sich mächtig stolz, dass sie viel mehr über Kräuter wusste, als ihre Großmutter. Das Mädchen lernte dafür allmählich die Kunst des Monogrammstickens.

Noch eine weitere Einnahmequelle fand die Großmutter. Sie erwarb einen Bauchladen, um als Krämerin in den umliegenden Dörfern kleine Artikel zu verkaufen. Sie ließ sich von einem Fuhrwerk mitnehmen, zog von Tür zu Tür. Neben Hosenknöpfen, Lutschpastillen ihres Sohnes oder Schnürsenkeln verkaufte sie Einheimischen und Touristen *Zündhölzer* der Gebrüder Zgraggen aus Erstfeld. Die lagen ihr besonders am Herzen.

„Du kannst dir gar nicht vorstellen, Josi, wie sehr Zündhölzer unser Leben vereinfacht haben! Tausende, was sage ich, Millionen von Frauen haben ein leichteres Leben, seit es Zündhölzer gibt."

„Zündhölzer? Wieso das denn?"

„Ich kann mich noch gut erinnern, wie mir meine Großmutter erzählte, wie schwierig das Leben für uns Frauen war, als es noch keine

Zündhölzer gab. Auch meine Mutter kannte es noch, das Leben ohne Zündhölzer.

Morgens tastete sie sich im Dunkeln aus der Kammer in die Küche. Sie war glücklich, wenn es noch ein wenig Glut im Ofen hatte. Die konnte sie leicht zum Brennen bringen, eine Kerze anzünden und mit dem Tageswerk beginnen. War das Feuer aber erloschen, verbrachte sie im Dunkeln viel Zeit damit, es neu zu entfachen. Das war eine richtige Kunst. Als ich selbst noch ein kleines Kind war, etwa so alt wie Elisa, hat sie oft gesagt: *Sollte ich je genug Geld für eine Magd haben, dann ist ihre erste Pflicht Feuer zu machen.* Eine solche Plackerei war das."

„Aber wieso denn?"

„Damals stand in jeder Küche ein viereckiges Kästchen aus weißem Blech. Es enthielt die Gegenstände, die man haben musste, um Feuer zu machen: einen Stab aus Stahl, ein Stück Feuerstein und eine Masse, die man *Zunder* nannte. Wir gewannen ihn aus einem Pilz, dem Zunderschwamm. Mit dem Metall musstest du auf den Stein schlagen und den Zunder dort hinhalten, wo die Funken landeten. Früher oder später konntest du eine Glut entfachen, auf die du dann brennbares Material wie Heu oder Rinde gelegt hast. Durch Pusten brachtest du schließlich ein Feuer zum Brennen.

Aber manchmal rauchte es so stark, dass du mit deinem Husten die Glut wieder gelöscht hast, und dann ging die Arbeit von vorne los. Oder die Luft war so feucht, dass es einfach nicht brennen wollte. Oder der Rauch wurde durch den Kamin nach unten gedrückt, dass die Küche völlig vernebelt war. Es war wirklich nicht einfach.

Die meisten Frauen standen lieber mitten in der Nacht auf, um etwas Holz im Ofen nachzulegen, als diese zeitraubende Arbeit am Morgen zu verrichten. Darum sind mir Zündhölzer so lieb. Heutzutage kann jedes

Kind damit eine Kerze anzünden. Vorbei ist die Zeit, als man im Dunkeln und in der Kälte darum betete – vielleicht manchmal sogar fluchte, damit der Funke endlich sprang."

Sie erhob sich, um Wasser aufzusetzen. „Siehst du, auch einen Ofen kann man heutzutage jederzeit anheizen", meinte sie lächelnd zu ihrer Enkelin. Während sie darauf warteten, dass das Wasser zum Kochen kam, suchte die Großmutter in ihren Habeseligkeiten. „Es muss doch irgendwo sein", murmelte sie, während sie sich nach einer Kiste unter ihrem Bett bückte. Mühsam öffnete sie deren Deckel, wühlte darin, bis sie schließlich ein ziemlich zerfleddertes Heft hervorzog.

„Hab ich dich endlich", rief sie aus. „Das wollte ich dir schenken. Ich brauche es nicht mehr. Wer weiß, vielleicht kannst du es einmal brauchen."

Mit diesen Worten reichte sie Josi das Schriftstück. *Rezepte* las Josi auf dem Umschlag, bevor sie neugierig blätterte.

„Als wir das Hotel Adler führten, habe ich mir nach und nach einige Rezepte notiert. Das wird dir erleichtern, das Kochen ordentlich zu lernen."

„Ich kann doch schon kochen", entgegnete Josi etwas irritiert, „aber trotzdem danke. Ich werde es in Ehren halten."

Ob sie es brauchen konnte oder nicht, dieses Heft würde sie für immer an ihre liebe Großmutter erinnern. Zuhause versteckte sie das Geschenk unter ihrer Wäsche. In Vaters Kammer mochte sie es nicht geben. Das war ihr Geschenk, das sie ganz für sich behalten wollte.

Auch das Leben am Gruonbach ging weiter seinen Lauf. Die ganze Familie war seit Stinelis Tod wie gelähmt. Stumme Trauer, Angst und Sorge überall. So viel Frohsinn der strahlende Junge ins Haus gebracht hatte, so viel Gram war es nun. Wie ein dunkler Schatten hing er über dem Haus, brachte jedes Lachen zum Ersticken. Dazu drückte die Sorge um Johann und auch um die Mutter. Was, wenn *Es* auch sie holte? Die Kinder spürten, dass etwas nicht stimmte, auch wenn niemand darüber sprach. Jedes musste auf seine Weise mit Stinelis Fehlen und Mutters Krankheit klarkommen.

Am meisten litt Josi. Sie träumte, dass *Es* nach und nach alle Mitglieder der Familie holte, bis sie ganz alleine übrigblieb, weil sie die offene Gartentüre nicht bemerkt und Stineli zum Bach hatte laufen lassen. Es war ihre *Schuld,* dass es der Mutter schlecht ging und dass Johann in Gefahr schwebte. Das war bestimmt eine Strafe für ihre Verfehlung.

In einer anderen Nacht holte *Es* sie selbst. Neblige Hände griffen nach ihr, zerrten sie an sich und drückten ihr so sehr auf die Brust, dass sie mit stockendem Atem aufwachte. Unerträglich lastete das Gefühl von *Schuld* auf dem Mädchen.

„Das Toggeli* hat dich gedrückt", versuchte sie die Mutter zu trösten. „Sprich ein Vaterunser, dann lässt es dich in Ruhe."

Doch Josis Seele fand keine Ruhe. Da konnte sie beten, so viel sie wollte. Wieder und wieder sah sie Stineli zum Bach laufen und sie musste ihn hilflos den Fluten überlassen. In anderen Nächten sah sie den Teufel persönlich, der sie mit einem bösen Grinsen holte, um sie in alle Ewigkeit im Höllenfeuer schmoren zu lassen. Das Mädchen litt fürchterlich. Sie hatte keine Ahnung, wie sie die schwere *Schuld* je von sich hätte laden können, außer die Mutter zu unterstützen, wo auch immer sie konnte.

Jetzt, im Frühsommer, begann die anstrengende Zeit im Garten. Die Pflaumen mussten gepflückt werden. Die Früchte bereicherten den Speiseplan mit Mus, Kompott und sogar Kuchen. Den reichen Überschuss verarbeitete Josi zu Backpflaumen als Vorrat für den Winter. Diese eintönige Arbeit beschäftigte sie mehrere Wochen: Pflaumen entkernen und in Reih und Glied auf ein Backblech legen, während mehreren Tagen im lauwarmen Ofen trocken, stets kontrollieren, damit nichts verkohlte oder – schlimmer noch – schimmelte. Die fertigen Backpflaumen lagerte sie anschließend in einer riesigen Truhe, sicher vor Mäusen, Motten und kleinen Schleckmäulern. Bis im Herbst würde sie mit getrockneten Äpfeln und Birnen randvoll gefüllt sein.

Die ersten Erbsen, Bohnen und Karotten reiften, der Spinat war abgeerntet, wurde durch Lauch ersetzt, die Kartoffeln verlangten nach Pflege, der Salat drohte in die Höhe zu schießen. Es gab immer sehr viel zu tun.

Um im Winter nicht hungern zu müssen, schnitt Josi alle Überschüsse des Gemüses klein, gab sie kurz in siedendes Wasser, trocknete sie sorgfältig mit einem Tuch, legte sie auf sauberes Papier, um sie im lauwarmen Ofen zu Suppengemüse zu trocknen.

Was sie an Bohnen nicht gleich zu essen vermochten, legte sie in Salz ein. Dazu musste sie die Bohnen erst von den Fäden befreien, sie mit heißem Wasser überbrühen, auf Tüchern trocknen, um sie schließlich sorgfältig in die grauen mit blauen Mustern verzierten Töpfe aus Steinzeug zu füllen. Einen großen Teil all dieser Arbeiten verrichtete Josi alleine, unter Aufsicht der geschwächten Mutter.

Wann immer es ging, half Josi auch dem Vater. Es war für sie willkommene Abwechslung im eintönigen Alltag mit den vielen Pflichten. Viel lieber kümmerte sie sich immer um die Zahlen, als Pflaumen zu entkernen oder Bohnen zu trockenen. Für sie war das Führen der Bücher ein Spiel, das sie mehr und mehr faszinierte. Wie auf einer Schaukel mussten sich Kosten und Gewinne die Waage halten. Auf keinen Fall durften die Ausgaben die Einnahmen übersteigen. Der Vater gab ihr exakte Anweisungen und kontrollierte minuziös, dass sie keine Fehler machte.

„*Der Gewinn liegt im Einkauf*", wiederholte der Vater oft. Er erklärte ihr, wie er Preise um wenige Rappen mit den Lieferanten verhandelte, weil diese winzigen Beträge in der Summe einen beachtlichen Unterschied machten. Beim Verkauf galt es hingegen, den Preis nach oben zu drücken. Da Bauholz gerade sehr gefragt war, zahlten die Kunden den Aufschlag. „Du musst einen hohen Preis verlangen. Falls der Käufer nicht einverstanden ist, kannst du ihm beim Handeln immer entgegenkommen. Merke dir*, wer nicht fragt, kann auch nichts erhalten*. Handeln gehört zum Geschäft."

Wenn Josi ihrem Vater bei den schriftlichen Arbeiten half, vergaß er, dass sie ein Mädchen war. Er freute sich über ihre Gesellschaft, über die schnelle Auffassungsgabe und manchmal auch über unerwartet kluge Beobachtungen seiner Tochter. Es tröstete ihn darüber hinweg, dass sein Ältester zwar mittlerweile ordentlich las, aber eher faul war.

Klaus interessierte sich noch immer weder für die Säge noch für das Kaufmännische. Er wollte sich nicht anstrengen. Er wollte nur in Ruhe gelassen werden. Er hatte es sich zur Gewohnheit gemacht, sich allerorten Papier zu erbetteln. Damit breitete er sich am Stubentisch aus und begann Texte abzuschreiben. Niemand durfte ihn dabei stören, weil es angeblich seine Konzentration störte. Langsam tunkte er die Feder in die Tinte und malte unerträglich langsam Buchstabe um Buchstabe aufs Papier. Genüsslich verzog er dabei die Lippen, als ob er etwas Süßes verspeiste. Er schrieb, und er hatte sich in den Kopf gesetzt, dass er *Schreiber* werden wollte. Das war nicht anstrengend, eine Arbeit in der warmen Stube und auch ordentlich bezahlt. Der Vater ließ ihn brummend gewähren.

Die nahen Linden verströmten ihren unwiderstehlichen süßlichen Duft. Der Vater half Josi eine Leiter an einem Stamm zu befestigen, damit sie die zahlreichen Blüten in großen Tüchern sammeln konnte. Einen kleinen Teil gab sie in einen Stoffbeutel, damit sie davon während des kommenden Jahres für die Familie Tee kochen konnte. Den großen Rest verkaufte sie an Onkel Karl und an den Krämer im Dorf. Das ergab einige zusätzliche Franken für die Haushaltskasse.

Ohne wirklich darüber nachzudenken, schrieb Josi die Einnahmen und Ausgaben auf ein Stück Papier, das sie vom Vater erbettelt hatte. Es schien ihr selbstverständlich, dass sie auch im Haushalt umsetzte, was sie beim Vater lernte. Als die Mutter sie dabei überraschte, meinte sie: „Aber Mutter, du musst doch wissen, wie viel Geld du in der Kasse hast. Das geht nur, wenn du es aufschreibst."

„Das weiß ich auch so. Es ist immer zu wenig."

„Genau deshalb musst du es aufschreiben. Nur wenn du siehst, wofür du das Geld ausgibst, kannst du überlegen, wo du einsparen könntest."

„Wie soll ich einsparen, wenn die Familie stetig wächst? Wir brauchen immer mehr Geld. Jedes Kind braucht Kleider und braucht zu essen. Das weiß jeder. Das muss ich nicht aufschreiben."

„Du könntest zum Beispiel einsparen, wenn du beim Krämer die Preise verhandelst. *Der Gewinn liegt im Einkauf*", wiederholte sie, was ihr der Vater so oft gesagt hatte. „Je mehr Kartoffeln du auf einmal kaufst, desto günstiger soll er sie dir geben." Der Vater hatte ihr doch erklärt, wie er mit kleinen Preisnachlässen Geld sparte. Wieso wusste das die Mutter nicht?

Josi blickte in das entgeisterte Gesicht ihrer Mutter, die nach Worten rang. Sie biss sich auf die Zunge. Es stand einem Mädchen nicht zu, die Mutter zu belehren. Josi fühlte sich mutlos, wollte doch nur helfen, wollte das Leben der Mutter erleichtern. Doch die lehnte diese Hilfe rundweg ab und schalt sie respektlos.

„Wir haben die Ausgaben im Haus *noch nie* aufgeschrieben. Zahlen sind nichts für Frauen. Und dabei bleibt es. Hast du nichts Wichtigeres zu tun?"

Ein Stich zerschnitt Josis Herz. Es war so *ungerecht*. Der Vater brachte ihr bei Bücher zu führen, und die Mutter tadelte sie deswegen? Wie konnte das nur sein?

Alle Sorge um den kleinen Johann half nichts. *Es* ließ nicht mit sich handeln und wollte ihn endlich haben. *Es* schüttelte ihn, zerrte während einer unruhigen Nacht an ihm, ließ ihn wimmern und röcheln, bis er am Morgen nicht mehr aufwachte. Der kleine Körper hatte die Strapazen nicht überlebt.

Die Familie war erschüttert. *Zwei* tote Kinder innerhalb so kurzer Zeit. Das war zu viel. Die Mutter war verzweifelt, fand keine Erklärung, weshalb der Herrgott ihr auch dieses Kind genommen hatte. Wortlos verzog sie sich in die Schlafkammer, versuchte mit Gebeten ihre kreisenden Gedanken zu beruhigen.

Seither nagte die Trauer an ihrer Seele, fraß sie Stück für Stück. Ihr Lachen war einem steten Seufzen gewichen, die Lieder waren verstummt. Sie wurde noch ruhiger, stumm und müde, war weit weg, nicht mehr erreichbar für die Sorgen der übrigen Kinder. In sich gekehrt, verrichtete sie ihre Arbeiten. Es war für sie ein schwacher Trost zu wissen, dass Johann bald ersetzt würde. Sie hatte ihrem Mann noch immer nichts von der neuerlichen Schwangerschaft gesagt. Sie wollte damit warten, bis sie sich wieder etwas erholt hatte. So schmerzlich Johanns Tod auch war, so ermöglichte er der Mutter doch, endlich tiefer zu schlafen und allmählich zu Kräften zu kommen.

Die Familie betete nun oft den Rosenkranz, bat um Schutz und um den Segen der Heiligen Mutter Maria, um Fürbitte des Heiligen Josef, Antonius, Franziskus, Niklaus, der Heiligen Katharina, Elisabeth. Und sie bat um die Vergebung der Sünden. Es musste doch irgendeinen Weg geben, um das Schicksal wieder gnädiger zu stimmen. Doch niemand wusste, welcher das war. Es blieb nur, auf die Fürsprache der Heiligen zu vertrauen.

Josi hingegen erholte sich nicht. Gewissensbisse sowie Erinnerungen an den Unglückstag quälten sie. Hätte sie doch besser aufgepasst, hätte sie Stineli nicht die Rindenschiffchen gezeigt, wäre sie schneller am Bach gewesen, dann würde er noch leben, dann wäre die Mutter fröhlicher, dann wäre das Leben der Familie wieder wie früher. Vielleicht würde sogar Johann noch leben. Doch es war nicht mehr wie früher und darum musste das Mädchen so viel wie möglich helfen, sie musste stark und ihrer Mutter eine Stütze sein. Die pausenlose Arbeit, der schlechte Schlaf und die fehlende Freude raubten ihre Kräfte. Allmählich wurde sie bleich und schwach. Klaus' teuflischer Plan war aufgegangen.

August 1863

Endlich gab es ein freudiges Ereignis zu feiern. Wie hatte sich die ganze Familie danach gesehnt, wieder einmal unbeschwert zu sein. Onkel Karls junge Frau hatte einen Sohn geboren, den Kari. Als Erstgeborener würde er der ersehnte Stammhalter sein, wie es sich gehörte.

Um der Taufe beizuwohnen, ruderte der Vater mit seiner Frau und den sieben Kindern nach Flüelen. Die Mutter hatte endlich etwas rötere Wangen und wieder ein Funkeln in den Augen. Der bereits etwas gerundete Bauch war noch nicht beschwerlich, die Übelkeit hatte nachgelassen und das werdende Kind war noch ruhig. So konnte auch sie die Abwechslung genießen.

In Flüelen mieteten sie eine Kutsche nach Altdorf. Die Kinder waren ganz aufgeregt über das ungewohnte Abenteuer. Für Maria, Elisa und Wisi war es das erste Mal, dass sie den Hauptort besuchten. Der Jüngste kletterte auf Mutters Schoss, Maria und Elisa drängten sich indes eng an Josi. Auf der geraden Landstraße ging es schnell voran, während hinter ihnen eine Staubwolke in die Luft stob. Mit geweiteten Augen versuchten die Kleinen die Landschaft zu erkennen, die an ihnen vorbeiflog. So schnell waren sie noch nie gereist.

Plötzlich roch es unangenehm nach fauligen Eiern. Sie sahen vornehme Fremde, die eben einer Kutsche entstiegen und auf ein großes Haus zugingen. Es war das Moosbad, eine heilkräftige Schwefelquelle außerhalb von Flüelen, wie der Vater erklärte. Die Kuranstalt war vor einigen Jahren renoviert und mit den neusten Errungenschaften ausgestattet worden. In den Zimmern gebe es sogar Duschen, wusste er. Die von weither angereisten Herrschaften bezahlten viel Geld für Bäder im schwefligen Wasser.

„Wieso wollen die im stinkigen Wasser baden? Das ist doch eklig. Sind die nach dem Bad nicht schmutziger als vorher?", wollte Josi wissen. Die Eltern lächelten.

„Allerlei Geschwüre und Ausschläge lindern die Leute hier. Manche kommen auch mit Rheumatismus oder zum Heilen von Knochenbrüchen. Wenn man es trinkt, soll es auch gegen Würmer und andere Verdauungsbeschwerden helfen. Sogar gegen den Kropf soll es gut sein. Onkel Karl weiß sicher mehr darüber."

„Pfui Teufel, das würde ich niemals trinken!" Josi konnte sich nicht vorstellen, dass jemand von weither reiste, um sich hier kurieren zu lassen. Doch der Vater lobte die Quelle und das Kurhaus. „Die Leute kommen auch wegen der schönen Landschaft zu uns. Zudem interessieren sie sich für unseren Wilhelm Tell. Alles zusammen wird wohl dazu beitragen, dass sie geheilt nachhause zurückkehren und für unser Land schwärmen."

Schon kamen die ersten Gebäude des Hauptortes in Sicht. Die Häuser waren viel grösser und stattlicher als in Flüelen und meist aus massivem Stein. Endlich hielt die Kutsche auf dem Platz vor dem Hotel *Zum Schwarzen Löwen*, während die Kirchenglocken bereits zum Gottesdienst riefen. Eilig stieg die Familie die Stufen hoch zur Martinskirche.

Den Hut in den Händen, führte der Vater die Buben auf die rechte Seite des Kirchenschiffes. Die Mutter und die Mädchen setzten sich auf die linke Seite. Josi staunte, wie groß und reich verziert das Innere war. Sie war so von den Stuckornamenten, den üppigen Seitenaltären und den Bildern in Beschlag genommen, dass sie erst wieder dem Gottesdienst folgte, als der Täufling lauthals schrie. Das kalte Wasser auf der Stirne schien ihm nicht zu gefallen.

Nach dem Gottesdienst und nach dem üppigen Essen in seinem Haus beim Tellsplatz nahm Onkel Karl Josi beiseite.

„Komm, mein Fräulein. Ich möchte dir etwas zeigen."

Er zog sie fort von der Festgemeinschaft, zurück zum Hotel *Zum Schwarzen Löwen*. Dort hatte er im Erdgeschoss seine Apotheke eingerichtet. Josi staunte ob der vielen Schubladen und überfüllten Regalen, blieb aber erstaunlich teilnahmslos.

„Das ist mein Reich! Mit all diesen wunderbaren Mitteln kann man ganz vielen Menschen helfen. Das ist es, was ich an meinem Beruf so liebe."

Gleichgültig schaute sich Josi um und ließ den Kopf wortlos hängen. Sie wusste nicht, was sie hätte sagen sollen. Onkel Karl bemerkte ihr ungewohntes Verhalten.

„Sag mal Josi, du bist so bleich. Was fehlt dir? Irgendetwas stimmt doch seit Längerem nicht mit dir. Bist du krank?" Der Onkel musterte sie mit einem freundlichen Blick. Die wohlwollende Anteilnahme genügte, um die lange zurückgehaltenen Tränen zum Fließen zu bringen. Das Kind konnte nicht antworten, so sehr plagte der Schmerz.

Erst nach einer langen Weile brach es endlich aus ihr heraus: „Ich bin schuld, dass Stineli gestorben ist. Ich werde in die Hölle kommen."

„Ach du meine Güte. Wer hat dir denn diesen Floh ins Ohr gesetzt? Du bist doch nicht schuld. Es war ein *Unfall*, ein ganz tragischer Unfall. So etwas kommt vor. Nur der liebe Gott entscheidet darüber, wann jemand stirbt. Du bist doch selbst noch ein Kind. Warum sollst du denn schuld an Stinelis Tod sein?"

„Ich habe nicht aufgepasst. Ich ließ ihn alleine. Aber ich wollte doch nur etwas Butter holen..." Ihre Worte erstarben in neuerlichem Schluchzen. Onkel Karl nahm sie in den Arm, wiegte sie sanft gegen seine Brust. Nach einer Weile löste er die Umarmung und erhob sich. Wenig später kam er mit einer Flasche zurück, in der eine Flüssigkeit blutrot leuchtete.

„Weißt du was, der Herrgott hat gegen jedes Weh ein Kraut wachsen lassen. Das hier ist ein echtes Wundermittel. Es hilft dir bestimmt, deine schweren Gedanken zu vergessen."

„Was ist das denn?"

„Erinnerst du dich, dass du im Juni für mich Johanniskraut gesammelt hast?" Josi nickte müde. Sie wusste nicht, was die gelben Blüten mit dem roten Mittel in Onkel Karls Hand zu tun haben könnten.

„Wenn du die Blüten einige Wochen in Öl legst und es an die Sonne stellst, verwandelt es seine Farbe in dieses leuchtende Rot. Es sind die eingefangenen Sonnenstrahlen. Sie haben eine unglaubliche Kraft und vertreiben Sorgen im Nu. Davon nimmst du jeden Tag einen Kaffeelöffel voll am Abend. Und du reibst dir etwas davon auf die Schläfen. Das vertreibt die schlechten Träume. Warte, ich habe noch etwas für dich." Er ging erneut hinter den Tresen und rumorte etwas in unterschiedlichen Schubladen. Nach einer kurzen Weile kehrte er zurück. Er hielt ein rechteckiges rosafarbenes Etwas in der Hand und streckte es Josi hin.

„Mein kleines Fräulein braucht bestimmt etwas, um sich schön zu fühlen", meinte er, indem er ihr das Stück in die Hand drückte. Es roch verführerisch nach Rosen. „Das vertreibt bestimmt auch deine Sorgen, wenn du dich damit wäschst." Josi versteckte die kostbare Seife in ihrer Schürzentasche, bevor sie gemeinsam den Laden verließen. Onkel Karl drückte der Mutter die Flasche Johannisöl in die Hand, indem er ihr das Versprechen abnahm, Josi in der kommenden Zeit zu schonen. Sie brauche dringend Erholung. Freudestrahlend zeigte Josi der Mutter die Seife und versteckte sie danach wieder tief in ihrer Schürzentasche. Sie bemerkte nicht, dass Klaus sie dabei beobachtet hatte. Immer wieder tastete sie auf dem Heimweg danach, um sich zu vergewissern, dass sie noch da war.

Als sich Josi am nächsten Morgen mit der Rosenseife waschen wollte, durchwühlte sie umsonst ihre Kleider. Sie war wie vom Erdboden verschluckt. Das konnte doch nicht sein. Josi war sich sicher, dass sie am Abend noch da gewesen war. Sie hatte vor dem Schlafen daran gerochen. Enttäuscht ging sie nach unten, wo sie die Mutter beim Frühstück fragte, ob sie die Seife gesehen habe. Klaus grinste hämisch. Das bedeutete nichts Gutes.

„Schau doch einmal im Ziegenstall. Ich habe gehört, dass auch Ziegen Wert auf ihr Äußeres legen", riet er zynisch. „Ziegendreck soll übrigens sehr gut für die Haut sein."

Sofort rannte Josi los und fand die Seife tatsächlich auf dem Miststock. Sie war so wütend, wie sie es noch kaum je gewesen war. Was bildete sich Klaus ein? Wie konnte er es wagen, das kostbare Geschenk von Onkel Klaus auf den Miststock zu werfen? Sie nahm die Seife an sich, lief zum Brunnen, wo sie sie gründlich reinigte. Leider wurde sie dadurch ein ganzes Stück kleiner. Als Klaus wie zufällig, frech grinsend vorbeilief, hieb ihm Josi ohne zu zögern eine Faust in die Magengrube. Sie traf unvermittelt so gut, dass ihr Bruder wie ein Taschenmesser zusammenklappte und sich wenig später übergeben musste. Die Mutter war außer sich, schalt Josi, was in sie gefahren sei. Doch das kümmerte das Mädchen für einmal wenig. Ein leises Gefühl des Triumphs breitete sich wohlig aus, auch wenn sie wenig später das schlechte Gewissen wieder plagte. *Ein Mädchen teilt keine Hiebe aus. Ein Mädchen ist klüger. Wenn zwei sich streiten, gibt die Klügere nach.*

Am Abend dieses Tages fasste Josi vor dem Einschlafen einen Entschluss. Sie öffnete in ihrem Herzen eine Kammer und sperrte ihre Schuldgefühle hinein. Damit musste jetzt Schluss sein. Sie wollte wieder unbeschwerter leben. Darum wiederholte sie leise für sich, was Onkel Karl gesagt hatte: *Es war ein Unfall, ein ganz tragischer Unfall. So etwas kommt vor. Nur der liebe Gott entscheidet darüber, wann jemand stirbt. Warum sollte ich denn schuld an Stinelis Tod sein? Ich bin doch selbst noch ein Kind.*

Von da an schlief Josi wieder ohne Albträume und Klaus hielt sich eine Weile von ihr fern.

Die Kammer in ihrem Inneren war aber bereits gefüllt mit einem explosiven Gemisch aus unterschiedlichen Gefühlen. Ihre Einsamkeit, die Wut auf Klaus, die Trauer um Elisa, die Angst um die Mutter, die Hoffnungslosigkeit, als Mädchen nichts Gescheites lernen zu dürfen, stritten nun mit ihren Schuldgefühlen. Die Kammer mochte sie nicht mehr alle zu fassen. Ab und zu sickerte etwas davon durch, ohne dass es Josi hätte verhindern können.

11 Jahre alt

April 1864

Die Frau, die sich schweren Schrittes der Tür näherte, war unter ihrem schwarzen Kopftuch kaum zu erkennen. Vornübergebeugt und mit gesenktem Kopf näherte sie sich dem Haus. Das Tock-Tock-Tock ihres Stockes, auf den sie sich beim Gehen stützte, klang hohl und unheilvoll. Die Kinder schraken bei ihrem Anblick sichtlich zusammen. Sie wussten, was es bedeutete, wenn sie zu Besuch kam.

„Das Leichenhuhn* ist da", rief Heiri den Eltern zu. Schon klopfte es an die Tür.

„Marie Gisler aus dem Isenthal* ist gestern gestorben", verkündete die Alte mit monotoner Stimme und sichtlich erschöpft nach dem langen Fußmarsch. „Sie war mit den heiligen Sterbesakramenten versehen. Sie hinterlässt drei Halbwaisen, die noch nicht zur Schule gehen, und einen Ehemann. Übermorgen um 10 Uhr in der Früh wird sie zu Grabe getragen. Der Johann bittet um Hilfe. Er weiß nicht, wie es ohne sein Weib weitergehen soll."

Der Vater hieß die Alte willkommen, bat sie in die gute Stube und drückte ihr eine Münze in die Hand. Nach einer Tasse Kaffee und einem ordentlichen Stück Wurst gab er ihr einen Auftrag zum Weiterleiten an die fernen Verwandten: „Bitte lasse Johann umgehend ausrichten, dass ich morgen mit Josi komme. Ich bleibe für drei Nächte, aber Josi kann Johann für eine Weile zur Hand gehen. Sie ist schon recht tüchtig im Haus und kennt sich mit Kindern aus. Maria kann sie inzwischen hier vertreten."

So war es beschlossene Sache, als sich die Leichenbitterin auf den Rückweg machte. Die Mutter blickte fragend, erst zu ihrer Tochter, dann zu ihrem Mann. Als er nichts weiter erläuterte, winkte sie Josi zu sich, damit sie gemeinsam einige Sachen in den Rucksack packten. Es würde ein weiter Weg werden.

ꕤ

Am nächsten Morgen ruderte der Vater frühmorgens mit kräftigen Schlägen quer über den See gegen die Säge am Bolzbach. Zum Glück war der See ruhig. Ein milder Frühlingstag kündigte sich an. Dennoch ließ ein kühler Wind von den noch immer schneebedeckten Gipfeln Josi frösteln. Sie hockte in der Mitte des Bootes, die beiden Rucksäcke zu ihren Füssen. Zum ersten Mal verließ sie ihr Zuhause, um mehrere Wochen bei Verwandten zu bleiben.

Der verwitwete Onkel betrieb das Gasthaus Bären im Dorf Isenthal. Josi kannte diesen Onkel nicht. Sie hatte von ihrer weitverzweigten Verwandtschaft in dem abgelegenen Tal bisher noch niemanden kennengelernt.

Während ihr Vater wortlos ruderte, hing Josi ihren Gedanken nach. Wie Onkel Johann wohl war? Würde sie sich dort wohlfühlen? Oder würde sie Heimweh bekommen? Drei Kinder betreuen? In einem Gasthaus arbeiten? Ob sie das alles überhaupt konnte? Sie fühlte sich mit ihren elf Jahren selbst noch wie ein Kind. Bisher war das Leben stets bekannten Bahnen gefolgt. So lange so weit weg zu gehen, wirkte bedrohlich und bereitete Josi Angst. Was, wenn es ihr dort nicht gefiel? Doch andererseits bot es die Möglichkeit, Neues, Spannendes zu lernen und Ruhe vor Klaus zu haben.

Nachdem das Boot vertäut war, schritten die beiden dem Ufer entlang. Josi summte fröhlich *Im Frühtau zu Berge* vor sich hin. Doch der Vater brummte: „Berggänger schweigen. Sonst geht ihnen bald der Schnauf aus." Josi verstummte. Der Rucksack drückte auf die Schultern. Trotz des Schweigens genoss sie die ungewohnte Zweisamkeit mit ihrem Vater. Für einmal hatte sie ihn ganz für sich und bis ins Dorf Isenthal würde er sie nicht wegschicken.

Nach etwa einer halben Stunde stieg der Saumpfad allmählich an. Josi blickte bang nach oben. Es schien ihr unmöglich einen Weg durch das steile Gelände und die bedrohlichen Felsbänder zu finden. Doch der Pfad war so angelegt, dass Träger und Saumtiere ihre Lasten sicher hoch- und runtertragen konnten. Es gab keinen fahrbaren Weg in dieses Seitental, kein Karren, kein Fuhrwerk, keine Kutsche konnte dorthin gelangen. Sämtliche Güter wurden von Mensch oder Tier geschleppt und alle Besucher mussten zu Fuß das Tal und dessen Berge erklimmen.

Nun konzentrierte sich Josi auf ihren Atem. Schritt für Schritt gewann sie an Höhe, ohne je den Blick vom Weg zu heben. Sie war das Wandern nicht gewohnt, wenn man vom Schulweg nach Flüelen einmal absah. Der Weg bis nach Altdorf war die weiteste Entfernung, die sie je zu Fuß zurückgelegt hatte, und dieser Ort lag in der Ebene. So stieg sie schweigend bergan, stets bemüht, mit dem Vater Schritt zu halten, der weit auszog. Erst als er auf einer Bergnase plötzlich stehenblieb, um eine kurze Rast einzuschalten, schaute sie um sich. Hier verzweigte sich der Weg. Ein schmaler Pfad führte in engen Kehren steil hinunter bis zur Isleten*, dem Delta des Isenthaler Baches. Der andere zog sich weiter ins

Tal hinauf. Der Vater setzte sich neben die Ruine einer kleinen Wegkapelle und packte eine Wasserflasche aus.

Noch nie hatte Josi etwas Vergleichbares gesehen! Wohin sie auch schaute, erstrahlten majestätische weiße Gipfel vor dem tiefblauen Himmel. Es schien ihr, als ob sich die ganze Welt vor ihr öffnete. Ein unbeschreibliches Glücksgefühl weckte in ihr den Wunsch, wie ein Vogel davonzusegeln, um immer noch weiter zu sehen. Mit einem Mal begriff sie, warum so viele Menschen reisten, wie sie so begeistert sein konnten, die Mühsal von tagelangen Eisenbahn- oder Kutschenfahrten auf sich zu nehmen. Unbedingt wollte sie auch einmal mehr erleben! Wie wunderbar musste es sein, Berlin und London, Paris und Rom selbst zu besuchen. Sie kannte diese Städte bloß aus den Geschichten, die im *Hinkenden Bot* erzählt wurden. Doch für den Moment musste das Staunen genügen.

Sie befanden sich auf einer Anhöhe über dem See, genau gegenüber der elterlichen Säge, die von hier aus winzig schien. Ein Dampfschiff blies sein Horn, die Segel einzelner Boote tanzten als weiße Flecken auf dem dunklen Wasser, Männer ruderten Nauen mit schweren Lasten. Es war ein buntes, munteres Treiben an so einem herrlichen Tag.

Von hier aus erkannte Josi, wie sehr sich das Dorf Flüelen im letzten Jahr verändert hatte, weil die Hafenbucht aufgeschüttet worden war. Die Hotels standen nicht mehr am Wasser, sondern weiter vom Ufer getrennt, die Schiffe legten an zwei verschiedenen Landungsstegen für die beiden konkurrierenden Unternehmen an. Sie waren zudem weiter vom Dorfkern entfernt. Die alte Sust war gar nicht mehr mit dem Boot erreichbar.

Die Axenstraße schlängelte sich deutlich erkennbar den senkrecht abfallenden Felsen entlang. Wie Augen öffneten sich die Fenster der Galerien, die Licht in die Tunnels brachten. Von hier oben wirkte alles noch viel imposanter. Bereits fuhren einzelne Fuhrwerke bis Sisikon. Der Rest der Strecke nach Brunnen würde bis in einem Jahr fertig gebaut.

Erstaunt erkannte Josi zudem, wie viel Wald gerodet war. Wohl hatte sie in den letzten Monaten zahllose Bäume fallen hören, doch erst von ihrer jetzigen Warte aus sah sie das ganze Ausmaß des Holzschlags. Kahle Flanken, bis weit den Axenberg hinauf. Ein Teil der Stämme hatte ihr Vater zu Brettern gesägt. Ein großer Rest wurde als Rundholz beim Bau von Brücken und Stützmauern verwendet oder diente beim Kalkbrennen oder den hunderten von Arbeitern als Brennmaterial.

Von Süden her zog sich die Reuß schnurgerade, wie mit einem Lineal gezeichnet, durch die Ebene zwischen den beiden Dämmen in den See. Wie war es möglich, den wilden Fluss so zu bändigen, dass er sich brav an das von Menschen gemachte Bett hielt? Das wäre mit dem Gruonbach sicher nicht möglich, sinnierte sie.

Während das Mädchen Atem schöpfte, wanderte sein Blick weiter hinüber zum sanften Gipfel der Rigi*. Sie erkannte die Hotels auf dem Kulm und wunderte sich, dass die Touristen auf so hohe Berge stiegen und erst noch dort oben übernachteten. Von Käthi wusste sie, dass es zehntausende pro Jahr waren, die vom Sonnenaufgang auf der Rigi schwärmten. Manche hatten ihn vielleicht gar nicht erlebt, weil gerade schlechtes Wetter herrschte, als sie dort waren. Aber sie schwärmten trotzdem und lockten so immer neue Menschenmassen hierher. Bei diesem Gedanken kicherte Josi leise und ließ ihren Blick weiter zum Anlegeplatz gleiten, den sie fast senkrecht unter sich bemerkte. Sie stutzte. Zwischen zahllosen, meterhohen Holzstapeln sah sie Leute am Arbeiten.

„Das sind ja Kinder", stellte sie verblüfft fest. Die jüngsten mochten etwa zehn Jahre alt sein.

„Ja, sie arbeiten in der Papierfabrik, die etwas weiter vorne liegt. Sie ist ein Heim für Waisenkinder", erklärte der Vater. „Mit der Arbeit verdienen sie ihren Lebensunterhalt und haben ein Zuhause. Sie erhalten sogar Unterricht. Es ist eine gute Sache. Wir sind sehr froh, dass unser verehrter Herr Landammann Müller diese wohltätige Einrichtung geschaffen hat."

Josi erschrak. Kinder mussten in einer Fabrik arbeiten? Sie fand diese Vorstellung furchteinflößend, dachte an die mächtigen Maschinen in Vaters Sägewerk. „Ist eine Papiermühle nicht zu gefährlich für Kinder?", wollte sie wissen.

„Die Kinder arbeiten nicht im Mühlwerk. Es gibt genügend gefahrlose Tätigkeiten für sie. Das Sammeln, Sortieren, Reinigen oder Zerschneiden der Lumpen ist nicht schwierig. Sie arbeiten an den Holländerbrunnen*, welche die Hadern* verarbeiten. An den Holzmaschinen sind Erwachsene beschäftigt. Anschließend helfen sie beim Schöpfen des Papierbreis und Aufhängen der nassen Papiere. Wäre die Arbeit gefährlich, hätte die Regierung das Heim sicher nicht bewilligt. So ist mit dieser Fabrik allen gedient. Ihr Papier ist von bester Qualität. Sie ist ein wahrer Segen für die ganze Region."

„Dann hat der Herr Landammann tatsächlich etwas Gutes getan."

„Und noch viel mehr. Von hier aus siehst du einen großen Teil seines Werks im Kanton. Die Reußkorrektion", er zeigte auf den geraden Flusslauf und von dort weiter dem See entlang, „hat er geschaffen. Seither gibt es kaum mehr Überschwemmungen und die Sümpfe wurden zu fruchtbarem Boden. Wir haben auch weniger Kranke im Dorf, weil die Mückenplage abgenommen hat. Die Gotthardstraße hat er gebaut, die Axenstraße geplant. Sogar, dass der Seepegel nicht allzu stark schwankt, verdanken wir ihm. Er hat in Luzern das Nadelwehr* erbaut, mit dem wir den Abfluss regulieren können. Der Landammann gehört zu den wichtigsten Männern, die Uri je hervorgebracht hat. Wir verdanken ihm viel. Er ist der Mann, der Uri in ein neues Zeitalter führt." In Vaters Stimme schwang Bewunderung. „Wir bräuchten mehr solche Männer."

„Müssen meine Cousins jetzt auch ins Heim? Sie haben ja keine Mutter mehr."

„Nein, und gerade darum gehst du zu Onkel Johann und hilfst ihm. Du kennst dich aus mit Kindern. Anna*, seine Magd, ist ein Einzelkind. Sie kann diese Aufgabe noch nicht alleine übernehmen. Und die anderen Frauen im Dorf haben mit ihrem eigenen Haushalt genug zu tun. Sie können sich nicht dauernd um Johanns Kinder kümmern. Meine Mutter, deine Großmutter, wird dir helfen. Du bleibst bei Johann, bis sich eine andere Lösung ergibt. Spätestens bis zum Oktober kommst du wieder zurück."

Nun drängte der Vater zum Aufbruch. Der Weg bis ins Dorf war noch weit. Er führte weg vom See weiter ins Tal hinauf. Erneut drückte das Gewicht am Rücken, während sie der Bergflanke folgend in einen Wald einbogen.

Wenige Schritte später war vom See nichts mehr zu sehen. Unvermittelt war es empfindlich kühl. Auf diesem Abschnitt des Weges gab es nur noch Bäume, Föhren, Fichten, Buchen, Linden und Bergahorn. Sie standen dicht im steil abfallenden Gelände. Tief unten brodelte in einer Schlucht ein mächtiger Wildbach. Der Weg war nun schmaler, feucht und deswegen unangenehm glitschig. Vorsichtig musste das Kind einen Fuß vor den anderen setzen, um nicht in die Tiefe zu stürzen.

„Von hier stammt ein großer Teil des Holzes, das wir sägen", erklärte der Vater mit Stolz in der Stimme. „Deine Onkel fällen die Bäume und flössen sie dann den Bach hinunter bis zum See. Du hast vorhin die Stapel gesehen. Im Winter transportieren sie Stämme auch auf Schlitten oder führen sie über die Reisten, die du dort unten erkennen kannst. Schau mal, da drüben ist eine Holzkiste. Darin liegt ein Hanfseil. Das wird für das gute Holz verwendet, das beim Transport nicht verletzt werden soll."

Mit einer weit ausholenden Geste zeigte er auf eine Kiste, die etwas weiter unten zwischen den Bäumen zu sehen war. „Am Seil befestigen die Männer die guten Trämel* und lassen sie über hundert Meter über den Felsen hinunter.“ Die Schlucht war hier eng und steil. Josi konnte sich nicht vorstellen, wie jemand in so unwegsamem Gelände arbeiten konnte. Alles hier war felsig, unpassierbar und gefährlich.

„Die guten Trämel werden auf die Nauen* verladen und zu uns in die Säge gerudert. Gemeinsam mit meinen Brüdern sind wir sehr stark im Holzgeschäft. Die einen schlagen und transportieren es, die anderen sägen es und handeln damit.” Der Vater war sehr zufrieden mit sich, als er dies erklärte.

Josi schauderte. Nie und nimmer hätte sie sich getraut, den steilen Abgrund hinunterzusteigen, geschweige denn nahe an den Wassermassen zu arbeiten, die grollend riesige Felsbrocken mit sich rissen. Ihre Verwandten mussten todesmutig sein, wenn sie damit den Lebensunterhalt für ihre Familien bestritten.

Bis hierher war das Tal sehr eng gewesen. Als sie nun weiterschritten, erstreckten sich bald Wiesen zur Rechten des Weges, der beidseits mit Mauern und Zäunen begrenzt war. Das Gelände wurde flacher, lieblicher dank des satten Grases, das schon knöchelhoch stand. Durch die letzten Bäume des Waldes blitzte von weitem weiß der Zwiebelturm einer von wenigen Häusern umrahmten Kirche auf.

Das Dorf Isenthal lag in einem engen Talkessel. Die Felsen der imposanten Berge standen im Kontrast mit dem dunklen Grün der Wälder, das bereits mit den ersten hellen Flecken des frischen Laubes durchsetzt war. Hinter dem Ort erhob sich ein Bergkopf, der das Tal teilte, in das kleine und das große Isenthal. Wie ein sicherer breiter Rücken beschützte er den Ort. Außerhalb des Dorfkerns lagen Häuser verstreut inmitten von Weiden und von Gärten gesäumt, andere klebten weit oben an den steilen Hängen. Alles zusammen bot eine liebliche Kulisse.

Josis Herz füllte sich mit Freude beim Anblick der ungewohnten Landschaft.

Weiter in der Ferne erhob sich eine stolze Pyramide. „Ist das der Uri Rotstock*?“, wollte Josi wissen.

„Nein. Den Uri Rotstock kannst du vom Dorf aus nicht sehen.“ Er zeigte in eine andere Richtung. „Er wird verborgen von den Bergen davor. Er ist aber noch viel höher als alle anderen Gipfel in dieser Gegend. Seinetwegen kommen immer mehr Fremde hierher. Mein Bruder Sepp kennt den Weg und führt sie sicher hinauf.“

Josi hob den Kopf, um den Gipfel richtig sehen zu können. Ihr schien schon unermesslich hoch, was sie erkennen konnte. Wie man wohl so weit hinaufsteigen konnte?

Bei einem Garten trafen die beiden Wanderer eine alte Frau. Mit tief gebeugtem Rücken, die Haare unter einem Kopftuch verborgen, nutzte sie den milden Tag, um den Boden für die Aussaat vorzubereiten. Der Vater blieb stehen, wechselte mit ihr einige Worte. Offensichtlich kannte er die Bäuerin aus Kindertagen. Wenig später gafften ein paar Kinder mit großen Augen und aufgesperrten Mündern. Sie waren viel zu schüchtern, um zu grüßen.

Beim nächsten Haus hielt der Vater wieder an, weil er freudig begrüßt wurde. Die Frau hielt ein Kleinkind auf dem Arm. Mit der anderen strich sie Josi freundlich über den Kopf. Sie schritten schon weiter, winkten bald rechts, bald links vom Weg den Leuten zu. Vater schien alle zu kennen und alle schienen ihn zu erwarten. Josi hatte das Gefühl, das ganze Dorf beobachte sie.

Endlich waren sie mitten im Ort angelangt. Es bestand nur aus wenigen Häusern, die sich eng aneinanderschmiegten. Einige stattliche Steinbauten standen zwischen uralten Blockhäusern mit Schindeldächern, die große Steine beschwerten. In den Gärten zeigten ein paar

Obstbäume zaghaft erste Blüten. Drei nicht ganz saubere Kinder rannten auf der staubigen Straße, wobei dieser Ausdruck kaum zutreffend war, denn es war ein holperiger Pfad, auf dem es weit und breit keine Fuhrwerke gab.

An der schmalsten Stelle des Weges erkannten sie das Gasthaus Bären. Vier Stufen führten zur Eingangstür, die offenstand. Schon von Weitem hörte Josi ein Murmeln von Frauenstimmen. Es stammte von den Dorfbewohnerinnen, die sich abwechselten, um für die Verstorbene zu beten. Zwischendurch schrie immer wieder eine laut auf, um ihren Schmerz loszulassen. Eben verließen zwei das Haus, um Platz für die beiden neu Eintretenden zu machen.

Unvermittelt stand ein hageres Mädchen in der Tür, kaum viel älter als Josi, zierlich und zerbrechlich. Schüchtern versteckte sie ihre Hände in der Schürze und druckste etwas herum, bevor sie sagte: „Seid willkommen. Bitte kommt herein. Ich bin Anna, Herrn Gislers Magd. Er kommt sicher gleich zurück."

Dankbar stellte Josi ihren Rucksack in der Gaststube ab. Sie war froh, dass die Wanderung zu Ende war. Neugierig schaute sie um sich, musterte die vertäfelten Wände mit den abgewetzten Holztischen, die rot und weiß karierten Vorhänge, das Büffet mit den vielen Gläsern. Dies würde nun für eine Weile ihr Zuhause sein. Mit aufmunternder Stimme fragte sie Anna: „Nun, da ich einmal hier bin, was soll ich tun?"

„Zuerst wirst du deiner Tante die Ehre erweisen", antwortete der Vater an Annas Stelle. Schweigend stiegen sie die Stufen hoch zum Zimmer, in dem die Tote aufgebahrt lag. Die anwesenden Frauen schauten auf, nickten dem Vater kurz zu, musterten Josi unverhohlen neugierig und senkten dann wieder ihren Kopf, während sie weiter den Rosenkranz beteten. Der Vater griff zum Palmwedel, um mit Weihwasser ein Kreuz auf die Schwägerin zu spritzen. Anschließend reichte er Josi den Zweig, damit sie dasselbe tat. Obwohl ein Fenster offenstand, roch es unangenehm im Zimmer. Es war ein Gemisch aus Kerzenrauch und menschlichen Ausdünstungen, gepaart mit der Angst der Betenden vor einem ähnlichen Schicksalsschlag. In ihre fromme Inbrunst legten sie die Bitte, die Verstorbene möge von nun an sie und ihre Familien beschützen.

Während der Vater einen Moment im Gebet versunken schwieg, musterte Josi die tote Tante. Wie hübsch sie war in ihrem Sonntagskleid! Um ihren Kopf hatten die Verwandten einen Kranz aus den ersten Primeln und Gänseblümchen gelegt und auf ihrem Gesicht spielte ein seliges Lächeln, als ob sie etwas Schönes träumte.

Zurück in der Gaststube, erwartete sie Onkel Johann. Mit seiner reich verzierten Samtmütze war er von weitem als Wirt erkennbar. In seinen Armen trug er ein weinendes Kleinkind, seine jüngste Tochter. Ein kleiner Junge klammerte sich ans Hosenbein, während sich ein Mädchen mit hängendem Kopf hinter dem breiten Rücken ihres Vaters versteckte. Anna machte sich in der Küche zu schaffen.

Josi lief spontan auf das kleine Mädchen zu, hob es aus Onkel Johanns Armen und begann leise auf das Kind einzureden.

„Was gibt es denn so Schlimmes?" Sie streichelte sanft seine Wangen, während sie weiterplauderte. Die Kleine warf zuerst ihren Kopf störrisch zur Seite. Doch Josi ließ sich davon nicht beirren. „Hast du denn deinen Brei schon gegessen? Ach so, du magst nichts essen. Dann schau, was ich für dich habe."

Sie strich mit dem Zeigefinger ihrer rechten Hand so lange über die Lippen des Kindes, bis es den Mund öffnete, um am Finger zu lutschen. Nach kurzer Zeit beruhigte es sich und nach einigen Minuten war es eingeschlafen. Josi setzte sich auf eine Bank und wiegte es sachte.

Währenddessen reichten sich die beiden Brüder zur Begrüßung stumm die Hände. Josi bemerkte die Ähnlichkeit der Geschwister, groß und breitschultrig, Männer, gewohnt mit den Schwierigkeiten des Lebens zurechtzukommen. Doch der Schicksalsschlag hatte Johann sichtlich gezeichnet. Er wirkte müde und abgeschlagen mit dunklen Ringen unter seinen rot unterlaufenen Augen. Erst nachdem sie sich über die Beschwernisse der Wanderung ins Dorf ausgetauscht hatten, klopfte Johann Josi auf die Schulter, um auch sie willkommen zu heißen.

„Du wirst einmal eine gute Mutter werden. Du kannst gut mit Kindern umgehen. Von mir ließ sich Agi seit zwei Tagen nicht beruhigen. Schön, dass du da bist."

Der Onkel stellte dem Besuch seine beiden anderen Kinder vor. Es waren Johann und Babette, die beide sehr niedergeschlagen und entkräftet wirkten. Fahrig lud der Onkel seine Gäste an den runden Stammtisch, während Anna eine Suppenschüssel hereintrug. Anschließend holte sie eine riesige Kaffeekanne.

Onkel Johann stützte seinen Kopf in die Hände, rieb sich über die Stirn und den Bart, in dem sich erste graue Strähnen zeigten. Stockend begann er zu erzählen, wie es zum Todesfall gekommen war. Mit Blick auf Josi und die Kinder, druckste er herum, um zu vermeiden, dass sie etwas Unschickliches hörten.

Seine Frau hatte bereits wieder einen dicken Bauch, nachdem im letzten Herbst ein Kind kurz nach der Niederkunft verstorben war. Eines nachts litt sie plötzlich unter heftigen Bauchschmerzen. Sie fühlte sich unwohl und musste erbrechen. Der Onkel schickte nach der Hebamme. Als diese eintraf, trat bereits eine weiße Flüssigkeit aus der Nase seiner Frau. Da es keinen Arzt im Dorf gab, konnte niemand Tante Marie helfen. *Es* machte nicht lange mit ihr. Nach nur wenigen Stunden hatte *Es* sie geholt. Einfach so. Niemand hatte etwas geahnt. Niemand hatte etwas Unrechtes getan. Einfach so war sie gegangen, gestern gesund und heute tot. Der Schock saß tief. Wenigstens war der Pfarrer rechtzeitig gekommen. So war sie mit den heiligen Sterbesakramenten versehen. Abgekämpft ließ der Onkel seinen Kopf hängen, sichtlich verzweifelt.

„Ich weiß gar nicht, was jetzt aus den drei Kindern werden soll. Vor allem die kleine Agi schreit die ganze Zeit nach ihrer Mutter. Der Himmel weiß, wo die herkommen soll." Er seufzte tief. „Wie kann es sein, dass eine gesunde, junge Frau einfach so wegstirbt?"

„Es soll schon vorkommen, dass eine stirbt, während sie in andern Umständen ist", versuchte der Vater zaghaft einen Trost.

„Zum Glück habe ich Anna. So gibt es wenigstens ein Weib im Haus." Mit einem Blick auf Josi fügte er an: „Und Josi ist ja jetzt auch noch hier. Das wird den Kindern helfen."

Nach dem Imbiss wollte der Vater Josi seinen Verwandten vorstellen. Sie gingen Richtung Großtal, wo sie etwas außerhalb des Dorfes das bekannte Schlagen einer Säge hörten. An der schmalsten Stelle des Tals stürzte der Bach eine kurze Stufe hinunter und trieb das Rad der einfachen Schlegelsäge an. Hier war der Vater aufgewachsen, hier hatte er sein Handwerk gelernt. Gleich daneben stand sein grau verwittertes Elternhaus.

Über einige ausgetretene Treppenstufen gelangten sie zur Eingangstür. Das ganze Gebäude schien uralt. Kaum hatte der Vater geklopft, wurde die Türe aufgerissen, als ob sie seit langem erwartet worden wären. Die Großmutter umarmte zuerst ihren Sohn, dann drückte sie die Enkelin so fest, dass Josi um Luft rang.

„Toni, schau wer da ist", rief sie in die Stube, aus der ein alter Mann heranschlurfte.

„Seid willkommen! Nur immer herein in die gute Stube", ertönte es, nachdem er seine Tabakpfeife aus dem Mund genommen hatte. Er zeigte zur offenen Tür und ließ die Gäste als erste über die Schwelle treten. Auf dem Tisch dampfte bereits eine Kanne Kaffee. Nun wurden

Neuigkeiten ausgetauscht, bis der Vater zum Aufbruch drängte. Es gab noch so viele andere Verwandte, die ihn endlich wieder einmal sehen wollten.

Gleich gegenüber wohnte in einem neuen Haus Onkel Sepp mit seiner Frau Agatha. Sie hielt ihren Jüngsten auf dem Arm, zwei weitere Kinder versteckten sich schüchtern hinter ihrem Rockzipfel. Zurück durchs Dorf und ins kleine Tal hinein gelangten sie zu zwei Schwestern, einigen Cousins und Cousinen, Onkel und Tanten. Überall wurden sie herzlich empfangen und zum Kaffeetrinken genötigt, sodass es bereits dunkel wurde, als sie sich auf den Rückweg machten.

Am Abend schwirrte Josi der Kopf vor lauter Namen und neuen Gesichtern. Nach dem langen Tag erschöpft, war sie froh, dass sie mit Anna das Zimmer im hinteren Teil des Hauses teilen durfte. Es wäre ihr seltsam vorgekommen, an dem fremden Ort alleine zu schlafen. Wie daheim rauschte der Bach ganz in der Nähe.

Der folgende Tag kündigte sich strahlend an, so gar nicht zum traurigen Anlass passend. Entsetzlich laut riss das Kirchengeläut Josi in der Früh aus dem Schlaf. Die Kirche stand so nah am Gasthaus, dass das Bett zu zittern schien. Ihr Herz klopfte zum Zerspringen. Lärm bedeutete Gefahr. Diese Glocken verkündeten nichts Freudiges, sie riefen die Talbewohner zur Beerdigung. Sie forderten zu Einkehr und Buße auf. Niemand wusste, wer als nächstes zu Grabe getragen würde. Der Tod lauerte stets und überall. Die Kirche stand nahe von jedem Haus des Dorfes. Niemand konnte sie übersehen, niemand den Ruf überhören. Mahnend erhob sich der Zwiebelturm gegen den Himmel, mit den Bergspitzen wetteifernd. Gott war da oben und niemand wusste, wann die Reihe an ihm war.

Beim Blick aus dem Fenster war Josi zuerst verwirrt. Sie vermisste den Weitblick, den See, den Geruch des feuchten Ufers. Stattdessen stand da eine steile dunkle Wand aus Fels und Wald, drohend, als ob sie jeden Moment das Haus unter sich begraben könnte. Sie vermisste den Himmel. Hier musste sie den Hals verrenken, um wenigstens eine kleine Ecke von ihm zu sehen. Sie vermisste die morgendlichen Geräusche aus der Küche. Erst nachdem sie sich im Zimmer umgeschaut hatte, erinnerte sie sich, an die Wanderung ins Tal, an Anna, an die tote Tante, an die vielen Verwandten.

Anna war schon angezogen. „Beeile dich, wir müssen nach den Kindern sehen."

Während die Totenwächterinnen noch immer beteten, brachten Johanns Brüder den Sarg. Sie errichteten darin aus Hobelspänen und geweihten Stechpalmenblättern vier Häufchen, die sie abbrennen ließen, bevor sie den toten Körper der Schwägerin hineinlegten. Josi trug die wimmernde Agi auf dem Arm, beruhigte sie durch sanftes Wiegen. Leise flüsterte sie ihr ins Ohr, es werde alles gut. Anschließend steckten die Männer drei Kerzenstümpchen in die Hände der Toten und entzündeten sie. Babette und der kleine Johann traten hinzu, um die Kerzen mit einem Atemzug auszublasen. *Was mochten sie in diesem Augenblick denken, als sie ihre Mutter zum letzten Mal sahen und symbolisch ihr Lebenslicht löschten?*

Erst jetzt deckten die Onkel den Sarg zu und trugen ihn die schmale Treppe hinunter. Die Kinder weinten, drängten sich an ihren Vater, Halt suchend. Er strich ihnen über den Kopf und ergriff ihre Hände, wortlos. Was hätte er sagen sollen? Welche Worte konnten einem Kind erklären, warum seine Mutter nicht mehr zurückkehrte? Er war selbst verzweifelt, fassungslos beim Anblick des Sarges, der seine Frau barg. Er versuchte eine Stärke zu zeigen, die er nicht fühlte. Das Leben der Familie würde für immer verändert sein und er wusste nicht, wie er damit umgehen sollte. *Hatte er versagt? Hätte er seine Frau beschützen können? Hatte er irgendetwas versäumt, mit dem er Gottes rächende Hand hätte abwehren können?*

Vor der Türschwelle stellten die Träger den Sarg nochmals ab, um ein Vaterunser zu beten. Es war die letzte Schwelle, welche die Familie von dem Unaussprechlichen trennte. Noch war die Mutter im Haus. Jenseits der Schwelle würde sie für immer gegangen sein. Die Schwelle bannte das Verderben, schützte die Lebenden. Die Schwelle war die letzte Grenze zum Reich der Seligen.

Draußen warteten die Großeltern, die Onkel und Tanten, die Cousins und die Nachbarn. All' die vielen Menschen, die Josi am Vortag besucht hatte, und noch viele mehr. Das ganze Dorf nahm Abschied von der jungen Mutter. Sie war nicht die erste und würde nicht die letzte sein in diesem Jahr. In Momenten wie diesen war die Gemeinde geeint, um die Familie auf dem schweren Gang zum Friedhof zu begleiten.

Am frühen Morgen des folgenden Tages verabschiedete sich der Vater. „Pass mir gut auf Josi auf, hörst du? Eigentlich ist sie noch zu jung für die Arbeit in einem Wirtshaus", ermahnte er seinen Bruder. Er drückte seine Tochter fest an sich, bevor er mit raschem Schritt das Dorf verließ. Josi spürte, wie ihr eine Träne über die Wange lief. Nicht, weil der Vater fortging und sie nun allein war, sondern weil er sie so ungewohnt herzlich gedrückt hatte. Sie konnte sich nicht erinnern, dass er das je zuvor getan hatte.

Die kleine Agi auf dem Arm, Johann an der Hand und Babette in einiger Distanz trödelnd, spazierte Josi am Nachmittag ins Großtal hinein. Sie wollte die Umgebung des Dorfes etwas kennenlernen. Um die Kinder auf andere Gedanken zu bringen, hörten sie dem Lied des Kuckucks zu und versuchten es nachzuahmen, bis sie alle miteinander lachten. Sie suchten nach Gänseblümchen, Löwenzahnblättern und frischen Brennnesselspitzen für den Salat. Sie beobachteten eine Bachstelze, die auf den Ufersteinen des Baches herumtänzelte und dabei unaufhörlich mit ihrem Schwanz wippte. Und Babette erklärte, wer in welchem Haus wohnte.

Als sie die Talstufe hinter der Säge erklommen hatten, wollte Josi eben Agi auf die Füße stellen, damit sie selbst einige Schritte erproben konnte. Da schlug ihnen plötzlich ein unangenehmer Geruch entgegen. Als Josi aufsah, stand ein seltsamer alter Mann vor ihr. Auf der hölzernen Traggabel auf seinem Rücken stapelten sich fünf riesige Käselaibe. Es schien, als ob die schwere Last den eh schon kleinen Mann noch mehr in den Boden drückte. Auf jeden Fall war er krumm und bucklig, kaum größer als Josi. Unter seiner schief sitzenden Zipfelmütze schaute ein wilder Haarschopf hervor, der in einen grauen, struppigen Bart überging. Aus dem linken Mundwinkel baumelte eine längst erkaltete Tabakpfeife. Die zerschlissene und viel zu große Hose hing an zwei Kälberstricken über den Schultern und an den Füssen trug er Holzschuhe. Unwillkürlich hob Josi Agi wieder hoch und stellte sich beschützend vor die beiden anderen Kinder.

Der Mann blieb mitten im Weg stehen, sodass sie nicht an ihm vorüber konnten. Er nahm die Pfeife aus dem Mund und spuckte zu Boden. Mit leicht zusammengekniffenen Augen musterte er Josi eindringlich von Kopf bis Fuß und zurück, bevor er mit einem leichten Kopfschütteln fragte: „Wessen eins bist du?"

Josi konnte den Sinn dieser Frage nicht entschlüsseln. Als sie nicht antwortete, wiederholte der Alte seine Frage, diesmal etwas ungehaltener: „Wessen eins bist du?"

Aufs Geratewohl entgegnete Josi: „Ich heiße Josi Gisler."

„Gisler, Gisler, da gibt es viele. Fast jeder heißt Gisler hier. Wessen Gisler?", kam es noch ungehaltener aus dem fast zahnlosen Mund. Josi wusste noch immer nicht, was genau der Alte von ihr wissen wollte. Schließlich fasste sie sich ein Herz.

„Mein Vater ist Niklaus Gisler. Wir wohnen in Flüelen. Ich bin hier bei meinem Onkel Johann, dem Wirt, um ihm zu helfen. Seine Frau ist vor kurzem gestorben."

Nun erhellte sich das greise Gesicht. „Ja so, des Bärentöters Tonis Niklaus eins bist du", murmelte er. „Den Niklaus habe ich schon lange nicht mehr gesehen." Er nickte, trat einen Schritt zur Seite, um seinen Weg fortzusetzen. Josi glaubte noch etwas zu hören wie: „Die heutige Jugend, weiß nicht mal mehr, wer sie ist." Doch sie war froh, dass sich die unheimliche Gestalt, ohne sich noch einmal umzudrehen, zum Dorf hin entfernte.

Auf dem Rückweg klopfte Josi beim Haus des Großvaters. Hoch erfreut bat die Großmutter die Kinder in die Stube und machte sich sofort in der Küche zu schaffen. Währenddessen setzten sich die Enkel auf die Bank am Esstisch und plauderten mit dem alten Mann. Nach kurzer Zeit kehrte die Großmutter mit Wasser und Keksen zurück und bat die Besucher zuzugreifen. Mit einer Stopfarbeit setzte sie sich dazu.

Als Josi dem Großvater von dem seltsamen alten Mann erzählte, meinte er: „So wie du ihn beschreibst, muss dies der Schattenbächeler gewesen sein. Nachdem seine Frau gestorben ist, lebt er nun mehr schlecht als recht allein. Darum sieht er etwas verwahrlost aus. Er ist aber ein gutmütiger. Du brauchst keine Angst vor ihm zu haben."

„Dann ist ja gut."

„Das ganze Dorf schaut nach ihm. Manchmal geht er zu eurem Vater in die Wirtschaft. Wenn der fragt, ob er etwas essen wolle, lautet seine träfe Antwort für gewöhnlich: *Den Mang habe ich, aber der Arschang fehlt.* Er meint damit, er habe wohl Hunger, aber kein Geld. Meistens lädt ihn dann der Johann auf einen Teller Suppe ein."

„Was meinte er denn mit dieser seltsamen Frage *Wessen eins bist du?*"

„Du musst wissen, mein Kind, hier im Tal kennt jeder seine Herkunft und kann seinen Stammbaum runterbeten wie den Katechismus, auf mindestens drei Generationen zurück. Für die Alten ist es wichtig zu wissen, zu welcher Sippe du gehörst. Sie sehen dich immer als Teil eines Stammes. Es hilft ihnen, dich einzuschätzen, wenn sie deine Herkunft kennen. Darum wird von dir erwartet, dass du ihnen darüber Auskunft gibst."

„Warum sprach er von einem *Bärentöter*?"

„Weil ihr alle von einem Bärentöter abstammt. Diese Geschichte hört ihr bestimmt gern, nicht wahr, Kinder?" Alle nickten zustimmend. Der Großvater holte tief Luft und begann stolz zu erzählen. Er genoss sichtlich, wie die Kinder voller Erwartung an seinen Lippen hingen.

„Im Mai 1820 entdeckten die Bewohner des Tales ein Raubtier, das bedeutenden Schaden verursachte, wussten aber noch nicht, was es war. Etliche Schafe waren gerissen und im Wald fanden wir viele tote Gämsen. Ich erinnere mich noch gut daran. Groß und Klein war in Angst und Schrecken. Während fast drei Wochen wagte sich kaum mehr jemand aus dem Haus und ohne Begleitung durch Erwachsene durfte kein Kind ins Dorf gehen. Die Männer gingen immer mit der Flinte aus und sogar die Weiber haben Prügel mitgenommen.

Eines Tages entdeckte ein Hirtenbub im Walde einen ungeheuren Bären, der im Schatten einer Tanne ruhte. Das war nur fünf Minuten vom Dorf, im Kleintal, in der Nähe des kleinen Wasserfalles. Als er das Tier erkannte und darüber vor Schrecken fast ohnmächtig wurde, schlug er Alarm. Alsbald eilten 14 Mann von allen Seiten in den Wald, stellten ihm nach, aber ohne Erfolg."

Nun senkte der Großvater seine Stimme, um die Szene noch schauerlicher zu gestalten. Er fuhr fort: „Schließlich nahm mein alter, aber noch immer rüstiger Vater, das ist euer Urgroßvater, seine sicher treffende Büchse in die Hand. Er war der einzig Mutige im Dorf und ein sehr erfahrener Jäger noch dazu. Er schlich sich an das verheerende Untier ganz nahe heran, aber so, dass es ihn nicht wittern konnte. Er traf es auf ein paar Schritte, genau zwischen die Augen in die Stirne." In der Stube war außer dem Ticken der Uhr kein Laut zu hören. Die Kinder horchten mit angehaltenem Atem.

„Der Vater drückte also ab. Auf den ersten Schuss brüllte der Bär, dass die Felsen erbebten, und gab einen Gestank von sich, den man bis ins Dorf roch. Das Tier rollte in den Bach hinab, wo ihn die Dorfbewohner vollends töteten.

Am folgenden Tag trugen ihn die stärksten Männer im Triumph nach Altdorf. Er wog 265 Pfund und hatte nichts im Magen, wohl aber noch etwas Schafwolle im Darmkanal. Im Kiefer hatte er noch Reste einer eingewachsenen Bleikugel. Die musste seit langem dort gesteckt haben. Der Pelz war graubraun, die Extremitäten dunkler braun.

Der Vater erhielt vom Urner Landrat* eine Abschussprämie von einem Louisdor. Das war ziemlich viel Geld damals. Als Andenken behielt er eine Vorder- und eine Hintertatze, die nun vor unserem Hause an einer Kette aufgehängt sind. Ihr habt sie bestimmt gesehen, als ihr hereingekommen seid."

„Oh ja", antwortete Josi, „ich habe mich schon gefürchtet wegen der riesigen, borstigen Tatzen. Ich wusste ja nicht, von welchem Tier sie stammen. Gibt es denn immer noch Bären hier?"

„Nein, da kannst du beruhigt sein. Mein Vater hat die letzte Bestie erlegt. Darum trug er von da an den Beinamen *Der Bärentöter*. Und ihr alle tragt auch diesen Beinamen, weil er unser Stammvater ist."

Er holte eine kleine Dose aus der Hosentasche und klopfte ein kleines Häufchen Tabakpulver auf seinen Handrücken. Anschließend hielt er die Nase darüber und schnupfte das Pulver auf, bevor er die Prozedur mit dem anderen Nasenloch wiederholte.

Dann fuhr er fort: „Weißt du Josi, und hört nur auch gut zu, Kinder, aus dieser Geschichte lernst du etwas sehr Wichtiges für den Rest deines Lebens. *Du kannst stolz sein auf deine Wurzeln.* Egal, was auch immer in deinem Leben geschehen mag, vergiss nie, dass du die Kräfte eines Bärentöters in dir trägst, auch wenn du ein Mädchen bist. Wenn dich mal der Mut verlassen sollte, dann erinnere dich an deinen Urgroßvater, der als einziger den Mut hatte, den Bären anzuschleichen und ihn zu erlegen. Diese Kraft steckt auch in dir und in euch allen."

„Und weil du Toni heißt und mein Vater Niklaus, bin ich *Des Bärentöters Tonis Niklaus Josi*?"

„So ist es. Und ihr seid *Des Bärentöters Tonis Johanns Kinder*. Dass ihr euch das gut einprägt! Ich möchte, dass ihr wisst, wo ihr hingehört", fügte er mit erhobenem Zeigefinger, aber schmunzelnd hinzu.

„*Des Bärentöters Tonis Niklaus Josi*", wiederholte Josi mehrmals halblaut, um es sich einzuprägen. Das wollte sie auf keinen Fall vergessen. *Des Bärentöters Tonis Niklaus Josi*. Das klang schon fast wie Musik.

„Wenn dich das nächste Mal jemand fragt, wer du bist, dann will er genau dies hören, deine Abstammung. Er will wissen, wer deine Vorväter sind. Und nun braucht euer alter Großvater seine Ruhe und die Großmutter muss nach dem Abendessen sehen. Zeit für euch zu gehen. Schön, dass ihr uns besucht habt."

„Und kommt bald wieder", ergänzte die Großmutter.

Damit erhob sich der Großvater und führte die Kinder zur Tür.

Es dauerte einige Zeit, bis sich die Hinterbliebenen an das neue Leben gewöhnt hatten. Tante Marie fehlte. Das konnte niemand leugnen. Die Kinder waren still, weinten im Verborgenen. Sie mussten lernen, ohne ihre Mutter zu leben, auch wenn sie es nicht verstanden. Agi verlangte nicht mehr so oft nach ihr. Nur ihre großen dunklen Augen verrieten ihre Trauer.

Josi fand die Arbeit bei Onkel Johann leicht. Hier gab es weder einen Garten noch Tiere, die betreut werden mussten, und die Familie bestand lediglich aus drei Kindern, Onkel Johann und Anna. Seit ihrem fünften Lebensjahr, seit Elisas Tod, hatte Josi der Mutter bei allen Arbeiten geholfen. Sie hatte ihre Geschwister betreut, in Haus und Garten viele Pflichten übernommen. Inzwischen konnte sie einfache Gerichte für zehn bis zwölf Personen kochen. Anna hingegen war als Magd für das Gasthaus gekommen, nicht als Kindermädchen und auch nicht als Köchin. Sie putzte die Gaststube, kehrte die Kammern, spülte Geschirr. Sie erledigte die kleine Wäsche, half den Frauen bei der großen, wusch Agis Windeln. Doch sie hatte nie alleine gekocht oder die Kinder betreut. Das hatte Tante Marie getan.

Obwohl Josi fünf Jahre jünger als Anna war, organisierte sie nun einen großen Teil des Alltags. Sie zeigte ihrer Freundin, so viel als möglich. In der Küche erklärte sie die einzelnen Arbeitsschritte. Auch für den Umgang mit den Kindern hatte sie viele Hinweise parat. So wuchsen die beiden Mädchen ganz schnell zu dicken Freundinnen zusammen. Onkel Johanns Schwester, Tante Anna, schaute täglich vorbei, um der verwaisten Familie zu helfen. Zudem kümmerte sich die Großmutter oft um die Kinder.

Nach einer Woche öffnete Onkel Johann sein Gasthaus wieder, damit so etwas wie ein Alltag einkehrte. Die Touristensaison hatte noch nicht begonnen. Sie war nur kurz, dauerte je nach Wetter kaum drei

Monate im Sommer. Jetzt, im Frühjahr, besuchten nur die Einheimischen am Abend und am Sonntag nach dem Gottesdienst die Wirtschaft. Ab und zu übernachtete ein Händler, der den weiten Weg zurück ins Tal nicht am selben Tag bewältigen wollte.

Josi brachte mehrere Gläser Bier zu einer Gruppe Männer am Stammtisch. Sie freute sich auf den Kontakt mit den Gästen, während Anna die Arbeit in der Küche vorzog. In der Gaststube war die Luft dick, weil jeder rauchte, die einen Pfeife, andere eine dicke Zigarre oder eine krumme Brissago. Das war genau wie im Hotel Helvetia. Auch hier redeten die Männer meistens laut, klopften ab und zu mit der Faust auf den Tisch, um ihrer Meinung Nachdruck zu verschaffen. Die Maul- und Klauenseuche war im Urserntal und im Kanton Schwyz ausgebrochen. Sie fürchteten sich davor, dass ihre Tiere bald krank würden und wollten deswegen keine Fremden im Tal. Sie debattierten über die neuen Straßen über die Alpenpässe Furka und Oberalp und beklagten sich, dass ihr Tal wieder einmal vergessen würde. Und sie schimpften auf die Steuern, die wegen so aufwendigen Projekten stetig stiegen.

Schüchtern zupfte Josi Onkel Johann am Ärmel und fragte leise: „Wo ist das Kassenbuch?"

„Was meinst du? Kassenbuch?"

„Seit wann verstehen Weiber etwas von Geld?", rief einer der Männer dazwischen. „Pass bloß auf, sonst tanzt dir die Kleine bald auf der Nase herum. Ich sage immer, du musst zeigen, wer der Herr im Haus ist." Er gab Josi einen Klaps auf den Hintern. Der Rest der Gruppe lachte. Josi erstarrte. Sie wusste nicht, was sie erwidern sollte. *Tue, als ob nichts wäre,* erinnerte sie sich. Diese Männer waren wie Klaus. Sie taten etwas, was sie nicht wollte. Sie sagten Dinge, die sie verletzten. Das Beste war, so tun, als ob nichts sei. Das half bei Klaus. Es würde hoffentlich auch bei diesen Männern helfen. Also atmete sie tief ein und wieder aus.

„Wo soll ich aufschreiben, was wir verkauft haben?", fuhr Josi daher unbeirrt fort.

„Ach so, das halten wir hier einfach. Am Abend zähle ich nach, wie viel in der Kasse ist. Dann weiß ich, was wir verdient haben. Wir schreiben hier nichts auf."

Josi war verblüfft ob dieser Antwort. Sie konnte sich nicht vorstellen, wie der Onkel wusste, wann er Bier oder Kartoffeln oder Käse bestellen musste, wenn er nicht genau Buch führte.

„Ganz einfach. Ich gehe in den Keller und schaue nach. Mache dir keine Sorgen. Darum kümmere ich mich schon. Es reicht, wenn du uns das Bier bringst."

„Seit wann können Frauen überhaupt rechnen? Das würde ich meiner nicht erlauben. Die hier ist ja etwas ganz Besonderes, die lehrt dich jetzt, wie du das Geschäft führen musst. Wetten, dass du in ein paar Wochen pleite bist?" Wieder lachten alle grob.

Der nächste Mann rief dazwischen: „Du hast Glück. Jetzt hast du zwei junge, hübsche Kätzchen im Haus. Kannst du mir eines ausleihen?"

Nun schlug Onkel Johann mit der Faust auf den Tisch und erhob sich langsam. Drohend überragte er die Horde vor ihm. „Fertig mit eurem dummen Gerede. Ihr seid alle betrunken. Ihr bezahlt jetzt und macht, dass ihr nachhause kommt. Und damit ihr es alle ein und für alle Male wisst: Josi ist meine Nichte. Sie ist elf. Ihr lasst gefälligst eure dreckigen Finger von ihr. Habt ihr das verstanden? Kümmert euch um eure eigenen Frauen! Wenn ich einen von euch erwische, der ihr auch nur ein Haar krümmt, hole ich meine Flinte und erschieße ihn eigenhändig. Und jetzt raus mit euch!"

Mai 1864

Zwei Wochen nach dem Dreißigsten begab sich Onkel Johann für drei Tage nach Altdorf. Er ließ seine Kinder sowie die beiden Mädchen alleine zurück, ohne irgendwelche Gründe für seine Reise zu nennen. Da keine Gäste zum Übernachten angemeldet waren, kamen die zwei gut zurecht. Die Einheimischen konnten sie mittlerweile selbstständig bedienen.

Als Johann wieder zurück war, rief er Anna am Abend zu sich: „Ich muss mit dir reden. Du Josi, gehe schon mal hinauf und bringe die Kinder zu Bett. Was wir zu besprechen haben, geht nur Anna und mich etwas an." Die beiden Mädchen warfen sich einen verwunderten Blick zu. Normalerweise gab es keine Geheimnisse.

Johann saß beim trüben Licht einer einzigen Öllampe allein in der Gaststube. „Setz dich zu mir. Magst du ein Glas Wein?" Er hatte bereits zwei Gläser Veltliner eingeschenkt, die vor ihm standen. Unsicher wartete Anna noch immer in der Tür. Sie wunderte sich über sein ungewohntes Benehmen. Bis jetzt hatte ihr Johann noch nie Wein angeboten. Sie war erst vor kurzem 16 geworden. Schließlich meinte sie schüchtern: „Ja, Herr Gisler."

„Ich glaube, es ist jetzt an der Zeit, dass du mich Johann nennst, findest du nicht?" Unsicher nickte Anna. Er erhob sich, reichte ihr ein Glas und prostete ihr zu. „Prost, Anna, auf eine gute Zukunft!" Sie erwiderte den Trinkspruch. Johann drückte ihr einen Kuss auf die Wange. Erschrocken wich das Mädchen etwas zurück. Johann musterte sie wohlwollend und eindringlich, bevor er sich wieder setzte. Anna fühlte sich unwohl, begutachtet wie ein Stück Vieh. Nach einer Weile nickte er gefällig, als sie sich endlich ihm gegenüber niederlassen wollte.

„Sei nicht so schüchtern. Komm, setzt dich näher zu mir." Mit seiner Linken deutete er auf den Stuhl neben sich. Die Bewegung zeichnete gespenstische Schatten in den Raum. Als Anna endlich seiner Aufforderung nachgekommen war, legte er seine Hand auf ihren Arm und fuhr fort: „Ich habe in Altdorf deinen Vater getroffen." Unwillkürlich zog Anna ihren Arm weg und rückte ein Stück von ihm ab. Nach einer langen Pause ergänzte Johann: „Er ist einverstanden." Anna zuckte alarmiert zusammen. *Was* hatten die Männer besprochen? Was hatte dies alles zu bedeuten? Sie schaute Johann entgeistert an, nippte schließlich vorsichtig am Wein, der aber ungewohnt sauer schmeckte. Er vermochte sie nicht zu beruhigen.

„Natürlich nur, wenn du auch einverstanden bist." Noch immer konnte sich Anna nicht vorstellen, wovon der Wirt sprach. Ihre Hände wurden unangenehm schweißig. Nervös trocknete sie sie an ihrer Schürze.

„Du bist jetzt seit einem Jahr bei uns. Die Kinder kommen mit dir klar. Du stellst dich im Haus geschickt an, arbeitest fleißig, siehst nett aus. Auch die Gäste sind mit dir zufrieden. Das macht die Sache leichter." Annas Aufregung wuchs. Ihr Herz pochte bis zum Hals. Sie fühlte sich in die Enge getrieben, wie ein gejagtes Reh. Er nahm seine samtene Wirtskappe vom Kopf. Drehte sie ein wenig in seinen riesigen Händen, bevor er sie auf den Tisch legte. Auch er wirkte unsicher, als ob er nach Worten suchte. Er räusperte sich.

„Anna, du weißt ja, Marie ist gestorben. Seither bin ich mit den Kindern allein. Die Leute reden schon, dass es sich nicht schickt, wenn ein alleinstehender Mann mit einer jungen Frau unter einem Dach wohnt. Ich brauche dringend jemanden an meiner Seite." In Annas Hals bildete sich ein Kloss. Sie ahnte etwas Schreckliches, wusste aber noch immer nicht, was dies sein könnte. Wie gelähmt hörte sie von Weitem: „*Willst du meine Frau werden?* Das würde alles leichter machen. Gemeinsam könnten wir das bestimmt meistern. Du bist ein gutes Mädchen."

Hatte Anna richtig gehört? Hatte Johann soeben um ihre Hand angehalten? Sie musterte ihn nun ihrerseits. Er überragte sie um zwei Köpfe, war breit und schwer, nicht unsympathisch. Sie mochte ihn. Aber er war *alt*, mehr als doppelt so alt wie sie. *Er hätte ihr Vater sein können.* Sicher, er hatte sie bis jetzt gut behandelt, war auch lieb mit seinen Kindern. Aber reichte das für ein ganzes Leben? Nochmals schaute sie näher hin, bemerkte die grauen Strähnen im Bart und auf dem Kopf und tiefe Falten auf seiner Stirn. *Sah so ihr Zukünftiger aus?* Sollte sie jemanden heiraten, ohne ihn zu lieben?

Anna suchte Johanns Augen unter seinen buschigen Brauen. Die waren durchaus gefüllt mit einem gewissen Wohlwollen. Es waren Augen voller Sehnsucht, auf der Suche nach etwas, vielleicht waren sie sogar etwas hilflos. Doch dahinter erahnte Anna mehr, als dass sie es sah, den Jäger, der auf ein wildes Tier lauerte. Und dieses Tier würde er *töten.* Sie spürte etwas Unbezähmbares, das ihr Angst einflößte. Erschrocken wandte sie sich ab und starrte zurück auf ihr noch immer volles Glas.

Bis jetzt hatte Anna noch gar nie über eine Heirat nachgedacht, und noch nie hatte ein junger Mann um sie geworben, obwohl sie nun allmählich ins heiratsfähige Alter kam. Sie wusste nicht, was es bedeutete, eine verheiratete Frau zu sein. Sie wusste bloß, was mit alten Jungfern passierte, wie sie verspottet und an den Rand der Dorfgemeinschaft getrieben wurden. Eins war sicher, so wollte sie nicht enden! Lieber würde sie einen alten Mann heiraten als ledig bleiben.

Da sie nicht antwortete, fuhr Johann fort: „Ich will dich natürlich nicht zwingen. Aber sei dir bewusst, ich kann dir einen gesicherten Lebensunterhalt bieten, was nicht alle können. Schau dir die jungen Burschen im Dorf an! Wer hat schon ein Einkommen, das diesen Namen verdient? Die meisten wissen nicht, wie sie eine Familie ernähren könnten, und kommen darum zum Heiraten gar nicht in Frage. Der Pfarrer würde es nicht erlauben. Bei mir wirst du immer genug zu essen haben. Hier gibt es zwar viel Arbeit, wie überall, aber es wird dir an nichts fehlen, das kann ich dir versprechen. Mit deinem Vater habe ich mich bereits über die Mitgift geeinigt. Es ist kein Problem, dass du fast nichts in die Ehe einbringst. Du brauchst keine Aussteuer. Es ist ja bereits alles da."

Ihr Vater hatte dieser Verbindung zugestimmt. Anna schluckte schwer. Hatte sie da tatsächlich eine Wahl? Er sagte über ihren Kopf hinweg ja, ohne sie auch nur zu fragen? Er war noch immer ihr Vormund, konnte sie, auch gegen ihren Willen, an irgendwen vergeben. Mit Johann witterte er wohl die Möglichkeit, seine einzige Tochter in bessere Kreise zu verheiraten. Vielleicht erhoffte er sich auch zusätzliche Geschäfte mit der Familie Gisler? Immerhin war sie weitverzweigt, nicht nur in Isenthal, auch in Flüelen, Seedorf und Altdorf. Als Zugezogener hatte er noch immer einen schweren Stand. So eine Heirat könnte ihm dazu verhelfen, besser in die Gemeinschaft aufgenommen zu werden. Wenn sie ihm diese Gelegenheit verdarb, könnte er sie aus Rache absichtlich einem Widerling zur Frau geben. War es da nicht klüger, Johanns Antrag anzunehmen? Immerhin kannte sie ihn. Immerhin hatte er sie gut behandelt. Anna rutschte noch ein Stück weiter von Johann weg und starrte unverwandt in ihr Glas. Was sollte sie bloß tun? Ihr Mund war ausgetrocknet. Sie brachte keinen Laut heraus. Der Wein widerte sie an.

„Gerade begeistert bist du ja nicht", hörte sie Johann endlich wie von weit weg. „Manch eine würde nicht zweimal überlegen bei so einem Angebot. Und wenn du es nicht für mich tun willst, dann denke wenigstens an die Kinder. Die brauchen dringend eine neue Mutter. Es ist nicht gut für sie, in einem Gasthaus zu leben, ohne eine Frau im Haus. Die Gaststube ist kein Ort für Kinder. Und ich bin mir sicher, dass wir es gemeinsam zu etwas bringen können. Du bist sehr tüchtig."

Anna wurde noch unruhiger. Johann erwartete ihre Entscheidung, sofort. Was sollte sie bloß tun? Wahrscheinlich war sie auch ihre Stelle los, wenn sie ablehnte. Schließlich fragte sie schüchtern: „Darf ich darüber schlafen? Natürlich bedeutet es für mich eine große Ehre, dass Sie", sie korrigierte sich, „dass du ausgerechnet mich fragst. Als Dorfvogt* bist du ein angesehener Mann. Du könntest jede haben." Sie atmete tief ein: „Doch kommt deine Frage für mich sehr überraschend. So eine Entscheidung wird mein Leben für immer verändern." Sie kämpfte nun gegen aufsteigende Tränen.

„Zum Guten, Anna, zum Guten, da kannst du sicher sein. Nun denn, überlege es dir, aber morgen früh möchte ich eine Antwort. Sonst muss ich mich nach jemand anderem umsehen. Und so eine Gelegenheit kommt für dich nicht noch einmal. Wie gesagt, hier wimmelt es von armen Schluckern. Darum, überlege es dir nicht zu lange. Du verstehst, ich brauche bald eine Lösung, bevor die Touristensaison losgeht. Da bleibt sonst keine Zeit mehr für eine Hochzeit."

Mit einer Kerze in der Hand, warf Anna einen Blick ins Kinderzimmer. Die drei schliefen friedlich. Sie trat zur Jüngsten, strich ihr die Haare aus dem Gesichtchen, zog Babette die Decke über die Schultern, streichelte Johann über die Wange. Könnte sie ihnen eine Mutter sein?

Als sie zu Josi ins Zimmer kam, platzte diese mit der Frage heraus: „Was wollte denn Onkel Johann so Wichtiges mit dir besprechen?"

Anna mochte nicht darüber reden. Wie hätte ihr Josi auch raten wollen? Sie war viel zu jung dazu, dachte noch lange nicht ans Heiraten. Das war etwas, was Anna ganz allein und nur mit sich selbst beschließen musste. Darum antwortete sie ausweichend: „Ach, nichts." Josi ließ sie in Ruhe, ahnend, dass Anna Zeit für sich alleine brauchte. Sie würde schon reden, wenn ihr danach zumute wäre. Wenig später hörte Anna die ruhigen Atemzüge ihrer Kameradin.

An Schlaf war für Anna indes nicht zu denken. In ihrem Kopf schwirrten die Gedanken. Nichts? War es *nichts*, jemanden zu heiraten, den sie nicht liebte? Der mehr als doppelt so alt war? Der drei Kinder in die Ehe brachte? War es *nichts*, die Stiefmutter für drei kleine Kinder zu werden? Konnte sie das überhaupt?

War es *nichts*, für immer in diesem abgelegenen Tal zu bleiben, aus dem nur ein Saumweg hinausführte? Als Anna hier angekommen war, hatte sie nicht gedacht, dass es für immer sein könnte. Es war ihre erste Stelle weg vom elterlichen Betrieb. Sie war froh gewesen, im Gasthaus arbeiten zu können, denn es war für ein Mädchen nicht leicht, eine bezahlte Stelle zu finden.

War es *nichts*, als Magd den Dorfvogt zu heiraten? Was würden die Leute dazu sagen? Würden die Dorfbewohner sie als Frau des Wirts akzeptieren bei dem großen Altersunterschied? Es würde bestimmt allerhand Gerede geben. Einige wären neidisch, dass ausgerechnet sie, die schüchterne, kleine Anna, diese gute Partie machte, ein junges Ding, eine Auswärtige, eine Unterländerin noch dazu. Anna hörte bereits den Dorfklatsch, die Weiber, die sich am Dorfbrunnen ihre Mäuler über sie zerrissen. „Die hat ihm bestimmt schöne Augen gemacht. Das tat sie doch schon, als Marie noch lebte. Und nun kennt sie keine Scham. Es kann ihr nicht schnell genug gehen. Eine Schande ist es: Keine zwei Monate ist die arme Marie unter der Erde und dieses dahergelaufene Frauenzimmer denkt bereits ans Heiraten. Beschämend ist das!" Es war schrecklich, wenn jemand mal in Ungnade gefallen war. Die Dorfgemeinschaft konnte grausam sein. Würde Johann ihr beistehen? Immerhin war *er* es, der den Antrag gemacht hatte, nicht sie. Wieso wartete er das Trauerjahr nicht ab? Hatte er seine Frau nicht geliebt?

All diesen vielen Zweifeln standen die Vorteile gegenüber, die eine Ehe mit Johann mit sich ziehen würde. Er hatte Recht, er war eine gute Partie und die Tatsache, dass er sich mit einer kleinen Mitgift zufriedengab, war nicht unwichtig. Er hatte auch Recht, dass es im Dorf nicht gerade von jungen charmanten Märchenprinzen wimmelte, die um sie hätten werben können. Hier konnte sie lange warten, bis einer auf einem weißen Pferd daher reiten würde, von der Sagengestalt des *Manschettenmannes* einmal abgesehen. Man erzählte sich über diesen gespenstigen Reiter im dunkelblauen Mantel, mit weißen Krausen an Ärmeln und Kragen und mit einem Schlapphut auf dem Kopf, dass er in windigen Nächten durchs Tal rase. Man musste ihm etwas zu essen vor die Tür stellen, manchmal sogar ein Bett anbieten, sonst brachte er Verderben in die Familie. Und wehe dem, der über ihn spottete. Manch einer sei schon am nächsten Morgen halb tot aufgefunden worden. Nein, Prinzen gab es im Isenthal keine.

Im Geist ging sie die unverheirateten jungen Männer durch, den Toni, Kari, Köbi, Wisi oder Sepp. Die meisten Burschen kamen durch das Tragen der schweren Lasten bereits in jungen Jahren gebückt daher. Mit hängenden Köpfen, verwitterten Gesichtern und eingehüllt in eine unangenehme Duftwolke aus Kuhmist und schlechter Verdauung, schlurften sie sonntags zur Kirche, wo sie sich mit ungelenken Händen die Mütze vom Kopf strichen. Wenn sie den Mund öffneten, zeigten sich schlechte Zähne und meist kam nur schüchternes Gestammel heraus. Die langen einsamen Stunden auf ihren Höfen oder Alpen boten wenig Gelegenheit, das Reden zu üben. Viel öfter schwiegen sie, standen verlegen von einem Fuß auf den anderen, während sie ihre Fäuste in den Taschen vergruben, oder sie versteckten sich hinter ihren Vätern, die miteinander über die Preise von Kälbern oder Käse verhandelten. Kein einziger war irgendwie herausgestochen, und kein einziger hatte Anna je beim Frühschoppen im Gasthaus eines freundlichen Blickes gewürdigt. Keiner konnte Johann das Wasser reichen. So viel stand fest.

Während Anna im Isenthal arbeitete, würde sie keine andere Auswahl haben. Doch eine andere Arbeitsstelle stand nicht in Aussicht. Wie sollte sie auch eine finden können, solange sie so abgelegen wohnte? Und sie würde auch keinen passenderen Bräutigam finden. Es war ein Teufelskreis. Ohne andere Stelle kam sie nicht aus dem Tal und im Tal fand sie keine andere Stelle und keinen besseren Mann.

Johann war irgendwie anders als die meisten übrigen Dorfbewohner. Die ganze Familie Gisler war anders. Das gefiel ihr. Während seine Brüder mit dem Schlagen und Sägen von Holz mehr verdienten als die Bauern und Hirten, hatte Johann sein Haus in ein Gasthaus umgebaut. Er profitierte von den immer zahlreicheren Touristen, die das Tal besuchten, um dessen Schönheit zu genießen. Seine Brüder kannten als Jäger die Berge und deren Gefahren. Seit einigen Jahren führten sie daher Fremde zu den Gipfeln, die dafür gutes Geld bezahlten. An einem einzigen Tag verdienten sie oft mehr als andere in einer ganzen Woche.

Anna drehte und wendete die Gedanken in ihrem Kopf, ohne zu einem Entschluss zu kommen. Die unterschiedlichsten Gefühle stritten in ihrem Inneren, doch *Liebe* war nicht darunter. Was bedeutete die überhaupt? In ihrem Geist sah sie ihre Eltern. Liebten die sich? Johann und Marie? Hatten die sich geliebt? Woran wäre das zu erkennen gewesen? Wie wusste man, ob es Liebe war?

Unruhig wälzte sie sich auf ihrem Lager. Sie hätte sich jemanden gewünscht, mit dem sie sich hätte besprechen können, um die kreisenden Gedanken zu beruhigen. Was würde ihre Mutter sagen? Wusste sie, was die Männer besprochen hatten? War sie damit einverstanden? Was würde sie ihrer Tochter raten? Doch die Mutter war weit weg. Seit Anna im Isenthal war, hatte sie kaum Kontakt zu ihr, nur ab und zu einen Brief. In Briefen konnte sie eine so wichtige Frage nicht klären. Gerade jetzt vermisste Anna die mütterliche Fürsorge schmerzlich.

Liebten sich ihre Eltern? Anna wusste es nicht. Sie hatte sich noch nie darüber Gedanken gemacht. Wozu auch? Ihre Eltern waren einfach da, lebten miteinander. Das war immer so gewesen.

In manchen Geschichten, die Anna gelesen hatte, war von tiefer inniger und aufrichtiger Liebe zwischen zwei Brautleuten die Rede, von einem Sehnen und Verlangen und einer immensen Freude beim Anblick des Auserwählten. Diese Liebe müsse die Grundlage für eine glückliche Ehe bilden. Solche Geschichten schürten ein Verlangen nach ähnlichem Glück. Sogar der Pfarrer predigte manchmal von Liebe: *Glaube, Hoffnung und Liebe. Diese drei werden immer bleiben; doch am höchsten steht die Liebe.*

Wie sollte sie das verstehen? Gab es diese ideale Liebe überhaupt im richtigen Leben? Anna suchte in ihrer Erinnerung nach Paaren, die solches Glück ausstrahlten. Sie konnte keines finden. Die Menschen, die sie kannte, lebten ohne Strahlen im Gesicht. Sie wechselten nur wenige Worte miteinander, arbeiteten von früh bis spät, litten unter Geldmangel und Erschöpfung. Aber Liebe? Märchenhafte Liebe, andauerndes Glück, konnte sie nicht finden. Gegenseitiges Wohlwollen, Zuneigung vielleicht, bei manchen auch Respekt, ja. Johanns Eltern waren so ein älteres Paar, das irgendwie zufrieden lebte. Die beiden hatten es gut miteinander. Das konnte sie sehen. Bei vielen anderen im Dorf war es aber nicht so. Da herrschten Zank und Gekeife. Keine Liebe.

Würden sonst so viele Männer das wenige, das sie auf ihren kargen Matten durch harte Arbeit erwirtschafteten, im Gasthaus versaufen? Würden sie ihre Weiber so unflätig kritisieren und jedem Rock gierig nachstieren? Würden sonst die Frauen so gerne streiten und sich ihre Mäuler über andere zerreißen? Zählte es da, dass Anna Johann nicht liebte? Nichts Anderes für ihn empfand als Respekt? Würde das an ihrem zukünftigen Leben etwas ändern? Oder riskierte sie, eine einmalige Gelegenheit auf ein sicheres Leben zu verpassen?

Unvermittelt hörte sie in ihrem Inneren die Spottverse, die an der Altdorfer Fasnacht über alte Jungfern gesungen wurden: *Es gibt für mich keine größere Buß', als wenn ich ledig sterben muss*. Sie handelten von der Verzweiflung einer Altledigen, die keinen Mann fand. Alles versuchte sie, Wallfahrten nach Einsiedeln* oder auf die Rigi, Bußgänge, Opfergaben und innige Gebete zu allen möglichen Heiligen. Mit einer unverheirateten Frau konnte etwas nicht stimmen. Je länger ihr Zustand andauerte, desto schlimmer und aussichtsloser wurde es.

Alte Jungfern waren Zielscheibe des Spotts. Gruppen von jungen Männern zogen durchs Dorf vor die Häuser von Unverheirateten, bestreuten die Türschwelle mit Sand, nagelten vor das Haustor einen Strohmann und beschenkten die ledigen Frauen mit Moos als Zeichen für ihre Schande. Sogar nach dem Tod mussten sie büßen, waren auf ewig verbannt im *Girizämoos**, wo sie als nebelhafte Sumpfgestalten wandelten. Als Strafe für ihre Ehelosigkeit war ihnen dort eine sinnlose Tätigkeit auferlegt, wie Sägemehl knüpfen oder Felsen abreiben. Eins war sicher, auf gar keinen Fall wollte Anna unverheiratet bleiben!

Mit wem konnte sie reden? Hier im Dorf gab es niemanden. Anna fürchtete das Gerede, sollte sie Johanns Antrag ablehnen. Sie würde zu einer Person werden, die fürs Heiraten nicht mehr in Frage kam, eine die zu wählerisch war. Das würde bedeuten, dass sie eine alte Jungfer bliebe, die ausgestoßen am Rand der Gemeinschaft lebte. Das wollte sie nicht riskieren. Es half alles nichts. Sie musste diese Frage alleine klären. Hier und jetzt. Denn Johann erwartete in der Frühe ihre Antwort.

Sie tastete nach dem Rosenkranz auf ihrem Nachtkästchen, wickelte ihn um ihre Hände, um inniger beten zu können. *Gegrüßt seist du, Ma-*

ria, voll der Gnade, der Herr ist mit dir. Du bist gebenedeit unter den Weibern, und gebenedeit ist die Frucht deines Leibes, Jesus. Heilige Maria, Mutter Gottes, bitte für uns Sünder jetzt und in der Stunde unseres Todes. Amen

So gut es Anna vermochte, versuchte sie mit Maria in ein Gespräch zu kommen. Was riet ihr die Heilige? Hatte sie ebenfalls mit sich gerungen, als Josef um ihre Hand anhielt? Konnte sie ihr nicht irgendein Zeichen geben, das die Entscheidung erleichterte?

Doch die Nacht blieb stumm. Anna hörte nur Josis ruhigen Atem. Wie gut es die Freundin hatte! Nichts schien sie zu belasten! Der Bach rauschte in der Ferne, ein Luftzug rüttelte am Fensterladen. Keine Hilfe, kein Zeichen. Schließlich schlummerte auch Anna erschöpft ein, als sich im Osten bereits der Morgen ankündigte.

Wenig später wachte sie wieder auf. Noch war es ruhig im Haus. Sie tastete nach ihren Kleidern und schlich im Nachthemd aus dem Zimmer, wo sie sich ankleidete. Hastig lief sie durchs Dorf, schaute um sich. Sie wollte nicht, dass jemand sie beobachtete. Bald war sie bei der Säge, wo sie an die Tür ihrer zukünftigen Schwiegereltern klopfte.

„Jesses, Kind, was ist los? Wie siehst du denn aus? Komm herein in die gute Stube."

Die alte Frau hieß Anna, sich dicht neben sie auf die Ofenbank zu setzen. Sie umschloss die Rechte der jungen Frau mit ihren beiden faltigen Händen und drückte sie fest. „Raus mit der Sprache, was hast du auf dem Herzen? Keine Angst, ich werde niemandem etwas verraten und Toni ist bereits unterwegs. Wir sind ganz unter uns."

Anna atmete tief ein, schaute in die gütigen Augen, die noch immer wach schauten. Johanns Mutter verströmte eine Ruhe, die sie gut gebrauchen konnte. Gewiss hatte sie viel erlebt, davon zeugten die vielen Falten in ihrem etwas herben Gesicht. Als Mutter von 13 Kindern kannte sie viele Sorgen. Drei hatte sie kurz nach der Geburt verloren, ein anderes war beim Holzen verunfallt. Sie hatte mit ihrem Schicksal Frieden geschlossen, liebte das Leben auf ihre Art, auch wenn es sie nicht verwöhnt hatte. Bei dieser Frau fühlte sich Anna sicher.

„Der Johann hat mich gefragt, ob ich seine Frau werden wolle. Ich weiß nicht, was ich tun soll", brachte sie schließlich nach einigem Zögern hervor. „Glauben Sie, ich solle annehmen?"

„Das ist ja wunderbar. Der Johann ist ein guter Junge. Glaube mir. Das sage ich nicht, weil er mein Sohn ist. Er hat ein gutes Herz. Nicht alle seine Brüder sind wie er. Er meint es bestimmt gut mit dir. Auf jeden Fall bist du mir als Schwiegertochter sehr willkommen. Ich freue mich, wenn du zu unserer Familie gehörst. Du bist sehr tüchtig und liebenswert. Der Johann trifft eine gute Wahl. Ich könnte mir niemand Besseres vorstellen." Sie drückte Annas Hand erneut.

„Ich bin mir so unsicher. Er ist viel älter als ich, hat schon drei Kinder. Glauben Sie denn, dass er der Richtige für mich ist? Wie wussten Sie damals, dass Toni der Richtige ist?"

„Ach Kind. Wer ist schon *der Richtige*? Der Herrgott führt zwei Menschen zusammen und die müssen dann irgendwie miteinander auskommen. Er wird schon wissen, warum es ausgerechnet dieser oder jener Mann ist. Er wird sich schon etwas dabei denken. Das liegt nicht in unserer Hand. Wir müssen einfach das Beste daraus machen. Es ist nun mal so: auch wenn es der Richtige ist, am *Anfang einer Ehe ist es nie leicht*. Du musst dich erst daran gewöhnen, was es heißt, verheiratet zu sein. Am Anfang ist es schwierig, immer." Ihr Blick wanderte in die Ferne, als ob sie sich die Zeit ihrer Verlobung ins Gedächtnis holte. Ihr Mienenspiel verriet die unterschiedlichsten Gefühle. Zum Schluss lächelte sie versonnen.

„Dann meinen Sie, es sei gar nicht wichtig *wen* wir heiraten? Es kommt nur darauf an, was wir daraus machen?"

„Doch, doch, das macht schon einen Unterschied. Aber Johann ist ein Guter. Mache dir keine Sorgen. Weißt du, wie auch immer, das Leben ist nicht einfach. Du wirst immer viele Sorgen haben. Es kommt darauf an, dass du auf den Herrgott vertraust und deinem Mann zur Seite stehst. Das macht Vieles leichter. Als Frau musst du immer deinen Mann unterstützen. Das ist deine Aufgabe.

Und es *macht* einen Unterschied, dass du mit dem Johann nicht so viele Geldsorgen hast. *Das* ist wichtig. Glaube mir. Gefühle sind weniger wichtig, denn die meisten Paare streiten früher oder später über Geld, und Geldsorgen lassen jede Liebe im Laufe der Jahre erkalten. Du hast noch nie gehungert. Du kannst es nicht wissen. Aber Hunger tötet die Liebe meist recht schnell. Das ist so gut wie sicher."

„Haben Sie den Toni geliebt, als er Sie geheiratet hat?"

„Ich möchte dir etwas mit auf deinen Weg geben. Merke es dir gut, denn es ist das Geheimnis für eine gute Ehe: Die Liebe ist keine Frucht, die du pflücken kannst und die dich dann für immer nährt. Die Liebe ist ein zartes Pflänzchen, das du *täglich pflegen* musst. Erst mit der Zeit trägt sie Früchte. Dann gibt es nichts mehr, was sie zerstören könnte. Und nun geh, mein Kind, bringe deinem Bräutigam die gute Nachricht und kümmere dich um ihn! Er hat es nicht leicht. Er leidet sehr darunter, dass Marie gestorben ist, auch wenn er es nicht so deutlich zeigt. Du kannst ihn trösten und auf andere Gedanken bringen. Wann wird denn die Hochzeit sein?"

„So bald als möglich, hat Johann gesagt. Noch bevor die Touristensaison beginnt. Er hat schon mit meinem Vater gesprochen. Die beiden sind sich einig."

Schon in der Tür, zeichnete die Alte ein Kreuz auf Annas Stirn: „Gott mit dir, Anna! Der Herrgott beschütze dich. Du bist ein gutes Mädchen. Der Johann tut gut daran, dich zu heiraten. Und eins möchte ich dir noch sagen: Wann immer du etwas auf dem Herzen hast, du kannst zu mir kommen. Kummer und Sorgen gibt es überall. Du bist nicht allein. Ich werde für dich da sein, solange ich noch lebe."

ଓ

„Ich wusste, dass du vernünftig sein würdest", kommentierte Johann Annas Entscheidung, dass sie in die Ehe einwilligte. Er griff in seine Jackentasche und zog ein kleines Schächtelchen hervor.

„Hier, das ist für dich. Als Zeichen für mein Eheversprechen."

Staunend bewunderte Anna den Ring, der mit drei Granatsteinen verziert war, die geheimnisvoll rot funkelten. Sie steckte ihn an den Finger und drehte ihre Hand nach allen Seiten.

„Vielen Dank. Der ist wunderschön. Und nun habe ich gar kein Geschenk für dich, weil du mich so überrascht hast."

„Das macht nichts, meine liebe Anna. Du bist mir Geschenk genug. Lass' uns schon morgen zum Pfarrer gehen, damit er mit dir das Brautexamen macht. Ich gebe ihm gleich nachher Bescheid." Er trat an das Mädchen heran, zog es an sich, um sie auf die Stirn zu küssen. „Willkommen, meine schöne Braut. Ich freue mich." Anna entwand sich seiner Umarmung, ohne einen Kuss zu erwidern.

„Das Brautexamen?"

„Du wirst doch den Katechismus kennen?"

„Ja gewiss."

„Dann ist ja alles gut. Der Pfarrer muss prüfen, ob es Ehehindernisse gibt und ob du eine gute Christin bist. Sonst erlaubt er uns die Ehe nicht. Ich hoffe, du machst mir keine Schande." Er gab ihr einen wohlwollenden Klaps auf den Hintern. Anna wich irritiert zurück.

„Den Kindern sagen wir erst Bescheid, wenn alles geklärt ist. Kannst du die freudige Nachricht so lange für dich behalten?" Anna nickte, noch immer zweifelnd, ob sie richtig entschieden hatte.

„Suche dir aus Maries Sachen das heraus, was du behalten möchtest. Den Rest bringen wir dem Pfarrer. Er weiß am besten, wer was brauchen könnte."

„Darf Josi mir dabei helfen?"

„Ja natürlich. Sie soll aber auch noch niemandem etwas sagen."

Onkel Johanns Schlafkammer zu betreten fühlte sich ungewohnt und verboten an. Seine Schwester Anna hielt den Raum seit Maries Tod in Ordnung. Es gehörte sich nicht für junge Mädchen zu sehen, wo ein alleinstehender Mann schlief.

„Hier riecht es aber streng", bemerkte Anna als erstes.

„Oh, der Nachttopf ist noch nicht geleert." Ohne zu zögern, behändigte Josi das Gefäß, das unter dem Bett stand, und trug es hinaus zum Plumpsklo. Das gehörte zuhause zu ihren täglichen Pflichten.

„Besser, du gewöhnst dich daran. Ich nehme an, wenn du erst mal verheiratet bist, wirst du diese Kammer in Ordnung halten müssen."

Neugierig schauten sie sich um. Das riesige, noch zerwühlte Bett, der mächtige Schrank, die Waschkommode, alles wirkte wuchtig und zu groß für den kleinen Raum. In einer Ecke stand eine verwaiste Wiege. Über dem Bett hing ein schlichtes Kreuz zwischen zwei Bildern. Die Einsiedler Gottesmutter im Strahlenkranz war mit einem goldenen Rahmen reich verziert. *Heilige Maria, nimm auch mich zum Kinde an.* Daneben flehte ein gesticktes Bild *Gottes starke Vaterhand schütze unsern Ehestand.* Dem Bett gegenüber verkündete ein Herz Jesu *Durch mein Leiden werdet ihr erlöst.* Die beiden Mädchen schauderten leicht ob des düsteren Raumschmuckes.

„Kaum zu glauben, dass du bald in diesem Bett schlafen wirst, als Onkel Johanns Frau. Dann bist du meine Tante! Und ich bin ganz allein in meiner Kammer. Ich habe noch nie alleine geschlafen. Zuhause schlafe ich sogar mit meinen Geschwistern in einem Bett", plauderte Josi unbekümmert.

Anna versuchte sich vorzustellen, wie sie neben Johann auf der Frauenseite ins Bett schlüpfte. Es wollte ihr nicht recht gelingen. Ob er schnarchte?

Zögernd näherten sie sich Maries Schrank. Die beiden Mädchen staunten über reich bestickte Mieder, Mailänder Tücher und Röcke in unterschiedlichen Farben. Marie hatte Geschmack gehabt. Sie liebte es, vor den auswärtigen Gästen gepflegt zu erscheinen. Doch leider hatte ihr das üppige Essen im Gasthaus geschmeckt, vermuteten die Mädchen. Viele Kleider waren viel zu groß für die schmächtige Anna, andere passten eher. So ratschlagten die beiden, ob und wie man wenigstens etwas von den schönen Sachen einnehmen könnte. Träumerisch hielt Anna das bunte Mieder vor ihre Brust. Es war hoffnungslos zu weit.

„Schade, da werde ich nie reinpassen", meinte sie mit Bedauern.

„Wer weiß, vielleicht wirst du auch bald dick, wenn du erst verheiratet bist? Das geschieht den meisten Frauen. Frag mich nicht, warum. Meine Mutter wird ganz oft dick. Es ist fast wie beim Mond", scherzte Josi.

Anna antwortete nicht. Die unterschiedlichsten Gefühle und Gedanken wirbelten durch ihr Inneres. Wie würde sich ihr Leben verändern, wenn sie Johanns Frau war? Wenn das hier auch ihre Schlafkammer war? Ihr gefielen Maries Sachen und sie bewunderte die kostbaren Stücke, das war unbestritten. Sie waren wertvoller, als alles, was sie je besessen hatte. Gerne hätte sie so edle Kleider getragen. Gleichzeitig fühlte es sich falsch an, entsetzlich falsch. Sie war nicht Marie und würde es nie sein. Sie konnte unmöglich wie sie angezogen vor die Kinder oder vor die Dorfgemeinschaft treten. Das würde sie nie wollen. Es ging einfach nicht.

„Nein, da werde ich nie reinpassen", verkündete sie schließlich mit Nachdruck. „Ich kann das nicht." Sie setzte sich auf die Bettkante, während plötzlich Tränen über ihre bleichen Wangen liefen. Josi setzte sich neben sie und hielt ihre Hand.

„Es wird schon gut gehen. Onkel Johann meint es bestimmt gut mit dir. Hier wird es dir an nichts fehlen."

Es dauerte eine Weile, bis sich Anna beruhigte, mit dem Ärmel die Tränen abwischte und aufstand.

„Los, lass uns eine Zaine holen, damit wir Maries Schrank räumen können. Johann kann ihre Sachen bestimmt nicht tragen. Ich brauche Platz für *meine* Kleider, wenn ich *Frau Gisler* bin."

Am nächsten Tag besuchten Johann und Anna den Pfarrer, um mit ihm die Hochzeit zu besprechen. Der Weg war nicht weit. Der uralte, verwitterte Pfarrhof war eines der ältesten Gebäude im Dorf, ein etwas windschiefer Bohlenbau mit Butzenfenstern. An der Hausfassade trotzten zwei Apfelbäume dem rauen Klima. Anna war noch nie im Inneren gewesen. Dazu hatte sie keinen Anlass gehabt. So bewunderte sie in der Stube das mit Schnitzereien prächtig verzierte Büffet. Die Jahreszahl 1729 zeugte davon, dass es schon weit über 100 Jahre seinen Dienst tat und wohl schon so manches vernommen hatte, was die Dorfbewohner ihrem guten Hirten anvertrauten.

Johann händigte dem Priester Annas Taufpapiere sowie die Bestätigung von Maries Tod aus. Der hatte ihr Ehedokument vor sich liegen. Mit wichtiger Miene begann er mit dem Ausfüllen, die Feder erhoben, die beiden aufmerksam prüfend, notierte er jede Antwort gewissenhaft. Eigentliche Ehehindernisse gab es keine, da Anna bereits 16 Jahre alt war und eine Einwilligung ihres Vaters vorlag. Auch war sie mit Johann nicht blutsverwandt.

Das folgende Gespräch war unangenehm. Der Pfarrer fragte Anna ermahnend: „Die christliche Ehe dient der Gründung einer Familie. Bist du bereit, dich dem Johann hinzugeben und ihm Nachkommen zu gebären?"

„Ja."

„Wirst du die Kinder im katholischen Glauben erziehen?"

„Ja."

Nun folgten viele Fragen zur Bibel und zum Katechismus, die Anna alle ohne Zögern beantworten konnte.

Schließlich fragte der Pfarrer: „Die christliche Ehe besteht *für immer und ist unauflöslich*. Es gibt keine Möglichkeit sie zu scheiden. Anna Maria Elisabeth Jauch, bist du gewillt, dem Johann Franziskus Anton Gisler das Ja-Wort *für immer* zu geben?"

Juli 1864

Das Wetter war seit Tagen nass und kalt und machte an Annas speziellem Tag keine Ausnahme, im Gegenteil. Seit dem frühen Morgen regnete es in Strömen. Der Weg zur Kirche war matschig mit tiefen Pfützen. Beinahe wäre sie ausgerutscht. Sie hatte ihr neues, schwarzes Sonntagskleid, das ihr ihre Mutter geschickt hatte, unter einem dicken Wollschal verstecken müssen, um in der Kirche nicht zu frieren. Ihre sorgfältig hoch gesteckte Frisur und der darauf befestigte Brautkranz waren durch die Feuchtigkeit unansehnlich geworden. Der Schleier klebte im Gesicht. Sie war wahrlich keine strahlende Braut, als sie in sich zusammengesunken vor dem Altar kniete. Johann an ihrer Seite blieb indes gerade aufgerichtet, als wolle er der Dorfgemeinschaft zeigen, dass sich für ihn das Blatt zum Guten wendete. Neben ihm, dem angesehenen

Dorfvogt, schien Anna ein Kind, die eher die ältere Schwester als die Mutter der drei Halbwaisen war.

Josi hielt Agi fest auf ihrem Schoss, damit sie nicht quengelte und den Gottesdienst störte. Neben ihr hockte Babette, eingefallen und verloren, spielte mit ihren Fingern und verfolgte mit ausdruckslosem Gesicht das Geschehen, als ob sie alles nichts anginge. Wie sollte sie verstehen, dass Anna, die nur acht Jahre älter als sie selbst war, nun zu ihrer Mutter würde? Ihre Mutter war tot, würde nie zurückkehren, und Anna konnte *niemals* ihre Mutter sein. Anna war die Magd. Anna war fremd und ganz weit weg, dort vorne, vor dem Altar, neben ihrem Vater, der so anders war seit Mutters Tod. Babette wollte das nicht. Sie wollte ihre Mutter zurückhaben. Sie verbot sich zu weinen. Sie musste jetzt stark sein. *Sie* musste ihren Geschwistern etwas Halt geben.

Auf der Männerseite saß der kleine Johann verstört zwischen seinem Großvater und seinem Onkel. Er beobachtete seinen Vater, der fest entschlossen und hoch aufgerichtet zum Altar schritt. Der Junge erinnerte sich an den Schock, als der Vater den Kindern mitteilte, Anna werde ihre neue Mutter. Wie konnte das sein? Die Mutter war tot. Er hatte sie gesehen, wie sie im Sarg lag, hatte die Kerzen in ihren Händen ausgeblasen. Anna war nicht seine Mutter. Er hatte keine Mutter mehr. Er war allein, musste von jetzt an auf sich selbst gestellt durchs Leben gehen.

Anna war nett, ja, aber klein und schwach. Johann sehnte sich nach der breiten Brust seiner Mutter, in die er so schön versinken konnte, wenn er sich traurig fühlte, die Mutter, die ihre großen, kräftigen Hände über ihn hielt, ihm über den Kopf strich und ihn tröstete. Bei Anna fühlte er sich nicht geborgen. Die war nicht weich, die fühlte sich hart und knochig an. Sie war so schmächtig, wie könnte sie ihn halten? Wie könnte er ihr vertrauen? Sie war selbst unsicher, wusste nicht, wie sie den Kindern begegnen und wie sie deren Schmerz lindern sollte, und zögerte darum, den kleinen Johann in ihre Arme zu schließen.

Josi spürte, wie ihr Herz bis zum Hals klopfte, als sich Johann und Anna das Ja-Wort gaben. Es war ein festes, bestimmtes Ja von Johann und ein dünnes von Anna. Sie schob ihren Schleier hoch und lächelte Johann unsicher an.

Angst kroch in Josi hoch, Angst, eines Tages selbst so klein und hilflos einem Mann angetraut zu werden. *Mädchen werden geheiratet*, schoss es ihr durch den Kopf. Und sie müssen froh darüber sein, denn erst durch die Heirat wird ein Mädchen eine Frau. Doch das fühlte sich falsch an. Anna blieb schmächtig und klein. Es geschah nichts Magisches, nichts, das irgendwie den Moment besonders gemacht hätte. Das Ja-Wort hatte sie in keiner Weise verändert, aber es veränderte Annas Leben.

Nach dem Gottesdienst gab es kein eigentliches Fest. Johanns Verwandte aus dem Isenthal waren zu einem Essen eingeladen, das Josi mit Tante Anna und zwei weiteren Frauen aus dem Dorf am Tag zuvor vorbereitet hatte. Annas Eltern waren nicht gekommen. Zu weit und zu beschwerlich war für sie der Weg von Altdorf. So saß Anna etwas verloren unter den Gästen. Es wollte keine Jubelstimmung aufkommen.

Nach dem ausgiebigen Mahl verabschiedeten sich die Verwandten bald. Viele hatten einen weiten Heimweg und Vieh wartete im Stall. Mit einem warmen Händedruck sagte Johanns Mutter zu Anna: „Willkommen in der Familie, liebe Anna. Du darfst mich jetzt *Mutter* nennen. Denke immer daran, der Johann will dir nichts Böses. Gib dich ihm einfach hin und unterstütze ihn nach Kräften, auch wenn es am Anfang ungewohnt ist. Vertraue ihm. Bald werdet ihr euch aneinander gewöhnt haben."

Anna verstand die Worte der Schwiegermutter nicht wirklich. Während des Essens war sie meist stumm geblieben und kämpfte mit den unterschiedlichsten Gefühlen. Sie war nun *für immer* Johanns angetraute Frau.

Am nächsten Morgen trat Anna in die Küche, wo Josi bereits das Frühstück zubereitete. Bleich und verstört wirkte sie, wich dem Blick ihrer Freundin aus. Sie hatte sich nur unsorgfältig angezogen, die Haare hingen ihr noch wirr ins Gesicht. Irgendetwas stimmte nicht mit ihr. Leicht taumelnd, hielt sie sich zitternd an der Tischkante, bevor sie sich mit hängendem Kopf auf einen Hocker fallen ließ.

„Jesses Maria und Sankt Josef, was ist mit dir? Du siehst aus, als sei dir ein Gespenst begegnet!"

Anna antwortete nicht. Stattdessen drängten Tränen unter ihren gesenkten Wimpern hervor. Nach einer langen Weile schluchzte sie: „Es ist nicht schön, verheiratet zu sein. Er ist schwer. Es tut so weh."

Josi ging auf Anna zu und legte ihr den Arm um die Schulter, strich ihr sanft über die Wange, wie sie es bei einem Kind getan hätte. Sie bemerkte blaue Flecken am Hals, wusste nicht, was dies zu bedeuten hatte. Eine Weile lang schwieg sie, hielt bloß die zitternde Freundin im Arm. Schließlich schob sie ihr eine Tasse Kaffee hin, doch Anna saß da, teilnahmslos und müde. Sie ließ denn Kopf noch tiefer hängen und wiederholte leise: „Es ist nicht schön, verheiratet zu sein."

Hilflos suchte Josi nach einer Idee, wie sie Anna beistehen könnte. Sie wusste nicht, was sie tun sollte, weil sie noch nie etwas Ähnliches erlebt hatte. Johann rufen? Der hatte am Abend zuvor reichlich getrunken. Er wollte bestimmt schlafen und interessierte sich nicht für *Weiberkram* so früh am Morgen. Die Tante? Die wohnte zu weit weg. Endlich fragte sie: „Soll ich die Großmutter rufen?"

Anna schüttelte den Kopf. Sie mochte nicht reden. Sie wollte nur Ruhe, schlang die Arme um sich, um sich selbst zu beruhigen.

„Komm, ich helfe dir", forderte Josi dann ihre Freundin auf. Sie zog die Pfannen vom Feuer, goss anschließend warmes Wasser aus dem Schiff in einen Krug und führte Anna sanft aus der Küche hinauf in ihr Zimmer. Nachdem sich Anna auf den Bettrand gesetzt hatte, griff Josi nach Kamm und Bürste. Sie öffnete die Zöpfchen der Hochzeitsfrisur und begann das dunkelblonde Haar auszubürsten. Bald spürte sie, wie die Anspannung unter ihren streichenden Händen allmählich nachließ.

Nachdem sie die Haare neu frisiert hatte, goss sie vom warmen Wasser in die Waschschüssel, um den Schwamm darin zu netzen. „Magst du dich selbst etwas waschen oder soll ich es für dich tun?"

Gleichgültig hob Anna den Rocksaum, nestelte ihre Unterhose auf und griff zum feuchten Schwamm. Josi bemerkte getrocknetes Blut am Oberschenkel, das ihre Freundin abwischte. Sie reichte ihr ein Handtuch, stellte aber keine weiteren Fragen.

Nach einigen Tagen veränderte sich Anna allmählich. Es kehrte etwas Farbe in ihr Gesicht zurück und sie wirkte nicht mehr ganz so verstört. Josi war deswegen nur wenig beruhigt. Etwas musste mit ihrer Freundin geschehen sein, etwas Unheimliches. Josi war froh, wenn sie nichts Genaueres darüber wusste. Es war etwas aus der Welt der Erwachsenen, das ihr Furcht einflößte.

Annas Mund hatte in den letzten Tagen einen Zug bekommen, der zuvor nicht dort gewesen war. Es war ein bitterer Zug, der sie um Jahre älter machte. Sie war in diesen Tagen noch schweigsamer als sonst und war froh, dass sich Josi um die Kinder kümmerte. Das ließ ihr Zeit, sich an ihre neue Rolle zu gewöhnen, was aber alles andere als einfach war. Mit einem Mal erinnerte sie sich an die Worte der Großmutter: *am Anfang einer Ehe ist es nie leicht. Du musst dich erst daran gewöhnen, was es heißt, verheiratet zu sein. Am Anfang ist es schwierig, immer.*

Ein wenig vermochten sie die Worte ihrer Schwiegermutter zu beruhigen. Sie wusste nun, dass es wohl den meisten Frauen so erging.

August 1864

Josi staunte nicht schlecht, als sie die angemeldeten Gäste aus Zürich von weitem kommen sah. Allen voran schritt nämlich eine Dame in langem Wollrock, den schweren Rucksack auf dem Rücken, genau wie ihre männlichen Begleiter. Der Bergstock mit einer Eisenspitze überragte gar die Feder auf ihrem breiten Strohhut. Eine junge Frau, die allein mit vier Männern unterwegs war, das war sehr ungewöhnlich. Noch dazu in den Bergen, und mit dem Wunsch, den Uri Rotstock zu bezwingen, diesen höchsten Gipfel der Region. Gefährlich war das, weil man den Gletscher queren musste. *Ob Onkel Sepp wohl wusste, dass er ein Fräulein auf den Gipfel führen würde? Was mochte er davon halten? Ob er sie überhaupt mitnehmen würde?*

Josi blinzelte, um sicher zu sein, dass sie sich nicht täuschte. Doch es gab keinen Zweifel. Wer als erste beim Gasthaus anlangte, war Fräulein Tobler, wie sie sich selbst ausgelassen vorstellte.

Als Josi die Gäste zu ihren Zimmern begleitet, glaubte sie kaum ihren Augen. Denn auf der Treppe bemerkte sie, wie ein ganz und gar ungewöhnliches Kleidungsstück unter dem Saum hervorlugte. Verborgen unter ihren Röcken trug Fräulein Tobler nämlich eine *Pumphose. Eine Frau in Hosen!* Das war ungeheuerlich, unschicklich, wie ihre Mutter sagen würde, auch wenn das Beinkleid unter den Röcken versteckt war. Sogleich beneidete sie Josi um dieses praktische Kleidungsstück. Von so etwas hatte sie immer geträumt. Wie hätte es ihr das Rennen erleichtert oder das Klettern auf ihren geliebten Nussbaum. Doch beides schickte sich nicht für ein Mädchen und darum durfte sie auch keine bequemen Kleider tragen. Das Fräulein bemerkte Josis unverhohlene Neugier.

„Falls ich klettern muss, kann ich meine Röcke ausziehen und bin immer noch anständig bekleidet. An manchen Stellen ist es in den Bergen sonst einfach zu gefährlich. Es wird doch an der Zeit, dass wir Alpinistinnen uns angemessen kleiden dürfen, findest du nicht?"

Josi antwortete nicht. Sie führte die Gäste zu den beiden Zimmern, von denen natürlich eines das Fräulein bekam.

„Verzeihen Sie, zwei von Ihnen müssen mit dem Strohlager unter dem Dach Vorlieb nehmen. Wir haben es heute Morgen mit einem frischen Laken bezogen. Oder soll ich meine Tante fragen? Sie vermietet ebenfalls Fremdenzimmer. Dort hätten sie Betten."

„Wo denken Sie hin? Wir wollen uns doch die Gelegenheit nicht nehmen lassen, uns von so einem hübschen Fräulein bedienen zu lassen." Dazu schnalzte Herr Zellweger anzüglich. Die anderen Herren lachten und beteuerten, das Strohlager gehöre für sie zur Bergromantik. Bequeme Betten hätten sie zuhause. Josi zeigte ihnen daher ihre Schlafgelegenheit und kehrte zu Fräulein Tobler zurück, um sie nach allfälligen Wünschen zu fragen.

Die fremde Dame wirkte so voller Energie, dass Josi sie auf Anhieb mochte. Noch nie hatte sie eine junge Frau getroffen, die ganz selbstverständlich gegen alles verstieß, was Josi bis jetzt über das Benehmen von unverheirateten Frauen gelernt hatte. Frauen stiegen nicht auf Berge, sie reisten nicht allein in Begleitung mehrerer Herren, sie sprachen nicht als erste in Gesellschaft. Frauen blieben zuhause, während den Männern die Welt offenstand. So war das. Die Mutter, und mehr noch die Schulschwester, wurden nicht müde, solche Grundsätze pausenlos zu wiederholen.

Wie auch immer, solche Regeln schienen Fräulein Tobler nicht zu kümmern. Im Gegenteil, sie war äußerst vergnügt, lachte ein perlendes Lachen, strahlte übers ganze Gesicht und wiederholte mehrmals: „Ich kann es kaum glauben. Wir sind wirklich hier, und ich werde auf den

Uri Rotstock steigen! Das habe ich mir immer gewünscht, seit mir mein Großonkel das erste Mal davon erzählte. Er war bei der Erstbesteigung dabei, musst du wissen. Stell dir das Gefühl vor, zum ersten Mal auf einem Gipfel zu stehen, den noch nie zuvor ein Mensch erreicht hat, und damit Geschichte zu schreiben! Und nun werde ich *als erste Frau* dort hinaufsteigen. Das ist unglaublich!"

„Ist es nicht entsetzlich weit bis zum Gipfel?", entfuhr es Josi. Sogleich schalt sie sich selbst für ihre Neugier. Doch Fräulein Tobler schien dies nicht zu stören. Im Gegenteil. Nur allzu gerne erzählte sie vom bevorstehenden Abenteuer.

„Natürlich ist es weit. Aber das zählt nicht. Ich bin gut in Form. Ich war im Berner Oberland auch schon auf einigen Gipfeln, die sogar noch höher waren als dieser hier. Die Schwierigkeit hinaufzusteigen ist nicht wichtig. Es zählt nur, wenn du oben angelangt bist und die Aussicht genießt. Die Welt unter dir ist klein und bedeutungslos. Du bist umgeben von tausenden von Berggipfeln. Nichts behindert deine Sicht. Du fühlst dich frei und ungebunden. Das Erlebnis gehört dir und niemand kann es dir streitig machen. Es gibt keine Worte, um das Glücksgefühl zu beschreiben. Das lässt dich alle Mühen sofort vergessen, glaube mir."

Josi dachte an die Pause auf dem Weg ins Tal, als sie zum ersten Mal die Aussicht auf den Urnersee genossen hatte. Sie ahnte, was Fräulein Tobler meinte, wenn sie von einem Glücksgefühl sprach, davon, sich frei und unbehindert zu fühlen. Wie sehr hatte sie diesen ungewohnten Blick in die Ferne genossen, der in ihr eine Sehnsucht ausgelöst hatte. Sie fasste sich darum ein Herz.

„Darf ich Sie etwas fragen?"

„Aber natürlich, nur zu. Was immer du wissen willst."

„Wieso kommen Sie ausgerechnet hierher, ins Isenthal? Es gibt doch so viel bekanntere Orte, die Sie besuchen könnten und höhere Berge?"

„Weißt du, mein Kind, die Städte sind mittlerweile so laut geworden, dass ich mich nach der reinen Natur sehne. Gerade deswegen komme ich hierher, gerade *weil* dieses Tal nicht so bekannt ist. Schau, ich möchte dir etwas zeigen, was ich für deinen Onkel mitgebracht habe." Bei diesen Worten kramte sie in ihrem Rucksack. Sie zog daraus eine sorgsam gefaltete Zeitschrift. *Die Gartenlaube** entzifferte Josi die mit Blumen umrankte Überschrift. Darunter sah sie Männer und Frauen an einem Tische sitzend. *Illustriertes Familienblatt* stand da noch. Fräulein Tobler blätterte etwas und schlug die Schrift an einer Stelle auf, die das Bild einer Schlucht zeigte.

„Aber das ist doch...", rief Josi erstaunt.

„Genau. Das ist der Eingang ins Isenthal. Der Artikel berichtet unter anderem davon, wie das Holz von hier hinunter zum See kommt."

„Das habe ich gesehen. Mein Vater hat mir alles erklärt, weil ein großer Teil des Holzes von seinen Brüdern geschlagen wird. Er kauft es ihnen ab und handelt damit."

„Hier wird nicht nur über das Holz geschrieben, sondern auch über die wunderschönen, noch wenig bekannten Berge, weil an anderen Orten bereits ein großer Rummel herrscht. Ich möchte dir etwas vorlesen, was mich köstlich amüsiert hat. Soll ich?"

„Ja gerne." Josi setzte sich auf einen Hocker. Sie genoss die Abwechslung sehr. Fräulein Tobler las aus dem Heft vor, wie jedes Jahr tausende Menschen in die Berge strömten, weil sie dort die reine Natur zu finden hofften. *„Doch dies ist nicht so leicht, als man glaubt, denn überall, wohin der Strom der Reisenden sich wälzt, folgt ihm auch jener blasierte Komfort, und macht sich in wohl eingerichteten Hotels und bengelhaften Kellnern breit. So ist es gekommen, dass viele Routen der Schweiz, dem Naturfreunde nachgerade ganz verleidet worden sind, jene 'Gänsestriche' nach Karl Vogt, auf denen während der Reisezeit die Schar der Touristen sich bewegt, immer denselben Weg einschlagend und verfolgend, bis der 'rote Bädeker*' in der*

Hand ihnen zuruft: 'Nun ist's Zeit zu halten, hier muss Das und Jenes bewundert werden', und alle auch gut gedrillt wie auf Kommando ihren Empfindungen im bewundernden Ach und O Ausdruck geben. Zieh nur, lieber Leser, und bald wird es Dir an den überfüllten, durch telegraphische Depesche bestellten Zimmern des Hotels, ihren in mehreren Sprachen konversierenden Kellnern, den unverschämten Gasthofsrechnungen, den an verschiedenen Punkten aufgestellten, den Kuhreihen blasenden Schweizerbengeln und dem für jede Kleinigkeit unverschämt forderndem Gesindel zur Genüge klar werden, dass Du auf einen 'Gänsestrich' geraten bist."

„Das Buch von Bädeker kenne ich. Wir besitzen es sogar selbst", unterbrach nun Josi. „Es ist wahr, sehr viele Leute reisen mit diesem Buch im Gepäck."

„Wie, du besitzt es? Und wer ist wir?"

So erzählte Josi, wie sie und Käthi zu dem Buch gekommen waren und wie es ihnen das Lesen beibrachte. Fräulein Tobler lachte wieder einmal hell auf.

„Du gefällst mir. So ist es richtig. Wenn man dir nichts Gescheites zum Lesen gibt, dann besorgst du es dir eben selbst." Dann fuhr sie mit dem Artikel fort: „*Willst Du aber auf einige Zeit der Gesellschaft und ihrem Treiben den Rücken kehren, Dich dem unverfälschten Naturgenusse ungestört hingeben, die Alpenwelt in ihrer ganzen Herrlichkeit und Erhabenheit genießen, ihre Bewohner in ureigener Einfachheit und Sitte kennen und lieben lernen, so vermeide alle jene Gänsestriche, gehe in die Zentralschweiz, dringe in die Seitentäler ein und Du wirst Freude an Land und Leuten haben. Es finden sich noch verhältnismäßig wenig Fremde hier, darum ist auch noch alles natürlich und frisch, von Überkultur unberührt.*"

Fräulein Tobler unterbrach hier ihre Lektüre und meinte lächelnd: „Genau deswegen komme ich hierher und genau deswegen lieben die Herren, die mich begleiten, die Unterkunft im Strohlager. Dieses Gasthaus hier ist einfach. Wenn ich Luxus wollte, brauchte ich nicht hierher zu kommen. Und wo Luxus ist, hat es viele Leute, die viel Lärm machen, aber die Natur nicht empfinden. Hier gibt es das Ursprüngliche zu entdecken. Darauf freue ich mich."

„Danke, dass Sie mir das vorgelesen haben. Sie müssen den Artikel auch Onkel Johann zeigen."

„Genau deswegen habe ich ihn mitgebracht. Ich dachte, dass es ihn und seinen Bruder interessieren wird, was in Deutschland über dieses Tal berichtet wird. Sicher werden bald mehr Alpinisten den Weg in euer Gasthaus finden."

Am Abend kam Onkel Sepp auf ein Bier ins Gasthaus. Er wollte die Leute kennenlernen, die er auf den Gipfel führen würde. Wie erwartet, war er ganz und gar nicht erfreut, dass eine junge Dame die Gruppe begleitete.

„Wie soll das gehen? Ein Weibervolk will auf den Gipfel? Das sind ja ganz neue Sitten. Hier gibt es keine Träger wie auf der Rigi*. Hier müssen sie selbst hochsteigen, jeden einzelnen Schritt. Das ist zu weit und zu anstrengend für ein Weib. Und überhaupt, hat es das noch nie gegeben. Nein, das kommt überhaupt nicht in Frage."

Fräulein Tobler hatte mit diesem Einwand gerechnet. Es war nicht das erste Mal, dass ein Führer sie nicht mitnehmen wollte, bloß, weil sie eine Frau war.

„Seien Sie unbesorgt. Ich wandere, seit ich ein Kind bin. Übrigens, mein Großonkel war mit ihrem Vater und mit Heinrich Zeller-Horner* bei der Erstbesteigung des Uri Rotstocks dabei. Er hat mir oft davon erzählt. Ich kenne auch das Relief von Herrn Zeller und habe mir die Route gut eingeprägt. Ich war schon im Berner Oberland und im Wallis und dort auf verschiedenen Touren. Ich werde den Aufstieg bestimmt schaffen."

„Hoffen wir mal, dass das stimmt. Noch nie ist ein Weib auf dem Uri Rotstock gewesen", murrte er.

„Ich weiß, genau das reizt mich ja. Es wird an der Zeit, dass wir Frauen auch auf Berge steigen. Die erste Frau auf dem Gipfel! Und Sie können sich rühmen, mich begleitet zu haben. Sie werden in die Geschichtsbücher eingehen." Sie lachte herzlich und hatte ihn schließlich umgestimmt.

Doch die Wandergruppe musste sich gedulden. Das Wetter war seit Wochen nass und kalt gewesen. Erst seit zwei Tagen wagte sich die Sonne wieder hervor und verwandelte das Tal, zauberte Farbe in das ungemütliche Grau. Aber in den Bergen hatte es oft geschneit. Deswegen lag noch viel zu viel Schnee, was die Tour zu gefährlich machte. Onkel Sepp ließ sich nicht drängen. Die Gesichter der Unterländer waren entsprechend enttäuscht. Doch, was blieb ihnen anderes übrig, als sich den Anweisungen des Führers zu fügen? Sie wollten schließlich ihr Leben nicht aufs Spiel setzen.

Am nächsten Nachmittag saß Josi in der Küche beim Kartoffelschälen, als Fräulein Tobler die Tür einen Spalt weit öffnete.

„Darf ich dir Gesellschaft leisten? Mir ist langweilig ganz allein. Die Herren spielen Karten."

„Ja gerne. Setzen Sie sich an den Tisch. Möchten Sie ein Schwarzes?"

„Ein Schwarzes?"

„Kaffee. Den nennt man hier so. Ich habe aber nur Kaffee ohne Schnaps, wenn Ihnen das recht ist."

„Ja gerne."

„Musst du nicht zur Schule?"

„Im Sommer ist keine Schule und ich habe sie vor ein paar Monaten sowieso beendet. Nun bin ich hier, damit ich Onkel Johann aushelfen kann. Seine Frau ist vor zwei Monaten gestorben. Er brauchte Unterstützung. Darum verbringe ich den Sommer hier."

„Und dann? Wirst du im Herbst die Sekundarschule besuchen?"

„Das würde ich gerne, aber die ist nicht für Mädchen. Nur für Buben. Im Herbst muss ich in die Repetierschule. Aber die ist bestimmt nur langweilig. Da bleibe ich wahrscheinlich besser zuhause."

„Das kann doch nicht wahr sein! Möchtest du nicht noch weiter zur Schule und mehr lernen?"

„Ich möchte schon, aber ich kann nicht."

„Bist du nicht gut genug?"

„Doch, doch."

„Warum kannst du dann nicht?"

„Mädchen brauchen keine Schule, die werden geheiratet. Der Vater braucht das Geld für die Buben. Die müssen einen Beruf lernen."

„Wie bitte?"

„Ich müsste weit weg in ein Institut*, ins Welschland* oder ins Tessin, um länger zur Schule zu gehen. Im Kanton Uri gibt es keine Schulen für Mädchen. Ein Institut ist sehr teuer. Mein Vater findet, das lohne sich nicht für mich. Ich könne ja schon recht gut kochen und so. Das ist alles, was ein Mädchen können muss."

„Und du? Was möchtest du? Möchtest du keinen Beruf erlernen?"

Das hatte sich Josi noch nie überlegt, weil noch nie jemand diese Frage an sie gerichtet hatte. Nach einigem Zögern zuckte sie mit den Schultern und antwortete niedergeschlagen: „Ich werde wohl heiraten. Was denn sonst? Frauen brauchen einen Mann, der Geld verdient und für die Familie sorgt. Sie sind nicht fähig zu arbeiten und Geld zu verdienen. Das ist nun mal so."

„Das stimmt doch nicht. Schau mich an. Ich bin nicht verheiratet und werde das so bald auch nicht sein. Und weißt du was? In Zürich studiert jetzt die erste Frau an der Universität! Ich hoffe, dass ihr bald sehr viele folgen werden. Merk dir das! Wir Frauen sind genauso klug wie die Männer, wenn nicht sogar noch klüger." Sie lachte.

„An der Universität? Wie kann sie dort studieren, wenn es keine Schule für Mädchen gibt?"

„Sie stammt aus Russland. Dort hat sie wohl eine entsprechende Ausbildung erhalten. Sie will Ärztin werden. Ist das nicht wunderbar?"

Josi traute ihren Ohren kaum. Eine Frau, die studierte, eine Frau, die Ärztin werden wollte, so etwas hatte sie noch nie gehört. In Flüelen würde eine solche Frau von allen beschimpft und verspottet. Es war unvorstellbar. Für sie kam so etwas ganz bestimmt nicht in Frage. Doch sie wollte mehr wissen von der außergewöhnlichen jungen Frau aus Zürich.

„Leben Sie noch bei Ihren Eltern?"

„Nein, ich habe eine eigene kleine Wohnung in Zürich."

„Sind Sie so reich? Woher haben Sie das Geld ohne Mann?" Josi hatte ganz vergessen, dass es sich nicht gehörte, solche Fragen an Erwachsene zu richten, so sehr war sie von dem Gespräch gefangen. Noch nie hatte eine Frau so lange und so ernsthaft mit ihr gesprochen, sie behandelt wie eine Erwachsene. Als sie bemerkte, was sie gesagt hatte, stieg ihr die Wärme ins Gesicht und sie senkte schnell ihren Blick, eine gehörige Schelte erwartend.

Fräulein Tobler hingegen lachte ihr perlendes Lachen. „Ach mein Kind, ich arbeite und verdiene mein Geld wie jeder andere. Das können wir Frauen auch."

„Wie machen Sie das denn? Frauen dürfen nicht arbeiten. Und wenn schon, dann brauchen sie einen Mann, der es ihnen erlaubt. Das sagen alle."

„Du darfst nicht alles glauben, was man dir sagt. Natürlich dürfen Frauen arbeiten. Man macht es uns nur nicht gerade einfach, das muss ich zugeben. Es sind viel zu wenige, die eine gute Arbeitsstelle haben oder gar einen eigenen Betrieb führen. Aber es gibt sie."

„Was arbeiten Sie?" Josis Neugier war erneut größer als ihre Schüchternheit.

„Ich arbeite im Betrieb meines Onkels. Er ist Seidenfabrikant. Dort arbeite ich im Büro. Ich bin Buchhalterin."

„Braucht es das, jemand der Bücher hält? Gibt es dazu nicht hölzerne Ständer?", platzte Josi heraus.

Wieder lachte Fräulein Tobler fröhlich auf. „Aber nein, mein Kind. Ich schreibe die Zahlen der Firma auf, was wir ausgeben und was wir einnehmen. Am Schluss rechne ich aus, wie viel wir verdient haben. Das nennt man Buchhaltung."

„Ach so. Das tue ich auch."

Nun war es an Fräulein Tobler verblüfft zu sein. „Wie meinst du das? Ich denke, du darfst nichts lernen?"

„Ich schreibe für meinen Vater auf, wie viel die Kunden bezahlt haben und was er den Lieferanten schuldet. Dann rechne ich aus, wie viel er verdient hat. Manchmal schreibe ich auch Briefe für ihn. Er schreibt nicht so gerne."

„Wie alt bist du?" Fräulein Tobler kam aus dem Staunen nicht heraus. Sie konnte kaum glauben, was sie eben gehört hatte.

„Ich bin elf. Im nächsten Januar werde ich zwölf. Rechnen kann ich schon lange. Das ist ganz einfach."

„Wer hat dir beigebracht, wie man Bücher führt, ich meine, wie man die Zahlen aufschreibt und die Summen ausrechnet?"

„Mein Vater. Ich helfe ihm oft mit den schriftlichen Arbeiten, wenn ich nicht der Mutter mit den Kindern helfe. Ich habe sieben Geschwister. Das gibt eine Menge Arbeit. Hier im Isenthal ist es schön. Es ist viel einfacher und ich muss viel weniger arbeiten als zuhause. Außerdem lerne ich auch viel Neues in einem Gasthaus."

„Erzählst du mir mehr vom Geschäft deines Vaters?"

Nun lachte auch Josi. Stolz erzählte sie von den unterschiedlichen Arten von Holz. Es bereitete ihr sichtlich Freude, Fräulein Tobler alles zu erzählen, was sie gelernt hatte. Ein großer Teil gehe direkt aus dem waldreichen Isenthal zur Glaserei in Hergiswil. Anderes Holz werde zum Bauen verwendet, nicht nur für Häuser, sondern auch für den Bau von Straßen und vor allem von Brücken. Aus dem teuersten Holz entstünden hingegen Musikinstrumente. Josi wusste auch, dass mit dem *Handel* von Holz mehr zu verdienen war als mit dem Sägen allein. Sie erzählte von unterschiedlichen Preisen für unterschiedliche Qualitäten und Mengen, von Angebot und Nachfrage.

„Donnerwetter, du bist ja eine Expertin auf deinem Gebiet", bemerkte Fräulein Tobler, nachdem Josi geendet hatte.

„Ich würde gerne noch mehr lernen. Ich rechne sehr gerne."

„Weißt du was? Ich habe zuhause ein Buch, das ich nicht mehr brauche. Es wird dir helfen, mehr über die Buchführung zu erfahren. Möchtest du es haben?"

Josis strahlendes Gesicht fiel in sich zusammen. „Ich möchte schon, aber ich habe kein Geld für ein Buch."

„Ich weiß, mein Kind, darum würde ich dir das Buch gerne schenken. Ich bin sicher, dass du daraus viel lernen kannst."

„Ist das Ihr Ernst? Das wäre wunderbar. Dann werde ich auch Buchhalterin. Das mache ich viel lieber als Kinder hüten, kochen oder Gartenarbeit." Josis Strahlen fiel erneut in sich zusammen: „Aber bitte, senden Sie es mir hierher. Wenn mein Bruder Klaus es in die Finger bekommt, würde er es mir wegnehmen oder zerstören. Das will ich nicht."

„Ist in Ordnung. Du bleibst ja noch eine Weile hier."

„Bis Anfang Oktober."

„Und zum Dank berichtest du mir, wie es dir geht!"

„Gerne. Vielen, vielen Dank."

„Wo ist denn übrigens deine Freundin? Muss sie dir nicht mit dem Kochen helfen?"

„Sie ist nicht meine Freundin, das heißt, sie ist es schon, aber sie ist die Wirtin", kicherte Josi. „Sie ist seit kurzem Onkel Johanns Frau und somit auch meine Tante."

„Oh, sie ist noch so jung."

„Heute fühlt sie sich nicht besonders wohl. Darum vertrete ich sie hier alleine."

Als ob sie gehört hätte, dass von ihr gesprochen wurde, betrat Anna die Küche. Sie wirkte entsetzlich blass.

„Geht es dir besser?", fragte Josi. „Ich habe Fräulein Tobler eben erzählt, dass du die Meisterin bist."

Anna nickte nur kurz in die Richtung des Gastes. „Wo sind die Kinder?"

„Ich habe sie zur Großmutter gebracht, damit du dich etwas ausruhen kannst."

„Das ist gut. Danke dir. Ich muss mir den Magen verdorben haben. Mir ist so entsetzlich übel." Sie füllte ein Glas mit Wasser und setzte sich zu den anderen beiden an den Tisch. „Gut, dass es nur mich getroffen hat. Nicht auszudenken, wenn sich unsere Gäste auch angesteckt hätten."

Fräulein Tobler musterte sie aufmerksam. „Wenn sie mir eine Bemerkung erlauben, Frau Gisler, ich glaube nicht, dass Sie sich den Magen verdorben haben."

„Nicht? Was sollte es denn sonst sein? Doch nichts Ernstes? Kennen Sie sich aus in medizinischen Dingen?" Anna wirkte alarmiert.

„Kommt es öfter vor, dass Ihnen übel ist?"

„Seit einigen Tagen, ja. Ich fühle mich auch sehr müde."

„Verehrtes Fräulein, Entschuldigung, Frau Gisler meine ich natürlich. Ich vermute, sie haben nichts im Magen, sondern sie tragen etwas unter dem Herzen. Das kommt bei verheirateten Frauen schon mal vor, zumal wenn sie so jung und hübsch sind wie Sie. Ich rate Ihnen dringend, sie sollten die Hebamme besuchen."

„Die Hebamme? Wieso denn das?"

„Und du, Josi, solltest sie begleiten, damit du erfährst, warum sich Frau Gisler unwohl fühlt. Ich finde, junge Mädchen sollten darüber Bescheid wissen. Ich kann einfach nicht verstehen, weshalb niemand darüber spricht."

Die beiden Mädchen tauschten einen fragenden Blick.

ଓ

„Warum wolltest du mich sehen, Anna?" Die Hebamme musterte die beiden Mädchen. Sie suchte mit dem Blick einer erfahrenen Frau bei Anna nach Anzeichen einer Schwangerschaft. War die Gesichtsfarbe verändert? Sassen die Augen etwas tiefer als gewöhnlich? Zeigten sich irgendwo Schwellungen?

„Mir ist dauernd übel und ich fühle mich müde und elend. Ich kann mich kaum um das Alltägliche kümmern. Ein Gast meinte, ich könnte etwas unter dem Herzen tragen und solle dich aufsuchen. Ich weiß aber nicht so recht, was sie damit meinte."

„Seit wann hast du diese Beschwerden?"

Anna errötete. „Sie traten kurz nach der Hochzeit zum ersten Mal auf."

„Hattest du seither deinen Monatsfluss?"

Wieder wagte Anna kaum eine Antwort zu geben. „Ich glaube nicht."

„Hat dich Johann nachts besucht?" Auf diese Frage nickte Anna nur, während sie Tränen bekämpfte.

„Es kann gut sein, dass du ein Kindlein unter dem Herzen trägst. Sicher werden wir es erst in ein paar Wochen wissen."

Anna war wie vom Blitz getroffen. „Wie? Was? Das kann doch nicht sein. Woher? Wieso ein Kindlein?"

„Doch, doch, das kann sehr wohl sein. Immerhin bist du seit über einem Monat verheiratet."

Anna schaute fragend von der Hebamme zu Josi und zurück. Sie wusste nicht, was das eben Gehörte zu bedeuten hatte.

„Wie ich sehe, hast du keine Ahnung, woher die kleinen Kinder kommen, stimmt's?"

Als die beiden Mädchen nickten, begann die Hebamme zu erklären. Sie schlug ein dickes Buch auf und zeigte ihnen Zeichnungen, beschrieb, was sich während der Schwangerschaft verändern würde und endete:

„Du bist nicht krank, Anna, aber du solltest bis zur Geburt sehr auf dich achten. Trinke keinen Alkohol, halte dich von Rauchern fern, gönne dir ab und zu etwas Ruhe. Hast du noch Fragen, Anna?"

Natürlich hatte Anna Fragen, wie auch nicht? Es war alles neu für sie. Doch wo sollte sie beginnen? In ihrem Kopf herrschte ein Durcheinander und in ihrem Herzen war der Tumult noch viel größer. Zudem genierte sie sich, diese Dinge auszusprechen. Das schickte sich einfach nicht. Niemand redete je darüber. Auch fühlte sie Panik aufsteigen. Sie, Anna, sollte ein eigenes Kind bekommen? Würde ihr Johann beistehen?

Josi kämpfte mit sich. Schließlich wagte sie schüchtern zu fragen: „Darf ich auch etwas fragen?"

„Ja natürlich."

„Wieso hat der liebe Gott die Mädchen nicht fertig gemacht?"

„Wie meinst du das? Nicht fertig? Wer erzählt denn so etwas?" Josi antwortete nicht, saß nur mit gesenktem Kopf da und fühlte sich entsetzlich.

„Mädchen und Jungen sind beide fertig und genau richtig, so wie sie sind. Sie sind nur *anders*. Frauen und Männer müssen sich vereinen, damit ein Kindlein entstehen kann. Aber nur die Frauen können Kinder gebären. Nur Frauen können *Leben schenken*."

Die Hebamme erklärte nun noch mehr. Nach einer Weile atmete Josi erleichtert auf. Wie ein Stein fiel die Angst von ihr ab, dass etwas mit ihr nicht stimmte, weil sie *nicht fertig* war, weil der Herrgott irgendetwas bei ihr vergessen hatte.

„Wisst ihr was, ihr zwei, ich habe hier ein Büchlein. Das könnt ihr ausleihen und es mir später wieder zurückbringen. Dann habt ihr bestimmt noch ein paar Fragen. Die beantworte ich euch gerne. Ich muss jetzt nämlich bald los. Hanni Arnold im Schluchen erwartet meinen Besuch."

Sie drückte den beiden ein Büchlein in die Hand. *Der Führer an den Hochzeitsaltar. Erfahrener Wegweiser für beide Geschlechter vor und nach ihrer Verheiratung. Von einem prakt. Arzte,* las Josi auf dem Einband. Sie bedankten sich und kehrten zurück zum Gasthaus.

Oktober 1864

Der Vater hatte keine Zeit Josi abzuholen. Toni, der Postbote, begleitete sie auf dem Nachhauseweg. Jeden Tag stieg er hinunter zum See, um die Post für das Dorf zu holen. Er kannte den Weg wie kein anderer. Murrend hatte er zugestimmt, das Mädchen in seine Obhut zu nehmen.

Wie anders jetzt alles war! Ein halbes Jahr war vergangen, seit sie mit ihrem Vater im Isenthal angekommen war. So viel Neues hatte sie erlebt.

Tante Maries Beerdigung, Annas Hochzeit, der Besuch der Gäste aus dem Unterland, die Bekanntschaft mit Fräulein Tobler und schließlich das Gespräch mit der Hebamme. Josi war in den paar Monaten schon fast erwachsen geworden.

Das Wandern bergab fiel leicht, auch wenn sie eine leise Wehmut befiel. Sie hatte die Menschen hier liebgewonnen und sie wusste nicht, wann sie sie das nächste Mal sehen würde. Von den Großeltern hatte sie sich am Abend zuvor verabschiedet. Anna stand winkend in der Tür. Wie sehr würde sie die Kameradin vermissen! Es war die einzige Vertraute, die sie je gehabt hatte. Auch die drei Kinder wollten sie nicht gehen lassen. Agi klammerte sich an sie, Johann rief *nicht weggehen* und Babette schenkte ihr ein rares Lächeln. Josis Herz schmerzte, als sie sich von den Kindern losriss, um entschlossen das Tal hinter sich zu lassen.

Am Abend zuvor hatte ihr Onkel Johann neben dem Geld für die Überfahrt ganze zehn Franken in die Hand gedrückt, um ihr für ihre Dienste zu danken. Ihr erstes eigenes Geld! Sie hatte es sorgfältig in ihre Wäsche gewickelt, um es ja nicht zu verlieren. Auch das Buch von Fräulein Tobler, in dem sie schon fleißig gelesen hatte, versteckte sie sorgsam in ihrem Rucksack. Obwohl das Tal eng und abgeschnitten war, hatte Josi hier etwas von dem erfahren, was draußen in der Welt vor sich ging. Es war wie ein Fenster, das sich geöffnet hatte und ihr neue Möglichkeiten offenbarte.

Die Herbstsonne tauchte die Gegend in ein goldenes Licht, die Wälder glänzten in den ersten bunten Farben, die Luft trug noch einen Hauch des abziehenden Sommers in sich. Jeder Schritt war ein Abschied, jeder Atemzug ließ Erinnerungen hochsteigen, jeder Blick schmerzte, weil ein Wiedersehen ungewiss war. Sie schwiegen. Josi kannte Toni kaum. Was sollte sie mit ihm sprechen? Er wollte nichts mit einem Mädchen zu tun haben.

Als sie den dunklen Wald betraten, schaute Josi ein letztes Mal zurück auf die Kirche, die sich hell von den Bäumen abzeichnete. Sie hing ihren Gedanken nach. *Wie würde das Leben zuhause sein?*

Nur kurz rasteten sie bei der Ruine, weil sie nicht außer Atem waren. Noch immer fand Josi den Ausblick atemberaubend, aber Toni drängte zur Eile. Er war nicht zu seinem Vergnügen unterwegs, war hier schon so oft gewesen, dass er nichts Besonderes empfand. Warum sich unnötig aufhalten? So nahm Josi nur einen kurzen Blick in sich auf und hoffte, ihn möglichst lange bewahren zu können.

Anders als bei ihrer Ankunft, wählten sie nun den steilen Weg hinunter zur Isleten*. An manchen Stellen waren sogar Leitern angebracht, um die Felsen zu überwinden. Wer nicht schwindelfrei war, konnte diesen Weg nicht bewältigen. Nun kam es Josi zugute, dass sie schon so oft auf den Nussbaum geklettert war. Behände überwand sie die Hindernisse, auch wenn sie sich Fräulein Toblers Hosen gewünscht hätte. Mehr als einmal drohte sie zu stolpern, weil ihr Rock zu lang war und sie darauf getreten war. Bei der Anlegestelle der Dampfboote verabschiedete sie sich von Toni.

In Flüelen begab sich Josi als erstes zum Hotel Ochsen. Sie musste unbedingt mit Käthi sprechen, ihr von den vielen aufregenden Neuigkeiten erzählen, die sie im Isenthal erfahren hatte. Sie betrat die Hotelhalle, wandte sich zur Réception und verlangte beim Portier nach Käthi.

„Bedaure, das Fräulein ist nicht da."

„Wann kommt sie zurück? Kann ich auf sie warten?"

„Bedaure, das wird kaum möglich sein."

„Was heißt das? Wo ist Käthi?" Josi spürte Panik in sich aufsteigen. Wo sollte Käthi sein? Sie war doch immer da, half den Eltern im Speisesaal oder in der Küche. Es bedeutete bestimmt nichts Gutes, wenn der Portier sie nicht holen konnte.

„Bedaure, dazu darf ich Ihnen keine Auskunft geben." Dann beugte er sich zu Josi hinunter und fügte flüsternd hinzu: „Aber ich soll Ihnen das hier von Fräulein Käthi geben. Sie sollen gut darauf achtgeben."

Josi nahm ein Päckchen an sich, das sorgfältig mit einer Hanfschnur zugebunden war.

„Bitte gehen Sie jetzt. Ich kann leider nichts für Sie tun."

Josi hielt das Päckchen fest umklammert, bis sie die letzten Häuser des Dorfes hinter sich gelassen hatte. Dann setzte sie sich an den Straßenrand, um in aller Ruhe den geheimnisvollen Inhalt zu untersuchen. Mit vor Aufregung zittrigen Fingern öffnete sie die Hanfschnur, die das steife Papier zusammenhielt. Noch bevor sie den beigefügten Brief las, entdeckte sie den roten Einband des Reiseführers von *Bädeker.* Was mochte dies bedeuten? In der krakeligen Handschrift ihrer Freundin las sie:

Liebe Josi

Es ist ganz furchtbar! Meine Eltern stecken mich in ein Institut im Welschland*, weil sie angeblich nur das Beste für mich wollen. Ich soll eine Ausbildung für die Hotellerie erhalten und einmal das Hotel übernehmen. Ich möchte dies nicht, aber wer fragt mich schon?*

Sie verbieten mir jeden weiteren Umgang mit dir, weil sie davon überzeugt sind, dass du einen schlechten Einfluss auf mich hast. Bitte versuche nicht, mich zu finden und schreibe mir nicht. Jeder Brief wird gelesen. Wenn sie herausfinden, dass ich dir geschrieben habe, gibt es gewaltigen Ärger.

Nimm unseren Schatz und hüte ihn, weil sie ihn mir bestimmt wegnehmen würden! Ich verspreche dir: Eines Tages komme ich zurück! Wir werden uns wiedersehen! Ganz bestimmt.

Pass gut auf dich auf!

Käthi

Die Mutter drückte Josi innig an sich, bevor sie sie auf Armeslänge vor sich hielt und sie eingehend musterte.

Nun war sie nach einem halben Jahr wieder zuhause. Sie atmete die gewohnten Gerüche von Äpfeln in der Bratröhre, von frischem Ziegenkäse und von Wäsche, die am Kachelofen trocknete. Es tat gut, wieder hier zu sein, auch wenn sie sich irgendwie fremd fühlte. Zu viel hatte sie erlebt, zu viel Neues gehört.

„Lass dich anschauen! Du bist gewachsen, Josi! Wie geht es dir? Ich bin so froh, dass du gesund zurückgekommen bist. Die Männer! Lassen ein Kind alleine so einen weiten Weg gehen! Wie können sie nur. Ach, ist es schön, dich endlich wieder hier zu haben." Und schon drückte sie Josi nochmals an sich, strich ihr übers Haar, tätschelte ihre Wange.

Josi musterte die Mutter ihrerseits. Sie schien einige Falten mehr im Gesicht zu haben, einige weitere graue Strähnen im Haar. Als Josi bemerkte, dass sich der Bauch bereits wieder wölbte, fragte sie: „Wann ist es denn soweit?"

Etwas irritiert antwortete die Mutter: „Wovon sprichst du?"

„Keine Angst, Mutter. Die Hebamme von Isenthal hat uns alles erklärt, weil Anna auch ein Kindlein erwartet." Sie fasste sanft an den kleinen Bauch unter Mutters Röcken. „Ich weiß jetzt, wie das geht. Wenn du möchtest, kann ich beim nächsten Mal zuhause bleiben und dir helfen."

Die Mutter seufzte, schockiert und erleichtert zugleich, dass sie vor Josi nun keine Geheimnisse mehr zu wahren brauchte. Schon rannte eine ganze Schar Kinder herbei, die ihre Schwester ebenfalls begrüßen wollten. Heiri, Willi und Maria umarmten Josi stürmisch, während Elisa und Wisi noch etwas fremdelten. Der Jüngste schlief in seinem Bettchen. Er war im Februar zur Welt gekommen und hatte sich in der Zwischenzeit in ein stattliches Kleinkind mit roten Backen verwandelt. Als ihn das Geschrei seiner Geschwister aufweckte, machte er lautstark auf sich aufmerksam. Josi hob ihn hoch, wiegte ihn sanft und begutachtete ihn: „Dich kenn ich ja kaum wieder, so groß bist du schon geworden!" Sie drückte ihm einen herzhaften Kuss auf die Stirne und reichte ihn der Mutter.

„Wo ist Klaus", fragte Josi wie beiläufig.

„Klaus wohnt jetzt während der Woche in Altdorf bei Tante Trini. Er besucht dort die Sekundarschule", antwortete die Mutter auf Josis suchenden Blick. Josi atmete vernehmlich auf. So blieb ihr noch eine Gnadenfrist, bis sie ihrem Bruder wieder begegnete.

„Du solltest auch wieder zur Schule. Der Pfarrer hat schon gefragt, ob du krank seist, weil du die letzte Woche gefehlt hast."

„Ach Mutter, muss ich wirklich in die Schule zurück? Es ist entsetzlich langweilig. Ich kann doch schon alles, was dort behandelt wird." Ohne nachzudenken hatte Josi gesprochen. Es gehörte sich nicht, der Mutter zu widersprechen oder gar die Schulschwester zu kritisieren.

„Untersteh dich! Die Schule ist Pflicht", wies die Mutter ihre Tochter sofort zurecht.

„Ich könnte dir zuhause helfen. Du hast immer so viel Arbeit."

„Fertig jetzt. Sei froh, dass du überhaupt zur Schule darfst."

„Ach, bitte Mutter, kann ich nicht auch in die Sekundarschule gehen? Das würde ich sehr gerne. Aber die Repetierschule..."

„Wie kommst du denn darauf? Woher kommen diese Flausen so plötzlich? Du weißt doch, dass die Sekundarschule nur für Knaben ist. An dir ist wirklich ein Bub verloren gegangen."

„Kann ich nicht wenigstens etwas lernen, was mich interessiert? Fräulein Tobler hat gesagt, dass man seine Kinder auch selbst unterrichten kann."

„So so, hat das Fräulein Tobler das gesagt! Wer auch immer das sein mag, dieses Fräulein kann sagen, was es will. Hier bestimmt der Vater und kein Fräulein, das uns gar nicht kennt."

Josi ließ nicht locker: „Ich habe im Amtsblatt gesehen, dass die Witwe Moretti Kurse in Italienisch und Französisch anbietet. *Das* würde mich interessieren. Heutzutage muss man doch Fremdsprachen können. Darf ich wenigstens einen solchen Kurs besuchen? Bitte, sage ja!"

Eigentlich war es nicht Josi, sondern Fräulein Tobler, die die Annonce gesehen hatte, als sie auf der Suche nach einer Lektüre das Amtsblatt durchblätterte. Sonst gab es nichts zu lesen in dem abgelegenen Tal. Sie hatte vorgeschlagen, solche Kurse anstelle der öden Repetierschule zu besuchen. Es sei nicht verboten, die Kinder selbst zu unterrichten oder sie unterrichten zu lassen. Pflicht sei einzig, sie in *irgendeine* Schule zu schicken. Nach Mutters Reaktion hielt es Josi für geraten, Fräulein Tobler nicht weiter zu erwähnen. Sie hatte damals den Text umgehend abgeschrieben, damit sie ihn ihren Eltern zeigen konnte. So suchte sie in ihrer Rocktasche nach dem Zettel und las ihn vor: *Unterricht. Eine gebildete Lehrerin wünscht im Französischen und Italienischen sowie in allen übrigen in die höheren wie niederen Schulen einschlagenden Fächern, ohne Unterschied von Personen und Alter, Privatunterricht zu erteilen. Witwe Moretti in Flüelen.*

„Das kostet doch viel zu viel."

„Vielleicht würde jemand anders ja auch mitmachen, dann könnten wir uns die Kosten teilen."

„Besprich das mit dem Vater."

Inzwischen hatte der Jüngste zu quengeln begonnen. Um ihn zu beruhigen wiegte ihn die Mutter und wandte sich dem Abendessen zu. Die übrigen Geschwister bestürmten Josi, sie möge erzählen, was sie alles erlebt habe. Also setzte sie sich in der Stube hin und begann zu berichten.

ᏹ

Erst nach dem Abendessen begleitete Josi ihren Vater in sein Kämmerlein bei der Säge. Vorsichtig nahm sie ein Büchlein aus ihrer Rocktasche und versuchte es heimlich ins Bücherregal zu stellen. Hier würde es Klaus ganz bestimmt nicht finden.

„Was hast du denn da?" Vaters Stimme klang viel zu laut und dröhnend. Josi zuckte zusammen. „Ähm..."

Der Vater nahm ihr das Buch aus der Hand und musterte den Einband. *Buchhaltung für den Handwerks- und Bauersmann, oder Kurze, gründliche Anleitung, wie der angehende Geschäftsmann in kurzer Zeit u. ohne viele Mühe e. genaue Einsicht in den Gang seines Geschäfts erlangen kann, zum Selbstunterricht und zum Gebrauch in höh. Volksschulen ..., bearbeitet von Christ. Friedr. Stötzner*

„Woher hast du das?" Vaters Stimme klang erstaunt und drohend zugleich.

„Fräulein Tobler hat es mir geschenkt." Schuldbewusst blickte Josi zu Boden. „Ich habe schon viel darin gelesen. Ich versuche alles zu lernen. Bitte, Vater, nimm es mir nicht weg. Ich möchte Buchhalterin werden."

Schallend lachte der Vater. „Buchhalterin? Du? Wie soll ein Mädchen einen solchen Beruf erlernen? Zahlen, das ist nichts für Weiber. Sie haben keinen Sinn fürs Geschäft. Wenn Weiber einen Beruf ergreifen, dann werden sie Mägde oder Wäscherinnen, Kindermädchen oder Schneiderinnen. Manche arbeiten auch in einem Laden als Verkäuferin oder sind Köchinnen. Aber Buchhalterin? Ausgerechnet! Die Leute im Dorf würden mich für verrückt erklären, wenn ich dem zustimmte."

Josi kämpfte mit einem Kloss im Hals, als ihr unvermittelt Großvaters Worte einfielen. *Wenn dich mal der Mut verlassen sollte, dann erinnere dich an deinen Urgroßvater. Du bist des Bärentöters Tonis Niklaus Josi.*

Sie richtete sich auf und atmete tief durch. *Das Blut eines Bärentöters fließt in mir.* „Ich habe dir doch schon viel geholfen mit deinen schriftlichen Arbeiten. Habe ich nicht bewiesen, dass ich die Zahlen verstehe?" Sie dachte an Fräulein Tobler, fand es aber besser, sie nicht zu erwähnen. Fräulein Tobler war Buchhalterin. Sie war eine Frau. Wenn sie es konnte, dann konnte es Josi genauso, denn Josi liebte die Zahlen.

„Trotzdem. Buchhaltung ist nichts für Weiber."

„Dann lass mich wenigstens bei Witwe Moretti Sprachen lernen. Fräulein To..., ähm... Vielleicht dehnst du dein Geschäft ja ins Tessin oder ins Welschland aus? Dann brauchst du jemanden, der die Sprachen kennt."

„Darüber muss ich nachdenken. Vielleicht ist das gar keine so schlechte Idee."

☙

Als Josi zurück in der Stube war, wartete eine weitere Überraschung auf sie. Ein Ballen karierter Stoff lag neben einer Liste in Mutters säuberlicher Handschrift.

„Es wird Zeit, dass du mit dem Nähen deiner Aussteuer beginnst", erklärte ihr die Mutter das sonderbare Geschenk. „Jedes Mädchen braucht eine Aussteuer. Ich dachte, du beginnst mit Geschirrtüchern, bis du etwas mehr Übung im Nähen hast. Da fällt es nicht so sehr auf, wenn die Nähte etwas krumm oder grob sind."

Josi wusste nicht, was sie sagen sollte.

„Keine Sorge, ich zeige dir immer genau, was du tun musst. So kannst du die Winterabende ab jetzt nutzen, um an deinen Sachen zu arbeiten."

Mutters Liste war lang. Sie umfasste neben Nacht-, Tisch- und Bettwäsche auch Vorhänge bis hin zu Kleidern. Wenn Josi das alles von Hand nähen wollte, würde sie gewiss mehrere Jahre dazu brauchen.

Auch der Vater hatte ein Geschenk für sie. Er hatte bei einer Auktion eine Truhe für sie erworben. Darin konnte Josi die fertigen Stücke bis zu ihrer Hochzeit lagern. Da es im Haus keinen geeigneten Ort dafür gab, würde er sie bei sich in seinem Kämmerlein behalten. Die Aussteuer sollte Josis Schatz sein, der Preis für einen guten Ehemann.

Am nächsten Morgen wickelte Josi den Bädeker und das Geld von Onkel Johann in ein Wachstuch. Sie musste beides irgendwo sicher verstecken. Auf keinen Fall durfte es Klaus in die Hände fallen. Das waren *ihre* Sachen. Sie wollte sie ganz für sich behalten. Lange suchte sie nach einem geeigneten Ort, der garantiert unentdeckt bliebe. Schließlich entschied sie sich für den Nussbaum. In seiner Krone hatte sie eine alte Spechthöhle entdeckt. Dort würde niemand danach suchen, denn niemand würde ein Mädchen auf einem Baum vermuten. Bis jetzt wusste keiner, dass dies ihr Rückzugsort war. Dorthin wollte sie das kostbare Buch bringen, das beides war, eine Quelle von interessanten Berichten und eine Erinnerung an ihre Freundin Käthi. Sie kletterte hoch, schob das Päckchen ganz nach hinten in den verlassenen Hohlraum und freute sich über ihr Geheimnis. Sie würde alles sicher aufbewahren, bis Käthi wiederkam. Das war sie ihr schuldig. Und eines Tages würde sie mit dem Geld nach Zürich fahren, um Buchhalterin zu werden.

Maria besuchte nun auch die Schule. Da der Vater immer öfter am Abend nochmals ins Dorf ging, übte Josi mit ihren Geschwistern das Lesen. Während sie an ihren Geschirrtüchern nähte, wiederholte sie für ihre Schwester geduldig die ersten Wörter und führte sie in das Rätsel des Einmal-Eins auf der letzten Seite ein.

Anschließend las sie aus der Brattig* vor, erklärte die kurzen Geschichten und Witze, während Maria beim Spinnen half. Sie belehrte ihre jüngeren Geschwister über die Vögel, wenn darüber etwas im Kalender stand. Sie erzählte von fernen Ländern oder seltsamen Begebenheiten. Manchmal streute sie auch etwas ein, was sie im Bädeker gelesen hatte, ohne dies allerdings zu erwähnen. Für sich selbst las Josi die längeren Berichte, die von den Schlachten in Amerika oder in Europa handelten, und sog gierig die Neuigkeiten aus der Welt in sich auf.

Als Klaus eines Abends nach langer Zeit wieder einmal nach Hause kam, beachtete er Josi gar nicht. Er behandelte sie wie Luft, sah durch sie hindurch, gab ihr damit deutlich zu verstehen, wie unwichtig und wertlos sie sei. Josi wusste nicht, was schlimmer war, die früheren endlosen Demütigungen oder diese Herablassung. Fast wünschte sie sich, er würde irgendeine Beleidigung zwischen zusammengebissenen Zähnen ausstoßen, er würde sie im Vorbeigehen mit einem Faustschlag traktieren, er würde sie mit irgendeiner Gemeinheit herausfordern. Dieses Nicht-Beachten, dieses Wegschauen, wenn sie ins Zimmer trat oder das Nicht-Zuhören, wenn sie etwas erzählte, das alles war unerträglich, war grausamer als sein früheres Benehmen. Nichts hatte sie dem entgegenzusetzen, noch nicht einmal *so tun als ob nichts wäre*. Gegen diese Mauer des Schweigens konnte sie nichts ausrichten. Denn, wie hätte sie ignorieren können, dass er sie ignorierte?

Diese Waffe bohrte sich tiefer in ihr Herz als alles, was Klaus ihr je zuleide getan hatte. Es war ein unsichtbarer Dolch, den niemand wahrnahm. Das schlimmste war, dass sich Klaus überall in den Vordergrund drängte, wo Josi sonst wichtig war. Er setzte sich neben Maria, um ihr beim Lesen zu helfen, er erzählte von seinen Erlebnissen, er dominierte, wo immer er aufkreuzte. Da er ein seltener Gast war, drängten sich die Kinder um ihn, Josi nun ihrerseits ignorierend. Es waren die schwierigsten Stunden ihres Lebens.

Auch Klaus hatte sich in den letzten Monaten verändert, seit er nach Altdorf in die Sekundarschule ging. Er sah sich zu Höherem berufen, zeigte sich deutlich allen überlegen, weil er zu den wenigen im ganzen Kanton gehörte, die diese Möglichkeit hatten. Er fühlte sich besser als seine Geschwister, besser als die Kameraden aus dem Dorf, wollte seine Chance nutzen, wollte sie sich von niemandem verderben lassen, schon gar nicht von irgendwelchen Bauernjungen oder den Söhnen von Fuhrleuten, die auch nach dem Ende der obligatorischen Schulzeit kaum lesen konnten. Das war kein Umgang für ihn, und das ließ er jeden spüren, der nicht seinen Plänen entsprach.

Klaus war zu einem jungen Mann herangewachsen. Sein blondes Haar umschmeichelte sein zartes Gesicht. Er war eher groß für sein Alter, mit einem sanft wiegenden Gang. Das unterstrichen die langen Hosen, die ihm die Mutter zum Übertritt in einen neuen Lebensabschnitt genäht hatte.

In Altdorf hatte er schnell neue Freunde gefunden, die Söhne aus besseren Familien. Klaus rechnete fest damit, dass er durch sie eine gute Stelle finden würde. Noch wusste er nicht genau, bei wem er in die Lehre gehen wollte, doch hier bot sich ihm ein Umfeld, das es in Flüelen nicht gab. Hauptleute mit Renten, die zehnmal so hoch wie das Einkommen seines Vaters waren. Familien in der Politik, die das Sagen im Kanton und Verbindungen nicht nur in der Schweiz, sondern nach ganz Europa hatten. Männer, die im Ausland studiert hatten und die als Experten und Macher den Ton für die neue Zeit vorgaben. Irgendwo würde er unterkommen und ohne harte Arbeit viel verdienen. Dazu war er fest entschlossen.

Josi atmete auf, als er zurück nach Altdorf ging. Sie wusste, etwas hatte sich grundlegend verändert. Ihr Leben würde nie mehr so wie früher sein.

12 Jahre alt

Ende März 1865

Josi hätte sich Flügel gewünscht. Traurig drückte sie ihre Nase gegen die Scheibe, blickte über den grauen See, hinüber zur schwarzen Schlucht des Isenthaler Baches. Keine Farbe, nichts erhellte den düsteren Tag. Nebelschwaden verhüllten die Gipfel. Bleiern fühlte sie sich, mit schweren Gewichten festgehalten auf der Erde. Die teuren Verwandten waren unerreichbar weit weg. Es gab für Josi keine Möglichkeit sie zu besuchen.

Eben hatte sie die Nachricht erreicht, ihre geliebte Großmutter sei gestorben. Mit Wehmut tauchte die Erinnerung an sie auf. Das gütige Lächeln im rauen, gegerbten Gesicht, ein Lächeln, gezeichnet vom Schicksal eines schweren Lebens im abgelegenen Tal. Trotzdem schien die Großmutter zufrieden, hatte für jeden ein herzliches Wort und meistens einen frisch gebackenen Keks. Das Aroma dieser einfachen Süßigkeit aus Haferflocken und getrockneten Äpfeln und deren Duft in der warmen Stube würde sie immer mit ihrer Großmutter verbinden.

Nun sollte sie übermorgen zu Grabe getragen werden, wie vor einem Jahr Tante Marie. Noch mehr Erinnerungen übermannten Josi. Die Totengebete, der Friedhof, die Trauergemeinde. Und Anna. Wie es ihr wohl ging? Sie hatte eine liebe Vertraute verloren, die sie nach Kräften in ihrer Aufgabe als Stiefmutter und Wirtin unterstützte. Es musste schrecklich für sie sein. Anna würde bald selbst Mutter werden. Wie sehr hätte sich Josi gewünscht, den Vater zur Beerdigung begleiten zu dürfen, aber die Mutter brauchte sie, da im Februar die Familie schon wieder gewachsen war. Es war erneut ein Stini. Doch dieser Bruder war weit weniger sonnig als sein Vorgänger. Ein etwas plumper Bub, der oft weinte, und so löste die Ankunft dieses zwölften Kindes nicht mehr so viel Freude aus. Die Kinder kamen, eins ums andere. Ein Maul mehr zu stopfen. Mehr Windeln, mehr Geschrei, mehr Kleider zu flicken. Der Alltag erstickte die Freude. Es waren zu viele Pflichten.

Die bereits schulpflichtige Maria und die kleine Elisa konnten der Mutter nicht genügend Arbeit abnehmen. Darum hatte der Vater entschieden, Josi müsse zuhause bleiben. Die Betreuung der vielen Kinder brauchte mehr als zwei Hände.

Die Großmutter war tot. Eine unstillbare Sehnsucht quälte Josi. Wie gerne hätte sie noch einmal mit ihr gesprochen, sie um Rat gefragt, ihre Wärme und ihre Liebe gespürt. Doch das ging nicht mehr. Niemand konnte so gut zuhören wie die alte Frau. Sie war einfach da, ermunterte, tröstete, alle. Es schien, sie habe ein Gottvertrauen, das durch nichts zu erschüttern war. Sie hatte ihr Schicksal angenommen und aus allen Prüfungen Kraft geschöpft. Josi versuchte, wenigstens die Erinnerung an sie zu bewahren.

Gerade jetzt vermisste sie auch ihre Freundin Käthi vom Hotel Ochsen. Noch immer fehlte jede Spur von ihr. Wie es ihr wohl erging, so allein irgendwo im Welschland? Bestimmt hatte sie Josi längst vergessen und neue Freundinnen gefunden, Freundinnen aus vornehmen Familien, die besser zu ihr passten.

Nach einer Weile wandte sich Josi vom Fenster ab, hob Johann aus seinem Bettchen, und machte sich daran, ihn mit Brei zu füttern. Es war eine zeitraubende Tätigkeit, die ihre Geduld strapazierte. Sie sollte doch auch das Essen für den Rest der Familie vorbereiten, da sich die Mutter mit dem Neuankömmling zurückgezogen hatte. Josi seufzte. Sie wollte unbedingt eine Abwechslung. Sie würde den Vater nochmals bitten, Sprachunterricht nehmen zu dürfen. Das war doch auch in seinem Interesse. Er *musste* es ihr erlauben. Josi würde nicht lockerlassen.

Als Josi zum ersten Mal an die Haustüre der Witwe Moretti klopfte, öffnete ein Mädchen in weißer Schürze und einem Häubchen. Sie führte Josi in den Unterrichtsraum, dessen Wände bis zur Decke mit wertvollen Büchern gefüllt waren. Josi blieb ob dieses Schatzes der Mund offenstehen. Der Einladung, sie dürfe die bereitgelegten Bände durchstöbern, kam sie nur allzu gerne nach.

Aufs Geratewohl öffnete sie ein dickes Buch und staunte. Sie fand Listen mit Wörtern auf Deutsch mit der entsprechenden Übersetzung auf Italienisch. Damit öffnete sich für sie eine neue Welt. Aber es waren nicht die *italienischen* Wörter, die sie faszinierten, weil sie die noch nicht verstand. Es waren die *deutschen.* Hätte jemand geahnt, dass es *so viele* Wörter rund um *Herz* gab? Über vier Seiten las sie sich durch Redewendungen und Begriffe, die alle mit dem Herzen zu tun hatten. *Das Herz lacht mir im Leibe, ich lasse es mir zu Herzen gehen, er bricht mir das Herz.* Zum ersten Mal wurde Josi klar, wie vielfältig und bunt die Sprache war. Sie konnte sich nicht losreißen. Als sie bei *Herzenslust* angelangt war, hörte sie Schritte und wenig später trat die Signora in den Raum. Aber sie schritt nicht, sie schwebte rauschend und liebte es, die volle Aufmerksamkeit aller auf sich zu ziehen. Es kümmerte sie nicht, dass dies gerade nur ein zwölfjähriges Mädchen war. Ihr Auftritt war deswegen nicht weniger majestätisch.

Die Witwe Moretti war eine imposante Erscheinung, groß gewachsen mit ausladender Oberweite, und nach der neusten Mode gekleidet. Auch in ihrer eigenen Wohnung trug sie einen reich dekorierten Hut. Ihre üppigen Formen betonte sie mit einer Stofffülle aus teuren Geweben und mehreren *Tournuren,* sowie einem *Cul de Paris.* Sie scherte sich wenig darum, dass die einfachen Frauen im Dorf solche Wörter nicht kannten. Sie gab sich gerne von Welt, geizte nicht mit Wendungen auf Französisch und natürlich Italienisch, ihrer Muttersprache. Der Dorfklatsch interessierte sie nicht.

Hinter ihrer Leibesfülle trat ein junger Mann aus dem Dunkel, bleich und fahrig, mit Pickeln auf seinen schmalen Wangen, die noch nicht rasiert werden mussten. Es war Alois Zgraggen, wie er sich verlegen stotternd vorstellte, ein Kellner im Hotel Ochsen, der mit Kenntnissen in Fremdsprachen seine Aufstiegschancen zu verbessern trachtete. Beim ersten Blick auf den Jüngling vermisste Josi ihre Freundin Käthi. Im Geiste hörte sie deren freches Kichern und war sicher, sie hätten eine Menge Spaß auf Kosten des armen Kellners gehabt.

“Buon giorno, Signorina.” Die Witwe streckte Josi eine behandschuhte Hand hin, die das Mädchen unsicher ergriff.

„Buon giorno.”

Signora Moretti mochte sich nicht mit den Namen *Gisler* und, schlimmer noch, *Zgraggen* herumschlagen, die für sie unaussprechlich waren. Darum entschied sie kurzerhand, ihre beiden Schüler lediglich mit *Signore* und *Signorina* anzusprechen. Gebannt lauschte Josi dem melodischen Sprachfluss ihrer Lehrerin, deren Deutsch nicht gerade perfekt war. Ihr starker Akzent führte dazu, dass sie fast an jedes Wort ein leises *E* anhängte.

„Benvenuti. Ese iste schöne, dass ihre iere seide." Josi musste sich das Lachen verkneifen. Sie wollte jedoch nicht unhöflich sein, denn sie mochte die extravagante Italienerin auf Anhieb und freute sich auf den Unterricht. Was für ein Kontrast zu Schwester Idda!

Zu Lebzeiten ihres Mannes, eines italienischen Hauptmanns, verkehrte Signora Moretti in Kreisen, in denen Französisch gesprochen wurde. Auf diese Weise wollte man sich von den einfachen Bürgern abgrenzen. So kam es, dass sie diese Sprache genauso gut beherrschte wie ihre Muttersprache, und sie großen Wert auf Etikette legte. Sie unterrichtete nicht nur Konversation, sondern *Benehmen*. Das sei sehr wichtig, um die reichen Gäste zu verwöhnen.

Mit Alois Zgraggen verstand sich Josi bald besser als erwartet. Signora Moretti hatte nämlich ihre ganz eigenen Methoden, um Fremdsprachen zu unterrichten. Sie hielt nichts davon, erst wochenlang Grammatik auswendig zu lernen, wie das sonst üblich war. Für sie war es wichtig, dass ihre Schüler vor allem sehr bald sprechen lernten. Alles andere folgte später. Da Alois als Kellner arbeitete, musste sich Josi als sein Gast zur Verfügung stellen. Sie übten miteinander die wichtigsten Gespräche im Speisesaal sowie die Art, wie vornehme Gäste zu bedienen waren. Josi musste sich sehr aufrecht hinsetzen und durfte Alois beim Bestellen nicht in die Augen sehen. Er hingegen lernte, sich leicht zu verbeugen und nie zu widersprechen.

Auf dem Heimweg übte Josi jeweils neue Vokabeln. Signora Moretti hatte sie ermutigt, die Wörter nicht nur aufzuschreiben, sondern daneben auch zu notieren, wie sie korrekt ausgesprochen wurden. Das war fürs Italienische weniger wichtig als fürs Französische. Da schrieb man zum Beispiel *Jour*, sprach aber *Schur*. Ohne ihre Notizen wäre Josi bald hoffnungslos überfordert gewesen. Mit dem kleinen Trick der Signora hingegen, machte sie rasch Fortschritte.

Josi wollte ihrerseits die kaufmännischen Wendungen rund um den Holzhandel lernen, sodass Alois den Geschäftsmann spielte. Hier war es wichtig, bestimmt aufzutreten. Sie lachten viel und Josi freute sich jede Woche auf den Unterricht.

Das fühlte sich seltsam verboten an, fast so, als ob Josi *sündigte*. Signora Moretti lebte nämlich in einer ganz anderen Welt als die Dorfbewohner, war trotz des frühen Verlustes ihres Ehemannes lebenslustig und wenig fromm. Über die neueste Mode informierte sich die Witwe im *Bazar**, einer Illustrierten, die Josi lesen durfte, während sie auf den Unterricht wartete. Die Zeitschrift enthielt nicht nur Bilder der aktuellen Pariser Modelle, sondern auch Schnittmuster und Nähanleitungen. Josi staunte über die mannigfachen Frisuren oder über die Tanzschritte, die in der besseren Gesellschaft gerade *en vogue* waren. In den zahllosen Büchern durfte sie vor und nach dem Unterricht nach Belieben lesen. Endlich, endlich fand sie Nahrung für ihren regen Geist. In Signora Morettis Bibliothek gab es Romane und Sachbücher, Nachschlagewerke und Aktuelles. Josi fand immer etwas Spannendes, auch wenn viele Bücher in italienischer oder französischer Sprache geschrieben waren. Welche andere Frau konnte schon aus so einer Fülle auswählen? Niemand in ganz Flüelen. Nur der Pfarrer besaß eine Auswahl an Büchern, aber diese *erbaulichen Schriften* interessierten Josi nicht sonderlich.

Signora Moretti sprach viel und gern. Sie unterrichtete nicht nur, sondern erzählte von den Abenteuern ihres Ehemannes, als ob sie sie selbst erlebt hätte. So erfuhr Josi vom italienischen Unabhängigkeitskrieg, der sich schon seit Jahren hinzog. Ihre Lehrerin war eine glühende Verehrerin von König Vittorio II., in dessen Dienst ihr Gatte gefallen war. *Verdi* war nicht nur ein bekannter italienischer Komponist. Es war auch die Abkürzung für den König: *Vittorio Emanuele Re d'Italia.*

Trotz ihrer Liebe zur Heimat war Signora Moretti froh in der Schweiz zu leben. Hier herrschte Frieden, betonte sie oft, während in Italien die Kämpfe an verschiedenen Fronten fortdauerten. Sie berichtete von Aufständen und Bürgerkriegen, von Verrat und Intrigen. Es würde noch lange dauern, bis Italien zu einem einheitlichen Land würde.

Juli 1865

Der sonnige Tag passte zum Anlass. Groß war die Aufregung, als die Axenstraße endlich offiziell eröffnet wurde! Stolz und hoch aufgerichtet fuhren die Vertreter der Urner Regierung zum Festplatz, ab und zu gnädig in die Zuschauer winkend. Der Landammann Müller überstrahlte alle andern. Er war der Held des Tages. Seit Jahrzehnten hatte er sich für die Straße eingesetzt, hatte sie projektiert, den Bau geleitet. Nun war das Werk vollendet. Er war es auch, der die Gotthardbahn vorantrieb. Eben hatte die Landsgemeinde* eine Million Franken für dieses Projekt genehmigt. Bald würde der Axen wieder erschüttert werden, wenn auch die Bahn nach einem Weg nach Norden verlangte. Müller war die treibende Kraft hinter Uris Fortschritt. Ihm verdankte der Kanton alles.

Die Straße war gesäumt von neugierigen Leuten, die das Ereignis nicht verpassen wollten. Johlend folgten sie den Wagen einen Teil der Strecke. Auch wenn die Straße bis Sisikon schon seit einem Jahr befahren wurde, war dies ein besonderer Moment, ein Meilenstein in der Geschichte des Gotthards! Selbstbewusst feierten die Männer den Sieg über die schroffen Felswände.

Vergessen waren die unzähligen Verletzten, die Toten und die hohen Kosten, die dieses Bauwerk gefordert hatte. Vergessen auch die jahrelangen Zänkereien unter Flüelens Bürgern, der tiefe Graben, der die Gemeinde seither entzweite, weil jeder befürchtete, der andere könnte mehr profitieren. Heute zählte dies alles nicht, denn zum ersten Mal überhaupt konnte man auf dem Land von Uri nach Schwyz *fahren*. Damit waren diese beiden Kantone direkt mit Zürich verbunden, der größten Handelsstadt der Schweiz. Alle waren überzeugt, nun halte der Wohlstand endlich Einzug in der Innerschweiz.

Für Josi und ihre Geschwister war kein Halten. Sie kletterten auf die Straße, folgten den Ehrengästen wie alle anderen. Als sie oben angelangt waren, richtete sich Willi stolz auf. *Er* hatte seinen Teil beigetragen am Bau dieser Straße, mochte er noch so klein sein. Für ihn stand fest, er würde noch viel mehr bauen. Er wollte teilhaben am Bau des Fortschritts.

Die Mutter blickte ihren Kindern nach, Stini auf dem Arm, während Johann noch schlief. Sie mochte ihnen die Freude nicht verderben, auch wenn sie noch immer zwiespältige Gefühle hegte. Stumm sprach sie ein Gebet, dass sich die Wünsche der Leute erfüllen, die Heiligen den Reisenden bestehen möchten. Sie konnte das Geschehen auf der Straße nicht sehen. Sie hörte bloß das Trampeln der Hufe und das Knirschen der Räder auf der Brücke über den Gruonbach. Nun war es also doch wahr geworden. Der Axen war bezwungen und damit waren die Schleusen geöffnet für Fremde, für Waren und für das Militär. Was würde nun alles eindringen in das friedliche Land am Gotthard?

Würde *Es** sich geschlagen geben, den Bau schließlich akzeptieren? Was, wenn nicht? *Es* würde sie alle zerfetzen, würde kein Halten kennen. Die Naturgewalten konnten fürchterlich sein. Seit Menschengedenken waren hier Fels und Wald ungestört. Würde *Es* das Eindringen dulden? Doch von solchen Gedanken wollte niemand etwas hören an einem Tag wie diesem.

Die Schwyzer Festgemeinde kam von Brunnen her mit einem Wagen bis zur Urner Grenze. Sein oberer Teil war mit Blumengirlanden reich geschmückt, ein wahrer Triumphbogen, unter dem die Wagen durchfahren sollten. Er war verziert mit einem Teil eines Ruderbootes. Darauf stand die Inschrift:

Sei gegrüßt, mein Bruder!

Heut' komm' ich zu dir ohne Ruder!

Damit waren alle Fehden zwischen den beiden Kantonen beigelegt. Ein neues Kapitel in der Geschichte der Innerschweiz begann.

Ende Juli erhielt Josi einen Brief. Das war höchst ungewöhnlich. Wer mochte ihr schreiben? Die ungelenke Handschrift ließ keinen Absender erkennen.

Sein Inhalt rührte Josi zu Tränen. Sie musste ihn mehrmals lesen, um seinen Inhalt zu begreifen, so schrecklich war er.

Liebe Josi

Es fällt mir schwer, diese Zeilen zu schreiben, doch sollst du es von mir erfahren. Ein Kind zu gebären tut unglaublich weh. Da es meine erste Geburt war, dauerte es lang, zu lang. Ich glaubte, mein Leib werde zerrissen. Wenn dann so ein Würmchen in deinen Armen liegt, dann möchtest du es umso lieber haben, es immerzu herzen. Leider war mir dieses Vergnügen nur kurze Zeit vergönnt. Schon nach wenigen Wochen wurde mir der kleine Friedel wieder entrissen. Genau an unserem Hochzeitstag. Dieser Schmerz ist noch viel schrecklicher. Er will überhaupt nicht enden.

Wie wünsche ich mir, du wärest hier!

Anna

So sehr Josi auch bettelte, ihre Freundin besuchen zu dürfen, die Eltern blieben hart. Es gab zu viele Aufgaben im eigenen Haushalt, als dass sie Josi hätten entbehren wollen.

„Wir brauchen dich hier", hatte der Vater barsch gesagt. Was kümmerte ihn eine junge Frau im fernen Tal? Sein Bruder sollte für eine Hilfe sorgen. Das war nicht Josis Aufgabe, befand er.

So blieb Josi nichts Anderes übrig als einen tröstenden Brief zu schreiben. Er war lang, erzählte ausführlich von den vielen Veränderungen, seit sie sich das letzte Mal gesehen hatten. Sie wollte mit ihren Schilderungen die Freundin ablenken, ihr etwas Fröhliches zu lesen geben. Sie schrieb von der Witwe Moretti und von ihrem Sprachunterricht, von der Eröffnung der Axenstraße, vom Leben in ihrer Familie.

„Geh zur Hebamme. Sie wird dir bestimmt helfen können", war alles, was ihr als Rat für ihre Freundin einfiel. Wie eine Verräterin fühlte sie sich, als sie den Brief dem Postboten übergab. Was zählte eine Freundschaft, wenn sie in der Not nicht anwesend sein konnte?

August 1865

Derweil ging das Leben am Gruonbach seinen Gang. Der Sommer brachte die gewohnte Arbeit mit allen Pflichten im Garten. Das Betreuen der beiden Jüngsten war anstrengend. Daneben galt es die anderen Kinder zu überwachen. Es war das eintönige Einerlei, das Josi nicht sonderlich begeisterte.

Erst wenn der Lärm der Säge verstummte, der Vater sie zu sich in seine Kammer rief, lebte sie auf. Mittlerweile durfte sie viele Aufgaben für ihn übernehmen. Er diktierte ihr Briefe, sie schrieb die Zahlen in seine Geschäftsbücher, half hie und da mit einem italienischen Wort, wenn er Geschäfte im Tessin tätigte. Hier fühlte sie sich in ihrem Element. Diese Tätigkeiten ließen sie ihren Kummer vergessen. Trotzdem überfiel sie immer wieder die Einsamkeit. Ihre Freundinnen waren unerreichbar weit weg. Käthi. Sie meldete sich nicht. Anna. Allein gelassen mit ihrem Kummer. Die Großmutter. Für immer gegangen.

Bis der Vater eines Tages seine vier ältesten Kinder zu sich rief. Er hatte eine Überraschung für sie. Bevor er sie zum Seeufer führte, schärfte er ihnen ein: „Wenn ich euch auch nur *ein einziges Mal* darin streiten sehe, verkaufe ich es sofort wieder. Habt ihr gehört? Ich meine es ernst." Er blickte zu Klaus, der während der Sommerferien wieder zuhause war. „Es ist gefährlich. Damit ist nicht zu spaßen. Du bist der Älteste. Du trägst die Verantwortung. Du musst auf die Geschwister aufpassen. Und dass ihr mir *nie* eines der jüngeren Kinder mitnehmt! Sie sind noch zu klein."

Mit dieser kurzen Ansprache erhielten Klaus, Josi, Heiri und Willi ein ganz besonderes Geschenk. Es war ein kleines Boot. Damit sollten die Kinder das Rudern lernen, mit den Gefahren auf dem See umgehen können. Der Sommer war gerettet.

Obwohl Klaus nicht einverstanden war, zeigte der Vater auch Josi, wie sie die Ruder richtig ins Wasser tauchen musste, um das Schiff zu bewegen. Sie war mächtig stolz darauf, mit den Buben diese so wichtige Fähigkeit zu erlernen. Wer wusste schon, ob nicht *sie* einmal ein Boot nach Flüelen rudern musste, wenn der Bach den hölzernen Steg wieder einmal fortgespült hatte, wenn der Vater nicht da war, wenn sonst ein Unglück danach verlangte?

Am Anfang war es gar nicht so einfach, das Boot zu führen. Die Ruder waren lang und sperrig, wollten dem Mädchen nicht so richtig gehorchen. Geduldig korrigierte sie der Vater, die abschätzigen Bemerkungen sowie das fiese Grinsen seines Ältesten ignorierend. Nicht zu steil ins Wasser eintauchen, sonst kostete es zu viel Kraft. Die Blätter im richtigen Winkel halten, sonst kam sie nicht voran. Auf beiden Seiten gleichmäßig rudern, sonst drehte sie sich im Kreis. Aus den Beinen arbeiten, sonst ermüdeten die Arme zu schnell. Es dauerte nicht lange und sie hatte den Dreh raus. Von da an verbrachte sie jeden schönen Tag etwas

Zeit auf dem See. Heiri und Willi unterstützten sie, während sich Klaus weigerte, zu ihr ins Boot zu steigen.

Nach einigen Wochen beherrschten die Kinder das Rudern so gut, dass es zu einem Spiel wurde. Nach und nach entfernten sie sich weiter vom Haus, erforschten die Umgebung ihres Heims vom See aus. Sie entdeckten die Wasservögel im Schilf oder eine lauschige kleine Bucht, wo sie leicht landen konnten. Sie beobachteten Fische und bewunderten die tanzenden Mückenschwärme. Immer achteten sie dabei auf die Ermahnungen des Vaters, denn keins von ihnen konnte schwimmen. Sie waren vorsichtig bei Strömungen oder Untiefen. Sie prägten sich Fixpunkte am Ufer ein, um die Orientierung nicht zu verlieren. Sie beobachteten den Himmel, denn aufziehende Gewitter konnten schnell gefährlich werden. Das eigene Ruderboot gestattete ihnen ein kleines Stück Freiheit, das sie genossen.

Während Josi wieder einmal im Hotel Helvetia auf ihren Vater wartete, polierte sie wie gewohnt die Gläser, um nicht untätig herumzusitzen. Aus dem Halbdunkel beobachtete sie Franz, den Sohn des Wirtes, der an einem Tisch saß. Er hatte einen Apfel vor sich auf den Tisch gelegt und versuchte ihn naturgetreu abzuzeichnen. Konzentriert wanderte sein Blick zwischen der Frucht und seinem Bild hin und her, schnelle Striche aufs Papier malend, um sie wenig später wieder zu radieren. Er erinnerte sie an ihren Bruder Willi, wenn er an seinen Plänen arbeitete. Derselbe Eifer, dieselbe Ausdauer. Ab und zu kniff er die Augen etwas zusammen, wie um sich zu sammeln. Dunkles feines Haar fiel ihm in die Stirn, schmale Hände zeugten davon, dass er der harten Arbeit eher aus dem Weg ging. Er war so vertieft, dass er nichts um sich herum wahrnahm.

Von ihrem Platz hinter dem Tresen beobachtete Josi, wie Touristen eintraten. Franz schreckte hoch, als sie ihn ansprachen, da sonst niemand anwesend war. Auf Französisch fragten sie, ob noch Zimmer frei seien. Er verstand nichts. Hilfesuchend schaute er sich um, aber seine Eltern waren gerade nirgends zu sehen. Josi bemerkte er nicht. Er versuchte zu erklären, die Gäste möchten sich eine Weile gedulden. Doch nun schauten die sich fragend an.

Schließlich griff Josi ein. Sie wusste, dass es freie Zimmer gab und beantwortete daher die Frage, erkundigte sich, wie lange sie bleiben wollten und ob die Herrschaften auch zu essen wünschten. Solche Gespräche hatte sie mit Alois im Sprachunterricht geübt. Die französischen Wörter kamen flüssig über ihre Lippen und wurden zur großer Erleichterung von allen auch verstanden.

„Sie möchten zwei Zimmer mit Seeblick für drei Nächte, mit Frühstück und Abendessen. Wieviel soll ich verlangen?"

Entgeistert schaute Franz in Josis Richtung, musterte sie, als ob er sie zum ersten Mal überhaupt sähe. Ein Mädchen, fast ein Kind noch, das Französisch sprach? Wie war das möglich? Kannte er sie? Erst dann erinnerte er sich an die Tochter des Sägers vom Gruonbach. Sie quittierte seine Verwunderung mit einem frechen Grinsen.

„Woher kannst du Französisch?"

„Ich kann es eben." Franz staunte noch immer, blieb daher die Antwort schuldig. „Wieviel?", gab sich Josi ungerührt. Er rechnete kurz, nannte ihr dann eine Summe, welche die Franzosen akzeptierten. Ihr spöttisches Lächeln ließ niedliche Grübchen in ihren Wangen entstehen, was ihn seltsam anzog. Ihre Augen blitzten schelmisch in seine Richtung. Sie schien sich zu amüsieren, während er sprachlos blieb.

„Was ist, willst du hier Wurzeln schlagen oder wirst du den Herrschaften jetzt ihre Zimmer zeigen?"

Noch immer völlig irritiert, wandte sich Franz den Fremden zu, winkte ihnen ihm zu folgen. Insgeheim ärgerte er sich, wie Josi ihn herumkommandierte. Doch spürte er auch ein kleines Stück Bewunderung für ihre Selbstsicherheit. Den ganzen Weg die Treppe hoch staunte er über die Tatsache, dass sie sich auf Französisch verständigen konnte.

Oktober 1865

Es hatte sich herumgesprochen, auch wenn der junge Mann nur inoffiziell, als Privatmann ohne großes Gefolge, in der Schweiz weilte. Er scheute die Öffentlichkeit, wollte für ein paar Wochen fern von Verpflichtungen sein, die ihn grenzenlos langweilten. Aber sein konzentrierter Blick, seine gute Kleidung sowie seine herrische Sprache hatten ihn verraten. Die Kunde seiner Anwesenheit verbreitete sich rasend schnell rund um den See. Seine Majestät, König Ludwig II. von Bayern*, weilte in Brunnen, in einem einfachen Hotel beim Hafen.

Im Dorf war die Aufregung groß und alle sprachen von dem fürstlichen Gast. Im Hotel Helvetia erzählten die Männer lautstark von dessen Unternehmungen und wunderten sich über ihn. Jeder wollte den anderen mit seinen Geschichten übertreffen, wollte mehr als die anderen wissen.

Wie tausende gewöhnliche Touristen war der König hier, um auf Tells Spuren zu wandeln. Die Werke von Rossini und Schiller hatten ihn so tief beeindruckt, dass er den Wunsch, die Orte ihrer Handlung selbst zu sehen, nicht mehr länger unterdrücken mochte. So hatte er sich kurz entschlossen aus München auf den Weg gemacht, seine politischen Pflichten ignorierend. Sein unerfahrenes Gemüt ließ sich von Tells Heldentaten anstacheln, die erhabene Herbstlandschaft rund um den Vierwaldstättersee berührte seine empfindsame Seele. Hier glaubte er eine mystische Kraft zu spüren, Teil von etwas wahrhaft Großem zu sein.

Auf dem Rütli* sei der junge Monarch andächtig niedergekniet, um aus allen drei Quellen zu trinken, die an der Stelle flossen, wo der legendäre Schwur stattgefunden hat. Er habe sich berauschen lassen vom Geist des freiheitsliebenden Volkes, das der Tyrannei den Untergang geschworen hatte. Schließlich habe er sich an die Urner Regierung mit dem Wunsch gewandt, er wolle das Rütli kaufen und dort ein Schloss bauen! Empört klärten ihn die Urner darüber auf, dass das Rütli nicht zu kaufen war, egal von wem und für wie viel Geld. Zum Glück hatten es die Schweizer Bürger vor einigen Jahren gemeinsam gekauft. Damit blieb es auf alle Zeiten unveräußerlich.

Als das Wetter änderte, sich von seiner düster-nebligen Seite zeigte, die Natur nicht mehr ganz so malerisch war, zog der junge Landesfürst nach Hause. Er begnügte sich mit einigen Ölgemälden der hehren Urner Landschaft, die er sich in seine Residenz nach München liefern ließ.

Im Hotel Helvetia achtete einer genau auf diesen Teil der Geschichte und fühlte sich in seinen Plänen bestärkt. Franz, der Sohn vom Hotel Helvetia, schnappte die horrenden Preise der verkauften Bilder auf, über die man munkelte. Eines Tages hörte Josi zufällig, wie er mit seinem Vater sprach. Leise schlich sie näher, damit sie ja nichts verpasste.

„Vater, ich will Maler werden, ein Künstler. Ich habe Talent, das hat der Lehrer ein paar Mal betont. Das Hotel bereitet mir keine Freude."

„Das kommt überhaupt nicht in Frage. Schlage es dir sofort aus dem Kopf! Ich brauche dich hier. Das weißt du ganz genau. Du sollst einmal das Hotel übernehmen. Das ist beschlossene Sache."

„Wenn ich Wirt werde, wird das Hotel bestimmt nicht erfolgreich sein. Ich habe kein Interesse daran. Es nützt dir nichts, wenn du mich dazu zwingen willst. Es wird nicht funktionieren."

„Man kann alles lernen, wenn man guten Willen zeigt. Andere würden sich die Finger schlecken bei der Aussicht, so ein gutes Haus zu übernehmen. Du bist undankbar."

„Dann sollen sich doch andere die Finger schlecken."

„Werde ja nicht frech!"

„Ist doch wahr."

„Von der Malerei lässt sich nicht leben. Was soll denn das für ein Beruf sein, Künstler? Wie willst du eine Familie ernähren?"

„Ich werde es dir beweisen. Der Muheim hat doch eben ein Vermögen gemacht, weil er seine Bilder dem Bayrischen König verkaufte. Das kann ich auch."

„Du bist aber nicht der Muheim. Du bist ein fauler Träumer."

„Du wirst schon sehen."

„Da bin ich ja mal gespannt. Aber eines sage ich dir, wenn du ein Künstler wirst, dann bist du mein Sohn gewesen." Diese letzte Bemerkung fühlte sich an wie ein Peitschenhieb.

13 Jahre alt

Frühjahr 1866

Josi war froh, dass die Hebamme sie vorbereitet hatte, denn ihre Mutter hätte *nie* mit ihr über dieses anstößige Thema gesprochen. Ohne deren Erklärungen wäre sie zu Tode erschrocken, hätte befürchtet sterben zu müssen, als sie eines Morgens etwas Feuchtes in ihrem Bett bemerkte. Beim vorsichtigen Tasten, fühlte es sich klebrig an und als Josi die Decke etwas anhob, sah sie, dass es Blut war. Das unangenehme Ziehen im Bauch bestätigte ihre Vermutung, dass sie nun erwachsen wurde.

Zum Glück hatte der Vater schon vor einem halben Jahr eine zweite Schlafkammer für die Mädchen hergerichtet. So würden die Brüder nichts von ihrem *Missgeschick* bemerken. Das wäre entsetzlich peinlich. Männer sollten unter keinen Umständen bemerken, wenn Frauen bluteten. Die sprachen höchstens hinter vorgehaltener Hand über diesen monatlichen *Fluch*, den sie zu erdulden hätten.

Die Hebamme hatte ihr erklärt, dass dieses Blut *normal* sei. Es sei nötig, damit sie selbst Kinder bekommen könne. Trotzdem würde Josi von jetzt an jeden Monat während einigen Tagen *unrein* sein. Sie musste darauf achten, der Mutter nicht zu nahe zu kommen, wenn diese den Käse herstellte, sonst drohte er zu verderben. Blutende Frauen standen im Verdacht für allerlei Ungemach verantwortlich zu sein und waren selbst in besonderem Maße den bösen Mächten ausgeliefert. Josi wusste, es wäre besser, nach der Dämmerung nicht mehr aus dem Haus zu gehen. Was könnte sie schon tun, wenn *Es* sie holen wollte? Der Bereich unter der heimischen Dachtraufe sollte sie indes genügend schützen.

Tröstlich war zu wissen, dass dieses monatliche Blut natürlich und nötig war. Auf der einen Seite ermöglichte es Kinder zu gebären, auf der anderen bedrohte es die Gemeinschaft. Sie könnte während dieser Zeit Unglück über ihre Familie bringen, verantwortlich für ihr Verderben sein. Sie seufzte. Es war nicht leicht, erwachsen zu werden. Niemand hatte je mit Josi offen über diese Dinge geredet. Das würde niemand tun, so anstößig waren sie. Sie wusste dies ganz einfach, hatte wohl den einen oder anderen Brocken aufgeschnappt, wenn sie am Dorfbrunnen vorbeiging, hatte Männer murren hören, die Leute im Dorf beobachtet. Es war ein Wissen, das zum Wesen jeder Frau gehörte, als ob es eingebrannt wäre. Aber niemand sprach darüber.

Um ihre Schwestern nicht zu wecken, tastete sie sich im Zwielicht zur Waschschüssel. Vorsichtig fuhr sie mit dem Schwamm den Beinen entlang, stets darauf bedacht, dass kein Blut auf den Boden tropfte. Im Wäscheschrank fand sie die Binde*, die sie bereits aus Stoffresten vorbereitet hatte. Sie knüpfte sie an einen Gürtel, um sie zwischen den Beinen zu befestigen, und fühlte sich damit um ein gutes Stück wohler. Verborgen unter ihren Röcken, würde niemand bemerken, was gerade mit ihr geschah. Sie würde sich hüten, irgendjemandem davon zu erzählen, auch der Mutter nicht. Noch wollte sie ihr Geheimnis für sich behalten.

Josi mochte nicht zurück in ihr verschmutztes Bett, obwohl es noch früh war. Sie hoffte, der Blutfleck würde unentdeckt bleiben, bis sie das

Laken waschen konnte. Während sie sich ankleidete, sinnierte sie darüber, was dieser Tag für sie bedeutete. Von nun an war es möglich, dass sie *Mutter* würde. Mit einem Mal verstand sie die ständigen Ermahnungen ihrer Mutter, sich von den Italienern fernzuhalten, überhaupt den jungen Männern aus dem Weg zu gehen. Dank der Hebamme wusste sie, was passieren konnte. Josi seufzte erneut. Sie war ein gutes Stück gewachsen, war nun beinahe ein Fräulein, wie Onkel Karl neulich gemeint hatte. Eigentlich hätte sie bald eine Stelle annehmen müssen, doch ihre Eltern zählten weiterhin auf sie.

Erinnerungen an Anna tauchten auf. Mit 15 war sie ins Isenthal zu Onkel Johann gekommen. Ein Jahr später war sie verheiratet. Nun würde sie in wenigen Wochen ihr zweites Kind bekommen. Wie es ihr wohl erging? Ihre spärlichen Briefe verrieten nichts Genaues über die beschwerliche Schwangerschaft. Sie fühlte sich überfordert mit den Stiefkindern und dem Gasthaus, hatte niemanden zum Reden. Unbehagen überfiel Josi. Wie gerne würde sie der Freundin beistehen. Doch das ging nicht. Die eigene Familie war wichtiger, zählte mehr als eine angeheiratete Tante.

Auch die Mutter tauchte vor ihrem inneren Auge auf. Noch sah man nichts, doch mittlerweile *spürte* Josi, dass sie bereits ihr 13. Kind unter dem Herzen trug, das wohl im kommenden Winter geboren würde. Zu oft hatte Josi deren Veränderungen beobachtet, das Anschwellen des Gesichts, das unterdrückte Seufzen, die morgendliche Übelkeit. Josi *wusste* ganz einfach, dass etwas unterwegs war, auch wenn niemand darüber sprach. Sie war kein Kind mehr.

Was stand diesem neuen Familienmitglied wohl bevor? Würde es leben? Würde es sterben wie drei seiner Geschwister? Josi glaubte etwas von Mutters Bangigkeit übertrage sich auch auf sie. Vielleicht nun umso stärker, da auch sie zur Frau wurde. Ging es wohl allen Müttern so? Josi kümmerte sich täglich um ihre Geschwister. Wie würde sie da nicht um deren Wohlergehen fürchten? Wie schnell konnte *Es* doch ein Lebenslicht auslöschen! Und wenn *Es* die Mutter holte, so wie damals Tante Marie? Josi mochte nicht daran denken.

Und sie selbst? Würde sie je eigene Kinder gebären? Diese Frage schob Josi so schnell zur Seite, wie sie aufgetaucht war. Sie richtete sich auf, warf einen Blick auf ihre schlafenden Schwestern und ging hinunter in die Küche, um Feuer zu machen. Dann griff sie nach der Haarbürste auf dem Kaminsims und bürstete sich die Haare. Mit jedem Strich wuchs ihr Entschluss. Zum ersten Mal flocht sich Josi nur einen einzigen Zopf, den sie hochsteckte. Sie war kein Kind mehr. Die Zeit von zwei Zöpfen war vorbei.

Noch bevor sie das Haus verließ, gelang es ihr das schmutzige Laken zu wechseln und es in kaltem Wasser einzuweichen. Sie würde es am Abend zusammen mit den Windeln waschen.

Josi genoss den Spaziergang ins Dorf, auch wenn sich die Binde zwischen den Beinen ungewohnt anfühlte. Sie ging aufrechter, fürchtete, jemand könnte bemerkten, was mit ihr los war. Sie freute sich auf den Sprachunterricht bei Signora Moretti, der ihr eine Abwechslung verschaffte. Was sie wohl heute wieder Interessantes erfahren würde?

Vor dem Hotel Helvetia traf sie den Wirtssohn Franz, der einige Sachen auf einen Karren lud.

„Guten Tag, Franz. Verreist du?"

Franz kniff die Augen zusammen, um die Person vor sich zu mustern. Im ersten Moment wusste er nicht, wer sie war.

„Du bist doch die Säger-Josi vom Gruonbach?"

„Sehr genau beobachtet", antwortete Josi spitz. Als er nicht weitersprach, wiederholte sie: „Und, was ist, verreist du?"

Erst jetzt erinnerte sich Franz an ihre Frage.

„Nein. *Ich ziehe um*. Ich beginne eine Lehre bei Maler Münsch in Altdorf", verkündete er stolz. „Mein Vater will zwar, dass ich Wirt werde, aber ich will das Handwerk der Farben lernen. Morgen kann ich beginnen. Ich werde auch beim Meister wohnen. Glaube mir, ich werde es meinem Vater beweisen, dass ich kein fauler Träumer bin."

„Wieso meint er das?" Josi wollte nicht zugeben, dass sie von dieser Meinung bereits wusste. Insgeheim bewunderte sie den Jungen für seine Entschlossenheit.

„Weil ich eigentlich *Kunstmaler* werden möchte, so wie Gustav Muheim, der dem König Ludwig* seine Bilder verkaufte. Der Vater sagt, *Künstler* sei kein Beruf. Ich müsse *etwas Richtiges* lernen. So wählte ich eine Lehre beim Maler. Auf diese Weise habe ich wenigstens mit Farben zu tun und kann alles über sie erfahren."

„Ach so."

„Was ist, glaubst du mir etwa nicht?" Franz fühlte einen leisen Ärger aufkommen. Es gefiel ihm gar nicht, dass dieses Mädchen vor ihm so kritisch war. Sie hatte irgendetwas an sich, das ihn interessierte. Darum wollte er Josi auf seiner Seite wissen.

„Doch, doch, aber es gibt wohl nicht so viele Könige, die hier Bilder kaufen." Ein spöttisches Lächeln zauberte die neckischen Grübchen in ihre Wangen. Jetzt erinnerte sich Franz wieder genau an Josi. Nur war sie inzwischen gewachsen und hatte sich irgendwie verändert.

„Ich kann deinen Vater verstehen." Josi fand Franz ebenfalls interessanter als sonst, fühlte sich geschmeichelt, dass er ernsthaft mit ihr sprach.

„Auch wenn du mir nicht glaubst, ich werde es allen beweisen", fuhr Franz trotzig fort. Er wollte sich von niemandem einschüchtern lassen und redete sich selbst Mut zu. „Nach der Lehre besuche ich die Rekrutenschule. Danach arbeite ich eine Weile, verdiene genug Geld, um nach

München zu gehen. Du musst wissen, der König sammelt Kunst. Er hat eine riesige Bildersammlung und die will ich sehen, um mehr zu lernen." Seine Wangen glühten nun vor Eifer. Seine Leidenschaft war nicht zu übersehen.

„So, so, nach München will der Herr", gab sich Josi ungerührt. Das Spiel, ihn ein wenig zu necken, gefiel ihr. Heimlich beneidete sie Franz jedoch, weil er einen so genauen Plan hatte, während sie nicht wusste, wovon sie hätte träumen können. Der Vater lachte jeweils nur, wenn sie irgendeine Idee äußerte, die etwas Anderes als *Hausfrau und Mutter* beinhaltete.

„Es ist alles so beklemmend in diesem Dorf mit seinen paar engstirnigen Einwohnern. Ich möchte mehr. Hier gibt es keine Anregung. Hier denken alle so wie mein Vater, Kunst sei wertlos. Hier kann ich nicht Künstler werden. Aber in München, da gibt es die Pinakothek. Da zählen Bilder etwas. Da werde ich lernen können."

„Da bin ich mal gespannt, wie weit du es bringen wirst. Ich muss jetzt gehen. Viel Erfolg", sagte Josi, als sie sich abwandte und weiter durchs Dorf schritt.

Signora Moretti wedelte mit dem Amtsblatt, das sie abonniert hatte. Wieder einmal liebte sie es über die Politik zu berichten, anstatt nur Sprachunterricht zu erteilen. Das gehörte für sie zum Vermitteln von Kultur. Sie interessierte sich für alles, was rund um die Schweiz geschah, vor allem natürlich, wenn es um ihr geliebtes Heimatland ging. Doch dieses Mal handelte es sich um einen anderen Machthaber, um den Bayrischen König Ludwig II.

„Ihr werdet es nicht glauben", rief sie erheitert, „diese Männer! Die wollen tatsächlich dem bayrischen König *das Urner Ehrenbürgerrecht* erteilen! Incredibile! Stellt euch das vor: Ein Monarch wird Ehrenbürger einer *Republik!* Che pazzo! Una follia!"

Josi und Alois verstanden ihre Erheiterung nicht ganz, da sie sich nicht sonderlich für Politik interessierten.

„Die Schweiz ist eine *Demokratie*, das heißt, das Volk regiert hier", erklärte sie, „das ist das pure Gegenteil von einem *Königreich*. Er kann doch nicht gleichzeitig König und Demokrat sein."

Die geschäftstüchtigen Urner waren während des Winters in Kontakt mit Seiner Majestät König Ludwig II. geblieben. So einen großen Fisch ließ man nicht gerne von der Angel. Der Monarch seinerseits äußerte in schwülstigen Briefen den tief empfundenen Wunsch, ein Eidgenosse zu werden. So beantragten sieben einflussreiche Familien, man möge ihm, *in Anerkennung seiner wahrhaft edeln Gesinnung gegen die Urschweiz und seiner tatsächlich bewiesenen besondern Verehrung unseres Freiheitsgründers Wilhelm Tell, das Ehren-, Land und Bürgerrecht von Uri gewähren.*

Es brauchte das Eingreifen des Bundesrates, um dieses Ansinnen abzuwehren. Niemand könne ein doppeltes Bürgerrecht erwerben. Das bayrische Staatsoberhaupt hätte auf das Bürgerrecht im eigenen Land verzichten müssen. Darum zogen die sieben Familien ihr Begehren zurück, noch bevor es vom Landrat beraten wurde.

So lernten Josi und Alois an diesem Morgen Wörter wie *verrückter König*, *Dummkopf*, *Wahnsinn* oder *Blödheit*, ohne zu wissen, ob sie solche Ausdrücke je würden brauchen können. Die beiden freuten sich jedoch, verbotene Wörter zu kennen und hatten ihren Spaß daran, miteinander zu üben.

Josis Heiterkeit verflog jedoch in dem Moment, als sie Annas neusten Brief las, der ihr der Postbote auf dem Heimweg aushändigte.

Liebe Josi

Es bricht mir das Herz. Ich kann kaum schreiben. Ich weiß nicht, welcher Fluch auf mir liegt, dass mir Solches passiert. Die Geburt meines Seppli verlief etwas besser als die erste. Dennoch war es meinem Liebling nicht vergönnt zu leben. Die Hebamme machte eine Nottaufe. So kann er wenigstens zu den Seligen kommen. Nur wenige Stunden nach seiner Geburt habe ich ihn wieder verloren. Ich bin so untröstlich.

Anna

Josis Hände zitterten. Das durfte doch nicht wahr sein! Anna erlebte so Unbeschreibliches und sie konnte nichts für sie tun. Es musste für ihre Freundin unerträglich sein, gleich *zwei* Kinder nacheinander zu verlieren. Wenn sie ihr doch nur helfen könnte!

Mai 1866

Dieses Mal seufzten die Mutter und Josi gemeinsam. Der Kartoffelkeller war schon seit Wochen leer. Der Speiseplan wurde eintöniger, die Portionen kleiner. Nur mit Mühe konnten sie die Familie durch den nasskalten Frühling bringen. Im Garten gab es außer einigen Kräutern und Salat noch nichts zu ernten, und ein später Frost hatte den Obstbäumen arg zugesetzt. Josi grub mit den jüngeren Geschwistern am Waldrand nach den Wurzeln der Teufelskralle, die eine willkommene Ergänzung boten. Auf der Weide sammelten die Kinder Feldsalat, Löwenzahn, Maßliebchen oder auch guten Heinrich. Zum Glück legten die Hühner fleißig und die Ziegen gaben Milch. Doch alles in allem blieb der Speisezettel mager, und es reichte kaum, um alle Kinder satt zu kriegen. Onkel Karl brachte ab und zu Erbsenmehl, um der Suppe etwas Gehalt zu verleihen. Trotzdem wurde sie von Woche zu Woche dünner, dafür wuchsen die Sorgen umso mehr.

Denn nun sollten sie dringend Kartoffeln *pflanzen*, wenn sie im nächsten Winter nicht hungern wollten. Das Problem war, es gab kaum welche zu kaufen, weil nach dem harten Winter überall die Keller leer waren. Als sie schließlich doch noch zwei Säcke voll ergattern konnten, ließen sich die Sorgen nicht vertreiben, denn der durchtränkte Boden, gepaart mit den kühlen Temperaturen, ließ das Auspflanzen weiterhin nicht zu. Die Knollen wären innerhalb kurzer Zeit verfault.

Damit war der Sorgen noch nicht genug. Kriegerische Auseinandersetzungen, die rund um die Schweiz tobten oder noch auszubrechen drohten, führten zu weiteren Einschränkungen. Europa war im Umbruch, die Lage explosiv. Der preußische Fürst *Otto von Bismarck**, bedrohte Europa mit Krieg. Viele bewunderten ihn als Staatsmann, doch genauso viele fürchteten die Folgen seiner Politik. An den Börsen herrschte Panikstimmung, und die Gespräche im Hotel Helvetia waren hitzig.

Niemand wusste, wie weit sich die Kampfhandlungen ausweiten würden. Immer wieder erzählte der Vater davon, versuchte seinen Kindern zu erklären, warum alles immer teurer wurde und sie sich immer weniger leisten konnten. Wenn Josi nun ins Dorf kam, gab es kaum mehr Touristen. Die Schiffe blieben leer, auch die neue Axenstraße vermochte an diesem Umstand nichts zu ändern. Wer hätte in dieser unsicheren Zeit reisen wollen oder können? Niemand wandelte mehr auf Tells Spuren, erholte sich in einer Kur oder kletterte auf Berggipfel, wenn zuhause Not herrschte. Fleißige deutsche Arbeiter mussten die Schweiz verlassen und heim ins Militär ziehen. Die Hotels waren verwaist, die Bäcker, Metzger und Händler fanden kaum mehr Käufer für ihre Produkte. Wenn ein Glied in der Kette fehlte, wurden die übrigen Betriebe mit in den Abgrund gerissen. Die Berggipfel waren wieder einsam wie eh und je.

Otto von Bismarck* hatte sich mit Italien verbündet, um gegen Österreich zu kämpfen. Aufgrund von militärischen Bündnissen waren aber praktisch alle Deutschen Staaten in die Auseinandersetzungen verwickelt, auch Bayern. König Ludwig II. hatte schon vor einigen Wochen den Mobilmachungsbefehl unterzeichnet. Wie hätte sich die Lage in der Schweiz wohl entwickelt, wenn er Uris Ehrenbürger geworden wäre?

Eines Tages ging die Neuigkeit wie ein Lauffeuer durchs Dorf. Alle Zeitungen berichteten davon. Ein junger Student aus Baden war auf Tells Pfaden gereist, aber nicht nach Süden in die Schweiz, sondern nach Berlin. Er hatte sich vorgenommen, das *Land vom Tyrannen zu befreien*, so wie einst Wilhelm Tell die Schweiz von Gessler* befreit hatte. Einen Krieg wollte der junge Mann verhindern, indem er selbst zur Tat schritt. Er wollte seinen Mut beweisen und den preußischen Fürsten, den er als *Verräter an Deutschland* empfand, für immer beseitigen.

„Es ist doch wenigstens des Probierens wert, durch das Opfer zweier Leben viele zu retten", hatte er in einem Abschiedsbrief geschrieben. Zum äußersten entschlossen, feuerte er aus nächster Nähe fünf Schüsse auf den verhassten Landesfürsten. Doch wie durch ein Wunder blieb dieser nahezu unverletzt. Bismarck übermannte selbst den jungen Mann und ließ ihn festnehmen. Wenig später nahm der sich während des Verhörs das Leben.

Diese Geschichte erhitzte die Gemüter am Stammtisch noch mehr. Die meisten bewunderten den Studenten für seinen Mut, befürworteten seinen Versuch, den Krieg abzuwenden. Doch andere verurteilten das Attentat. Otto von Bismarck konnte nun nichts mehr zurückhalten. Er nahm den gescheiterten Anschlag als Anlass, den Krieg gegen Österreich zu beginnen. Von Signora Moretti wusste Josi, dass dieses Land noch in einem zweiten Konflikt steckte. Italien wollte alle Gebiete, in denen italienisch gesprochen wurde, vereinen. Auch dieses Land kämpfte gegen das Kaisertum Österreich, stritt um die Norditalienischen Gebiete. Österreich hatte daher an zwei Fronten zu kämpfen.

Für Josis Familie wurde das Leben noch härter. Die Getreidepreise schossen in die Höhe, weil Österreich die Grenzen schloss und die Getreideausfuhr in die Schweiz verbot. Vaters Geschäfte liefen schlechter. Oft war er übellaunig und schweigsam. Dennoch kamen die abendlichen Gespräche immer wieder auf die bedrohliche Lage. Die Schweizer fürchteten nämlich noch einen dritten Krieg. Sollte auch Frankreich alle Gebiete, in denen Französisch gesprochen wurde, für sich beanspruchen wollen? Das würde für die Schweiz Krieg bedeuten, wollte sie nicht Genf, Neuenburg, das Waadtland, den Jura oder das Wallis verlieren. Savoyen wurde ja bereits von Frankreich beansprucht. Diese Frage war noch immer nicht gänzlich geklärt.

„Sag Vater, musst du auch in den Krieg?", wollte Heiri eines Abends wissen.

„Ich weiß es nicht. Aber wir haben die Anordnung erhalten, uns bereitzuhalten. Wir sollen die Kameraden beim Bewachen der Grenze gegen Frankreich unterstützen. Onkel Karl organisiert als Hauptmann bereits die Mobilmachung der Urner Truppen. Es kann jeden Moment losgehen."

„Bitte Vater, bleibe hier. Was soll dann aus uns werden?" Die Stimmung in der Stube war von Angst geprägt.

„Das bestimme nicht ich. Wenn es nötig ist, müssen wir fremdem Militär den Durchmarsch verweigern. Wir wollen unser Land schützen. Wir wollen unsere Neutralität verteidigen. Da müssen wir alle Opfer bringen."

Noch waren die Kampfhandlungen weit weg, in der Lombardei oder in Böhmen. Doch niemand wusste, wie sich die Lage entwickeln würden.

Von Woche zu Woche stieg die Unsicherheit. Überall herrschte Verwirrung, Angst und Bedrohung. Das Leben in Flüelen wurde immer ruhiger, weil auch die Kutscher und Fuhrleute ohne Arbeit blieben. Der Handel über den Gotthard brach ein. Hinzu kam das Wetter, das einfach nicht bessern wollte, als ob sich auch der Himmel gegen die Urner verschworen hätte. Noch Mitte Juni löste heftiger Schneefall mehrere Lawinen aus. Sie beschädigten die Straße über den Furkapass so stark, dass sie für Kutschen unpassierbar blieb.

Der anhaltende Regen brachte die Flüsse und Seen zum Überlaufen. Hochwasser bedrohte Luzern und andere Städte der Schweiz. Auch der Gruonbach schwoll mehr und mehr an. Sein Rauschen und Poltern wurde von Tag zu Tag lauter. Das Wasser verließ sein angestammtes Bett, floss durch die Weide, vergrub mit Geschiebe das spärliche Gras, näherte sich gefährlich dem Haus. Immer wieder staute sich bei der Brücke das Wasser, bis es von nachfolgenden Massen in einer großen Welle Richtung See entwich. Die Familie war während Wochen angespannt. Der Vater stieg täglich zur Brücke hoch, studierte den Bach und schüttelte den Kopf. Ihm gefiel gar nicht, was er sah.

„Diese Brücke wird uns eines Tages zum Verhängnis werden", wiederholte er eins ums andere Mal. „Der Bach ist zornig."

Niemand glaubte ihm. Der Gruonbach schien gerade nicht das größte Problem. Auf den Feldern verfaulte das Getreide. Auf den Alpen fanden die Tiere kaum etwas zu fressen. Kein Ende war absehbar. Nicht nur Josis Familie, halb Europa zitterte, wie es den nächsten Winter überleben sollte.

Juli 1866

Der Krieg verschlang die Vorräte, zerstörte die Felder, tötete die Männer. Hinzu kam schlechtes Wetter, das die Erträge weiter minderte. In ganz Europa herrschte Hunger und Not, und es war kein Ende absehbar.

Allmählich drangen die Nachrichten aus Böhmen nach Uri. Preußen siegte in einer entscheidenden Schlacht bei Königgrätz gegen Österreich, wodurch es Führungsmacht in Deutschland wurde. Damit gab es endlich einen Frieden, der allerdings brüchig war, weil nun die Mächteverhältnisse in Europa neu waren. Die Männer am Stammtisch lasen die Zeitungen, besprachen den Krieg und taten lautstark ihre Meinungen kund.

In verschiedenen Artikeln munkelte man, ein ausschlaggebender Grund für den schnellen Sieg seien die *Zündnadelgewehre** gewesen. Diese brandneue Waffe, die die Preußen *im Geheimen* eingeführt hatten, ermöglichte viel mehr Schüsse in kürzerer Zeit abzufeuern als die bisherigen Vorderlader, mit denen die Österreicher kämpften. Als Josi davon hörte, wurde sie ganz unruhig. Sie erinnerte sich, an den Großauftrag vor ein paar Jahren. Ihr Vater hatte mit seinem Walnussholz einen Beitrag zum Sieg der Preußen geleistet, ohne dass er es gewollt oder auch nur geahnt hätte.

Viel mehr gab am Stammtisch ein anderer Punkt zu reden. Mutmaßlich hatte Preußen gesiegt, weil es über ein weitgespanntes Eisenbahnnetz verfügte, das einen schnellen Aufmarsch und rasche Umgruppierungen ermöglichte. Es konnte seine Truppen in nur zehn Tagen über 500 Kilometer an die Front verschieben und die Armee auf drei Angriffsachsen verteilen. Dagegen mussten die Österreicher ihren Aufmarsch mithilfe einer einzigen Bahnlinie bewerkstelligen. So kam es, dass die Preußen wesentlich früher in ihre Positionen eingerückt waren und den Ort der Schlacht bestimmen konnten. Ab und zu hörte Josi den Männern am Stammtisch zu.

„Wir brauchen die Gotthardbahn so schnell wie möglich."

„Wie sollen wir das finanzieren, gerade jetzt, wo alles so teuer ist, wo niemand Geld für ein derart riskantes Unterfangen hat."

„Egal, was es kostet, Uri muss jetzt investieren. Sonst bleiben wir für alle Ewigkeit vom Fortschnitt getrennt."

Die Gemüter blieben erhitzt, bis die Urner unerwartete Unterstützung erhielten. Die politische Lage in Europa half ihnen. Da Preußen mit Italien verbündet war, bevorzugten die beiden Reiche eine direkte Verbindung durch den Gotthard. Sie kündeten ihre Bereitschaft an, sich an dem Projekt finanziell massiv zu beteiligen.

Indessen suchte ein anderer Feind Europa auch noch heim. Er war winzig und unsichtbar, aber nicht weniger schrecklich als die Gewehrsalven der vielen Kriege. Er forderte seine Opfer nicht auf Schlachtfeldern, sondern in Kasernen und Privathäusern, schlich sich in Fabriken und in Kirchen, kurz, er lauerte überall. In der preußischen Armee war *Typhus** ausgebrochen, in der Österreichischen *Cholera*. Diese Krankheiten verbreiteten sich in allen Ländern. So ging das Sterben auch nach den Kämpfen unaufhaltsam weiter. An keiner Grenze machten die Seuchen Halt, sodass auch Uri Opfer zu beklagen hatte.

November 1866

Dieses Jahr war der Keller nur halb gefüllt, obwohl der Winter noch nicht einmal begonnen hatte. Der recht sonnige und milde Herbst vermochte den verregneten Sommer nicht wettzumachen. Der Ertrag des Gartens war armselig. Die Bohnen waren vom Mehltau geschwächt, der Lauch mager, die Kohlköpfe verfault. Die Kartoffelkrankheit hatte einen großen Teil der Ernte zerstört. Die Apfellese war kaum der Rede wert, die wenigen Früchte schmeckten sauer. Wie sehr sich die Mutter und Josi im Garten auch angestrengt hatten, gegen dieses Wetter waren sie machtlos. Der Speiseplan der Familie blieb weiterhin bescheiden, und so ging es Tausenden von Menschen in ganz Europa. Niemand wusste, wie sie die kommenden Monate überstehen sollten, denn in vielen Gegenden hatte es kaum ein paar sonnige Tage gegeben. Überall waren die Erträge gering, der Käse von schlechter Qualität, die Ernte kaum genießbar.

Noch liefen die Geschäfte des Vaters nicht besser, wie er es nach der Eröffnung der Axenstraße erhofft hatte. Im Gegenteil, seine Einnahmen waren rückläufig. Auch ihn drückten die Sorgen. Wie gut wäre es jetzt gewesen, sie hätten etwas mehr Käse herstellen, ein paar Ziegen mehr schlachten, etwas mehr Boden bepflanzen können, um die Einnahmen zu steigern oder auch nur, um mehr Nahrung für die Familie zu erzeugen. Doch das Land war verkauft, zugebaut mit den Stützmauern der Axenstraße sowie der Brücke über den Gruonbach. Es gab kein Zurück.

„Dieses Jahr ist alles viel teurer geworden", stellte der Vater eines Abends während der Lesestunde fest. „Und die Preise steigen immer weiter."

„Warum?", wollte Willi wissen.

„Wenn eine Ware knapp wird, steigen die Preise." Der Vater versuchte seinen Kindern kaufmännisches Denken beizubringen.

„Wer bestimmt denn die Preise?"

„Eigentlich wir alle, die Politiker, besonders aber die Bauern. Sie konnten in diesem Jahr weniger ernten. Darum können sie weniger Obst und Gemüse verkaufen. Wenn sie weniger verkaufen, verdienen sie weniger. Das möchten sie ausgleichen. Die Frage ist dann: Wird der höhere Preis den Ausfall in der Ernte decken? Sie möchten natürlich möglichst teuer verkaufen, aber wenn die Preise zu hoch sind, kann sie niemand mehr bezahlen. Es ist nicht einfach. Für niemanden."

„Dann sollen sie halt mit weniger auskommen."

„Wir dürfen nicht nur an uns denken, sondern müssen dafür schauen, dass die Bauern genug verdienen."

„Warum? Uns geht es doch auch nicht besser."

„Es gibt in der Schweiz ganz viele Bauern. Sie versorgen unser Land mit Obst, Gemüse, Milch, Fleisch oder Korn. Ohne sie müssten wir alle verhungern. Wir hängen von ihnen ab."

„Aber sie doch auch von uns. Würden wir kein Holz sägen, könnten sie keine Häuser bauen."

„Das ist richtig. Alle hängen voneinander ab. Darum musst du bedenken: leiden die Bauern, so leiden alle, auch wir Handwerker, die Händler, die Wirte, alle, denn es gibt so viele Bauern. Sie stellen nicht nur Lebensmittel her, sondern sie kaufen auch selbst viele Dinge ein. Wenn sie weniger verdienen, können sie weniger kaufen. Stellt euch einmal vor, was das ausmacht, wenn jeder Bauer im ganzen Land nur eine Scheune weniger baut, ein Kleid weniger machen lässt, oder im Wirtshaus ein Glas pro Woche weniger trinkt. Es sind so viele, dass sie im Stande sind, ganze Gasthäuser oder Fabriken zum Stillstand zu bringen."

„Was sollen wir denn tun", lautete Mutters bange Frage, „wenn der Keller leer ist und wir fast keine Einnahmen mehr haben? Wie soll ich genug zu essen auf den Tisch bringen? Wie sollen wir immer mehr bezahlen?"

Sie seufzte im Hintergrund am Spinnrad, fühlte sich elend. Ihr Bauch war so dick, dass ihr nächstes Kind wohl bald kommen würde. Noch ein Esser mehr? Wie sollte das gehen? Wenigstens war Klaus meistens aus dem Haus, doch er kostete Lehrgeld, weil er seit kurzer Zeit beim Spediteur* Crivelli in die Lehre ging. Ohne ihn blieben noch acht Kinder im Haus, die alle etwas essen mussten. Bald kam dieses neunte hinzu. Die Mutter selbst war geschwächt. Es war nicht gut, während der Schwangerschaft zu hungern. Ihr war bange, ob sie diese Geburt überstehen würde. Was würde aus den Kindern werden, wenn *Es* sie holte? Was würde aus diesem Neugeborenen werden? Konnte es überleben, wenn sie gerade kaum genug zu essen hatten? Oder würde es sterben, wie seine drei Geschwister?

Josi arbeitete an Taschentüchern für ihre Aussteuer, während sie der Unterhaltung folgte. Die Mutter hatte ihr gezeigt, wie man mit Häkelspitzen die Tücher in kleine Kunstwerke verwandelte. Es war nicht besonders schwierig, aber es forderte ihre ganze Aufmerksamkeit, um keine Fehler zu machen.

„Ich weiß es auch nicht, Kinder. Wir gehen einer schweren bangen Zeit entgegen. Die Lage ist gerade ganz kritisch. Dazu kommt ein schlechtes Erntejahr mit kranken Kartoffeln und wenig Obst. Wir müssen uns auf alles gefasst machen. Wir werden uns einschränken müssen." Dann wandte er sich an Josi, räusperte sich, bevor er fortfuhr: „So leid es mir tut, Josi, wir können deine Sprachschule nicht länger bezahlen. Du musst der Witwe Moretti sagen, dass du nicht mehr teilnehmen wirst."

Wie vom Donner getroffen schreckte Josi auf. „Das kannst du nicht machen, Vater!" Sie ließ ihre Arbeit sinken. Der Atem stockte. Alles würde sie der Krise opfern, aber nicht die Stunden bei Witwe Moretti.

„Ich muss, mein Kind, ich muss. Uns geht gerade das Geld aus. So Gott will, kommen auch mal wieder bessere Zeiten." Er versuchte seiner Stimme mehr Zuversicht zu verleihen. „Ich verspreche euch allen, ich werde alles mir Mögliche tun, damit es in Uri besser wird. Darum will ich in den Landrat. Dort werde ich mich dafür einsetzen können."

15 Jahre alt

August 1868

Josi war auf dem Weg ins Dorf, um Besorgungen zu erledigen. Die Menschenansammlung am Hafen von Flüelen war höchst ungewöhnlich. Sie hatte noch nie etwas Ähnliches erlebt. Es schien, als ob das halbe Dorf auf den Beinen sei, um das herannahende Dampfschiff *Winkelried* jubelnd zu begrüßen. Bei genauerem Hinsehen konnte sie allerdings nur wenige Leute darauf erkennen. Von den Umstehenden erfuhr sie, dass ein ganz besonderer Gast an Bord sei, er wolle aber *inkognito* reisen. Deshalb habe er das ganze Schiff ausschließlich für sich gemietet. Der fröhlichen Menge nach zu schließen, war der Wunsch unerkannt zu bleiben nicht ganz geglückt. Dankbar für jede Abwechslung, drängelte sich Josi vor, um einen Blick auf das Geschehen zu erhaschen.

Zu ihrer großen Verwunderung entstieg dem Schiff, aufrecht und würdevoll, kein Mann, sondern eine kleine, zur Rundlichkeit neigende und ganz in Schwarz gekleidete *Dame*. Die langen Ärmel und das hochgeschlossene Oberteil ließen keine Luft auf deren Haut, sodass Josi sich unwillkürlich fragte, wie sie wohl die sommerliche Hitze ertrug. Eine Haube bedeckte die schmucklos hochgesteckten Haare, was ihren gedrungenen Hals zusätzlich verkürzte und sie älter erscheinen ließ, als sie tatsächlich war. Sie wechselte in gutem Deutsch ein paar freundliche Worte mit Dorfbewohnern, bevor sie sich zu ihrer Kutsche begab, die bereits auf sie wartete. Erst jetzt hörte Josi das Getuschel, dass es sich um *Königin Victoria von England, der Kaiserin von Indien,* handelte. Dies war *die mächtigste Frau der Welt*! Und sie war hier, in diesem winzigen Dorf! Josi hätte sie kaum als Königin oder Kaiserin erkannt, so freundlich gab sie sich, so nahbar war sie. Die allgemeine Erregung sprang auf Josi über. Sie musterte die Regentin, wollte so viel wie möglich von diesem Augenblick für immer in Erinnerung bewahren.

Eine tiefsitzende Müdigkeit prägte das runde Antlitz der Königin, zeugte von der schmerzlichen Trauer um ihren Ehegatten, die sie mit dieser Reise zu überwinden hoffte. Sie ließ ihren Blick über das herrliche Bergpanorama schweifen, sog die aufgeräumten Mienen der Umstehenden in sich ein, hob die Nase schnuppernd in die Luft, ließ den warmen Föhn* darüber streifen, bis etwas Farbe auf ihre Wangen trat. Die Naturschönheiten streichelten ihre Seele, die ungewohnten Eindrücke stärkten ihr düsteres Gemüt. Ein flüchtiges Lächeln huschte über ihre Züge, als sich ihre Blicke für einen kurzen Augenblick mit Josis kreuzten. Das Mädchen spürte sofort die Last auf dem Herzen der Dame, spürte, dass auch sie in erster Linie Gattin und Mutter von neun Kindern war, eine Frau, die einen lieben Angehörigen verloren hatte. Hier war ein Mensch wie sie selbst, den Mächten des Schicksals ausgeliefert, der lernen musste, wie schnell sich auch das Leben einer Herrscherin unkontrollierbar verwandeln konnte. Der Typhus* hatte sich nicht von Rang und Namen abhalten lassen und hatte ihren Mann im Alter von nur 42 Jahren geholt. Mochte sie die mächtigste Frau der Welt sein, gegen die Launen ihrer Bestimmung war sie genauso hilflos wie jeder andere.

Am liebsten wäre Josi wie die johlenden Kinder und kläffenden Hunde der Kutsche nachgerannt. Doch dazu hatte sie keine Zeit. Sie war hier, um Besorgungen zu erledigen und danach zuhause der Mutter wieder im Haushalt beizustehen.

So kurz die Begegnung gewesen war, so tief waren doch die Spuren, die sie bei Josi hinterließ. Auf dem Rückweg sinnierte sie über die Königin und über ihr eigenes Leben. Beim Versuch ähnlich majestätisch mit erhobenem Kinn zu gehen, spürte sie eine seltsame Verwandtschaft mit der mächtigen Frau, auch wenn sie dies niemals irgendjemandem anvertraut hätte. Zu vermessen waren solche Gedanken.

Es war, als ob sie einen kurzen Blick in deren Inneres habe werfen können. Auch die Königin hatte eine geheime Kammer, die allen Schmerz, alles Leid und alle Einsamkeit umschloss, während sie hoch aufgerichtet und gefasst durch die Menge schritt. An der Stelle ihres Herzens blieb nur eine bodenlose Leere, zugleich ein Gefängnis, das sie in ihrem Dasein gefangen hielt. So gern sie ihrem Geliebten in den Tod gefolgt wäre, die verwaisten Kinder sowie die Pflichten als *Landesmutter* waren ihre fesselnden Ketten. Mochte sie noch so mächtig sein, sie hatte keine Wahl. Der flüchtige Austausch der Blicke ließ ähnliche Gefühle in Josis Innerem anklingen, eigene Erfahrungen erinnern.

Was hatte ihr das vergangene Jahr nicht alles abverlangt, ihr, der Mutter und der ganzen Familie! Es war ein ständiges Fortreißen, ein Weh und Ach, ein Schmerz und Herzeleid. Es waren enttäuschte Hoffnungen und stetes Bangen. Der Kummer begann mit Anna, die nur zwei Wochen nach der Geburt auch ihr drittes Kind wieder hatte hergeben müssen. Drei Geburten, drei Wohlgängerli*, unfassbar, welche Pein ein Mutterherz durchlebte! Beim Gedanken daran fühlte sich Josi mitschuldig an dem Unglück, weil sie so gar nichts für die Freundin tun konnte. Wieso musste sie so weit weg wohnen? Wieso war der Weg zu ihr so lang, viel zu weit für ein Mädchen? Wieso konnte sie Anna nicht trösten, ihr beistehen, ihr mit den drei Stiefkindern zur Hand gehen? Ganz deutlich spürte Josi Annas Verzweiflung, ihre Trauer und Enttäuschung, obwohl sie in der Ferne weilte. Es war kaum auszuhalten.

Dann folgte ihr dreijähriger Bruder Johann. Während ein paar Tagen fühlte er sich unwohl, hustete, klagte über Halsweh und Übelkeit. Das Gurgeln mit Salbeitee und der Spitzwegerich-Saft hatten keine Linderung gebracht, im Gegenteil. Der Husten wurde bellend, schüttelte den kleinen Körper während der ganzen Nacht wie ein wildes Tier seine Beute. Das Fieber stieg weiter und weiter. Weder Lindenblütentee noch kalte Wadenwickel vermochten es herunterzuziehen. Das arme Kerlchen glühte förmlich. Am frühen Morgen musste Willi den weiten Weg ins Dorf hasten, um den Arzt zu holen. Unterdessen lief der kleine Bub fürchterlich blau an, schnappte nach Luft, starrte die Geschwister und die Mutter aus weit aufgerissenen, verängstigten Augen an, während er von einer weiteren Hustenwelle gepackt wurde, und bevor der Doktor eintraf, bewegte er sich nicht mehr. Er war tot, für immer.

„Der Würgeengel* hat ihn geholt", stellte der Doktor nüchtern fest, nachdem er ihn untersucht hatte. Er machte sich sofort auf den Rückweg, weil es in anderen Familien ebenfalls kleine und große Patienten gab, die mit dem Leben rangen.

Dann stieß im Oktober ein weiteres Kind zur Familie. Wieder war es eine schwere Geburt, die der Mutter alles abverlangte. Aber auch dem kleinen Toni war kein langes Leben bestimmt. Von Anfang an kämpfte er, vermochte nicht richtig zu trinken, blieb schwach und kränklich, litt unter Durchfall und Erbrechen, bis auch er, ausgerechnet am Weihnachtsmorgen, nicht mehr aufwachte. Das war kein Fest! Niemand vermochte zu feiern. Derart bleiern lastete die Trauer, dass die Familie keinen Gottesdienst besuchen mochte. Niemand hätte es ertragen. Der Heiland* war gerade weit weg, lag nicht mehr in der Krippe, wenn das

Bébé* starb. Warum hatte der Herrgott den Bruder an diesem besonderen Tag zu sich geholt? War es die Strafe für irgendein unbekanntes Vergehen?

Die Mutter hatte 14 Kinder geboren und fünf davon bereits wieder hergeben müssen. Wie der Königin Victoria blieben ihr neun Kinder. Der Unterschied bestand darin, dass eine Königin nicht bangen musste, wie sie die Schar ernähren sollte, sie brauchte nicht selbst die ganze schwere Arbeit zu verrichten, sie konnte tun und lassen, was sie wollte, auch während Wochen mit ihren Kindern und ihrem Hofstaat verreisen. Sie hatte Mittel und Wege, um sich aus ihrer Trauer zu befreien. Aber in ihrem Inneren blieb sie eine verletzliche, einsame Frau, die sich nach Geborgenheit sehnte.

Oktober 1868

Josi erntete mit ihren Geschwistern die letzten Äpfel und Birnen im Obstgarten. Nach einer längeren Regenperiode war der Tag heiß, obwohl es bereits Oktober war. Schweißgebadet schleppten sie die vollen Kisten in den Keller, freuten sich, dass es ein gutes Jahr gewesen war. In diesem Winter würden sie nicht hungern müssen. Die ungewöhnliche Hitze brachte den Himmel zum Kochen. Wolkenberge türmten sich über den Berggipfeln im Westen, raubten dem Abendhimmel das Licht. Gelblich und hagelschwanger ballten sie sich dunkelgrau zusammen, bis sie fast ganz schwarz waren. Erste Windböen zerrten an den Fensterläden. Josi trieb die Kinder zur Eile an, verstaute die Werkzeuge, überzeugte sich mit einem Gang ums Haus, dass nichts lose herumlag.

Wenig später entlud sich das Gewitter in der frühen Nacht. Nur ab und zu teilten Blitze den Himmel. Dumpf grollend echote der Donner von den Felsen des Axen. Der Regen trommelte so heftig gegen die Scheiben, dass sie zu bersten drohten. Gleichzeitig schwoll der Sturm an, tobte bald wie eine Herde wild gewordener Stiere. Er riss am Dach, erschütterte das Haus in seinen Grundfesten.

Der Gruonbach war zu einem reißenden Strom geschwollen. Krachend barsten Hölzer, dröhnend polterten riesige Felsbrocken. Josi spürte die Angst der Eltern, die sich zu ihrer eigenen gesellte, sie vermehrte und unerträglich steigerte. *Lärm bedeutete Gefahr.* Nie wusste man, was im nächsten Moment geschehen würde, ob das Haus den erhofften Schutz zu bieten vermochte oder ob die Familie den Gewalten des Unwetters preisgegeben würde. Der Sturm tobte derart, dass man das murmelnde Gebet der Familie kaum hörte. Sie saß versammelt am Stubentisch, die Eltern mit ihren neun Kindern, am Rosenkranz Halt suchend, denn etwas Anderes konnten sie nicht tun gegen die entfesselten Elemente.

Heilige Maria, Mutter Gottes, bitt für uns!

Zwischendurch beruhigte die Mutter den Jüngsten, den zweijährigen Friedel, auf ihrem Schoss, so gut sie das vermochte. Er weinte und klammerte sich an die vertraute Brust, Nestwärme suchend, obwohl die Mutter selbst in Angst und Schrecken ob des ungewöhnlich heftigen Gewitters war. Wenn *Es** nur nicht kam!

Der Herr sei uns gnädig, jetzt und in der Stunde unseres Todes! Amen.

Mit einem Mal krachte es noch heftiger. Der Boden zitterte. Unruhig erhob sich der Vater, öffnete die Tür einen Spalt weit, hielt sie mit seinen kräftigen Händen fest umklammert und lehnte sich mit dem ganzen Körper dagegen, um dem Sturm den Eintritt zu verwehren, streckte den Kopf vorsichtig hinaus, aber er konnte nichts sehen. Der Regen fiel so dicht, dass der Bach in weiter Ferne schien. Nur sein betäubendes Rauschen verriet, dass er drohend nahe war. Auf und ab schritt der Vater, mit sich ringend, ob er nicht doch draußen nachsehen sollte.

„Bist du vollkommen irre? Willst du diese Schar hier zu Waisen machen?" Die Mutter konnte nicht glauben, dass es ihren Mann hinaus in diesen Sturm zog.

Endlich ließ das Gewitter etwas nach. Der Vater stieg in seine Stiefel, griff nach dem Kaput*, der neben der Tür an einem Haken hing und setzte den Filzhut auf.

„Ich komme mit", riefen Heiri und Willi wie aus einem Munde. Bevor die Mutter protestieren konnte, hatten sie je eine Decke übergeworfen und folgten dem Vater. Es war glitschig auf dem durchnässten Boden. Noch immer regnete es, aber nicht mehr so heftig. Der Steg, der die Sägerei mit dem Dorf verband, war weggeschwemmt. Sie waren abgeschnitten. Keine Hilfe konnte sie im Moment erreichen, denn der See war zu aufgewühlt, als dass irgendein Boot darauf hätte fahren können. Langsam stiegen die drei dem Bach entlang hoch, weit genug vom Wasser entfernt, um nicht mitgerissen zu werden. Es dauerte länger als üblich, bis sie nahe bei der Brücke der Axenstraße waren.

„Diese Schafseckel, diese verdammten, diese Gaggälari", stieß der Vater aus. Er riss sich den Hut vom Kopf, um ihn gleich darauf neu aufzusetzen. „Wollen die uns umbringen? Ich hab's doch gewusst! Ein Glück, dass das Gewitter abzieht. Sonst hätte *Es* uns heute alle geholt. Schaut euch das an!"

Nun sahen auch die Buben, was den Vater erzürnte. Den beiden stockte der Atem. *Jesses Maria, was war DAS?* Ein Felsbrocken in der Größe einer Dampflok lag quer im Bachbett. Er war es, der die Erde hatte erzittern lassen. Über hundert Meter war er vom Wasser mitgeschwemmt worden, bevor er sich bei der Brücke im Bachlauf verkeilt hatte. Nicht auszudenken, was passiert wäre, wenn er weiter in die Tiefe und auf das elterliche Haus gestürzt wäre! Zum Glück war er liegengeblieben. Für dieses Mal waren sie mit dem Schrecken davongekommen.

Der Felsbrocken und ein Baumstamm hatten sich so ins Bachbett gelegt, dass sie das Wasser gegen seine Mitte ableiteten. Zum Haus und zur Säge floss nur ein geringer Teil über die Ufer. Der Garten war zwar teilweise zerstört, aber es hätte weit schlimmer sein können. Nicht auszudenken, wenn sich eine Geröllawine über das Haus geschoben hätte!

Der Bach hatte die gemauerte Schale unter der Brücke mit Geschiebe gefüllt. Dahinter staute sich das Wasser zu einem See. Willi begriff zuerst. In Kürze wäre der entstandene Damm gebrochen und die ganze aufgestaute Wucht hätte sich über ihr Land ergossen, hätte es weiter so stark geregnet. Nun hatten die Wassermassen an Kraft verloren. Unwillkürlich machte er einen Schritt zurück. Aber die Gefahr war noch nicht gebannt. Die Berghänge würden den Bach noch eine Weile weiter anschwellen lassen. Seit Wochen hatte es geregnet. Der Boden war übervoll, konnte eine solche Menge nicht mehr halten. Der Gruonbach wurde über mehr als tausend Höhenmeter von unzähligen kleineren Wasserläufen gespeist, bis er sich hier in den See ergoss.

Am folgenden Tag brachte der Geselle Thomas die schlechte Nachricht: „Das ganze Dorf steht unter Wasser. Die Reuß* floss über den Damm, zerstörte ihn sogar auf beiden Seiten auf etwa hundert Metern. Das Hochwasser hat überall enormen Schaden angerichtet. Nicht nur hier in Uri. Im Tessin stiegen die Seen weit über die Ufer! In Graubünden und in St. Gallen hat der Rhein Felder und Dörfer unter Wasser gesetzt. Und im Wallis ist die Rhone über die Ufer getreten. Die Flut hat ganze Dörfer zerstört. Im Vergleich dazu hatten wir einen guten Schutzengel, der uns vor Schlimmerem bewahrte. Es ist eine riesige Katastrophe! In der Schweiz haben Tausende *alles verloren.*"

Noch immer war die Luft tropfend nass, nebelverhangen die Berge, und der Bach polterte weiter mit Wucht. Gemeinsam mit seiner Schwester Josi stieg Willi dem Bachufer entlang hinauf bis zur Brücke. Er wollte verstehen, warum sich dort Geschiebe und Wasser ansammelten. Es musste etwas mit der Brücke zu tun haben. Aber was? Bevor sie gebaut war, hatte es auch schon Unwetter gegeben, aber so sehr in Gefahr war ihr Heim noch nie gewesen. Ganz genau studierte der inzwischen Zwölfjährige das Gelände rund um die Brücke. Er kletterte hinauf, spürte die Kraft des reißenden Baches unter den Holzbohlen. Es hätte nicht viel gefehlt, wäre auch sie weggespült worden. Stämme und Steine hatten sich darunter derart verkeilt, dass es an ein Wunder grenzte, dass sie noch stand. Also war auch die Straße gefährdet! Das durfte doch nicht sein.

Josi half ihm bei seinen Forschungen. Während Willi das Gelände in mehreren Richtungen abschritt, notierte sie die Ergebnisse, die er ihr über das Tosen des Baches zurief. Gemeinsam skizzierten sie die Situation in allen Einzelheiten. Mit einer Schnur maßen sie die Höhe der Brücke, so gut das ging, ohne sich zu gefährden. Sie beobachteten genau, wie der Bach nach diesem Unwetter floss.

Der Vater hatte Recht. Irgendetwas stimmte hier nicht. Es durfte nicht sein, dass sich das Wasser derart staute. Das war gefährlich, nicht nur für ihr Haus. Auch die Witwe Arnold und ihr Sohn waren gefährdet. Zudem lagen etliche Gärten und Weiden in diesem Gebiet. Sie alle drohten verschüttet zu werden. Hier musste etwas getan werden und er, Willi, würde nicht ruhen, bis er wusste, wo der Fehler lag. Das schwor er sich in diesem Moment feierlich.

Als der Vater aus dem Dorf zurückkehrte, war er noch immer aufgebracht. Für einmal war er zu Fuß gegangen. In dieser Stimmung wollte er nicht rudern. Er brauchte festen Boden unter den Füssen, damit er seine Wut hinausstampfen konnte, bei jedem Schritt, den er ging. Er winkte seiner Tochter ihm zu folgen.

„Josi, komm, du musst mir helfen."

In seinem Kämmerchen befahl er ihr, sich an den Tisch zu setzen. „Der Kanton muss die Brücke abändern", wetterte er. „Das ist der reinste Pfusch. Eines Tages wird uns der Bach alle mit sich reißen."

„Was soll ich tun?"

„Ich will meine Gedanken zu Papier bringen. Der Ziegler muss mir als Dorfvorsteher helfen, sie beim Kanton vorzubringen. Der Müller* muss die Brücke anders konstruieren." Nur mühsam konnte er seinen Zorn kontrollieren.

„Da kommt so ein studierter Gaggälari, stolziert in seinen polierten Stiefeln und in seinem eleganten Gewand durch mein Eigen* und meint, er kenne den Gruonbach besser als unsereins. Seit über 15 Jahren kenne ich ihn, habe ihn in jeder Jahreszeit beobachtet. Dieser Ingenieur kann rechnen, sicher. Aber er kann nicht *beobachten.* Er versteht nichts vom Bach, auch wenn er an der Universität war. Er *hört ihm nicht zu.* Der Gruonbach sagt mir, dass ihm der neue Lauf nicht passt. Aber da lachen die feinen Herren natürlich nur, wenn ich so etwas sage."

Josi musste sich das Lachen auch verkneifen. Auf keinen Fall wollte sie Vaters Wut weiter anstacheln. „Es ist ein wahres Wunder, dass wir noch leben, purer Zufall, dass der Felsbrocken nicht weiter runter kollerte und sich ein Baumstamm so verkeilte, dass er das Wasser von unserem Haus wegleitete. Aber dieser Felsbrocken, der hätte uns zermalmt, wäre er nicht aufgehalten worden. Wer weiß, was das nächste Mal geschieht. Wir werden nicht bei jedem Gewitter solches Glück haben."

„Es ist sicher gut, wenn dir Herr Ziegler hilft. Du bist aufgeregt. Das darf sich in deinem Schreiben an den Kanton nicht zeigen."

„Du hast ja Recht. Du bist ein kluges Kind." Er tätschelte ihr wohlwollend den Kopf. Er lächelte sogar, obwohl sein Atem immer noch raste. Nach einer kurzen Pause begann er so schnell zu diktieren, dass sie kaum nachkam. Er schilderte das Verhalten des Baches beim letzten Unwetter, erwähnte den Felsbrocken, der bei der Brücke liegengeblieben war, das gestaute Geschiebe, das die Liegenschaften unterhalb zu verwüsten drohte. Und er stellte die Forderung, dass die Straße mit der Brücke entsprechend angepasst werden müssten.

Doch als der Vater den Entwurf dem Dorfvorsteher brachte, plagten den gerade weit wichtigere Sorgen. Die Schäden des Hochwassers waren im ganzen Dorf Flüelen riesig. Seit Menschengedenken hatte es nichts Ähnliches gegeben. Die Reuß hatte die ganze Ebene in einen See verwandelt. Sein Wasser stand knietief, hatte Wohnräume, Gasthäuser und vor allem die Keller überflutet. Überall roch es faulig, die Nässe kroch allerorten die Wände hoch. Die Vorräte eines guten Jahres waren gänzlich zerstört. Nur mühsam bewegten sich die Dorfbewohner, manche ruderten in kleinen Booten, um noch einige Habseligkeiten zu retten. Die Verzweiflung war greifbar.

Dazu kam, dass die ganze Schweiz sowie das angrenzende Ausland betroffen waren. Der Bundesrat* hatte die Schweizer Bevölkerung zu Liebesgaben* aufgefordert. Chaos und Not herrschten überall, während die ersten Pakete eintrafen. Sogar die Königin Victoria zeigte sich tief betroffen von den Verwüstungen in der Innerschweiz und fühlte sich der Gegend verpflichtet. Sie sandte 100 Pfund Sterling zum Lindern der Not. Der Gemeindevorsteher musste alles ordnen und organisieren, musste sich mit anderen Gemeindevertretern treffen. Darüber hinaus musste er sein eigenes Haus säubern, musste sich um Frau und Kinder kümmern, musste mehr leisten, als er konnte. Verglichen damit war die Brücke über den Gruonbach ein kleines Problem. Er wollte damit nicht belästigt werden.

In den folgenden Wochen mussten alle Kinder mithelfen, die Weiden und den Garten zu säubern. Wenn immer es das Wetter zuließ, arbeiteten sie daran. Die dicke Geröllschicht musste entfernt werden. Die Familie war auf den Garten angewiesen, um den kargen Speiseplan zu ergänzen. Sogar der kleine Christian schaufelte Kies in ein Eimerchen, das er anschließend in einen größeren Behälter leerte, den die älteren Geschwister wegtrugen. Große Steine rollten sie gemeinsam aus dem Weg oder Willi zerkleinerte sie geschickt. Wie gut, dass er das beim Bau der Axenstraße gelernt hatte! Nach und nach hatten sie so gemeinsam das gröbste Material beseitigt. Schließlich entfernten sie mit Rechen auch feinere Steinchen aus dem Gras. Sie waren zufrieden. Die Ziegen würden im kommenden Jahr wieder etwas zu fressen finden.

Dezember 1868

Willi hatte einen der wenigen Plätze an der Lateinschule in Altdorf erhalten. Was für eine Ehre das für ihn war! Er war überglücklich, dass ausgerechnet er, ein Sohn aus einfachen Verhältnissen, der Auserwählte war. Damit hatte sich sein Fleiß, den er während seiner Schulzeit gezeigt hatte, ausgezahlt. Seit Beginn des neuen Schuljahres lebte er mit seinem Bruder Klaus in Altdorf bei Tante Trini.

Um sich der großen Ehre würdig zu erweisen, hatte er sich etwas in den Kopf gesetzt. Jetzt, da ihm Bücher und Professoren zur Verfügung standen, wollte er forschen. Er *musste* herausfinden, was mit der Brücke am Gruonbach nicht stimmte! An jedem Wochenende zuhause besprach er sich mit seinen Geschwistern, Heiri und Josi.

„Wir müssen dem Vater helfen, gegen den Kanton vorzugehen. Dazu müssen wir zuerst herausfinden, was genau das Problem ist. Wenn wir die nötigen Beweise bringen, *muss* der Kanton ganz einfach auf ihn hören. Ich habe bereits eine Idee. Ich frage meinen Professor für Mathematik und Naturwissenschaften mir zu helfen."

Pater Alois war zuerst etwas ratlos, denn Gewässerbau war nicht sein Fachgebiet. Schließlich fand er in der Schulbibliothek den Nachruf auf den großen badischen Baumeister *Johann Gottfried Tulla**. Dieses Büchlein durfte sich Willi ausleihen. Gemeinsam mit seinen Geschwistern lernte er, dass Tulla nicht nur den Rhein begradigt, sondern auch maßgeblich bei den Gewässerkorrektionen in der Schweiz mitgearbeitet hatte. Er war *der* Meister, der von allen zu Rate gezogen wurde, sei es bei der Linth und dem Walensee oder der Aare und den Juraseen.

„Der Landammann Müller hat nicht nur die Brücke am Gruonbach entworfen. Er hat auch die Reuß begradigt. Er *muss* Tullas Arbeiten kennen."

„Ganz gewiss."

„Was ich nicht verstehe: wenn dieser Tulla so viel über Gewässerbau gewusst und Müller von ihm gelernt hat, warum ist dann der Reußdamm gebrochen? Wie konnte das geschehen?" Die Geschwister zuckten mit den Schultern.

Ein Lehrbuch über Gewässerkunde, das ihm sein Professor als nächstes lieh, enttäuschte nicht nur Willi. Es enthielt lauter Formeln, die keines der Geschwister verstand. Sie waren überfrachtet mit Zeichen, die sie nie zuvor gesehen hatten und der Text bestand aus so vielen unbekannten Wörtern, dass sie ihn nicht begriffen. Da auch der Professor beim Entschlüsseln der komplizierten Ausführungen nicht weiterhelfen konnte, gab Willi schließlich entmutigt auf. Das Buch würde ihnen nicht weiterhelfen.

Einige Zeit später hatte er eine neue Idee. Der Vater hatte immer geschimpft, das Problem sei die Schale unter der Brücke. Sie sei zu flach.

Sie müsse weg. Sie führe dazu, dass das Geschiebe liegenblieb. Was, wenn er Recht hätte?

An den folgenden Wochenenden bat Willi seinen Bruder Heiri, für ihn verschiedene Schienen aus Holz zu bauen. Aus Resten von Brettern zimmerten die Brüder unterschiedlich beschaffene Rinnen. Sie variierten die Länge und Breite. Wann immer Josi etwas Zeit erübrigen konnte, gesellte sie sich zu ihren Brüdern. Wie sie, wollte sie dem Geheimnis des Wassers auf die Spur kommen.

Willi legte die unterschiedlichen Rinnen in den Bach und studierte, wie sich das Wasser darin bewegte. Er legte sie flacher und steiler hin, schaufelte Sand und Kies so vor die Rinne, dass es vom Wasser nach und nach mitgetragen wurde. Er studierte, ob das Geröll das untere Ende der Rinne erreichte oder ob es unterwegs liegenblieb.

Er beobachtete, dass in einem sehr breiten, flachen Bett das Wasser mäandrierte und sich im Bett Geschiebe ablagerte. Er versuchte unzählige Variationen und stellte fest, wie selbst kleine Veränderungen eine große Wirkung zeigten. Unermüdlich studierte er den Bach, bis sich seine Idee allmählich gefestigt hatte.

Er rief seinen Vater hinzu, um seine Annahme zu erläutern. „Schaut her", führte er wie ein kleiner Professor aus, „der Knackpunkt ist die *Geschwindigkeit*, mit der das Wasser durch die Rinne fließt. Ist es langsam, bleibt Geschiebe liegen." Er demonstrierte seine Theorie mit einer langen, breiten Rinne. Dann wechselte er zu einer schmaleren, die er nun steiler ins Wasser legte. „Fließt das Wasser hingegen schnell, trägt es den Kies mit sich. Die Geschwindigkeit hängt mit der *Neigung* sowie der *Breite* der Rille zusammen. Eigentlich ist es simpel, je steiler und je enger, desto schneller."

„Das ist genau meine Vermutung", bekräftigte der Vater. „Die Schale unter der Brücke ist zu flach. Sie muss steiler sein, damit kein Geschiebe liegenbleibt." Anerkennend klopfte er Willi auf die Schulter. „Das hast du gut gemacht, mein Junge."

„Das Problem ist wahrscheinlich bei der Reuß und beim Gruonbach ähnlich. Der Reußkanal hat im untersten Teil kaum Gefälle. Er ist breit, sodass sich bei normalem Wasserstand darin Geschiebe ablagert. Als die Reuß plötzlich Hochwasser führte, hat das Hindernis das Wasser über den Damm laufenlassen, bis ihn der starke Zug einriss."

„Das leuchtet ein. Ich sehe das genauso."

„Und du meinst, das Problem sei hier bei uns dasselbe? Die Schale unter der Brücke bremst das Wasser. Geröll und Schwemmholz bilden eine Mauer, die entweder plötzlich bricht und zur Flutwelle wird oder den Bach über die Brücke leitet?" Josi und Heiri folgten gebannt den Ausführungen ihres jüngeren Bruders.

„Ganz genau."

„Das ist auch meine Vermutung", bekräftigte der Vater nochmals.

„Wie kann es sein, dass die großen Baumeister diesen Punkt übersehen haben? Das ist doch ziemlich einleuchtend?"

„Wenn wir das wüssten! Aber feststeht, die Schale unter der Brücke musste steiler sein oder ganz verschwinden, wenn wir Haus und Säge schützen wollen. Josi muss mir helfen, diese Beweise nochmals aufzuschreiben", befahl der Vater nun. „Wir werden beim Kanton eine Eingabe machen. Die müssen doch einsehen, dass die Brücke so nicht stehenbleiben kann."

Am nächsten Wochenende kam Willi ganz geknickt nachhause. Er ließ den Kopf hängen, war ruhiger als sonst. Erst bei der abendlichen Lesestunde erzählte er, was vorgefallen war.

Eines Morgens begegnete er auf dem Schulweg dem Landamman Müller. Das war seine Chance, die er nutzen wollte. Er würde sich bestimmt für sein Anliegen interessieren und ihn für seine Forschungen loben.

Erfreut rief Willi: „Guten Morgen, Herr Landamman." Er fühlte sich stolz, dass er, Willi, einen Beitrag leisten konnte, um die Wasserverbauungen sicherer zu machen. Endlich war sein großer Tag gekommen, um seine wochenlangen Studien mit jemandem zu teilen, der etwas davon verstand.

Der aufrechte Herr hielt inne, drehte sich um, rückte seine Brille zurecht, um zu sehen, wer ihn angesprochen hatte. Sein Gesicht erhellte sich. „Ja, ist das nicht der Willi? Guten Morgen. Was tust du denn schon so früh hier in Altdorf?"

„Ich besuche jetzt das Gymnasium. Mein Lehrer hat mich empfohlen. Ich erhielt sogar ein Stipendium, damit ich hier studieren kann. Es gefällt mir, weil der Unterricht sehr interessant ist."

„Sehr gut. Gratuliere. Ich wusste immer, dass aus dir einmal etwas werden würde. Studiere jetzt fleißig. Das ist eine große Chance."

Willi nahm all seinen Mut zusammen. „Bitte, haben Sie einen Augenblick Zeit? Ich muss etwas Wichtiges mit Ihnen besprechen." Erwartungsvoll schaute er zu dem Mann hoch, den er so gut zu kennen glaubte.

„Was gibt es denn so Dringendes?"

„Es geht um die Brücke beim Gruonbach. Da gibt es einen Fehler. Das ist sehr gefährlich. Bitte, Sie müssen etwas ändern..."

„Einen Fehler, was für einen Fehler?"

„Das Wasser fließt nicht richtig. Ich habe es studiert."

Schlagartig hatte sich die Stimmung zwischen den beiden verändert. Es entstand eine bedrohliche Spannung. Der Landammann atmete hörbar ein und wieder aus. Er musste sich sichtlich beherrschen.

„Willst du mir etwa erzählen, ich wisse nicht, wie man Brücken baut? Jetzt hör mir mal gut zu, junger Mann. Ich habe die Gotthardstraße gebaut, da gibt es zahlreiche Brücken. Ich habe die Nydeggbrücke in Bern gebaut. Die hat eine der größten Spannweiten von Natursteinbrücken überhaupt. Ich bin *ein Meister im Brückenbau.*" Speichelfetzen flogen bei jedem Wort aus seinem Mund und sein heißer Atem stand wie eine drohende Nebelwand zwischen ihnen. „Und da willst du mir jetzt erklären, ich hätte einen Fehler gemacht? Du, der du eben erst das Gymnasium begonnen hast? Weißt du, was das ist? Eine unerhörte Frechheit ist das. Und nun geh zurück auf die Schulbank, wo du hingehörst. Mache erst einmal deine Matura und dann gehst du an ein Polytechnikum und studierst. Und dann baust du erst selbst ein paar Brücken, bevor du mir sagen willst, ich mache Fehler. Und nun lass mich in Ruhe. Ich habe zu tun."

„Aber, ich habe es ausprobiert. Es ist recht einfach…"

„Geh mir aus dem Weg!" Er schubste den Jungen unsanft zur Seite und ging grußlos davon. Willi kämpfte erst mit den Tränen. *Das war ungerecht. Er hätte ihm wenigstens zuhören können!* Doch dann ergriff ihn eine unbändige Wut. Er vergrub seine Fäuste in den Hosentaschen, stampfte mit dem Fuß auf und sagte so laut, dass ihn der Landammann hören musste: „Und ich habe doch Recht!" Der zog seine Schultern lediglich noch etwas weiter nach vorne und ging, ohne sich noch einmal umzublicken, davon.

Als Willi diese Begebenheit erzählte, wallte die Wut erneut hoch. Er würde nicht lockerlassen und seinen Vater unterstützen, so gut er es vermochte.

16 Jahre alt

Januar 1869

Die nächste Enttäuschung kam wenige Wochen später. Der Vater war wütend aus dem Dorf zurückgekommen. Er hielt ein Schreiben in der Hand, das schon ganz zerknüllt war. Missmutig stampfte er in der Stube herum, ging zur Säge hinüber, kam zurück, noch immer wortlos, gefangen in einem Tumult aus Wut und Hilflosigkeit. Beides versuchte er zu unterdrücken, was ihm aber kaum gelang.

Während der Lesestunde stopfte er schließlich seine Pfeife, bevor er losdonnerte: „Jetzt ist genug. Diese verdammten Schafseckel nehmen uns nicht ernst. Denen geht es nur ums Geld. Die haben mein Begehren abgewiesen. Sie wollen nichts davon wissen."

„Beruhige dich. Du sollst vor den Kindern nicht fluchen. Wie sollen sie Respekt lernen", ermahnte ihn die Mutter. Doch der Vater hörte nicht auf sie.

„Bevor nicht etwas Schlimmes geschieht, unternehmen die feinen Herren nichts. Aber soweit lasse ich es nicht kommen. Sie *müssen die*

Brücke abändern!" Er schlug mit der Faust auf den Tisch, dass alle erschrocken auffuhren. „Ich lasse nicht zu, dass der Bach uns alle mit sich reißt. Und der Dorfvorsteher wird mir dabei helfen. Das ist seine verdammte Pflicht. Auf ihn wird der Kanton hören, wenn ich schon nichts zähle. Schließlich hat Willi herausgefunden, was nicht stimmt."

„Was willst du tun, Vater? Der Landammann wollte mir doch auch nicht zuhören." Willi erinnerte sich nur zu gut an seine missmutige Reaktion. Die Stimmung in der Stube war angespannt. Niemand wusste eine Antwort.

„Ich werde vor Gericht gehen."

„Hältst du das für eine gute Idee? Das kostet doch bestimmt sehr viel und der Ausgang ist ungewiss", gab die Mutter zu Bedenken.

„Es ist mir egal, was das kostet. Es muss sein."

„Lass doch die Zwängerei. Du siehst doch, dass es aussichtslos ist. Die werden nicht auf dich hören, da kannst du machen, was du willst. Und das Geld könnten wir für Anderes brauchen."

„Ich lasse mich von denen doch nicht ins Bockshorn jagen. Verstehst du denn nicht, dass wir uns wehren müssen? Immerhin geht es um unsere Existenz."

„Wie willst du das anstellen? Du kennst dich doch mit den Gesetzen nicht aus."

„Dann nehme ich mir einen Juristen zu Hilfe. Der Ziegler wird schon wissen, was zu tun ist."

Wenig später traf er sich mit dem Wirt des Hotels Helvetia und dem Notar Huber. Der Vater konnte sie davon überzeugen, dass es für die ganze Gemeinde von Vorteil wäre, die Brücke am Gruonbach abzuändern. Zu viele Gärten waren betroffen. Zu viel gutes Land drohte durch den Bach zerstört zu werden.

Oktober 1869

Es war selten geworden, dass die Familie fast vollzählig beieinandersaß. Klaus lebte in Altdorf und war auch an diesem Abend dort, aber die restlichen acht Kinder versammelten sich an einem Wochenende im elterlichen Heim.

Seit Monaten war der Vater am Abend kaum mehr zuhause. Er traf sich immer öfter mit seinen Freunden, wollte unbedingt mitbestimmen im Kanton. Sein Ziel war, Bezirksrat oder sogar Kantonsrat zu werden. Die schweizerische Politik verlief nicht immer so, wie er sich das vorstellte, denn das konservative Uri wurde oft von der liberalen Landesregierung überstimmt. Doch an diesem Wochenende war er gut gelaunt. Zufrieden stopfte er sich eine Pfeife, während Wisi aus dem Hinkenden Bot einen Text über die Bienen vorlas und Josi an einer Bordüre häkelte, die später einmal ein Kleid zieren sollte. Die Mutter brachte die beiden Jüngsten zu Bett. Nur ab und zu korrigierte Josi den Bruder, wenn er ein Wort falsch gesagt hatte.

Als die Mutter zurück war und sich mit einer Stopfarbeit in ihren Winkel neben dem Ofen setzte, lüftete der Vater endlich das Geheimnis seiner guten Laune.

„Heute ist ein besonderer Tag", verkündete er. „Jetzt kann es mit der Bahn am Gotthard endlich vorwärtsgehen. Stellt euch vor, die Bundesversammlung hat Uris Konzession genehmigt."

„Was bedeutet das jetzt für uns?" Heiri und Willi waren beide genau gleich neugierig.

„Dass die jahrzehntelangen Verhandlungen endlich zu einem Abschluss kommen."

„Warum hat es so lange gedauert?"

„Viele verschiedene Leute mussten miteinander verhandeln. Das waren private Eisenbahnunternehmen, Geldgeber, der Bundesrat*, die Kantone sowie Preußen und Italien. Das waren viele Interessen und viele Meinungen. Ich habe schon fast nicht mehr daran geglaubt, dass das Projekt je zustande kommen würde."

„Und unser Dorf? Wird es durch die Bahn zerstört?" Josi konnte sich noch immer nicht vorstellen, wie bei den engen Platzverhältnissen am See neben der Straße auch eine Bahn gebaut werden könnte. Sie legte ihre Arbeit für einen Moment in ihren Schoss.

„Nein. Wie ich euch schon einmal erzählt habe, fanden die Herren Ingenieure eine gute Lösung", erklärte der Vater. „Sie bauen einen Tunnel, der Flüelen umfährt. Ich habe die Pläne gesehen. Der Bahnhof liegt am anderen Ende des Dorfes, wo es genug Platz hat. Von dort führt die Bahn dem Bannwald entlang nach Altdorf. Diesem Projekt haben die Urner zugestimmt. Er ist die Grundlage für den Bau der Gotthardbahn."

„Ich hoffe nur, dass die Wort halten." Die Mutter war noch immer gegen das Projekt. „Wie oft schon haben die Herren in Bern etwas versprochen und es nicht gehalten? Da geht es um viel Geld, und wir sind für die nicht wichtig. Die machen doch sowieso, was sie wollen."

„Weiber verstehen nichts von Politik. Für Uri hat es bestimmt mehr Vor- als Nachteile, wenn die Eisenbahn über den Gotthard und nicht über den Lukmanier führt." Die Mutter entgegnete nichts. Ihr Gesicht verriet aber deutlich, dass ihre Zweifel nicht ausgeräumt waren.

Der Vater ging nicht auf ihren Einwurf ein. Zufrieden fuhr er fort: „Wir konnten nun die Urner überzeugen, dass wir zu einem *Opfer* bereit sein müssen. Ich bin froh, dass die Landsgemeinde die Konzession erteilt hat und sich der Kanton an den Kosten mit *nur einer Million* beteiligen muss. Den Rest übernehmen die Privaten, die anderen Kantone sowie Preußen und Italien."

„*Nur* eine Million? Du sagst tatsächlich *nur*? Das ist unglaublich viel Geld." Die Mutter war sichtlich aufgebracht.

„Es ist wenig im Verhältnis zu den Beträgen der anderen."

„Da bin ich einmal gespannt, wie unser Kanton das berappen will. Da wird es bald noch mehr Armengenössige geben."

„So ein Projekt ist nun einmal teuer. Aber es ist ein Bauwerk für Generationen nach uns. Die werden alle stolz auf uns sein, dass wir die Zeichen der Zeit erkannt und es verwirklicht haben. Die gesamten Kosten werden auf 187 Millionen geschätzt. Etwa ein Drittel davon braucht es allein für den Bau des Tunnels durch den Gotthard. Gemessen daran ist eine Million nicht sonderlich viel."

„Du sprichst, als ob du das Geld gerade mal so aus der Tasche zaubern könntest." Die Mutter dachte daran, wie mühsam sie mit den wenigen Franken, die ihr zur Verfügung standen, die Familie durchbringen musste. Da zählte jeder *Rappen*. Wehe, die Preise stiegen, da wurde es schnell knapp. Wie konnte ihr Mann da so frei von *Millionen* reden? „Noch mehrere Generationen nach uns werden an diesen Schulden schwer zu tragen haben."

„Ich kann kein Geld zaubern. Ich spreche so, weil ich den Nutzen der Bahn für Uri sehe. Diese Bahn lässt uns am Fortschritt in Europa teilhaben. Ohne die Bahn würden wir von der Welt vergessen. Die heutige Zeit braucht die Verbindungen von Nord nach Süd. Da müssen wir in die Zukunft *investieren*. Nur so können wir vernünftig Handel betreiben. Wie sollen wir denn sonst unsere Waren exportieren können?"

„Wieso reden so viele Leute mit? Sollte das Uri nicht alleine entscheiden? Immerhin ist es unser Land." Die beiden älteren Knaben versuchten das Gespräch in eine andere Richtung zu lenken, während Wisi noch nicht so richtig verstand, was die Großen erregte.

„Was stellt ihr euch vor! Ein so kühnes Projekt kann Uri oder die kleine Schweiz niemals alleine verwirklichen. Eine Eisenbahn quer durch die Alpen. Da braucht es mächtige Verbündete. Immerhin profitieren die ja auch davon, vielleicht sogar mehr als wir Eidgenossen."

„Warum hat das denn so lange gedauert?"

„Zuerst war unklar, welcher Pass den Zuschlag bekommen sollte, der Simplon, der Lukmanier oder der Gotthard. Der Gotthard liegt am zentralsten. Er ist am besten geeignet. Ich bin froh, dass er den Zuschlag kriegte."

„Geeignet wofür?"

„Zunächst einmal für den Handel. In der heutigen Zeit kann nur am Fortschritt teilhaben, wer nahe an einer Bahnlinie produziert. Mit dieser Bahn können wir unsere Waren schneller nach Deutschland und an die Häfen der Nordsee liefern. Auch die Güter aus dem Süden kommen billiger zu uns."

„Der Vater hat schon Recht", meldete sich Willi wieder zu Wort, „wir müssen mit den anderen Ländern Schritt halten. Immerhin gibt es rund um die Schweiz schon viele Eisenbahnlinien. Und ich bin schon sehr gespannt auf das Meisterwerk des Gotthardtunnels. Stellt euch vor: wir Schweizer bauen den längsten Eisenbahntunnel der Welt!"

„Der Bundesrat hat die Konzession erteilt, weil es darüber hinaus auch um die militärischen Interessen der Eidgenossenschaft geht. Wir brauchen eine Linie, die alle Landesteile miteinander verbindet. Da ist nun mal der Gotthard sehr zentral."

„Gibt es wenigstens in jedem Dorf einen Bahnhof, sodass wir bequemer nach Erstfeld oder Göschenen kommen?" Die Mutter dachte daran, wie mühselig das Reisen in einer Postkutsche innerhalb des Kantons war.

„Bahnhöfe wird es schon geben. Aber es ist noch unklar, wie oft die Bahn dort anhalten wird. Überlegt doch einmal: Ein so enormes Unterfangen ist darauf angelegt, dass die Reise über weite Strecken geht. Sie soll schnell sein. Der Bundesrat und die ausländischen Staaten haben leider kein Interesse daran, die Verbindungen innerhalb des Kantons zu verbessern. Wir werden aber nicht lockerlassen. Für Uri ist es sehr wichtig, dass wir auch innerhalb des Kantons die Bahn benutzen können."

„Habe ich es mir doch gedacht! Viele Versprechungen und am Ende müssen wir viel bezahlen und haben doch nichts davon."

„Es gilt eben abzuwägen, was wichtiger ist. Da Uri nur dünn besiedelt ist, möchte das Gotthardbahn-Komitee die Fahrt nicht mit unnötig vielen kleinen Haltestellen verzögern."

„Hat Uri dann überhaupt einen Vorteil?"

„Ganz gewiss, das weiß ich ganz bestimmt. Das verspreche ich euch. Ihr werdet sehen. Vor allem unsere Kinder hier werden froh sein, dass wir so mutig waren. Diese Bahn wird nicht nur Waren, sondern auch viele Touristen hierherbringen. In Uri wird es bald einen Aufschwung geben, wie wir ihn noch nie erlebt haben."

„Wenn du dich da mal nicht täuschst. Niemand weiß, was die Zukunft bringt. Schon oft wurde den Leuten viel versprochen und am Ende kam alles ganz anders."

„Genug jetzt. Es ist spät und die Kinder müssen schlafen."

18 Jahre alt

Januar 1871

Josi war nicht zum Feiern zumute. Lustlos stickte sie an einer Tischdecke für ihre Aussteuer, die inzwischen beachtlich angewachsen war. Seit sechs Jahren nähte und strickte sie die Wäschestücke, die eine Frau im Leben brauchte. Sie verzierte Taschentücher mit Monogrammen und häkelte Bordüren an Vorhänge. Die Tischdecken hatte sie sich erst vor kurzem vorgenommen. Es dauerte *ewig*, bis eine fertig war, und sie sollte der Stolz eines jeden Hauses sein, makellos. Darum war dies nichts für Anfängerinnen.

Schon seit einer Stunde saß Josi am Fenster, um das Licht auszunützen. Den Hohlsaum hatte sie bereits fertig. Nun erforderte das endlose Muster aus Kreuzstichen ihre Konzentration und ermüdete sie. Sie fädelte Garn in einer neuen Farbe ein und seufzte. Die Mutter war mit dem Jüngsten, dem neun Monate alten Toni, in der Schlafkammer der Eltern, um ihn zu füttern und zu wickeln. Die übrigen Geschwister spielten für einmal friedlich zu ihren Füssen. Fast jedes Jahr stieß ein neues

Kind zur Familie. Toni war das 15, von denen bereits fünf gestorben waren. Die erschöpfte Mutter erholte sich nach einer Fehlgeburt kaum mehr. Sie brauchte Josi. Würde das wohl nie ein Ende nehmen?

Während sie über ihrer Arbeit saß, ließ Josi den Blick ab und zu über den See hinüber zum Isenthal schweifen. Die Bergspitzen steckten in den Wolken. Bleiern und kontrastlos drückte der Tag aufs Gemüt. Ein Schwarm Möwen kreiste auf der Suche nach Futter. Es gab nichts, was Josi von ihrer Trübsal hätte ablenken können.

Heute war ihr 18. Geburtstag, und es gab keinen Lichtblick in ihrem Leben. Ihre Geschwister hatten es gut. Klaus, Heiri, und Willi lebten bereits nicht mehr zuhause. Nur sie steckte hier fest, auf Lebzeiten, wie ihr schien. Sie konnte die Mutter nicht im Stich lassen, musste ihr helfen. Doch wenn Josi nicht bald eine Stelle antreten konnte, würde sich daran wohl nie mehr etwas ändern.

Von Anna hatte sie einen Brief erhalten, doch der vermochte sie nicht aufzuheitern. Sie teilte mit, dass sie wieder guter Hoffnung sei und das Kind im Mai erwarte. Josi freute sich für die Freundin, bedauerte indes, sie seit Jahren nicht mehr gesehen zu haben. Wie es ihr wohl erging als Stiefmutter und Mutter von mittlerweile zwei eigenen Kindern? Wie wurde sie akzeptiert von den Dorfbewohnern? Ihre spärlichen Zeilen verrieten nichts darüber. Wie gerne hätte Josi wieder einmal mit der Freundin unbeschwert geplaudert. Bei diesem Gedanken wurde ihr Herz noch schwerer.

Zudem hatte sie von Fräulein Tobler ein Päckchen erhalten. Es enthielt neben einem Brief ein Buch von Louise Otto: *Das Recht der Frauen auf Erwerb. Blicke auf das Frauenleben der Gegenwart.* Als Josi das Buch durchblätterte, fielen ein paar Zeitungsausschnitte heraus, die Fräulein Tobler gesammelt hatte. Alle handelten davon, dass Frauen mehr Rechte erhalten sollten, neben dem Recht auf Bildung sogar das Stimmrecht.

Einer berichtete über einen *Frauentag* in Deutschland, der solchen Forderungen gewidmet war. Josi wunderte sich. In Flüelen wäre wohl kaum eine Frau auf diese Idee gekommen.

In der Stadt war alles so ganz anders, einfacher, vor allem, wenn man aus einer angesehenen Familie stammte. Fräulein Tobler hatte es gut. Für sie war es nichts Besonderes, eigenes Geld zu verdienen. Im beigelegten Brief bat sie darum, das Buch und die Artikel nach der Lektüre zurückzusenden. Sie hatte sogar die nötigen Briefmarken beigelegt. Doch ihr Brief ließ Josi eine weitere Hoffnung begraben.

Es tut mir leid, ich kann dir leider keine Stelle in unserer Firma verschaffen. Die Anforderungen sind hart. Sie nehmen nur Leute mit einem Abschluss. Zwar gibt es hier den Kaufmännischen Verein, der eine Ausbildung anbietet, doch die ist Männern vorbehalten. Es wird Zeit, dass sich das ändert! Ich könnte dir hier einen Hauslehrer besorgen, aber den müsste dein Vater bezahlen und du müsstest nach Zürich ziehen.

Der Vater wollte davon nichts wissen und hatte strikt abgelehnt. „Was soll das", hatte er viel zu laut gefragt, „wozu brauchst *du* eine Ausbildung? Du kannst doch alles, was du brauchst, um mir im Geschäft zu helfen."

„Ich möchte aber noch mehr lernen. Ich würde gerne in einer großen Firma arbeiten."

„Woher kommen denn solche Fisimatenten? So langsam wird es sowieso Zeit, dass du geheiratet wirst. Es ist nicht gut, wenn du zu viel weißt. Wenn du nicht aufpasst, endest du als alte Jungfer. Kein Mann will schließlich eine Frau, die ihm auf der Nase herumtanzt."

Er hatte das Gespräch abrupt beendet und duldete keine Widerrede. Josi konnte es drehen, wie sie wollte. Solange sie nicht volljährig war, bestimmte ihr Vater. Wenn er sie nicht nach Zürich reisen ließ, dann musste sie hierbleiben.

Der Tag verlor allmählich sein Licht. Josi sehnte sich nach jemandem, mit dem sie sich hätte unterhalten können. Aber es gab niemanden. Alle Menschen, denen sie vertraute, lebten entweder weit weg oder waren bereits verstorben. Von Käthi hatte sie seit Jahren nichts mehr gehört. Wie es ihr wohl erging? Hatte sie einen Beruf ergriffen? Verdiente sie ihr eigenes Geld? Wie Josi, hatte sie nie von einer Heirat geträumt. Wie schön wäre es, sich mit ihr zu unterhalten!

Noch einmal schweiften ihre Gedanken nach Isenthal, zum Großvater, der ihr die Geschichte vom Bärentöter erzählt und sie ermahnt hatte, sich auf ihre Wurzeln zu besinnen. *Verliere nie den Mut. Du bist stärker, als du denkst.* Sie vermisste ihn. Vor zwei Jahren war er unerwartet gestorben. Was würde er ihr wohl raten?

Josi legte die Tischdecke beiseite. Das schummerige Licht verunmöglichte die Fäden zu zählen und die Stiche exakt zu setzen. Allmählich musste sie sich auch um das Abendessen kümmern. Doch ihre Gedanken schweiften weiter, zur Großmutter in Flüelen. Auch sie war vor zwei Jahren verstorben. Damit fehlte eine weitere Person, mit der sie ein paar kostbare, unbeschwerte Stunden hätte verbringen können. Mit einem Lächeln erinnerte sie sich an das Kochbuch, die einzige persönliche Erinnerung an sie. Noch immer lag es sicher verwahrt in ihrer Schlafkammer unter der Wäsche.

Februar 1871

„Die Franzosen kommen", rief Wisi, als er mit geröteten Wangen in die Küche platzte. Beim Eintreten brachte er einen Schwall kalte Luft in die Küche. Der Knabe atmete schwer. Er war gleich nach der Schule trotz des Schnees den größten Teil des Weges aus dem Dorf gerannt, damit er diese aufregende Nachricht als Erster überbringen konnte. Schließlich kam nicht alle Tage eine fremde Armee nach Altdorf. Hastig riss er sich die Mütze vom Kopf.

„Welche Franzosen? Wir stehen mit niemandem im Krieg. Da musst du etwas falsch verstanden haben", entgegnete die Mutter. Sie strich ihrem Jungen liebevoll über den Kopf. Unwillig entzog sich der Elfjährige der mütterlichen Liebkosung.

„Doch, ich weiß es ganz genau. Das ganze Dorf spricht davon. Ein Hauptmann soll es gemeldet haben."

„So, so, hat er das. Dann erzähle doch einmal der Reihe nach."

„Zehntausende Soldaten sind im Jura in die Schweiz geflohen, alle verletzt und ausgehungert. Sie werden auf die ganze Schweiz verteilt. Heute Nacht sollen einige nach Altdorf kommen. Auch Pferde und Maultiere sind dabei. Die Behörden bitten um Spenden für die armen Soldaten. Sie brauchen Kleider und Nahrung. Sag Mutter, darf ich meine Socken geben?" Der Knabe sah sich bereits selbst als tapferen Krieger in eine Schlacht ziehen.

„Glaubst du denn, dass die einem ausgewachsenen Mann passen würden?" Wisi blickte enttäuscht auf seine Füße. „Wohl kaum."

Wenig später traten der Vater und Josi in die Küche. Sie hatten Schreibarbeiten für das Sägewerk erledigt. „Wisi erzählt, dass verwundete Franzosen nach Altdorf kommen. Weißt du etwas davon?" Die Mutter schaute kurz von den Kartoffeln auf, die sie für das Abendessen schälte. Sie mochte keine Franzosen. Zu oft hatte sie die Geschichten ihrer Großeltern und Eltern von all dem Elend gehört, das die napoleonische Armee in die Region gebracht hatte, als Napoleon Bonaparte hier gegen österreichische und russische Truppen kämpfte. Sie hatten rücksichtslos alles geplündert, Angst, Schrecken und Armut verbreitet. Dann hatte Napoleon die Schweiz sogar Frankreich angegliedert und sie zur *Helvetischen Republik* degradiert. Die stolzen Eidgenossen mussten sich dem Kaiser beugen. Nein, auf Frankreich war die Mutter nicht gut zu sprechen.

„Der Junge hat Recht. Heute um Mitternacht sollen die verletzten Soldaten in Altdorf eintreffen. Das habe ich gestern auch gehört. In Altdorf richten sie bereits ein Lazarett ein."

„Was war denn das für ein Krieg? Warum kommen die Franzosen in die Schweiz? Die haben hier nichts verloren."

„Sie kommen nicht als Krieger. Diese Armee hier unter General Bourbaki* ergab sich und hat alle Waffen an der Grenze abgeliefert. Sie sind hier interniert und werden von unseren Soldaten bewacht. Die Männer sind einfach nur froh, wenn sie nicht in der Kälte krepieren, nachdem sie den Wahnsinn ihrer aussichtslosen Mission überlebt haben. Der Bundesrat hat entschieden, sie aufzunehmen und zu pflegen, damit sie nicht zu Gefangenen der Deutschen werden. Wir Schweizer handeln aus purer Nächstenliebe."

„Was haben wir in Uri damit zu tun, wenn die im Jura kämpfen? Die sollen doch dort gepflegt werden." Sie begann damit, die Kartoffeln in eine große Schüssel zu reiben.

„Es sind viel zu viele, die sich ergeben haben, etwa 87'000 Mann. Die werden auf die Kantone verteilt. Nach Uri kommen etwa 400. Es fehlt ihnen an allem. Sie brauchen medizinische Hilfe, Kleidung. Sie sind aber auch ausgehungert. Sie mussten tagelang, kaum angemessen gekleidet, in eisiger Kälte durch den hohen Schnee marschieren. Sie sind mit ihren Kräften am Ende."

„400 zusätzliche Mäuler, die wir jetzt, mitten im Winter, stopfen sollen? Unsere Vorräte gehen doch bereits zur Neige. Wer soll für die kochen? Wer soll sie pflegen?" Die Mutter glaubte sich verhört zu haben. In Flüelen lebten kaum 600, meist arme Menschen, da waren 400 Soldaten, die in die Region kamen, unbeschreiblich viele. Sie konnte sich beim besten Willen nicht vorstellen, wie so eine Aufgabe zu bewältigen wäre.

„Der Bundesrat rief die Schweizer Bevölkerung zu Spenden auf. Es braucht jetzt mildtätige Gaben sowie jede helfende Hand."

„Darf ich helfen?", erkundigte sich Wisi sofort, indem er den Vater am Jackenzipfel zog, um auf sich aufmerksam zu machen.

„Du bist noch viel zu klein", kam es wie aus einem Munde von den Eltern. Die Mutter wollte noch mehr wissen: „Und wer kümmert sich jetzt um die Männer? Doch nicht etwa der Bundesrat? Der macht sich bestimmt seine Hände nicht schmutzig. Der kann gut solche Aufgaben anordnen. Wie soll das gehen?"

„Erinnerst du dich, als Karl vom *Hilfsverein für Wehrmänner* erzählt hat? Er ist als Apotheker und Hauptmann ein Gründungsmitglied dieses Vereins in Altdorf. Der kümmert sich um die Verwundeten und organisiert die ganze Operation."

Vaters Erklärungen stimmten die Mutter nachgiebig. Wenn Karl sich um die Krieger kümmerte, dann war das bestimmt eine gute Sache: „Du magst ja Recht haben. Die armen Seelen brauchen wirklich unsere Hilfe."

„Karl ließ mir heute eine Nachricht zukommen. Sie brauchen dringend Leute, die Französisch können. Und ob nicht unsere Josi aushelfen könne. Was meinst du? Ist sie nicht noch zu unerfahren für so eine Aufgabe unter lauter Männern? Ist das nicht unsittlich?"

Er prüfte die Reaktion seiner Frau, eine abwehrende Antwort erwartend. Doch stattdessen hörte er: „Wenn ich dich richtig verstanden habe, sind die Männer verwundet und somit wohl kaum eine Gefahr für ein junges Mädchen. Ich finde die christliche Nächstenliebe gebietet, dass sie mithilft. Sie ist doch beinahe erwachsen. Wenn es nun mal so ist, dann helfen wir diesen armen Burschen halt in Gottes Namen. Der

Herrgott schickt Josi diese Aufgabe und so soll sie Karl und die anderen Frauen unterstützen."

Josi traute ihren Ohren kaum. Die Mutter wollte sie tatsächlich nach Altdorf schicken? Zu fremden Soldaten? Sie, die sonst so ängstlich war und Josi zu keinem Tanz gehen lassen wollte? Mutter wachte fast über jeden von Josis Schritten, stets auf ihre Tugend bedacht. Da sich die Mutter selbst keine Vergnügungen gönnte, erachtete sie dies auch für ihre Tochter als unnötig. Überall witterte sie Sünde und Verderben, genau wie der Pfarrer. Und nun war es ausgerechnet sie, die Josi die Aufgabe zutraute! Es war kaum zu fassen. Endlich würde sie ihre hart erarbeiteten Französischkenntnisse richtig erproben können. Ob sie die fremden Männer verstehen würde? Ob sie die Erklärungen von Ärzten oder Offizieren richtig wiedergeben würde? Etwas mulmig war ihr schon bei dem Gedanken an ein Kriegslazarett. An einen Saal voller Verwundeter, voller Männer, die alle nur Französisch sprachen. Doch die Neugier überwog.

„Bitte, Vater, darf ich gehen? Maria ist doch schon alt genug, um der Mutter im Haus zu helfen. Ihr könnt mich sicher für eine Weile entbehren? Was soll ich denn bei den Soldaten tun?", erkundigte sie sich. Die Aufgabe versprach eine Abwechslung im öden Alltag der Sägerei. Nur zu gerne würde sie etwas Neues ausprobieren, egal was. Einfach nur weg von der täglichen, langweiligen Mühsal zuhause.

„Du könntest in der Küche oder beim Austeilen der Suppe helfen, beim Waschen der schmutzigen Kleider, beim Flicken von dem, was noch zu flicken ist. Es gibt so viel zu tun für die Männer. Und sonst brauchen sie vor allem Unterstützung beim Übersetzen. Die meisten Helferinnen vom Frauenverein oder die Mitglieder des Hilfsvereins sprechen kein Französisch. Wie gut, dass du diese Sprache gelernt hast! Die Soldaten brauchen manchmal eine Erklärung oder auch einfach nur ein gutes Wort in ihrer Muttersprache. Sie haben Schreckliches erlebt." So fürsorglich hatte Josi ihren Vater noch kaum je erlebt.

„Überlege dir aber: Willst du das wirklich? Du wirst unschöne Dinge sehen. Einige Soldaten sind schwer verletzt. Andere leiden unter Albträumen, schreien manchmal plötzlich. Unterschätze es nicht. Die Arbeit ist hart. Es ist eigentlich kein Ort für ein junges Mädchen."

„Der Glaube wird ihr die nötige Kraft verleihen", wandte die Mutter nun überraschend ein. „Es schadet bestimmt nicht, wenn sie sich mildtätig für Menschen in Not einsetzt. Und etwas Abhärtung für das Leben schadet ihr kaum, solange sie den Herrgott im Herzen trägt. Gell, mein Kind?"

„Sie könnte bei Karl und seiner Frau wohnen, damit sie nicht täglich den weiten Weg zu machen braucht", ergänzte der Vater.

Die Aussicht, einige Zeit in Altdorf zu wohnen, weg von der strengen mütterlichen Aufsicht, machte die Aufgabe umso verlockender. Josi mochte die Apotheke mit den vielen Schubladen, den Gerüchen nach Kräutern, den zahllosen unbekannten Dingen. Vor allem aber mochte sie Onkel Karl und ihren achtjährigen Cousin. Der Onkel wiederum mochte seine aufgeweckte Nichte. Er unterstützte sie, wann immer er konnte. Er würde ihr schon helfen, falls sie Hilfe benötigte.

„Gut, dann trödle nicht. Packe ein paar Sachen ein. Wir gehen gleich los. Ich bringe dich zu Karl. Er kann dir alles Weitere erklären. Schon heute Nacht treffen die Soldaten ein. Ich muss sowieso noch mit dem Lusser etwas besprechen."

Es störte Josi nicht, dass sie noch nichts gegessen hatte. Ihre Verwandten in Altdorf würden bestimmt einige Bissen für sie haben. Sie packte ein zweites Kleid und etwas Wäsche ein. Die Mutter brachte außerdem ein bereits ziemlich abgetragenes Flanellhemd des Vaters sowie einen großen Sack mit getrockneten Äpfeln, die Josi als Liebesgabe für die Soldaten mitnehmen sollte. Obwohl die Dämmerung inzwischen bereits hereingebrochen war, machten sich Vater und Tochter auf den Weg.

☙

Josi war zum Küchendienst eingeteilt, weil sie keine Erfahrung in der Pflege hatte. Sie sollte in den kommenden Wochen mithelfen, die Mahlzeiten für die Soldaten zuzubereiten und sie servieren. Das traute sie sich durchaus zu.

Der Schock saß jedoch tief, als sie die Unterkunft der Soldaten betrat. Darauf war sie nicht vorbereitet. Der Raum war erfüllt von Wimmern und vereinzelten Schreien. Es roch nach Blut und Urin, nach Schweiß und Erbrochenem. Die meisten Männer lagen unter löchrigen Wolldecken auf Stroh, das nur notdürftig mit ein paar Laken bedeckt war. Einige stierten leer in die Luft, während andere unablässig Unverständliches vor sich hin brabbelten. Eine Welt brach zusammen. Das hier, das waren keine Männer. Bisher waren Männer immer groß und stark, so wie der Vater, die Onkel und die Männer in der Gaststube. Sie sprachen mit lauten, festen Stimmen, erteilten Befehle. Stets wussten sie, was zu tun war, hatten jede Situation unter Kontrolle. Das hier, das waren arme Seelen, keine Männer, hilflose Geschöpfe, die nicht mehr Herr über ihre Ausscheidungen waren und ihre Stimmen verloren hatten.

Im Nachhinein wunderte sie sich über Onkel Karls eindringliche Worte vom Abend zuvor. Ungewöhnlich ernst hatte er sie ermahnt: „Ich muss dich warnen und ich möchte, dass du jetzt gut zuhörst, Josi. Die Männer hier sind *Internierte*, Gefangene. Sie sind nicht frei. Sie müssen sich strengen Regeln unterwerfen und sie werden nicht in der Schweiz bleiben. In ein paar Wochen werden sie zurückkehren nach Frankreich. Der Bundesrat hat verfügt, dass es der Bevölkerung *strengstens untersagt* ist", er betonte das mit Nachdruck, zu den Soldaten Kontakt aufzunehmen oder freundschaftliche Beziehungen zu pflegen. Hast du das verstanden? Halte dich von ihnen fern, so gut es geht. Sprich nur das Nötigste mit ihnen. Ich wiederhole: Diese Männer werden nicht hierbleiben. Sie werden wieder weggehen. Sieh dich vor!"

Josi wunderte sich noch immer über diese kleine Ansprache. Die meisten Männer im Lazarett waren nicht älter als sie selbst. Viele waren sogar jünger. Sie hätten ihre Brüder sein können. Sie sah ungeformte Gesichter von Kindern, die viel zu früh mit den Schrecken eines Krieges Bekanntschaft gemacht hatten. Es waren schlecht ausgebildete Knaben, die irgendwer in dieses sinnlose Gemetzel geschickt hatte.

Bei genauerem Hinsehen entdeckte sie auch viele Köpfe mit grauen Bartstoppeln. Zahnlose Greise, mit eingefallenen Wangen in zerschlissenen Uniformen, saßen reglos auf improvisierten Pritschen. Sie waren erst gegen Kriegsende eingezogen worden, nachdem das Morden auf den Schlachtfeldern des Elsass bereits Zehntausende Opfer gefordert hatte, sogar nachdem Kaiser Napoleon III. in preußische Gefangenschaft geraten war. Sie alle waren gezeichnet für den Rest ihres Lebens und bildeten keine Gefahr. Weshalb hätte sich Josi mit einem von ihnen anfreunden sollen? Was bezweckte Onkel Karl mit seiner Warnung?

Der unerwartete Anblick von so vielen hilflosen Männern brachte etwas in Josis Innerem zum Einsturz, eine Weltordnung, die sie bisher nie hinterfragt hatte. Hier gaben die Männer nicht mehr den Ton an. Hier waren es vorwiegend Frauen, die sich um sie kümmerten. Und sie war nun eine von ihnen. Sie hatte eine Mission im Auftrag des Hilfsvereins, sie, die junge Josi, die noch nicht einmal volljährig war. Sie gehörte zu den Starken, zu denen, die die Ordnung aufrechterhielten. Das erfüllte sie mit Stolz und Genugtuung. Die Rollen waren hier für einmal umgedreht: Die Frauen waren stark, während die Männer schwach und krank auf dem Stroh lagen. Die Frauen organisierten das Essen, die Wäsche und den Großteil der Krankenpflege. Die Männer hingegen brauchten Hilfe.

Unverzüglich begab sich Josi in die Küche. Martha, eine hagere Krankenschwester mit einem weißen Häubchen, band ihr eine Schürze um, in deren linken oberen Ecke ein *rotes Kreuz* prangte. Es war das Symbol für den Hilfsverein. Sie ermahnte Josi, sich stets die Hände gründlich zu waschen und auch sonst auf peinliche Sauberkeit zu achten, um sich nicht mit irgendeiner Krankheit anzustecken. Niemand wusste, welche Keime die Soldaten in sich trugen. Darauf hatte sie auch Onkel Karl hingewiesen. Martha zeigte auf einige leere Schlafstellen und erklärte, alle Internierten würden ins Moosbad gebracht. Dort wasche man sie, pflege ihre Wunden und untersuche sie auf mögliche Krankheiten. Bei den meisten werden auch Haare und Bart gestutzt. Man müsse sicherstellen, dass sich im Lazarett keine Seuchen ausbreiteten.

Anschließend reichte Martha Josi eine kleine Schüssel Suppe mit einem Stück Brot. „Dort hinten, gleich an der Wand, da liegt einer, der hat noch nichts gegessen. Ich weiß nicht, wann er überhaupt zum letzten Mal einen Bissen zu sich genommen hat. Er zittert so stark, dass er alles verschüttet. Geh, und füttere ihn, damit er uns nicht verhungert. Wir hatten bis jetzt einfach keine Zeit, uns um ihn zu kümmern, da es vielen noch schlechter geht. Wir sind leider nicht genügend Helfer für die Menge Verwundeter."

Es fiel Josi nicht schwer den Jungen ausfindig zu machen. Hohlwangig und bleich lag er auf seinem Lager am anderen Ende des Raumes. Dunkelbraune Strähnen verdeckten einen Teil des hübschen Gesichts, auf dem sich kaum ein Flaum zeigte. Er war zart und feingliedrig, nicht geschaffen, als Krieger in einem Kampf zu bestehen. Er mochte zwei, drei Jahre jünger als sie selbst sein, ein Kind noch.

Seine Uniform verdiente kaum mehr diesen Namen. Fetzen einer verschlissenen blauen Jacke hingen von seiner Schulter, die mit einem blutverschmierten Tuch notdürftig verbunden war. Seine Füße unter der ausgefransten, zerlöcherten roten Hose waren mit Lumpen umhüllt, in denen er den weiten Weg vom tief verschneiten Jura durch die winterliche Kälte ohne Schuhe zurückgelegt hatte. Die Region von Les Verrières nahe der französischen Grenze, wo die Truppen die Schweiz erreicht hatten, wurde auch das *Sibirien der Schweiz* genannt, weil es dort kälter als sonst wo war. Josi mochte sich nicht vorstellen, wie eisig die Füße gewesen sein mussten. Zu gut kannte sie die Taubheit in den Gliedern, das unerträgliche Ameisenlaufen, die schmerzhaften Nadelstiche, wenn sie sich langsam erwärmten. Wie oft hatte sie sich in der Schulstube die Tränen verkneifen müssen, wenn ihre Schuhe sich mit Eiswasser gefüllt hatten. Im Nachhinein schämte sie sich für ihre Wehleidigkeit als Mädchen. Wie viel ärgere Schmerzen mussten die Männer hier aushalten! Was hatten sie alles durchmachen müssen!

Der Junge hielt sich krampfhaft an einer zerbeulten Trompete, als fürchtete er sie zu verlieren. Der goldene Glanz des Instrumentes wollte so gar nicht in den tristen Raum passen. Etwas weiter daneben, zu Füssen seines Kameraden, bemerkte Josi eine ramponierte Trommel. Die beiden hatten wohl in der Musikkapelle der Armee gespielt, um die Truppen bei Laune zu halten. Wie hart musste sie die Realität eingeholt haben, als Geschützsalven ihre Lieder ersetzten! Nun fehlte ihm der Atem für sein Spiel. Er hatte keine Energie mehr, die er an andere hätte verteilen können.

Eine Weile lang beobachtete sie den Verwundeten, der in unregelmäßigen Schüben geschüttelt wurde. Krampfartig bäumte sich sein Körper auf, während er starr ins Weite guckte. Es war ein heftiges Zucken, das durch den ganzen Körper lief und das ihn unter Kontrolle hielt. Machtlos war er ihm ausgeliefert. Er konnte unmöglich einen Löffel oder eine

Tasse halten, ohne deren Inhalt zu verschütten. Josi verstand nun, was Schwester Martha gemeint hatte, und suchte nach einem Weg, ihm dennoch etwas Nahrung zukommen zu lassen.

Vorsichtig näherte sie sich dem Fremden. Sie stellte die Schüssel auf den Boden, legte das Brot quer darüber, damit es nicht schmutzig wurde, und setzte sich neben den Jungen auf das Stroh. Ohne nachzudenken legte sie einen Arm um dessen Schulter, drückte ihn sanft gegen ihre Brust und begann, ihn zart wiegend, leise auf ihn einzureden, wie sie es bei ihren Geschwistern tat, wenn sie Trost brauchten. Mit der anderen Hand streichelte sie kaum wahrnehmbar über die Wange. Er war noch so jung. Sie wusste, dass er ihre Worte nicht verstand, vertraute jedoch auf den ruhigen Klang ihrer Stimme.

„Ganz ruhig, es ist alles gut. Es ist vorbei. Du bist in Sicherheit. Hier kann dir nichts geschehen. Ganz ruhig."

Bei jedem heftigen Zucken drückte sie etwas fester, um es zu unterdrücken. Sie nahm den unangenehmen Geruch wahr, der von seinem ungewaschenen Körper ausging, störte sich aber nicht daran. Ihre Umarmung, gepaart mit ihrer leisen Besänftigung, ließ das Zittern allmählich etwas abebben. Schließlich fragte sie sacht auf Französisch: „Hallo, ich heiße Josi. Wie heißen Sie?"

„Jean-Baptiste", vernahm Josi kaum hörbar. Ein müdes Lächeln huschte über sein Gesicht. Eine Welle Mitleid erfasste das Mädchen. Was hatte man dem Jungen bloß angetan?

„Möchten Sie etwas essen?"

Er nickte schwach. Sie ließ ihn eine kurze Weile los und befreite die Trompete aus seinem klammernden Griff.

„Ich hänge sie hier an diesen Nagel. Es wird ihr nichts passieren." Der Junge nickte. Josi bückte sich, griff nach dem Brot, von dem sie ein

Stück abbrach und es in die Suppe tunkte. Gleich umfasste sie den Soldaten erneut, indem sie ihm mit der anderen Hand den Bissen an die Lippen hielt. Derart folgte sie den unkontrollierbaren Bewegungen seines Kopfes.

„Saugen Sie daran, so kann nichts verschütten."

Ganz zaghaft öffnete er seinen Mund, ließ Josi das Brot zwischen die Zähne führen. Gierig sog er so lange daran, bis der äußerste, aufgeweichte Teil abbrach. Josi hielt das Brot erneut in die Suppe, wiederholte alles. Unerträglich langsam leerte sich die kleine Schüssel. Als der letzte Bissen endlich geschluckt war, leuchteten die Augen des fremden Soldaten. „Sie sind mein Schutzengel, Josi. Sie haben mir das Leben gerettet. Das werde ich nie vergessen. Vielen Dank."

Die wenigen Worte hatten ihn angestrengt. Josi schüttelte das durchgelegene Kissen und half dem Erschöpften, sich wieder hinzulegen. Behutsam legte sie ihm für eine Weile eine Hand auf die Stirn. Sie spürte, dass er Ruhe brauchte, um wieder zu Kräften zu kommen. Eine Weile betrachtete sie die langen Wimpern, die bereits die Augen verdeckten, den spärlichen Flaum ums Kinn, die weichen Hände mit den langen Fingern. Solche Hände hatte sie noch nie gesehen. Die Hände ihres Vaters und ihrer Brüder waren breit und kräftig, mit Schwielen und Narben. Nein, der junge Mann vor ihr war kein Krieger, er war kein Handwerker, er war kein Arbeiter. Er war ein Künstler, ein Musiker, vermutete sie. Alles an ihm war zartgliedrig und feinsinnig. Ein warmes Gefühl stieg in ihr hoch. Es war ungewohnt, doch angenehm. Je länger sie den jungen Mann betrachtete, desto mehr schwoll es an. Sie merkte nicht, dass sich ein Lächeln auf ihr Gesicht schlich. Endlich zog sie ihre Hand zurück.

„Schlafen Sie jetzt. Sie sind in Sicherheit. Ich komme wieder." Sie führte ihren Zeigefinger an ihre Lippen, um das Schweigen anzudeuten, und drückte ihn anschließend, als er etwas antworten wollte, auf seine

Lippen, um ihn am Reden zu hindern. Die Berührung verursachte einen warmen Strom durch ihren Körper. Sie wandte sich von ihm ab und ging beschwingt mit der leeren Schüssel zurück in die Küche. Schwester Martha musterte sie eindringlich mit gehobenen Augenbrauen, sagte aber nichts.

Am nächsten Morgen zitterte Jean-Baptiste viel weniger. Das Bisschen Suppe und Josis einfühlsame, beruhigenden Worte hatten die Gespenster der vergangenen Wochen verjagt. Er atmete ruhiger, wirkte entspannter. Nur ab und zu durchzuckte ihn eine unkontrollierbare Muskelspannung.

Als sich Josi ihm näherte, hätte sie ihn kaum mehr wiedererkannt. Seine Haare waren kurz geschoren, er steckte in einem frischen Hemd und roch angenehm nach Kernseife. Offensichtlich war er inzwischen im Moosbad gewesen. Er trug einen frischen Verband an der Schulter und schien wie neu belebt. Sie lächelte.

Sein Gesicht erstrahlte, als er sie sah. „Mon ange, Josi", murmelte er. Sie mochte, wie er ihren Namen aussprach, mit einem ganz weichen 'Sch' am Anfang, einem summenden 'S' in der Mitte und mit Betonung auf dem 'I'. *Schosii.* Es klang wie ein Lied, ungewohnt, fast zärtlich. Noch nie hatte jemand ihren Namen mit so viel Leidenschaft gesprochen.

Sie bemühte sich, seinen Namen akzentfrei hinzubekommen, was sie aber nicht so richtig hinbekam. *Jean-Baptiste* bot für ihre Innerschweizer Zunge tausend Hürden. Viel zu hart klang ihr 'Sch', die Klangfarbe des 'A' wollte nicht gelingen, mit dem 'Baptiste' konnte sie sich ebenso wenig anfreunden. Die ungewohnte Abfolge der Buchstaben 'pt' ließ sie stottern. Dies entlockte ihm ein Lachen. Er sprach ihr langsam vor, jede Silbe betonend: *„Jean-Bap-tis-te."* Sie wiederholte und es klang wie

Schong-Batapisste. Sie lachten wieder. Er griff nach ihrer Hand, drückte sie und presste schließlich zärtlich seine Lippen darauf. „Enchanté."

Josi reichte ihm eine Tasse Kaffee und ein Stück Brot. Sie kramte nach ihrem besten Schulfranzösisch: „Ich wünsche guten Appetit. Wie ich sehe, geht es Ihnen besser?"

Er musterte sie ausgiebig mit einem freundlichen Lächeln. Ohne auf Ihre Frage zu reagieren, forderte er sie auf: „Bitte, duzen Sie mich doch."

„Sind Sie, ich meine, bist du sicher? Ähm, wir sollten doch nicht. Es ist verboten." Sie schämte sich für ihr Gestammel und kam sich fürchterlich albern vor.

Er nickte nur und nahm einen Schluck aus der Tasse. Der Schatten in seinen Augen, der einen dunklen Zug über sein Lächeln legte, weckte in Josi das Bedürfnis, diesem schönen Gesicht nahe zu sein, ihre Arme um ihn zu schlingen, wie sie es am Tag zuvor ohne jede Scheu getan hatte. Doch etwas war jetzt anders. Ein Teil in ihr warnte sie, es besser bleiben zu lassen. Unwillkürlich hörte sie Onkel Karls Ermahnungen: *Der Bundesrat hat verfügt, dass es der Bevölkerung strengstens untersagt ist, zu den Soldaten Kontakt aufzunehmen oder freundschaftliche Beziehungen zu pflegen.*

Sie gab sich einen Ruck und richtete sich auf. „Also dann. Ich muss jetzt. Das Mittagessen macht sich nicht von alleine. Schlafen Sie – ähm – schlafe noch ein wenig. Ruhe dich aus. Es wird dir bald bessergehen."

☙

Josi erzählte niemandem, dass sich Jean-Baptiste soweit erholt hatte, dass er alleine hätte essen können. Sie genoss es ihm nahe zu sein und einige Minuten mit ihm zu plaudern. Nach und nach ging es immer besser mit dem Französischen. Jean-Baptiste versuchte einige Brocken Deutsch zu lernen, sodass sie viel zu lachen hatten.

„Woher kommst du?"

„Aus Évette, in der Nähe von Belfort." Josi hatte noch nie von diesem Ort gehört, auch nicht von Belfort.

„Das ist ein ganz kleines Dorf. Es liegt im Land der tausend Seen." Das mochte wohl übertrieben sein, mutmaßte Josi. Doch er beharrte darauf.

„Komm mich besuchen, dann zeige ich es dir. Es ist wunderschön dort." Er hielt einen Augenblick inne und lächelte. „Genauso schön wie du, *mon ange*."

Josi spürte, wie ihr die Röte ins Gesicht stieg. Noch nie hatte ihr jemand solche Komplimente gemacht. Verlegen blickte sie zu Boden. Sie wusste, sie sollte gehen, doch eine unbekannte Macht fesselte sie, trieb Wurzeln in den Boden, sodass sie sich nicht vom Fleck rühren konnte.

„Du weißt, dass dies verboten ist." Statt zu antworten lächelte er nur und griff nach ihrer Hand. Noch immer blickte sie zu Boden, entzog ihm ihre Hand und tat so, als ob sie etwas aufheben müsste. Sie getraute sich nicht, in die liebgewonnenen Augen zu blicken, tiefbraune Augen, die sie in einen Abgrund von Gefühlen zu ziehen drohten. Etwas in ihr warnte sie. Er würde weggehen und ihr das Herz brechen. Am liebsten hätte sie die Gefühle in eine Kammer in ihrem Herzen gesperrt, um sie nicht mehr wahrzunehmen. Es war alles so verwirrend. Zugleich waren sie warm und hüllten sie in einen Schal der Geborgenheit, den sie nie mehr ausziehen wollte.

Sie räusperte sich: „Ich muss jetzt gehen."

Doch sie kam wieder und immer wieder. Mehrmals täglich fand sie einen Vorwand, um einige Minuten in die Nähe von Jean-Baptiste zu kommen. Er war wie ein Magnet, der sie mit aller Macht zu sich zog.

Nach und nach erfuhr sie mehr über Jean-Baptiste. Er wollte nicht in den Krieg ziehen, wäre lieber zuhause auf dem elterlichen Betrieb geblieben, wo sein Vater mit Wein handelte. Aber er war gerade 16 geworden, sein Pech, denn das ließ ihn zum Soldaten werden. Darüber wollte er nicht sprechen. Sobald er auch nur daran dachte, verstärkte sich sein Zittern.

Also kein Künstler, dachte Josi. *Ein Kaufmann.* Auch gut. Auf jeden Fall interessant. Gespannt lauschte sie, wie sein Vater den Bauern der Region große Mengen Wein abkaufte.

„Évette liegt nahe beim Bahnhof von Belfort. Von hier aus gehen Linien nach Norden, Westen und nach Süden."

„Da seid ihr wohl im Mittelpunkt von Europa", neckte Josi. Doch Jean-Baptiste ließ sich nicht darauf ein. Ganz ernsthaft fuhr er fort: „Die Eisenbahn ist etwas Wunderbares. Sie erlaubt uns, den Wein der Region in alle Welt zu verschicken. Und wir können auch Wein aus der Provence oder von Bordeaux einkaufen, um ihn hier zu vertreiben. Alle Möglichkeiten stehen uns offen."

Aus seinen Worten klang die Begeisterung seines Vaters. Jean-Baptiste liebte das Geschäft genauso wie er, so viel war klar. Er erinnerte sie an ihren Vater und an dessen Glauben an den Fortschritt. Trotzdem kam es ihr seltsam vor, dass dieser Junge wie ein Erwachsener sprach.

„Ich wundere mich, dass es hier noch keinen Zug gibt. Die Eisenbahn ermöglicht einen wirtschaftlichen Aufschwung, den es noch nie zuvor gegeben hat", fuhr er indes fort.

„Die Eisenbahn hat aber auch Nachteile", wandte sie spitz ein.

„Und die wären?", nahm er ihren neckischen Ton auf.

„Wir, zum Beispiel, müssen noch mehr Land verkaufen und könnten deswegen keine Tiere mehr halten. Und außerdem hört man ja auch immer wieder von Unfällen. Die Züge sind durchaus gefährlich."

„Davon weiß ich nichts. Bei uns ist noch nie etwas geschehen."

„Und was ist mit dem Unglück, letztes Jahr bei Newark in England, bei dem 18 Menschen starben?"

Jean-Baptiste hatte davon nichts gehört, verstand aber ihre Bedenken. „Trotzdem, heutzutage entscheidet die Eisenbahn darüber, welche Orte aufblühen werden und welche weiterhin in Armut verweilen. Wir bemühen uns in Évette, dass wir einen Bahnhof erhalten und an das Netz angeschlossen werden."

„Nun denn", erwiderte Josi triumphierend, „auch hier wird es bald eine Eisenbahn geben. Wir werden also nicht arm bleiben, wenn ich dir glauben darf. Auf jeden Fall ist der Bau der Gotthardbahn längst in Planung und wir bauen den längsten Eisenbahntunnel der Welt."

Sie unterhielten sich, sooft es ging. Jean-Baptiste war von seiner Heimat begeistert. In den buntesten Farben beschrieb er sein Dorf, die umliegenden Gärten, die tausend Seen. Ohne dass es Josi richtig bemerkte, kamen sie sich näher. Es entstand eine Vertrautheit, die sie sonst mit niemandem kannte, und immer öfter kreisten ihre Gedanken um den schmucken Jüngling.

Schon nach einer Woche hatten sich viele Männer recht gut erholt. Es hatte genügt, einen warmen Platz und etwas zu essen zu bekommen, um ihre Geister wiederzubeleben. Gewaschen und sauber gekleidet, fühlten sie sich wieder wie Menschen. Wichtig war außerdem die Gewissheit zu haben, den Bissen genießen zu können, ohne dass ein Geschoss den Kameraden an der Seite ins Totenreich beförderte oder man selbst eine Ladung Blei erhielt. Allmählich wich das Röcheln und Stöhnen einem unbekümmerten Geplauder und Langeweile begann sich auszubreiten. Die Soldaten waren nicht gewohnt, tatenlos herumzusitzen. Sie sehnten sich nach ihren Familien sowie nach etwas in den Händen, mit dem sie ihr Schicksal selbst hätten lenken können. Als ihnen die Betreuerinnen französische Bücher und Zeitschriften brachten, stürzten sie sich gierig darauf. Sie waren froh um jede Abwechslung.

Am Donnerstagmorgen dieser Woche riss ein ohrenbetäubender Lärm die Männer aus dem Schlaf. Erschreckt sprang auf, wer konnte. Vor den Toren des Lazaretts tummelten sich maskierte Männer und schlugen auf alles ein, was irgendwie als Geräuschquelle tauglich war: Pfannen und Töpfe, Kuhglocken und Sensenblätter, Kübel und Holzbretter. Manche stießen in Hörner, denen sie gar schaurige Töne entlockten. Nach und nach erfuhren die Fremden, dass dies die Altdorfer Fasnacht sei, ein Brauch mit Lärm und Schabernack, mit Musik und Tanz, der dazu diente, den Winter auszutreiben und die Fastenzeit einzuläuten.

Nun gab es für Jean-Baptiste kein Halten mehr. Seine Schulter schmerzte kaum mehr, sein Zittern war dank Josis Beistand fast gänzlich verschwunden. Mit einer schwungvollen Geste griff er nach seiner Trompete und stachelte seine Kameraden Philippe und Sébastien an, ihn nach draußen zu begleiten. Es kümmerte ihn nicht, dass dies verboten war. Wenn es ums Musizieren ging, wollte er mit von der Partie sein. Dies war die Gelegenheit, wieder einmal etwas Spaß zu haben.

Er hörte dem Spektakel erst eine Weile zu, bevor er sein Instrument ansetzte und aus vollen Lungen einen Marsch zu blasen begann, der melodiös und eindringlich zugleich war, das Signal seiner Truppe. Es dauerte nicht lange, bis seine Kameraden mit einstimmten, Sébastien mit der Trommel und Philippe auf einem Clairon. Mit ihren Fanfarenklängen, unterstützt von Sébastiens rhythmischen Schlägen, übertönten sie bald den chaotischen Lärm der Altdorfer Dorfjugend, der allmählich verebbte. Gebannt lauschten die Burschen dem unbekannten Stück *Aux champs en marchant au relevé de la garde!* Nach und nach begannen sie dessen Takt aufzunehmen, fielen ein in das Spiel der Franzosen und spielten bald selbst Variationen des Motivs. Nun waren die Fremden Brüder.

Josi blieb in der Tür stehen, als sie ihren Dienst begann. Sie bewunderte Jean-Baptiste und lauschte so lange gebannt der fröhlichen Musik, bis jemand reklamierte: „Mach' die Tür zu, Mädel! Oder willst du, dass wir alle erfrieren!" Erst jetzt bemerkte sie, wie der kalte Wind Schneeflocken ins Lazarett wirbelte. Beschämt und wie ertappt, schloss sie die Tür hinter sich.

Normalerweise hätte sie sich gefreut, während der Fasnacht in Altdorf zu sein, weg von der mütterlichen Aufsicht. Sie hätte es bestimmt einzurichten gewusst, an einem Tanzabend teilzunehmen. Doch dieses Jahr kannte sie nur ein Verlangen. Sie wollte so viel Zeit wie irgendwie möglich mit Jean-Baptiste verbringen, ohne dass jemand auf sie aufmerksam wurde. Darum blieb sie abends länger und half beim Aufräumen. Sie kam morgens früher, um beim Vorbereiten des Frühstücks zu helfen. Sie tat alles, um einen Blick auf den jungen Soldaten zu erhaschen, ihm ein kurzes Lächeln zu schenken und kokett auf eine Erwiderung zu warten. Es war ein werbendes Spiel, das sie miteinander spielten, immer bemüht, es vor den anderen verborgen zu halten, was den Reiz erhöhte. Noch nie hatte sich Josi so glücklich gefühlt wie während der Zeit im Lazarett.

März 1871

Am folgenden Morgen würden die französischen Soldaten zurück in die Heimat reisen. Weil sie sich so gut betragen hatten, lud die Urner Regierung die Internierten auf einen Abschiedstrunk mit Wurst und Brot im Hotel Adler ein. Die Militärmusik spielte flott auf und belebte den gemütlichen Abend. In dem fröhlichen Treiben fiel niemandem auf, dass sich ein junger Soldat nach dem Essen davonstahl, im Schatten der Mauern Schutz suchend durch die nächtlichen Gassen schlich. Hinter dem Tellenbrunnen wartete bereits eine Gestalt auf ihn.

„Wir müssen Abschied nehmen, mon ange", flüsterte Jean-Baptiste, während er eine Decke über sie beide legte. Nun waren die beiden Silhouetten im Schatten des Brunnens nicht mehr zu unterscheiden. Die plötzliche Nähe ließ eine wohlige Wärme entstehen.

„Ich weiß." Josi schluckte schwer. Sie wollte auf keinen Fall weinen.

„Du darfst nicht traurig sein. Ich schreibe dir, sobald ich zuhause bin. Ich komme wieder. Ich hole dich nach Évette. Ich verspreche es dir."

„Ich weiß nicht, ob mir mein Vater erlauben wird, nach Frankreich zu reisen."

Er zog sie näher zu sich, um ihren Körper zu spüren. Er wollte nicht zulassen, dass sich die kalte Bise zwischen sie schob, um sie zu trennen. Er wollte Josi festhalten, egal, was die Vorgesetzten befahlen, egal, was Josis Vater meinte. Er war wild entschlossen, dieses wunderbare Mädchen in seinen Armen nie mehr loszulassen.

„Niemand wird uns trennen, hörst du. Ich komme zurück. Ich liebe dich, mon ange."

Die süßen, ins Ohr geflüsterten Worte ließen Josi die Kälte vergessen. Sie wollte nur zu gerne glauben, was Jean-Baptiste versprach. Nichts wünschte sie sich mehr, als dass dieser Moment nie aufhörte. Ihr Herz klopfte, hinderte sie am Sprechen. Schließlich hauchte sie zitternd: „Ich liebe dich auch. Ich werde auf dich warten. Bleibe nicht zu lange fort. Hörst du?"

„Du sollst meine Eltern kennenlernen und meine Frau werden. Dir wird es in Évette gefallen." Josi konnte nicht glauben, was sie hörte. Noch nie hatte irgendjemand ähnlich zu ihr gesprochen. Noch nie hatte irgendjemand ein solches Verlangen nach ihr gehabt. Sie konnte kaum an sich halten. Am liebsten wäre sie gleich mit ihm über alle Berge gegangen, egal wohin. *Bitte, lieber Gott, lass es nicht enden!*

Er zog sie noch näher zu sich. „Liebst du mich, so wie ich dich?"

Josi nickte. Seine Ernsthaftigkeit weckte in ihr das Bedürfnis, ihm nahe zu sein, die Arme um ihn zu schlingen, ihn nie mehr loszulassen. Doch eine Stimme in ihrem Inneren warnte sie, um ihr künftigen Kummer zu ersparen. Natürlich würde er morgen nach Hause zurückkehren. Er würde sie zurücklassen, allein. Sie würde sich wieder ihrer Familie widmen. Alles würde so sein wie immer.

Am liebsten hätte sie einen dicken Panzer um ihr Herz gelegt. Doch Gefühle, die zu mächtig waren, als dass sie sie hätte zurückdrängen können, bahnten sich einen Weg. Sie war trunken vor Glück, hörte die Musik nicht mehr, nicht das fröhliche Gelächter, nicht die ausgelassene Stimmung, die von ferne an das Abschiedsfest erinnerten.

Jean-Baptiste fuhr Josi mit dem Finger über die Lippen, dass es kitzelte. Sie ergriff seine Hand und drückte sie.

Er zog sie näher zu sich. „Josi…"

Ein Teil von ihr wollte ihn wegschubsen, wegrennen und sich vor Liebeskummer bewahren. Ein anderer Teil hingegen wollte keinen Zentimeter weichen. Eine Ewigkeit verstrich, ehe sein Mund ihre Wangen berührte und dann ihre geöffneten Lippen fand, die begierig warteten, verlangten. Die Kombination aus den Resten seines Abendessens, Rotwein und Wurst, seiner sanften Zungenspitze und seinem Duft war überwältigend und blendete die Welt und jeden Verstand aus. Die Decke rutschte von den Schultern hinunter. Josi schloss die Augen, ließ sich von seiner Seele mit einer Wärme füllen, die einen Kontrast zur klirrenden Kälte ringsum bildete. Die Hand an ihren Hinterkopf gelegt, schirmte er sie mit den Armen vor dem Frost ab, ohne auch nur ihre Lippen loszulassen. Schließlich riss er sich los und ließ Josi atemlos und nach mehr verlangend zurück.

„Ich muss zurück. Sie bemerken bestimmt bald, dass ich fehle. Komm in ein paar Minuten nach. Dann kann ich noch einmal für dich spielen. Dieses letzte Lied, ich werde es nur für dich spielen. Adieu, mon ange."

„Adieu."

Schon war er fort und mit ihm die Decke. Unvermittelt fröstelte Josi. Sie hielt sich die Hände vor die Augen, um ihn nicht weggehen zu sehen. Sie war zu aufgewühlt. Sie wollte keine Gewissheit haben, dass er tatsächlich ging, dass es kein Morgen mehr geben würde, dass ihre gemeinsame Zeit beendet war. Zu schön war dieser Traum vom fremden Jüngling, der um ihre Hand angehalten hatte. Gewiss war es nur ein Traum. Glück und Angst mischten sich. *Vielleicht sollte ich tatsächlich etwas Verrücktes tun*, ging es ihr durch den Kopf. Jean-Baptiste wird zurückkommen und mich holen. *Ich habe mich soeben verlobt.*

ଓ

In den folgenden Tagen ging Josi auf Wolken. Sie trällerte vor sich hin und trug stets ein Lächeln auf dem Gesicht. *Sie war verliebt und überglücklich.* Sie hatte ein süßes Geheimnis, das sie nährte, träumte von den verwunderten Gesichtern ihrer Eltern, wenn sie ihnen die Verlobung bekanntgeben würde und ins Elsass aufbrach. Bestimmt gab es nichts Schöneres, als ihr Leben an Jean-Baptistes Seite zu verbringen.

Sie stickte mit mehr Freude an ihren Tischtüchern, schmückte mehrere Herrentaschentücher mit einer reizenden Häkelbordüre, zählte mehrmals die fertigen Laken, um festzustellen, was sie noch brauchte. Sie musste sich beeilen, ihre Aussteuer fertigzustellen.

Die Mutter wunderte sich über das Verhalten ihrer Tochter, schwieg jedoch. Josi schielte immer öfter über den See, ob nicht ein Schiff ihr den Verlobten zurückbrachte. Sie lauschte auf den Hufschlag der Pferde auf der Axenstraße, auf das Knirschen der Räder. Ob der Liebste wohl in einer Kutsche käme, sie zu sich zu holen? Und jeden Abend wartete sie gespannt, ob ihr der Vater keinen Brief aus Frankreich brächte. Jean-Baptiste hatte es versprochen! Wieso schrieb er nicht? Es konnte doch nicht sein, dass der Heimweg ins Elsass so lange dauerte.

Doch sie wartete vergebens. Woche um Woche verging, ohne dass sie etwas von Jean-Baptiste hörte. Schon zwei Monate waren seit dem Abschied am Tellenbrunnen vergangen, ohne dass sie Post erhalten hätte. Allmählich verflog ihre Verliebtheit, wich einer inneren Unruhe. Quälende Fragen raubten ihr den Schlaf. *War es möglich, dass Jean-Baptiste seine Liebesschwüre nicht ernst gemeint hatte*? Wieso meldete er sich nicht? Er musste doch längst in Évette angekommen sein. Josi werweisste, ob sie ihm selbst einen Brief schreiben sollte und ließ es dann bleiben. *Ich kenne noch nicht einmal seine Adresse.* Sie fürchtete, sich lächerlich zu machen. *Er* hatte zu schreiben versprochen, sobald er in Évette war.

Das Schlimmste für Josi war, dass sie niemanden um Rat fragen konnten. Wem hätte sie sich anvertrauen können? *Es war der Bevölkerung strikte untersagt, mit den Internierten Kontakte zu pflegen*. Onkel Karl hatte es deutlich genug gesagt. Und sie, Josi, wusste nichts Besseres als gegen diese Regel zu verstoßen! Sie war selbst schuld an ihrer Not. Niemand hätte Verständnis für sie, im Gegenteil, man würde über sie herziehen, sie beleidigen, sich über sie lustig machen. Ihre Unruhe war wohl die gerechte Strafe.

Klaus war an den Wochenenden häufig zu Besuch. Mit dem sicheren Instinkt eines Quälgeistes witterte er Josis Seelenpein und trachtete sie zu verstärken. Er war inzwischen zum Jüngling gereift, spürte die aufkeimende Lust am anderen Geschlecht, ohne dass er sich je einem Mädchen in ernsthafter Absicht näherte.

Er hatte Josis Aufblühen bemerkt, ahnte, was sie beschäftigte. Wann immer sie nahe an ihm vorbeiging, fasste er ihr an den Busen, kniff manchmal so stark, dass es schmerzte. Er ließ seine kräftigen Hände auf ihrem Hintern liegen, befühlte in unanständiger Weise ihren Körper, ohne dass es die Eltern bemerkten. Josi stieß ihn jedes Mal entrüstet von sich, was er mit einem dreckigen Lachen quittierte. Es hielt ihn in keiner

Weise davon ab, sie beim nächsten Mal wieder zu betatschen, dabei womöglich noch anzüglich mit der Zunge zu schnalzen und ihr eine Gemeinheit ins Ohr zu flüstern: „Ich weiß, was du getan hast." Josi war schockiert. Hütete sich jedoch nachzufragen, *was genau* er wusste oder ob er nur bluffte. Jeden Sonntagabend atmete sie auf, wenn er wieder nach Altdorf zog.

Jede Woche wurde Klaus dreister. Ihm gefiel Josis Verzweiflung, die Macht, die er über sie hatte. Sie war Wachs in seinen Händen. Ihre Angst konnte er formen, wie es ihm beliebte, weidete sich an ihrem Unvermögen, sich gegen ihn zu wehren. Er wusste nicht genau, *was* Josi zu verbergen hatten, aber er wussten, *dass* es da ein Geheimnis gab, das Josi um keinen Preis lüften wollte. Und dieses Geheimnis hatte mit einem Verehrer zu tun, dessen war er sich sicher.

„Ich werde dich reiten, kleine Schwester. Ich muss schließlich irgendwo üben." Josi hätte beinahe aufgeschrien, als er diese Drohung ausstieß. Wusste nicht, wie sie sich wehren sollte. „Wenn du keine Jungfrau mehr bist, will dich keiner mehr."

Von nun an stellte Josi einen leeren Eimer so vor die Zimmertür, dass er scheppernd umkippen würde, sollte Klaus während der Nacht in ihr Zimmer einzudringen versuchen. So wäre sie wenigstens gewarnt, sollte er seine Drohung tatsächlich wahrmachen. Zum Glück kam er nie, doch sie lebte in steter Angst.

Juni 1871

Weitere Wochen vergingen, ohne dass Josi von Jean-Baptiste ein Lebenszeichen erhielt. Als der Sommer ins Land zog, hatte sich Josis Gemüt dauerhaft verdüstert. Sie klammerte sich an einen winzigen Hoffnungsschimmer, doch eigentlich glaubte sie schon gar nicht mehr daran, ihren Liebsten je wiederzusehen. Bestimmt hatte er sie bereits vergessen, lachte womöglich über ihre Leichtgläubigkeit und prahlte mit dem Kuss, den er ihr geraubt hatte. Wie konnte er nur? Wie hatte sie ihm nur glauben können? Wieso hielt er seine Versprechen nicht?

Endlich, endlich brachte der Vater einen Umschlag mit einer französischen Briefmarke. Er stammte tatsächlich aus Évette. Josis Herz setzte einen Schlag lang aus. Sie ließ den Brief in ihren Schoss fallen, um erst einmal ruhig durchzuatmen. Mit gespielter Gleichgültigkeit verzog sie sich in ihr Zimmer, um ihn in Ruhe und unbeobachtet zu lesen.

Zitternd vor Aufregung schaute sie ihn genauer an. Wieder machte ihr Herz einen Sprung, doch dieses Mal vor Schreck. Etwas stimmte nicht. Die Adresse auf dem Umschlag war in einer unbekannten Handschrift geschrieben. *Was war los?*

Ein Blick auf die ersten Zeilen bestätigte ihre Befürchtungen.

Demoiselle Josi …

So förmlich begann kein Liebesbrief! Weshalb schrieb jemand Fremder? Josi drehte den Brief um. Er war unterzeichnet mit *Antoinette Richard*. Das musste Jean-Baptistes Mutter sein. Panik ergriff Josi, eine lähmende Vorahnung breitete sich in ihr aus. Am liebsten hätte sie den Brief nicht gelesen. Sie war sicher, dass er eine schreckliche Nachricht überbringen würde. Nach einer langen Weile zwang sie sich, seinen Inhalt zu entziffern. Die Handschrift war kaum lesbar und die Buchstaben verschwammen bereits vor ihren Augen.

Jean-Baptiste ist tot!

Er war mit seiner Truppe wohlbehalten nach Belfort zurückgekehrt, klagte aber über Müdigkeit und Durchfall. Alle dachten, diese Beschwerden seien der langen Reise geschuldet. Doch sie ließen nicht nach. Wenig später litt er unter hohem Fieber, glühte tagelang. Als sich ein Ausschlag auf der Brust ausbreitete, wuchs die Besorgnis der Eltern. Sie ahnten bereits, dass die Krankheit ernst war. Sein Zustand verschlechterte sich schnell, sodass er keine Kraft mehr zum Schreiben hatte.

Aber er erzählte der Mutter auf dem Krankenlager von Josi, vertraute ihr an, wie sehr er sie liebte und dass er sie nach Évette holen wollte. Pausenlos habe er von ihr geredet, von seinem Schutzengel, der ihm in der fernen Schweiz das Leben gerettet habe. Nun war sein Engel zu weit weg, um ihm nochmals beizustehen.

Als Jean-Baptiste erkannte, dass er bald sterben würde, bat er seine Mutter um den Gefallen, in seinem Namen ein Medaillon zu erstehen und es seiner Geliebten zu senden. Es lag dem Brief bei und zeigte den Heiligen Christophorus, den Schutzpatron von Belfort. Die Mutter musste ihm versprechen, Josi zu schreiben.

Es ist entsetzlich: Der Krieg hat unseren Sohn verschont. Nun holte ihn der Typhus.

Gab es eine grässlichere Gewissheit als die drei Worte *Jean-Baptiste ist tot*? Mit diesem Satz starb auch etwas in Josi. Nichts blieb mehr übrig, nicht einmal Tränen. Versteinert saß sie auf ihrem Bett, der Brief war längst zu Boden geglitten, das Medaillon lag daneben. Josi hätte es nicht aufzuheben vermocht. Zu schmerzhaft war der Gedanke, dass es Jean-Baptistes letztes Geschenk war.

Wenn Josi doch nur von Jean-Baptistes Krankheit gewusst hätte! Sie wäre zu ihm geeilt, hätte ihm die Stirn gekühlt, ihm Medizin eingeflößt, ihm die Hand gehalten. So aber kam jede Hilfe zu spät. Sie hatte sich nicht von ihm verabschieden können. Er hatte sie nicht mehr besucht, ihr seine Heimat nicht gezeigt.

Mit gesenktem Kopf saß Josi auf ihrem Bett. Sie schreckte auf, als ihr Bruder Wisi atemlos ins Zimmer stürmte. „Was ist los, Josi, gibt es heute kein Abendessen?" Sie wusste nicht, ob sie wegen der Störung erzürnt oder erfreut sein sollte. Am liebsten hätte sie für den Rest des Tages einfach nur dagesessen, hätte sich ihrem Kummer hingegeben. Aber ein anderer Teil war froh, aus ihrer Trauer gerissen zu werden. *Sie wurde gebraucht.* Es gab noch andere Menschen, die auf sie angewiesen waren. Jean-Baptiste war tot. Sie konnte nichts mehr für ihn tun.

Trotzdem blieb der Stachel in ihrer Seele. Ein Teil ihres Herzens war herausgerissen. Es blutete, schmerzte und der Schmerz wollte sie mit sich reißen, um sich mit ihrem Liebsten im Tod zu vereinen. Josi wusste nicht, was sie ohne ihre Familie getan hätte. Es war eine Gratwanderung zwischen Pflicht und Fürsorge für die Familie und ihrem eigenen Leid. Das Medaillon wickelte sie in das Tuch mit dem Geld und legte es in die Spechthöhle. Sie mochte es nicht tragen. Sie wollte keine Fragen beantworten.

Sommer 1871

Wie in Trance erlebte Josi die nächsten Wochen. Ihre Geschwister vermochten sie nur ab und zu daraus zu befreien. Vergessen waren die fröhlichen Spiele, das unbekümmerte Plaudern, das Necken und Lachen. Schwer und eiskalt drückte die Trauer. So sehr sich Josi auch bemühte, die Trauer ließ sich nur für kurze Momente abschütteln.

Als sie eines Tages ins Dorf ging, kam ihr ein junger Mann entgegen. Fröhlich ein Lied pfeifend, trug er sein Bündel an einem Stock über der Schulter. Es war ein Handwerksbursche auf der Walz, wie sie immer wieder durch Flüelen kamen.

Beim Näherkommen erkannte Josi den Wanderer. Es war Franz, der Sohn vom Hotel Helvetia. Unvermittelt spürte sie ihren alten Schalk aufkeimen, vermochte sich nicht zurückhalten, den Burschen etwas zu necken.

„Guten Tag, Franz. Wohin gehst du?“

Erst jetzt erkannte sie der junge Mann. „Schau an, die Säger-Josi. Auch schon so früh unterwegs?“

„So schön wie du möchte ich es haben. Musst du nicht arbeiten?”

„Ich habe gekündigt.”

„Gekündigt? Wieso? Kannst du dir das leisten?”

„Das habe ich dir doch erzählt. Mich zieht es in die Welt. Hier kann ich nicht bleiben.”

„Was hast du vor?”

„Ich gehe nach München.”

„Tust es also tatsächlich?”

„Hast du daran gezweifelt?”

„Ich habe mir keine Gedanken dazu gemacht.” Josis Unbekümmertheit war mit einem Mal verflogen. Erneut spürte sie einen Stich im Herzen, ohne dass sie sich das hätte erklären können. War es Neid? Am liebsten hätte sie alles liegenlassen und wäre mit Franz gegangen. Einfach weg von allem. Einfach irgendwohin, wo es keine Trauer gab, wo sie befreit wäre von ihrem Kummer.

„Ich gehe auf die Walz. Einen tüchtigen Malergesellen braucht es überall. Ich werde unterwegs schon Arbeit finden. Ich will nach München.”

„Zum König?“

„Wer weiß? Ich hätte nichts dagegen für ihn zu arbeiten.“ Josi wunderte sich über sein Selbstvertrauen, die Selbstverständlichkeit, mit der er diese Möglichkeit in Betracht zog. Sie selbst wäre zu schüchtern gewesen. Niemals hätte sie sich vorstellen können für einen König oder eine Königin zu arbeiten.

„Dann wünsche ich dir viel Glück.”

Herbst 1871

Wieder einmal war der Vater in Sorge um seine Familie. Ein neuerliches Gewitter hatte den Fußweg zu ihrem Haus sowie den gesamten Kartoffelacker der Witwe Arnold zerstört. Gärten und Weiden auf der anderen Seite des Gruonbachs waren überflutet worden.

„Diese Brücke, sie wird uns alle in den Tod reißen", rief er eines Abends wieder einmal. „Warum wollen mir diese Schafseckel nicht glauben? Diese Hurensöhne, diese traurigen Hunde, diese gemeinen. Aber die kennen den Gisler nicht! So leicht lasse ich mich nicht unterkriegen. Was bilden die sich ein? *Sie* leben nicht hier. *Sie* haben keine Ahnung von den Gefahren."

„Hör auf zu fluchen. Denk an die Kinder!" Die Mutter versuchte den Vater zu beruhigen. Doch der war wütender als sonst. Er wedelte mit der neuesten Ausgabe des Amtsblatts, die er aus dem Dorf mitgebracht hatte.

„Wie soll ich nicht wütend sein, wenn die unsere Anliegen nicht ernst nehmen? Hört euch an, was diese Hurensöhne beschlossen haben:

Das Verlangen von Eigentumsbesitzern am Gruonbach in Flüelen um Abänderung der Straßenlage durch Beseitigung der beim Übergange über den Bach angebrachten, angeblich ihr Besitztum gefährdenden Schale und Begütung des durch letztes Hochwasser Einzelnen erwachsenen Schadens, wird als sehr unstatthaft erfunden und deshalb abgewiesen. Das Begehren wird an die Baukommission überwiesen mit dem Auftrage, in diesem Rechtsstreite die Interessen des Kantons zu wahren."

„Heißt das, dass du schon wieder verloren hast?"

„Was heißt hier verloren? Ich werde nicht aufhören. Diese Brücke muss weg. *Es* wird uns sonst alle holen. Sie geben doch selber zu, dass sie nicht gerecht sind. Sie geben uns keine Chance und weisen die Kommission an, die Interessen des Kantons zu vertreten, nicht sachlich zu prüfen. Das ist noch schöner. Genug ist genug. Die werden mich kennenlernen. Ein Gisler gibt nicht so schnell auf."

„Was hast du vor?"

In den folgenden Tagen verfassten der Vater und seine Freunde eine neuerliche Klage. Dieses Mal ging Josi mit dem fertigen Schriftstück von Haus zu Haus. Sie bat alle Anwohner die Höhe des Schadens zu beziffern. Am Schluss sollten die Nachbarn das Anliegen mit ihrer Unterschrift unterstützen. Fein säuberlich hielt sie die Summen auf der Rückseite des Schreibens fest:

Verzeichnis der in der Nacht vom 31. Oktober auf den 1. November durch den Gruonbach zerstörten Gegenstände:

- Witwe Arnold, Kartoffelacker mit Schutt bedeckt, SFr. 30.-
- Siegwart Anton, Weg nach dem Kalkofen samt Futter und Stützmauer zerstört, die Wiese ob der Straße und die davorliegende Schale zerstört und ein Stücklein Land dahinter mit Schutt bedeckt, SFr. 150.-
- Niklaus Gisler, Brücke und Weg zu Haus und Säge teilweise zerstört, SFr. 15.-
- Hermann Zgraggen, zwei Gärten mit Schutt bedeckt, SFr. 60.-

Die Liste wurde immer länger. Als alle unterschrieben hatten, ging Josi mit dem Schreiben zur Mutter. Sie reichte ihr eine Feder mit den Worten: „Schau Mutter, unterschreibe auch du. Je mehr Namen hier stehen, desto mehr Gewicht werden wir vor Gericht haben." Mit krakeliger Schrift setzte die Mutter ihren Namen auf das Papier. Ganz zum

Schluss suchte Josi noch nach einer freien Stelle auf dem Dokument. Wenn sie während der vergangenen Jahre so viel zu diesem Prozess beigetragen hatte, dann wollte sie dies auch bekunden. Voller Stolz schrieb sie mitten unter die anderen Unterschriften *Josefa Gisler*.

19 Jahre alt

Frühling 1872

Für einmal kam der Vater mit vor Stolz geblähter Brust nach Hause. Sehr zufrieden rieb er sich die Hände, was in letzter Zeit selten gewesen war.

„Wir haben etwas zu feiern", verkündete er fröhlich. „Wir haben es tatsächlich geschafft. Das Kantonsgericht hat die Klage gutgeheißen. Ich kann es noch gar nicht glauben.

„Wie wunderbar! Wissen es die anderen schon?"

„Ja, so eine frohe Botschaft verbreitet sich wie ein Lauffeuer."

„Hat das Gericht eure Forderungen erfüllt?"

„Stell dir vor, das Urteil lautet, dass der Kanton die Brücke abändern und die Kosten für den Prozess übernehmen muss. Das Gericht hat uns in allen Punkten Recht gegeben. Endlich. Ich kann es noch immer kaum glauben."

Doch die Freude hielt nicht lange an. Nur kurze Zeit später erreichte den Vater die Nachricht, der Kanton habe Berufung eingelegt und das Urteil angefochten. Erzürnt wetterte er los.

„Diese hinterhältigen Saupleger, die verdammten. Sie verlangen, dass ein unabhängiger Gutachter zugezogen wird. Der soll das Gericht fachmännisch beraten. Ich kann nicht fassen."

„Oh herrjemine, es wäre zu schön gewesen, wenn wir endlich Ruhe hätten."

„So ein Gutachten dauert. Und es kostet. Warum konnten die das Urteil nicht einfach akzeptieren? Was muss denn noch geschehen, bis die endlich verstehen, dass hier ein Pfusch vorliegt? Warum glaubt uns keiner?"

„Beruhige dich. Noch steht nicht fest, was dieses Gutachten erbringen wird. Warten wir es doch einfach ab."

Was blieb dem Vater und den übrigen Anwohnern anderes übrig? Das Gericht beauftragte den Ingenieur Hefti aus Glarus*, die Situation am Gruonbach fachmännisch zu beurteilen. Es würde Monate dauern, bis sein Bericht vorliegen würde.

Sommer 1872

Josi und ihre Schwester Elisa flüsterten gerade miteinander. Sie wollten nicht, dass die Buben ihr Gespräch belauschten, denn sie unterhielten sich über das Kinderkriegen. Elisa interessierte sich für alles, was mit der Geburt und mit Säuglingen zusammenhing. Sie hatte sich in den Kopf gesetzt, dass sie einmal Hebamme werden wollte.

Das jüngste Schwesterlein, Marianne, war erst vor einigen Monaten zur Familie gestoßen. Diese inzwischen 16. Geburt hatte der Mutter wieder einmal alles abverlangt. Sie war erschöpft, erholte sich langsamer als erhofft. Die beiden Mädchen sinnierten darüber, wie viele Kinder wohl noch kommen würden? Ob es wohl einfach immer so weiterginge, dass fast jedes Jahr ein Bébé* geboren wurde? Und ob die Mutter wohl nichts dagegen unternehmen könne?

Mit ihr konnten sie dieses heikle Thema nicht besprechen. In ihren Augen waren Kinder ein Geschenk Gottes und ihm durften die Menschen nicht ins Handwerk pfuschen. Doch die beiden Schwestern sahen, wie sehr die Mutter inzwischen gealtert war. Sie zweifelten, ob sie eine weitere Geburt überstehen würde. Hoffentlich war dies nun das letzte Kind.

Wieder einmal fühlte sich Josi gefangen in der Familie. Es gab kein Ende mit dem Versorgen der jüngeren Geschwister. Auch wenn inzwischen nicht mehr alle zuhause wohnten, wurden ihre Pflichten nie weniger. Sie war darum froh, dass ihr Elisa zur Hand ging und beantwortete gerne alle ihre Fragen.

Sie wurden unterbrochen, weil die Buben eine Gruppe Männer bei der Gruonbachbrücke beobachteten. Mit Messbändern und Theodoliten* untersuchten sie das Gelände, verfassten Notizen, zeigten ernste Gesichter. Sie kletterten ins Bachbett, nahmen auch dort Maß, riefen sich Zahlen zu. Ein elegant gekleideter Herr leitete die Untersuchung. Das musste der Experte aus Glarus mit seinen Leuten sein. Sie zeichneten und schrieben. Sie sprachen untereinander, aber mit den Anwohnern sprach niemand.

Es kam, wie es kommen musste. Einige Wochen später kam der Vater eines Abends deprimiert nach Hause. Dieses Mal war er nicht mehr erzürnt. Wortlos und mit hängenden Schultern setzte er sich an den Esstisch. Die Mutter sah gleich, dass etwas nicht stimmte. So hatte sie ihren Mann kaum je erlebt.

„Welche Laus ist dir über die Leber gekrochen?“

Mit ungewohnt leiser Stimme verkündete er die Nachricht: „Das Kantonsgericht hat das Urteil komplett umgedreht. Jetzt sind wir die Dummen. Die glauben einem dahergelaufenen Gaggälari mehr als uns, die wir hier wohnen.“

„Was haben sie entschieden?“

„Die Brücke bleibt, so wie sie ist. Wir müssen die Kosten für den Prozess übernehmen, und zusätzlich auch noch für diesen hochnäsigen Studierten aus Glarus. Das ist doch die Höhe. Wir haben den nicht herbestellt und sollen ihn nun bezahlen. Nichts versteht der, wenn du mich fragst. Aber mich fragt ja niemand. Es ist zum Verzweifeln.“

„So müssen wir beten und hoffen, dass der Allmächtige uns beschützt.“

Der Vater atmete schwer. Er stützte seinen Kopf in die Hände, fuhr sich über den Bart. Lange blieb er schweigend sitzen, bevor er anfügte: „Das Allerschlimmste ist: das war die letzte Instanz. Wir haben keine Möglichkeit mehr, uns für unser Recht zu wehren. Jetzt kann uns nur noch der Himmel helfen.“

20 Jahre alt

Frühling 1873

Seit Monaten fühlte sich Josi an den Bau der Axenstraße erinnert. Mit der Ruhe im Dorf war es vorbei, denn pausenlos lieferten Fuhrwerke Waren zur Baustelle in Göschenen, sogar sonntags. Wie damals strömten fremde Arbeiter in den Kanton Uri, um beim epochalen Bauwerk mitzuwirken, der Gotthardbahn. Unaufhaltsam wuchsen die Dörfer entlang der geplanten Trasse, bis bald kein Bett mehr zu finden war, das diesen Namen verdiente. Neue Wirtschaften schossen aus dem Boden. Wer irgendwie konnte, wollte am Aufschwung teilhaben.

In Göschenen und Airolo kämpften die Männer seit einem halben Jahr mit dem Felsen, doch der Vortrieb der Stollen lief nicht wie geplant. Lähmend langsam fraßen sich die einfachen Bohrer in den Stein, das Sprengpulver zeigte zu wenig Wirkung. Die Arbeiten lagen weit hinter dem Zeitplan zurück. Manchmal seufzte der Vater, wenn er sich unbeobachtet glaubte. Was, wenn das Projekt scheiterte? Alle seine Hoffnungen hatte er darauf gesetzt. Die Anspannung in Josis Familie wuchs. Die

Gespräche bei den abendlichen Lesestunden drehten sich oft um die unvorhergesehenen Herausforderungen. Der Tunnel war das Kernstück der Bahn. Darum waren die Bauarbeiten mit diesem Projekt begonnen worden, während in Flüelen damit noch gewartet wurde. So konnte die Familie ihr Land bis auf weiteres behalten. Sollte der Tunnel misslingen, würde alles misslingen.

In Flüelen hörte man von technischen Schwierigkeiten und diese Nachrichten beunruhigten die Leute. Der Berg wehrte sich, wollte sich den einfachen Bohrmaschinen nicht unterwerfen. Der Fels wechselte alle paar Meter seine Beschaffenheit, Wasser strömte unkontrollierbar in die Schächte, unerwartet hohe Temperaturen verwandelten den Tunnel in einen Backofen, der das Arbeiten zur Hölle machte. Allmählich zeigte sich, wie schwierig das Unterfangen und wie schlecht der führende Ingenieur, *Louis Favre**, darauf vorbereitet war.

Im Dezember war Karl Emanuel Müller* an Typhus gestorben. Darum wurde seine Papierfabrik auf der Isleten* geschlossen und die Gebäude standen leer. Ein schwedischer Erfinder und Geschäftsmann hörte davon. Für ihn bot sich dadurch *die* Gelegenheit, um am Bau der Gotthardbahn beteiligt zu sein. *Alfred Nobel** übernahm das Gelände, um dort eine Fabrik für *Dynamit* zu errichten. Der neue Sprengstoff war viel wirkungsvoller und viel gefährlicher als das übliche Sprengpulver. Doch er war das erhoffte Mittel, um die Arbeiten im Tunnel zügiger voranzutreiben. Die Zuversicht im Kanton Uri wuchs erneut.

31. Juli 1873

Es war ein Gewitter, wie es seit Generationen keines gegeben hatte. Auch die ältesten Leute konnten sich nicht erinnern, je etwas Ähnliches erlebt zu haben. Das ohrenbetäubende Getöse, ließ einen glauben, die Berge fielen zusammen. Der Tag verwandelte sich zur Nacht, als ob es nie mehr

Tag werden könnte. Die Familie hatte schon einige Unwetter erlebt. Stets hatten die Gebete sie vor größerem Unheil bewahrt.

Doch dieses Mal wollte das Beten nicht gelingen. Der Sturm schaukelte sich immer mehr auf, Blitze und Donner folgten sich ohne Unterbruch. Der Gruonbach lärmte wie nie zuvor, und es dauerte nicht lange, da hörten sie den hölzernen Steg bersten. Der Weg ins Dorf war abgeschnitten. Das Wasser stieg, näherte sich bedrohlich dem Haus. Die Familie war gefangen zwischen dem tobenden Bach und dem brodelnden See.

Die Mutter klammerte sich an den Rosenkranz, ohne tatsächlich zu beten. Angstvoll scharten sich die Jüngsten um sie, Halt suchend. Unruhig lief der Vater zwischen dem vom Regen blinden Fenster und dem Stubentisch hin- und her. Er starrte hinaus in die Finsternis, versuchte zu erkennen, was mit dem Bach geschah. Er kannte die Gefahr, die oben bei der Brücke der Axenstraße lauerte. Bis aufs äußerste gespannt, fragte er sich, was wohl geschehen würde? Wie lange würde es dauern, bis Geröll und Schlamm das Haus erreichten? Hatte ihr letztes Stündlein geschlagen?

Schließlich hörten sie ein dumpfes Grollen, spürten ein leises Zittern der Erde. Der Vater horchte auf, griff zum Kaput*. Bevor er die Türe öffnete, versuchte er den Orkan zu übertönen: „Mutter, bringe die Kinder hinunter zum Schiff! Schnell, wir haben keine Zeit zu verlieren! *Es* kommt. *Es* wird uns sonst alle holen. Schnell! *Es kommt*!"

„Jesses Maria und Sankt Josef, steht uns bei!"

Geistesgegenwärtig griff die Mutter nach einigen Decken, bevor sie die wimmernde Marianne auf den einen Arm hob. Josi packte Toni. Sie liefen zum Ufer hinunter, so schnell es die zappelnden Lasten zuließen. Sie nahmen nichts mit, als was sie auf dem Leib trugen.

„Kinder, macht schnell, wir müssen zum Boot! *Es kommt*! Schnell!"

Es war ein verzweifelter Schrei. Hilflos versuchten sie gegen die übermächtigen Elemente anzukämpfen. Der Vater stürmte indes hinaus zum Stall, jagte die Ziegen und das Federvieh in die Freiheit. Mit entschlossenem Schritt ging er danach seiner Familie voraus, rechts und links einen Jungen an der Hand. Niemand begriff, was tatsächlich vor sich ging, so schnell war die Flucht. In blinder Panik stolperten und schlitterten die Kinder auf dem durchweichten Boden zum See, ohne Lampen in stockfinsterer Nacht. Die Mutter hatte die beiden Jüngsten bereits ins Boot gesetzt, blickte sich um, ob die anderen folgten. Mit geübtem Griff hob sie Friedel und Christian über den Rand auf die hölzernen Bänke. Der Vater half Wisi und Elisa ins Schiff, während ihm der Regen unerbittlich ins Gesicht peitschte. Das Boot schaukelte bedrohlich in der Dunkelheit, obwohl es noch immer vertäut war. Unterdessen hatte die Mutter die Decke über die beiden Jüngsten gebreitet, versuchte die Flut von ihnen fernzuhalten, was aber nicht gelang. Sie kauerten sich an sie, auf Schutz vertrauend, den sie nicht zu bieten vermochte. Die zwei waren bereits bis auf die Knochen durchnässt und weinten. Auf dem Boden des Boots breitete sich eine stetig wachsende Pfütze aus.

Unterdessen lösten Josi und der Vater die Taue und stießen das Schiff vom Ufer ab. Obwohl er noch nicht eigentlich auf dem See war, drohte er bereits umzukippen. Das Wasser wollte nicht dulden, dass sie entflohen, es wollte die Familie, egal ob im Bach oder im See. Wütende Wellen griffen gierig nach der Nussschale, schwappten über sie hinweg. Neun winzige Menschlein als Spielball der Elemente sahen dem Tod ins Gesicht. Neun Menschlein, zu sehr in Panik, als dass ein Gebet über ihre Lippen gekommen wäre.

„Josi, geh an die Ruder. Ich steuere indessen."

Als älteste der anwesenden Geschwister saß sie bereits auf der Bank, versuchte die Riemen im stürmischen Wasser zu bewegen. Ihre Schultern brannten, die Hände waren so eiskalt, dass sie die Holme kaum zu halten vermochte. *Auf keinen Fall durften sie ins Wasser fallen!* Sie hatte keinen Gedanken mehr, konzentrierte sich einzig darauf, die Ruder durch die Wogen zu pflügen. Der tobende, rasende See versuchte sie in die Tiefe zu ziehen, während von oben der Regen mit solcher Wucht auf sie niederprasselte, dass es schmerzte. Mit bloßen Händen versuchten Wisi und Elisa das Wasser zurück in den wütenden See zu schöpfen. Es war sinnlos, doch wollten sie wenigstens probieren, irgendetwas zu tun. Sie fuhren fort, in fiebriger Eile, während sich der Sturm nochmals aufbäumte und das Donnern noch durchdringender anschwoll. Niemand schaute zurück. Es wäre in der Schwärze der Nacht sowieso sinnlos gewesen. Sie ahnten, dass etwas Grauenvolles passierte, und sie wollten es nicht sehen.

Josi hatte keine Ahnung wie lange sie bereits auf dem Wasser waren. Es war eine endlose Ewigkeit. Zum Glück kannte der Vater jeden Meter des Ufers, wusste wo Untiefen oder Strömungen lauerten. Er war schon oft auf wildem See unterwegs gewesen. Doch so etwas hatte er noch nie erlebt. Er durfte nicht denken. Er musste einfach nur den Wellen standhalten, stärker sein, auch wenn die Kräfte zu erlahmen drohten. Er musste das Boot steuern, so gut es ging, damit es, und mit ihm die ganze Familie, nicht an den Felsen zerschellte.

Endlich erreichten sie eine flache Uferpartie beim Hafen, wo sie an Land gehen konnten. Sofort sprang Josi ins Wasser, zerrte am Boot, um es aufs Ufer zu ziehen. Der Vater folgte, hob die Kinder eins nach dem andern hinaus an Land, bevor er auch seiner Frau beistand, die Marianne an sich presste.

Noch schwankte der Boden unter den Füssen nach der stürmischen Fahrt, während die Familie auf das Gasthaus Helvetia zu torkelte. Sie polterten an die verschlossene Tür.

„Jesses, was ist mit euch geschehen? Kommt herein!"

Von den neun Durchweichten, Durchfrorenen tropfte so viel Wasser, dass sich auch hier sofort eine Pfütze bildete. Mit einem Blick erfasste die Wirtin die Lage, stellte keine weiteren Fragen mehr. Sie lief hinauf, holte Handtücher und Lappen, bevor sie die Kinder zu rubbeln begann. „Stelle die Suppe nochmals aufs Feuer", rief sie ihrem Mann in der Küche zu.

Allmählich hatte der Sturm über Flüelen genügend gewütet und zog weiter. Das Donnern dröhnte von weiter weg und nach und nach ließ auch der Regen nach. Gestärkt von der warmen Mahlzeit und in trockenen Kleidern seines Freundes, konnte der Vater nicht mehr stillsitzen. Er wusste seine Familie in Sicherheit. Nun wollte er erfahren, was am Gruonbach passiert war.

Mitten in der Nacht zog er nochmals los, von Josi begleitet. Sie stiegen zurück ins Boot. Die beiden Laternen mochten das Dunkel kaum zu erhellen. Durch die Finsternis ruderten sie zurück zu dem Ort, der ihr Zuhause gewesen war. Noch immer verlangte es Kraft und Konzentration, um den Kurs zu halten. Doch im Vergleich zu vorher war der See nun viel ruhiger.

Zuerst glaubten sie, es sei der Dunkelheit geschuldet. Als sie zum Gruonbach kamen, konnten sie die Säge nicht sehen. Das markante Gebäude stand nicht mehr am Ufer. An der Stelle, wo es sie hätte empfangen sollen, stand *nichts* mehr. Kein einziger Holzstapel, kein Bootshaus, einfach nichts außer tosendes Wasser, Geröll, Schlamm, Kies und Sand. Vorsichtig kletterten sie an Land und schritten hinauf zum Wohnhaus. Der Nussbaum stand noch schützend davor. Schief stand es, umgeben vom reißenden Bach, aber es war noch da. Drohend nagte das Wasser an den Fundamenten, wollte es mit sich reißen, das einstmals blühende Anwesen in eine Einöde verwandeln. Es hatte bereits die Tür aufgedrückt, floss durch Küche und Stube. Leute aus dem Dorf hatten vom Unglück gehört und eilten auf Booten den beiden zu Hilfe. Gemeinsam fällten sie den Nussbaum vor dem Haus, verkeilten ihn mit Schutt und Steinen, um so die Wassermassen vom Gebäude weg zu lenken und zu retten, was noch zu retten war.

Josi versuchte ins Innere zu gelangen, um wenigstens ein paar Habseligkeiten zu retten. „Nicht, das ist viel zu gefährlich!"

Der Vater griff nach Josis Hand. Fassungslos standen sie da, auf einem Schuttkegel inmitten des schäumenden Wildbaches, und blickten auf das, was einmal ihr Heim gewesen war. Der Vater konnte es nicht mehr unterdrücken: *„Es hat uns alles genommen. Wir haben nichts mehr."*

Nun ließ die Anspannung nach, bis ihm Tränen über die Wangen liefen, unfähig sie länger zurückzuhalten. Josi blickte zu ihm. Noch nie hatte sie ihren Vater weinen sehen. Noch nie war er so verzweifelt wie in dieser Nacht.

„Die Familie ist gerettet, aber wie sollen wir überleben?"

Wie zum Hohn zeigte sich der nächste Morgen von seiner allerschönsten Seite. Ein herrlicher Tag mit wunderbar blau strahlendem Himmel beleuchtete unbarmherzig das Ausmaß der Zerstörung der vergangenen Nacht. Josi begleitete den Vater zurück zu ihrem ehemaligen Heim, doch sie konnte kaum fassen, was sie sah. Von ihrer einst so schönen Heimstatt war fast nichts mehr zu sehen. Der Obstgarten, den sie stets so sorgsam gepflegt hatte, war völlig zugeschüttet. Die Bäume ragten kahl in den Himmel. Es würde keine Ernte mehr geben in diesem Jahr. Der Gemüsegarten, der Kartoffelacker, alles lag unter einer dicken Geröllschicht. Nun konnte auch sie die Tränen nicht mehr zurückhalten, sie schluchzte, weil die Kartoffeln gerade besonders gut gediehen waren. Wovon würde die Familie im kommenden Winter leben?

Ein paar verstörte Hühner pickten im Schlamm. Von den Ziegen war keine mehr zu sehen. Ein unbekanntes Hündchen streunte verloren durch das verwüstete Gelände. Aus dem Kies ragte der Kopf einer unbrauchbaren Puppe. Wie sollte sie ihren Schwestern erklären, warum sie nicht mehr damit spielen konnten? Nichts war mehr so, wie es einen Tag zuvor gewesen war.

So sehr sie sich auch bemühte, Josi konnte den Käsekeller unter dem Geröll nicht mehr finden. Auch der Gemüsekeller lag tief verborgen unter den Überresten des Bachs. Ihr treuer Freund, der Nussbaum, hatte sein Leben gelassen. Vom Sturm zerzaust, lag er kahl als müdes Skelett vor dem Haus. Er hatte Josi in den vergangenen Jahren so oft beschützt, hatte ihr Augenblicke im Verborgenen ganz für sich gewährt. Sie fühlte sich wie eine Verräterin, weil sie ihn nicht gerettet, sondern sogar beim Fällen mitgeholfen hatte. Was war sie für eine schlechte Vertraute!

Sie näherte sich dem Teil der Krone, wo sie ihre Schätze versteckt hatte. Ihr Atem stockte. So tief sie mit der Hand auch in die Spechthöhle griff, sie konnte nichts ertasten. Noch einmal langte sie hinein, fuhr der Höhle allen Seiten entlang nach, doch sie war leer. Beim Aufprall auf die Erde musste ihr Inhalt herausgeschleudert worden sein. Die Fluten hatten ihn wohl gierig mit sich gerissen, ihn als kleine Schiffchen in den See gespült, wie damals die Boote aus Rindenstückchen. Alles war weg. Das Medaillon, das letzte Andenken an Jean-Baptiste, schwamm irgendwo im See und damit auch ein Teil ihres Herzens. Auch der Bädeker war für immer verloren. Somit hatte sie auch Käthi verraten, hatte ihr Versprechen gebrochen, auf das kostbare Buch bis zu ihrer Rückkehr aufzupassen. Das schlimmste aber war ihr Geld. Wie sollte sie nun je nach Zürich gelangen? Wie sollte sie ihren Traum verwirklichen, dort eine Arbeit zu finden, wenn sie noch nicht einmal ein Billett kaufen konnte? Sie fühlte sich gefangen in einer Falle, sah keinen Ausweg aus ihrer düsteren Situation. Alles war verloren. Alles.

Josi schaute hinunter zum Platz, wo die Säge gewesen war. Nichts stand mehr dort, außer ein paar verbogene Eisenstangen, die hilflos in die Luft ragten. Vom Gebäude und der gesamten Einrichtung fehlte jede Spur. Die Säge war nicht mehr, war im See verschwunden, mit allem, was in ihr gewesen war. Erst jetzt realisierte Josi, dass mit dem Verlust der Säge auch ihre Truhe und damit ihre gesamte Aussteuer zerstört war. Auf dem Grund des Sees lag sie, irgendwo, unauffindbar. Die Mühen der letzten Jahre mit den unzähligen Stunden, die sie für das Nähen, Stricken und Sticken aufgewendet hatte, waren umsonst gewesen. Sie hatte nichts mehr. Und mit der Aussteuer verschwand die Aussicht auf eine gute Partie.

Und so erging es auch dem Vater. Seine Bücher, seine Unterlagen, sein ganzes Geschäft trieb im See, war für immer vernichtet. Wie das Trümmerfeld, auf das Josi und der Vater blickten, fühlte es sich in ihrem Inneren an. Wollten sie ihre Zukunft zu deuten versuchen, fänden sie nichts, was Halt und Orientierung böte. Sämtliche Pläne waren in der vergangenen Nacht zerstört worden. Das Schicksal hatte etwas Anderes mit ihnen vor. *Es* hatte ihnen alles genommen. Die Mutter hatte Recht gehabt: *Es* duldete keine Störung, wollte keine Straße durch den Berg. *Es* wies die Menschen auf ihren Platz. Obwohl das Haus noch stand, hätten sie hier nie mehr in Ruhe leben können. Für Vater und Tochter stand fest, dass sie sich ein neues Heim suchen mussten. Doch beide hatten in diesem Moment keine Ahnung, wo das sein sollte.

Vorsichtig näherte sich Josi der offenen Haustüre. Bei Tageslicht konnte sie besser abschätzen, wie gefährlich es war, im Inneren nach Habseligkeiten zu suchen. Der Vater war noch immer so benommen von seinem Schreck, dass er sie nicht beachtete. Über den Schutt hinweg bewegte sie sich quer durch die Küche zur Treppe, die in den oberen Stock führte. Hier wollte sie zuerst nachsehen. Tatsächlich, keine Stufe knarrte mehr als üblich, der Boden hielt stand. Erleichtert suchte sie zuerst in ihrer Kammer nach den Kleidern von ihr und ihren Schwestern, legte sie in ein Tuch, das sie vorsorglich mitgebracht hatte. Ganz zuunterst stieß sie auf Großmutters Kochbuch. Wie durch ein Wunder war es trotz der nächtlichen Flut gänzlich heil geblieben. Josi drückte es an sich, versuchte ein wenig Halt und Wärme zu spüren.

Auch die Sachen der Brüder konnte sie retten. Im unteren Stock gab es hingegen fast nichts mehr. Was der Bach nicht mitgerissen hatte, war durch die Nässe und den Schlamm zerstört. Einzig das Kreuz aus dem Herrgottswinkel* nahm sie mit sich. Wo immer die Familie in Zukunft leben würde, der Heiland sollte sie beschützen.

Während sie zurück ruderten, hingen beide ihren schweren Gedanken nach. Josi erlaubte sich endlich den Landstrich zwischen Ihrem Haus und dem Dorf zu studieren. Die Brücke über den Bach gab es nicht mehr. Selbst das oberste Stück der Pfeiler fehlte. Die Axenstraße, dieses stolze Bauwerk, war an mehreren Stellen unpassierbar. Geröll, Schutt und Schlamm bedeckten nicht nur die Fahrbahn, sondern hatten Teile davon mit sich gerissen. Einst blühende Gärten und Weiden lagen unter den Überresten des Baches verborgen.

Der Vater stierte finster vor sich hin. Plötzlich lachte er trocken auf. „Was meinst du, glauben die feinen Herren jetzt wohl, dass etwas bei der Gruonbachbrücke nicht stimmte?" Er erwartete von seiner Tochter keine Antwort. „Ich wusste immer, dass ich Recht hatte. Ha, der Ingenieur kam extra von Glarus, um mich ins Unrecht zu setzen. Nun sehen wir, wie passend sein Gutachten war. Keinen Deut ist es wert! Nur schade, dass mir dies nichts mehr nützt."

August 1873

Noch immer echoten Vaters Worte in Josis Kopf und lösten in ihrer Brust ein Beben aus, als sie auf einer Bank am Hafen saß. Sie scharrte mit einem Fuß im Kies, zog Kreise, sodass der Staub aufwirbelte. Ihr

Blick war ziellos auf den See gerichtet. Sie bemerkte weder Enten noch Passanten.

„Es hat keinen Platz mehr für dich, Josi. Mein Geschäft gibt es nicht mehr. Ich kann dich nicht mehr beschäftigen. Wir sind zu viele, haben kein Geld mehr. Ich weiß nicht, wie ich alle ernähren kann. Das verstehst du doch?"

Nichts hatte Josi verstanden. Wie sollte sie? Sie hatte die Anspannung in Vaters Stimme gehört. Es fiel ihm nicht leicht, mit ihr zu sprechen, das hatte sie deutlich gespürt. Am schlimmsten war allerdings, was er ganz am Schluss sagte: „Du bist erwachsen. *Du musst jetzt möglichst schnell heiraten*, damit *ein Mann* dich versorgt. Ich kann das nicht mehr länger."

Der Vater hatte sie hinausgeworfen! Anders war es nicht zu nennen. Wie konnte er das bloß tun? Sie saßen doch alle im selben Boot! Alle hatten sie ihr Zuhause verloren, den Garten, den Verdienst. Aber nur für sie, Josi, gab es keinen Platz mehr in der Familie, die jetzt bei Heiri in Seedorf wohnte. Er hatte vor zwei Jahren die Säge am Bolzbach übernommen. Während Klaus als Schreiber arbeitete und Willi das Gymnasium in Altdorf besuchte, arbeitete Maria seit kurzem in Altdorf als Hausmädchen. Elisa hatte ebenfalls eine Stelle in Aussicht. Sie half gerade bei der Großmutter aus.

Nur noch die fünf jüngsten Geschwister waren zuhause, aber keines konnte der Mutter so zur Hand gehen wie sie, Josi. Wie sollten Buben schon helfen? Was verstanden sie von Kleinkindern? Vom Kochen oder vom Haushalt? Nur die Jüngste, die kleine Marianne, war ein Mädchen. Aber eben, das waren insgesamt sieben Obdachlose, sieben Mäuler zu stopfen und keine Aussicht darauf, die Säge am Gruonbach wieder in Schwung zu bringen. Eine achte Person war einfach eine zu viel. So lautete Vaters Meinung. Da gab es nichts zu verhandeln.

Josi war überzählig. Es hatte keine Bedeutung, dass sie all die Jahre in Haus und Garten so viel gearbeitet hatte. Es hatte auch keine Bedeutung, dass sie daneben noch die Bücher in Vaters Geschäft geführt, Briefe für ihn geschrieben und ihn manchmal zu Terminen begleitet hatte. Es gab für sie keinen Platz mehr. Die Säge war weg und damit brauchte sie der Vater nicht mehr. So war das, und sie hatte es zu akzeptieren. Josi konnte es drehen und wenden, wie sie wollte, sie sah keinen Ausweg. Auf Verzweiflung folgte Wut, auf Trauer Hilflosigkeit, auf Enttäuschung Hoffnungslosigkeit. Das Karussell der Gefühle machte sie schwindelig.

Lange saß sie so am Hafen und merkte nicht, wie ihr Tränen über die Wangen rannen. Allmählich wichen sie einer tiefen Erschöpfung. Sie atmete tief durch, einmal, zweimal, dreimal. Als sie sich endlich aufraffte, sah sie auf dem Boden eine Berner Zeitung liegen, die jemand achtlos weggeworfen hatte. Josi hob sie auf, hoffte auf ein wenig Zerstreuung, als ihr auf der letzten Seite ein Inserat in die Augen stach.

Heirats-Antrag.

Ein junger Mann von angenehmem Äußern und sanftem Charakter, der gegenwärtig in einem größeren Etablissement eine in allen Teilen angenehme und lukrative Stellung besitzt und zudem eine Anwartschaft von mindestens 80'000 Fr. seitens seiner Eltern hat, wünscht sich mit einem Frauenzimmer von circa 18 bis 25 Jahren aus guter Familie, sanftem Charakter, angenehmem Äußern und einem disponiblen Vermögen von 15 à 20'000 Fr. je eher je lieber zu verehelichen. Gefällige frankierte Anträge unter Chiffre…

Josi musste den Text mehrmals durchlesen, bis sie ihn genau verstand. Da suchte jemand ein *Vermögen mit Frau*, anders konnte sie es nicht sehen. Das Geld schien diesem Herrn wichtiger als die Person, die künftig an seiner Seite leben würde. *Ha, da war er doch schon, der Bräutigam, den sich ihr Vater für sie wünschte!* Nun sollte er zusehen, wie er für Josi eine Mitgift von 15'000 Franken besorgte! Dann wäre sie vielleicht sogar bereit, auf die Annonce zu antworten. Wer weiß.

Nochmals durchsuchte Josi die Inserate. Die neusten Nähmaschinen aus Amerika wurden neben Gicht-Watte angeboten. Sie fand einige Annoncen für offene Stellen, einige wenige wandten sich sogar an Mädchen. Da suchte jemand eine Ladentochter oder eine Modistin. Josi wollte weder in einem Laden stehen noch Hüte herstellen. Sie wollte die Arbeit im Geschäft ihres Vaters weiterführen. Sie hatte gehofft, dass dies immer so weitergehen würde, dass sie sich mit ihrer Arbeit als Buchhalterin ihren Lebensunterhalt verdienen, genug Geld sparen und schließlich in Zürich eine passende Anstellung finden könnte, genau wie Fräulein Tobler. Sie wollte ihr eigenes Geld verdienen. Mit einem Beruf, der ihr gefiel. Sie wollte nicht heiraten. Es hätte klappen können, hätte *Es* nicht ihr Haus und ihren Betrieb zerstört. Dieser Traum war ausgeträumt. Hier in Uri, wo es kaum Fabriken gab, wo keine großen Unternehmen bestanden, würde *niemand* eine Jungfrau als Buchhalterin einstellen.

Schließlich stieß Josi auf ein weiteres Heiratsinserat*. Es war so speziell, dass sie glaubte, falsch gelesen zu haben. Doch da stand tatsächlich:

Für ledige Herren und Wittwer

Ein Frauenzimmer mit etwas Vermögen wünscht sich wegen Familienverhältnissen zu verehelichen. Frankierte Offerten unter…

Josi konnte es nicht fassen! *Eine Frau suchte öffentlich nach einem Mann.* Auch hier spielte offenbar das Vermögen eine entscheidende Rolle. Was waren das wohl für *Familienverhältnisse?* Steckte sie selbst nicht auch in einer *besonderen Situation*? Ob diese Frau wohl Angebote erhielt? Wenn ja, waren die sittlich und ernst gemeint? Eine Frau, die eine Heirats-Annonce aufgab, auf diese Idee wäre Josi nie im Leben gekommen.

Wie wäre es, wenn sie selbst eine Anzeige aufgäbe? Dieser Gedanke vermochte ein Lächeln auf ihr Gesicht zu bringen. Was würde sie über sich schreiben?

Erfahrene Buchhalterin, ohne Vermögen, fähig auf Französisch und Italienisch zu korrespondieren, sucht einen Herrn von sanftem Charakter und gefälligem Äußeren mit Vermögen, der sie dabei unterstützt ein eigenes Geschäft aufzubauen?

Nun musste sie sogar lachen. So ein Inserat würde die Welt auf den Kopf stellen. Urner Männer wollten keine gebildeten Frauen. Urner Männer wollten noch nicht einmal Frauen, die lasen, denn die waren in ihren Augen *faul.* Sie vernachlässigten die Kinder und den Haushalt. Wie viele Geschichten hatte Josi im *Hinkenden Bot* gelesen, wie Frauen das Essen verkochten, weil sie nebenher ein Buch lasen! Urner Männer wollten auch keine Frauen, die mit Geld umgehen konnten. Sie wollten über das Geld verfügen, das ihre *Weiber* in die Ehe brachten. Urner Männer wollten keine Frauen, die mit Männern verhandelten und Geschäfte machten. Im Gegenteil, sie konnten ihren Frauen sogar *verbieten aus dem Haus zu gehen*, noch nicht einmal zur Kirche oder zu Verwandten. So war das Gesetz in Uri.

Wie oft hatte Josi die Männer am Stammtisch reden hören. Sie kannte deren Gesinnung. Urner Männer wollten Frauen, die ihnen widerspruchslos gehorchten. Sie waren überzeugt, man müsse den Frauen klar sagen, wo es langgeht. Darum waren die Männer *die Vögte ihrer Frauen*. Ohne Mann war eine Frau nur ein halbes Wesen. Er musste für sie unterschreiben, durfte seine Einwilligung zu ihren Plänen geben, oder auch nicht. Die Frauen waren ihren Männern untergeordnet. Sie sollten möglichst viele Kinder gebären, genau wie ihre Mutter. Frauen sollten unermüdlich hart arbeiten und gut wirtschaften. Männer wollten demütige Frauen, die den Katechismus kannten. Darum fand Josi in den übrigen Heiratsinseraten in dieser Zeitung Bezeichnungen wie *brav* oder *aus gutem Hause*. So stellten sich die Männer ihre Bräute vor, und das wollte sie nicht! Niemals!

Aber, wie sollte das gehen? Josi hatte kein Vermögen, keine Mitgift, keine Aussteuer, nichts Erspartes, noch nicht einmal Zeugnisse, die ihre Erfahrung bestätigten. Sie hatte ja nur ihrem Vater *geholfen*. Der hatte ihr *keinen Lohn* bezahlt. Sie durfte zuhause wohnen und hatte genügend zu essen. Immer wieder hatte er das dargestellt, als ob es ein besonderes *Entgegenkommen* sei. Nach seiner Einschätzung hatte Josi *noch nie gearbeitet*. Was sie für ihn tat, war einzig, *was eine Tochter ihren Eltern schuldete*. Wie sollte er ihr da ein Zeugnis ausstellen?

Josi konnte es drehen und wenden, wie sie wollte, sie fand keinen Ausweg aus ihrer Situation. Schlimm genug, dass sie nun selbst auf Liebesgaben* angewiesen war. Sie wollte sich nicht beklagen. Sie hatte ein paar gute Sachen erhalten. Einige Leute im Dorf waren sehr großzügig gewesen, als sie von dem Unglück hörten. Doch einen passenden Bräutigam oder eine Stelle als Buchhalterin gab es nirgends.

September 1873

Josi traute ihren Augen nicht. War das nicht Jean-Baptiste, der am Seeufer auf einer Bank saß? Sein dunkles, leicht gewelltes Haar, seine zarte Statur? Aber das war unmöglich. Das wusste sie und dennoch tat ihr Herz einen unerwarteten Sprung. Sie richtete ihren Strohhut, den ihr die Witwe Moretti geschenkt hatte, als sie von dem Unglück am Gruonbach erfuhr.

Jean-Baptiste war tot. Er konnte nicht hier auf einer Bank sitzen. Vorsichtig schlich Josi um den jungen Mann herum, näherte sich ihm, indem sie wie zufällig dem Geländer an der Seepromenade entlang schlenderte. Schließlich blieb sie vor ihm stehen und musterte ihn.

Er hielt einen Zeichenblock auf den Knien, auf dem er die umliegenden Berge skizzierte. Sein Blick wanderte hin und her, zwischen Papier und Bergen. Er war so versunken, dass er Josi lange Zeit gar nicht bemerkte. Schließlich blieb sein Stift eine Weile in der Luft. Sein Gesicht erhellte sich.

„Bleiben Sie genau so! Bitte!"

Josi rührte sich nicht und bemerkte keck: „Vorsicht, das kostet etwas." Er reagierte nicht darauf, während er hastig zu einem neuen Blatt griff. Mit zusammengekniffenen Augen skizzierte er mit wenigen Strichen ihre Umrisse. Wie zuvor wanderten seine Blicke in schneller Folge zwischen Josi und seinem Blatt hin und zurück. Er war so in seine Arbeit versunken, dass er gar nichts Anderes sah. Sein Gebaren verriet Josi, wer er war, auch wenn er sich seit ihrem letzten Treffen stark verändert hatte. Ein dichter Vollbart verbarg die Hälfte seines Gesichtes, die Augen waren ernster geworden. Seine zufriedene Art, seine gezielten Bewegungen erinnerten Josi an ihren einstigen Geliebten, aber nur für einen Moment. Der junge Herr vor ihr war älter und selbstbewusster. Er hatte etwas Weltmännisches an sich, das Jean-Baptiste gefehlt hatte.

Eine Weile blieb Josi in der Pose, bis sie schließlich herausfordernd fragte: „Ist der Künstler zurück aus München?"

Der Zeichner schrak auf. „Woher wissen Sie…?" Er schaute nun genauer hin. „Ach so, du bist doch die Säger-Josi vom Gruonbach. Du hast dich aber verändert. Ich hätte dich beinahe nicht wiedererkannt."

„Sehr treffend festgehalten. Und du bist Franz, der Sohn vom Helvetia-Wirt. Stimmt's?"

„Ganz richtig. Bitte, bleib genau so stehen, wie du gerade bist. Das muss ich festhalten."

Mit wenigen Strichen hielt er charakteristische Merkmale seines Modells fest. Ihr etwas spöttisches Lächeln, ihre Grübchen in den Wangen, den offenen Blick, die intelligente Stirn. Sie war klein, doch hielt sie ihr

Kinn leicht nach oben gereckt, was ihr diesen unnachahmlich kecken Ausdruck verlieh. Ihr wurde es allmählich unangenehm.

„Hast du mich endlich genügend studiert? Lass mal sehen!"

„Es ist noch nicht fertig."

Nicht auf seinen Protest achtend, ging Josi zwei Schritte auf ihn zu, umrundete die Bank, um ihm über die Schulter zu schauen. Verblüfft bemerkte sie, wie gut er sie getroffen hatte. Trotzdem meinte sie: „Das soll ich sein?"

„Ich weiß, Madonnen habe ich noch nicht viele gemalt."

„Madonnen?"

„Ich meine, schöne Jungfrauen."

„Hast du nichts Besseres zu tun, als hier rumzusitzen und Mädchen anzureden?"

„Eigentlich schon, aber ich musste einfach den See und die Berge festhalten. Ich habe sie so sehr vermisst in München."

„Ich bin also ein Berg für dich?"

„Oh, nein, das wollte ich wirklich nicht sagen."

Josi genoss seine Verlegenheit. Sie verkniff sich aber etwas zu erwidern wie *dann tu es doch auch nicht*. Sie wusste nicht, was in sie gefahren war. So wie mit Franz hatte sie sich noch mit keinem Jungen unterhalten. Er weckte in ihr eine Freude am Necken, die sie zuvor nicht gekannt hatte.

Franz musterte Josi eingehender, sah sie zum ersten Mal nicht als Mädchen, sondern als *junge Frau*. Zum ersten Mal nahm er sie überhaupt wahr. Er ließ seinen Blick über sie gleiten, zugleich mit den Augen des Künstlers und denen eines Heranwachsenden.

Sie war gewiss keine Schönheit, nicht zu vergleichen mit den Jungfrauen auf den Gemälden der großen Meister. Der Kopf war zu rund, der Hals zu kurz, die Lippen zu schmal, doch hatte sie eine besondere

Ausstrahlung. Er hatte schon andere Mädchen gesehen, anmutigere und graziösere. In München gab es viele, die es verstanden, ihre Vorzüge zur Geltung zu bringen. Er hatte auch schon die eine oder andere an sich gedrückt, die prallen Rundungen an seiner Brust und den wohligen Schauer gespürt, den ihm diese Berührung verursachte. Einmal hatte er sogar einen flüchtigen Kuss gewagt. Aber keine war ihm je so nahegekommen wie Josi. Auch wenn der Vater ihn drängte, hatte er noch nie ernsthaft darüber nachgedacht, mit einer sein Leben zu verbringen. Die hübschen Mädchen waren kapriziös und oberflächlich. Ihnen fehlte etwas, was er nicht zu benennen vermochte. Josi ließ etwas in ihm erbeben. Obwohl sie so jung war, wirkte sie irgendwie mütterlich. Er spürte, dass sie gewohnt war zuzupacken, die nötigen Dinge zu erledigen. Sie war bestimmt nicht zimperlich, sondern würde Herausforderungen mit Entschlossenheit angehen. Sollte er je heiraten, dann eine wie sie.

Wenn er sie so betrachtete, fand er ein einziges Wort, das sie auch nur annähernd hätte beschreiben können: *herzhaft*. Das war es, was ihn im Innersten berührte. Hier stand ein Mädchen, das sich nicht so leicht unterkriegen ließ, das den Mächten des Schicksals wie eine Kriegerin trotzte. Zugleich spürte er dieses Herz, das warm und voller Mitgefühl für die Menschen in seiner Nähe schlug.

Erneut griff er zu Stift und Papier. Er hätte sie immerfort zeichnen mögen im Versuch dieses besondere Etwas zu ergründen und es festzuhalten. Indes stellte ihn nichts zufrieden. Was war es, was sie so besonders anziehend machte? Unwillkürlich strich er sich über seinen Bart, als ob er sich für sie herausputzen wollte. Dann wandte er sich wieder seiner Skizze zu.

Waren es die Ohrläppchen, die wohlgestaltet und fleischig waren? Ein paar goldene Kreolen hätten sie passend geziert. Doch Josi trug keinen Schmuck. War es ihr volles, streng in der Mitte gescheitelte Haar? Sie hatte es im Nacken zu einem Knoten hochgesteckt und verbarg es unter einem Strohhut. Er war sich nur zu bewusst, dass sich seine eigenen Schläfen bereits empfindlich lichteten. Hätte er doch seinen Hut aufbehalten! War es ihr etwas fülliges Kinn, das von einem starken Willen zeugte? Ihre schlanke Statur? Ihre kräftigen Oberarme? Oder waren es gar keine äußeren Merkmale?

Franz wandte sich vom sichtbaren Bild ab, versuchte sich mehr auf ihr Wesen zu konzentrieren, in sich hineinzuhören, was er da vernehmen würde. Ihre Stimme war voll und eher dunkel. Trotzdem hatte sie diesen leicht spöttischen Unterton, den man bei einem Mädchen ihrer Herkunft nicht vermutet hätte. Je länger er sich auf seine Empfindung konzentrierte, desto mehr spürte er zu seiner großen Verwunderung tatsächlich eine Art Musik. Eine etwas ernste Grundstimmung bildete wie ein Basso continuo ihr Fundament. Darüber erhob sich eine Melodie aus Trotz und Eigenwilligkeit, die von einer unbekannten Sehnsucht begleitet wurde. Wie hohe Triller umspielten eigene Ideen und Phantasie dieses harmonische Gerüst. Das war es! Er erkannte darin viele Töne seiner eigenen Wesensart!

„Was ist jetzt? Willst du mir auf ewig Löcher in den Bauch starren? Hör bloß auf, das ziemt sich nicht."

Franz schoss die Röte ins Gesicht, bis seine Wangen glühten. Er fühlte sich ertappt. Was, wenn sie sich abwandte, nie mehr etwas mit ihm zu tun haben wollte? Er musste sich eingestehen, dass ihn dieser Gedanke traf, bis ins Innerste erschütterte. Doch ihm fiel keine passende Antwort ein.

„Nun denn, ich muss jetzt los. Ich muss mir Arbeit suchen."

„Was hast du im Sinn?"

„Habe ich denn eine Wahl?" In Josis Stimme schlich sich ein Hauch Enttäuschung.

„Warum nicht?"

„Die Stellen für Mädchen sind in Flüelen nicht gerade zahlreich. Als Wäscherin könnte ich sofort anfangen. Aber ich suche lieber noch ein wenig weiter."

„Hmm. Da fällt mir ein, kannst du kochen?"

„Bis vor kurzem habe ich für meine Familie gekocht. Die haben es alle überlebt. Warum?"

„Dann gehe doch mal zu meinem Vater. Er sucht gerade jemanden in der Küche. Unsere Magd ist in anderen Umständen. Jetzt, mitten in der Saison, ist es ziemlich schwierig, jemanden zu finden."

Josi saß in ihrer winzigen Kammer unter dem Dach des Hotels Helvetia. Es war heiß und stickig, doch das kümmerte sie nicht. Es war ein Raum, der nur ihr gehörte. Sie hatte sogar einen Schlüssel und konnte die Türe abschließen, wenn sie es wollte. Der Schlüssel bedeutete, dass sie dort ungestört und sicher war. Niemand würde einfach so hereinplatzen, geschweige denn in ihren Sachen wühlen. Niemand würde sie auf Schritt und Tritt beobachten. Wenn sie in ihrem Zimmer war, gab es nichts Unvorhergesehenes, keinen Klaus, der sie ärgerte, keine Mutter, die eine neue Aufgabe zu verteilen hatte, keine Geschwister, die nach ihrer Aufmerksamkeit verlangten. Ihr eigenes Zimmer war wie ein eigenes Leben. Es gehörte nur ihr. Davon hatte sie schon lange geträumt.

Gleichzeitig fühlte es sich auch sehr ungewohnt an. Sie vermisste ihre Geschwister. Was die Brüder wohl gerade anstellten? Wie es Marianne ging? Josi war ohne Vorwarnung aus ihrer Familie gerissen worden, von einem Tag auf den anderen. Diese Wunde war noch nicht verheilt. Bolzbach mochte nur eine Wegstunde entfernt sein, doch es fühlte sich an wie am anderen Ende der Welt. Sie arbeitete von früh bis spät. Es gab keine Möglichkeit sich schnell zwischendurch auf einen Schwatz zu treffen.

Nun wollte Josi ihre kostbare freie Zeit nutzen, um endlich den längst fälligen Brief zu schreiben.

Hoch verehrtes Fräulein Tobler

Bitte verzeihen Sie mir, dass ich mich so lange nicht gemeldet habe. Es war mir gänzlich unmöglich aufgrund der besonderen Umstände. Sie glauben nicht, was alles passiert ist.

Josi schilderte nun das schreckliche Gewitter, das die Säge gänzlich zerstörte und das Wohnhaus so sehr beschädigte, dass es nicht mehr bewohnbar war. Nichts ließ sie aus, nicht das Medaillon, nicht den vermissten Bädeker, nicht die zerstörte Aussteuer und nicht das verlorene Geld, mit dem sie die Reise nach Zürich zu bezahlen gehofft hatte. Sie erzählte auch von ihrer völligen Verzweiflung, als die Eltern ihr eröffneten, sie müsse sich eine andere Bleibe suchen, weil im Haus ihres Bruders nicht genügend Platz für alle sei. Den ganzen Schmerz der vergangenen Wochen schrieb sie sich von der Seele, weil sie wusste, dass Fräulein Tobler sie deswegen nicht verachten würde.

Dann setzte sie die Feder für einen Moment ab und dachte nach. Im Grunde genommen kannte sie das Fräulein kaum, und doch fühlte sie sich dieser Dame in einer Weise verbunden wie keinem anderen Menschen. Nie hatte sich jemand so für sie interessiert und so offen mit ihr geredet, wenn sie von Onkel Karl einmal absah. Doch der Onkel war inzwischen sehr beschäftigt, war zum Hauptmann in der Armee aufgestiegen und führte seine Apotheke als Laden für Spezereien mit einem sehr vielfältigen Angebot. Sie hatten sich etwas aus den Augen verloren. Und – er war ein Mann. Er kannte sich nicht aus in Dingen, die nur Frauen betrafen.

Fräulein Tobler hingegen war wie eine große Schwester. Mit ihr konnte sie die delikatesten Dinge besprechen. Sie war es gewesen, die Anna zur Hebamme schickte, sie war es auch, die Josi das erste Buch geschenkt hatte, um mehr über die Buchhaltung zu erfahren. Das Fräulein war so ganz anders als alle Frauen im Dorf, sogar anders als die Witwe Moretti. Sie ging ihren Weg, ohne sich darum zu kümmern, ob ihr die anderen zustimmten oder nicht. Sie ermutigte Josi, sich nicht mit dem zufriedenzugeben, was andere für sie ausgesucht hatten, sondern selbst zu wählen. Wieso sollten Frauen dümmer als Männer sein? Wieso sollten sie nicht genauso erfolgreich sein können? Und wieso sollten sie nicht ihr eigenes Geld verdienen?

Josi atmete tief durch, spürte mit diesem Atemzug förmlich, wie neuer Mut sie durchströmte. Nach einer kurzen Pause fuhr sie fort:

Doch nun hat sich alles doch noch zum Guten gewendet! Ich habe nämlich zum ersten Mal eine Stelle, wo ich auch in einer Dachkammer wohnen kann. Ich bin nun zuhause ausgezogen. Obwohl ich erst beginne, eigentlich eine Lehre absolviere, verdiene ich bereits mein eigenes Geld, nicht viel, aber es wird reichen, um wieder für ein Billett nach Zürich zu sparen. Ich arbeite nun nämlich in der Küche des Hotels Helvetia und lerne dort kochen. Am liebsten habe ich die Table d'Hôte bei der wir Speisen zubereiten, von denen ich zuvor noch nie gehört habe. Die Küche ist sonst meistens einfach, doch an den speziellen Anlässen wollen die Gäste nur vom Feinsten.

Der Koch ist sehr nett und zeigt mir alles genau, sodass ich viel lerne. Er ist noch unverheiratet und ich glaube, ich gefalle ihm.

☙

Wenige Tage nachdem Josi den Brief zur Post gebracht hatte, verlangte ein eleganter Herr nach ihr. Er überbrachte ein sorgfältig verschnürtes Paket mit den besten Grüßen von Fräulein Tobler. Josi war verblüfft. Warum hatte es die Bekannte aus Zürich nicht der Post übergeben? Der Herr zog sie außer Hörweite des Wirts und erklärte, er müsse sicherstellen, dass Josi die Gabe persönlich erhalte. Sie solle gut auf das Geschenk aufpassen und es am besten vor den anderen verbergen. Den

Rest würde der Brief erklären. Verwirrt bedankte sich Josi, eilte die Treppe hoch in ihre Kammer und riss das Papier auf.

Das Hotelwesen der Gegenwart von Eduard Guyer las Josi auf dem Einband eines dicken Buches. Den beiliegenden Brief würde sie später lesen. Hastig verbarg sie das Geschenk in ihrer Wäsche. Als sie die Gaststube wieder erreichte, war der Herr bereits verschwunden.

Es dauerte bis zum nächsten Morgen, bis Josi den Brief lesen konnte.

Liebe Josi,

Es muss schrecklich für dich gewesen sein, alles zu verlieren. Das tut mir sehr leid für dich und deine Familie. Es freut mich hingegen zu hören, dass du das Beste aus der Situation machen konntest. Ich bin mir sicher, dass dir das Hotelgewerbe liegt, weil du so vielseitige Talente hast. Das Buch ist das neuste Werk zum Thema. Es wird dir die nötigen Kenntnisse vermitteln, auch wenn euer Haus kein Grandhotel ist.

Wenn ich dir einen Rat geben darf: Denke nicht einmal daran, den Koch zu heiraten. Innert Kürze wirst du seine Kinder gebären und großziehen. Er wird dich klein halten. Du wirst kein eigenes Geld mehr verdienen dürfen. Nutze stattdessen die Gelegenheit, die das Schicksal dir bietet!

Darum schenke ich dir dieses Buch. Lies zuallererst die Abteilung über die Buchhaltung, weil du dafür ein besonderes Flair hast. Lasse dann dem Wirt gegenüber das Gelernte einfließen, erzähle ihm aber nicht, dass du die neuen Ideen aus einem Buch hast. Lasse ihn in dem Glauben, dass du von selbst darauf gekommen seist. Als Frau musst du immer klug sein, wenn du dich behaupten willst. Er wird innert Kürze erkennen, dass du mehr kannst als Kartoffeln schälen und wird dir dann interessantere Aufgaben übertragen.

Mit einer Heirat solltest du deine Situation verbessern. Ein Koch kann das nicht. Hattest du nicht in einem deiner früheren Briefe erwähnt, der Wirt habe zwei Söhne ungefähr in deinem Alter? Als Frau eines Wirts wirst du immer in den Betrieb eingebunden sein. Dein Mann wird deine speziellen Kenntnisse brauchen. Auf diese Weise kannst du deine Begabung auch in Zukunft nutzen und gemeinsam könnt ihr etwas aufbauen. Darum, mache das Beste aus diesem Buch. Ich hoffe, es hilft dir, deine Zukunft zum Guten zu verändern.

Deine Freundin S. Tobler

Josi las den Brief mehrere Male durch. Sie freute sich über die unerwarteten Zeilen. Doch sie dachte bei weitem nicht ans Heiraten, weder einen Koch noch einen Wirt! Wieso sollte sie? Frei und unabhängig wollte sie sein und sie würde dieses Ziel erreichen – irgendwie. Neugierig blätterte sie in dem Buch. Entgegen Fräulein Toblers Rat, begann sie anschließend ihre Lektüre ganz vorne bei der Einleitung. Je mehr sie las, desto weiter öffnete sich eine ganz neue Welt. Fräulein Tobler hatte ihr den Schlüssel zum Führen eines Gastbetriebes nach den neusten Erkenntnissen in die Hände gelegt. Es lag nun an ihr, Josi, diesen Schlüssel weise zu gebrauchen. *Das* würde ihr Leben für immer verändern, das spürte sie ganz tief in ihrem Inneren, als ein wohliges Gefühl sie zu durchströmen begann.

Ein Hotel war ungemein viel anspruchsvoller als eine Sägerei. Das erkannte Josi bereits an diesem Morgen. Ging es bei ihrem Vater lediglich um einen einzelnen Werkstoff, nämlich Holz, so brauchte es in einem Hotel die mannigfaltigsten Kenntnisse. Allein die Küche professionell zu führen, verlangte nach den unterschiedlichsten Überlegungen, an die sie noch nie bewusst gedacht hatte. Es ging dort nicht nur um das Zubereiten der Speisen, sondern auch um das richtige Lagern der Lebensmittel sowie um die Vorratshaltung. Darüber hinaus musste ein Koch gut *rechnen* können und ein gutes System entwickeln, um Abfälle möglichst zu vermeiden. Das gefiel ihr, denn rechnen konnte sie.

Darüber hinaus lernte sie in dem Buch das Bewirtschaften der Zimmer, das Führen von Personal und natürlich, die Buchhaltung, damit ein Betrieb rentieren konnte. Während Josi las, purzelten ihr die unterschiedlichsten Ideen zu. Weil sie kein Papier hatte, begann sie die leeren Seiten ihres Buches mit Notizen zu füllen. Bald unterstrich sie wichtige Passagen und kritzelte Anmerkungen an den Rand. Beinahe hätte sie vergessen, dass ihr Dienst bald begann.

Josi hatte lange überlegt, wie sie es am klügsten anstellen sollte. Sie wollte mit dem Wirt in ein Gespräch kommen, ohne dass er sie nach dem ersten Satz zurechtwies. Schließlich erinnerte sie sich an die Worte ihres Großvaters: *Vergiss nie, dass du die Kräfte eines Bärentöters in dir trägst. Wenn dich mal der Mut verlassen sollte, dann erinnere dich daran.*

So setzte sie eines Morgens ihren Plan beherzt um. Nach dem Frühstück räusperte sie sich und wandte sich an den Wirt.

„Herr Ziegler, haben Sie einen Moment Zeit für mich? Ich habe mir etwas überlegt."

„Worum geht es?"

„Sie kennen doch bestimmt die Reisehandbücher, wie zum Beispiel den Bädeker*."

„Ja gewiss. Was ist damit?"

„Für ein Hotel ist es von großem Vorteil, wenn es darin erwähnt wird."

„Und?"

„Wird das Hotel Helvetia in einem von ihnen erwähnt?"

„Nicht, dass ich wüsste."

„Dann sollten Sie dafür sorgen, dass sich das ändert. Es würden mehr Gäste in Ihr Haus kommen."

Der Wirt atmete hörbar aus, sagte aber nichts. Josi war unsicher, was sie davon halten sollte. Würde er sie zum Schweigen bringen und gleich davonjagen? Als sich die peinliche Stille ausdehnte, fuhr sie dennoch fort: „Sie könnten doch ihre Stammkunden bitten den Verlagen zu schreiben und ihr Hotel anzupreisen. Vielleicht wird es dann in der nächsten Ausgabe erwähnt. Ich habe gehört, dass die großen Wert auf die Meinung von Touristen legen."

Josi biss sich auf die Zunge. Sie hatte bereits mehr gesagt, als klug war. Hoffentlich fragte der Wirt nicht nach, von wem sie das gehört hatte. In Tat und Wahrheit stand es nämlich in der Einleitung ihres neuen Buches.

Wieder atmete der Wirt hörbar aus und sagte eine Weile lang nichts. Das war besser als Fragen. Josi atmete ebenfalls aus, um sich zu beruhigen. Schließlich meinte er: „So einfach stellst du dir das vor?"

„Wenn Sie es nicht versuchen, kann es nicht gelingen." Josi erschrak über ihren Vorwitz. So sprach man als Küchenmagd nicht mit dem Besitzer des Hotels. Der fragte indes nur: „Wie kommst du überhaupt auf die Idee?"

Also doch. Der Wirt wollte mehr wissen. Nun galt es vorsichtig zu sein. Josi wollte auf keinen Fall verraten, in welche Lektüre sie sich gerade vertiefte. Daher antwortete sie: „Ich kenne den Bädeker und weiß, wie viele Reisende ihn mit sich führen. Ich dachte daher, es wäre gewiss ein Vorteil, darin erwähnt zu sein. Ihr Hotel ist sehr schön und an guter Lage. Es könnte noch einige Gäste mehr aufnehmen, vor allem im Sommer. Da ist der Blick auf den See und die Berge doch einfach wunderschön. Ich jedenfalls genieße ihn, obwohl ich ihn schon so lange kenne."

Sie lächelte und hoffte, dem Wirt damit eine genügende Antwort gegeben zu haben. Der atmete wieder hörbar aus, musterte sie unter seinen buschigen Augenbrauen hervor. Seine Stirn legte er in tiefe Falten. Schließlich meinte er: „Du bist ein kluges Mädchen, Josi. Weißt du das? Würdest du mir dabei helfen und in meinem Namen Briefe an unsere Stammkunden schreiben?"

Josi triumphierte innerlich, ließ sich aber nichts anmerken. „Sehr gerne."

Oktober 1873

Das Leben im Hotel Helvetia war für Josi recht angenehm. Die Wirtin behandelte sie wie eine erwünschte, zusätzliche Tochter. Sie war für Josi mehr Mutter als Vorgesetzte, eine Vertraute und bald eine Art Freundin. Die beiden so ungleichen Frauen boten sich gegenseitig Halt, denn die Wirtin hatte von ihren neun Kindern bereits fünf verloren. Diese schwere Last drückte noch immer auf die Seele, hatte sie schneller altern lassen. Zudem schmerzte nicht nur ihr Herz, sondern auch ihre Knie. Die vielen Treppen raubten den Atem öfter als früher. Josi war eine willkommene Hilfe, die ihr manchen Gang im Haus abnahm.

Die verbliebenen Kinder waren außer Haus, boten aber dennoch Anlass zur Sorge. Georg, der Erstgeborene, war kränklich und schwach. Er hustete oft, litt an Fieberschüben und war häufig erschöpft. Die innigen Gebete wollten nicht helfen. Ständig fehlte ihm etwas, und er war so dünn geworden, dass man ihn kaum einen Mann nennen konnte. Die Wirtin fürchtete das Schlimmste. Aber der Doktor war teuer und falls Georg tatsächlich an Schwindsucht litt, war es fraglich, dass man ihm überhaupt helfen konnte. Niemand wusste, was der Herrgott mit ihm vorhatte.

Auch der zweite Sohn, Franz, bereitete Verdruss. Er besuchte gerade die Rekrutenschule und machte keine Anstalten, sich um seine Eltern zu kümmern. Anstatt das Hotel zu übernehmen, war er Maler geworden. Seine Mutter wünschte sich, dass er zur Vernunft komme und das Erbe nicht ausschlage. Die beiden Töchter waren beide bereits in Stellung und suchten nach einem passenden Gatten. Josi füllte daher die Lücke, die sie hinterlassen hatten.

Josi freute sich jeweils auf die Wochenenden, an denen Franz Urlaub hatte, auch wenn sie das niemals zugegeben hätte. Sie beobachtete ihn heimlich, wann immer sie konnte. Bald erhaschte sie einen verstohlenen Blick, wenn er in der Küche eine Kleinigkeit aß oder schaute ihm zu, wenn er vom Keller ein Fass Bier herbeischleppte. Er war so anders als ihre Brüder zuhause.

Ab und zu versuchte sie ihn in ein Gespräch zu verwickeln. Er ließ sich gerne darauf ein und Josi hoffte, dass er diese Augenblicke genauso genoss wie sie.

„Erzähle mir von München, wie ist es dort? Was hast du erlebt?" Sie trat hinter dem Tresen hervor und lehnte sich beim Polieren der Gläser daran, um ihn besser mustern zu können.

„Wo soll ich denn da beginnen? München ist so *ganz anders* als *alles* hier. Das kannst du dir gar nicht vorstellen."

„Hältst du mich also für so blöd?"

„Oh nein, das wollte ich wirklich nicht sagen."

„Dann erzähle doch einfach, ohne Rücksicht auf meine Intelligenz." Ihr schelmisches Lächeln machte ihn nervös. Er musste sich eine Weile sammeln, bevor er loslegte. Am meisten hatten ihn die unglaublich vielen Menschen beeindruckt. Verglichen mit Flüelen war die Stadt riesig, dehnte sich aus auf einer Fläche bis nach Altdorf oder noch viel weiter. Es gab dort bereits mehrere Eisenbahnlinien. Auf der Straße war man seines Lebens nicht sicher. Kutschen und Droschken, Reiter und Menschen hasteten pausenlos über die Plätze. Überall wurde gebaut. Es war sehr einfach eine Stelle zu finden. Handwerker wurden überall gesucht.

„Hattest du keine Angst, so ganz allein in so einer großen Stadt?"

„Nein. Ich lebte ja in einem Heim des Kolpingwerks, das bietet Zimmer für junge Handwerksburschen. Dort lernte ich viele nette Leute kennen. Nur an ihre Sprache konnte ich mich nie gewöhnen."

„Sprechen die dort kein Deutsch?"

„Fast könnte man das glauben. Was meinst du, ist das Deutsch? Hör mal! *Jo griasdigott. Wia hoasst du? Hock di her da, du fesches Madl.*"

Beide lachten und genossen die Kameradschaft des anderen. Beide vergaßen in diesen Minuten, dass sie Außenseiter waren, von Dingen träumten, die andere nicht verstanden.

„Was hast du gesagt? Das ist ja schlimmer als Französisch!"

„Stimmt, du sprichst ja Französisch. Das habe ich ganz vergessen."

„Wieso nicht? Italienisch kann ich auch."

„Alle Achtung. Nicht jedes Mädchen kennt sich mit Sprachen aus."

„Ich bin nicht *jedes Mädchen.*" Woher kam das? Josi hatte noch nie gewagt, jemandem so keck zu entgegnen, schon gar nicht einem jungen Mann, der ihr mehr und mehr gefiel.

„Ich weiß, du bist etwas Besonderes. Aber ich habe auch etwas gelernt in München."

„So? Was denn?"

„Ich besuchte die Abendschule und verbesserte mich im Freihandzeichnen."

Jetzt war es an Josi erstaunt zu sein. „Dir ist es also tatsächlich ernst mit dem Künstler?"

„Was sollte es denn sonst sein?"

21 Jahre alt

Mai 1874

In den letzten Wochen war Franz sehr beschäftigt gewesen. Auf der hinteren Seite des Hotels gab es einen Raum im Erdgeschoss, den er zu einem Atelier umbaute. Mithilfe seines Bruders Georg zimmerte er Regale sowie eine lange Werkbank. Er brachte Ständer an und besorgte eine erste Ausstattung an Pinseln, Farben und Tapeten. Ganz zum Schluss malte er ein Schild, das den Eingang zierte: *Maler-Werkstätte Ziegler.*

Josi bewunderte seinen Eifer. Franz verwirklichte seinen Traum, gegen den Willen des Vaters. Er ließ einfach nicht locker, bis jedes Hindernis beseitigt war. Mit jedem Nagel, der an der richtigen Stelle saß, mit jedem Brett, das sich in ein Regal verwandelt und mit jedem Pinselstrich, der schließlich den Raum in ein sonniges Gelb tauchte, wuchs seine Zufriedenheit. Nach und nach strahlte Franz aus jeder Pore seiner Persönlichkeit. Er war dort angekommen, wo er seit Jahren hinwollte.

Eines Tages wedelte er mit einem Stück Papier in der Hand und winkte Josi zu sich. „Schau mal, Josi, jetzt kann es losgehen!" Josi erkannte das Amtsblatt, in dem Franz eine Anzeige platziert hatte:

Anzeige und Empfehlung.

Unterzeichneter macht dem Ehr. Publikum die ergebene Anzeige, dass er eine Maler-Werkstätte in seines Vaters Haus auf dem Holzplatz in Flüelen eingerichtet hat und empfiehlt sich daher um geneigten Zuspruch für alle in sein Geschäft einschlagenden Arbeiten, als Dekoration und Flachmalerei, Firmaschreiben und Vergolden, sowie auch Tapezieren, unter Zusicherung schneller und kompletter Bedienung.

Franz Ziegler, Maler.

Josi klopfte ihm kameradschaftlich auf die Schulter. „Ich wünsche dir ganz viel Glück für dein Geschäft."

„Vielen Dank, das kann ich gebrauchen. Mein Vater macht mir immer noch die Hölle heiß."

„Was heißt das?"

„Er gibt mir ein Jahr. Wenn ich bis dahin nicht erfolgreich bin, schmeißt er mich raus. Er liegt mir immer noch in den Ohren, ich solle das Hotel übernehmen, aber ich bin nun mal kein Wirt."

„Du hast wirklich Mut. Es ist bestimmt nicht einfach."

„Ich will hart arbeiten. Ich werde ihm beweisen, dass ich kein Träumer bin." Franz biss sich auf die Lippe. Er hasste es, seinen Vater zu enttäuschen. Er wollte ihn zufriedenstellen. Was konnte er dafür, dass er nicht zum Wirt geboren, dass er lieber ein Künstler war?

„Er muss doch jetzt sehen, dass es dir ernst ist mit deinem Laden."

„Weißt du, der Laden ist noch nicht wirklich mein Traum. Aber ich gebe mich damit zufrieden, weil ich damit meiner Leidenschaft für Farben nachkommen kann. Vielleicht werde ich ja eines Tages doch noch mit meinen Bildern Geld verdienen."

Nun rührte sich in Josi wieder der Schalk. „Du meinst, wenn du dem bayrischen König deine Gemälde andrehst?“

„Auch wenn du mir nicht glaubst, Josi. Ich habe in München sogar eine Auszeichnung für meine Bilder erhalten, ein Preis-Diplom der Kunstakademie, wenn du es genau wissen willst. Es gibt also durchaus Fachleute, die mein Talent erkennen und an mich glauben.“

August 1874

Josis Vater hatte seine Geschäftstüchtigkeit einmal mehr unter Beweis gestellt. Obwohl das gesamte Sägewerk völlig zerstört war, das Grundstück unter einer dicken Geröllschicht lag, gelang es ihm einen Käufer für das Wohnhaus zu finden. Es war noch in vielen Teilen erhalten, sodass er einen guten Preis dafür erhielt. Davon hatte Josi über Umwege gehört. Doch seit dem Verlust ihres Heimes ging sie ihrem Vater aus dem Weg. Bei jeder Begegnung krampfte sich ihr Magen zusammen, die Tränen stiegen hoch, sie begann zu zittern. Diese Blöße wollte sie sich nicht geben, wollte ihre Wut und Enttäuschung dem Vater nicht zeigen. Auch wenn sie sich inzwischen sehr gut im Hotel Helvetia eingelebt hatte, ihre Seele blutete noch immer. Wie hatte er sie so einfach vor die Tür setzen können! Das würde sie ihm nicht so schnell verzeihen!

Darum hatte sie ihn nicht kommen sehen, doch sie erkannte sofort seine Stimme, als er im Saal mit dem Wirt sprach. Sie beschäftigte sich im Flur davor möglichst unauffällig mit einem Eimer und einem Putzlappen, damit sie deren Gespräch mithören konnte.

„Ich muss mich bei dir bedanken, Georg. Ich bin froh, dass ich wenigstens eine kleine Entschädigung für meinen Betrieb erhalte. Du als Gemeindevorsteher hast da sicher mitgeholfen.“

„Das war nicht nötig. Es war allen klar, dass wir dich unterstützen *müssen*, nach allem, was du durchgemacht hast. Hier ist das Protokoll der letzten Sitzung, bei der dein Verlust beurteilt wurde.

Ziegler Niklaus, des Ratherrs: sämtliches Land unter hohem Schutt, wegen Beschädigung der Gebäulichkeiten, totaler Ruin des Geschäftes. – Er ist in seiner Existenz sehr empfindlich geschädigt; er hat schon letztes Jahr einen Schaden von 4'500 Fr. gelitten, ohne irgendwelche Entschädigung zu erhalten.

Du erhältst eine Summe von 12'000 Fr., wie der Gemeinderat einstimmig beschlossen hat."

„Das ist ein Tropfen auf den heißen Stein, aber immerhin besser als nichts. Vielen Dank."

„Du hast ja auch noch Liebesgaben erhalten."

„Ja, das ermöglicht mir einen Neuanfang, wenn ich zusätzlich noch etwas Kapital leihen kann."

„Was hast du vor?"

„Das muss aber unter uns bleiben. Es ist noch nichts beschlossen und ich wollte dich um Rat fragen."

„Ganz bestimmt."

„Ich überlege mir, etwas Land zu erwerben, wo der neue Bahnhof geplant ist und dort ein Restaurant zu eröffnen. Das wäre doch bestimmt ein gutes Geschäft. Stell' dir die vielen Touristen vor, die am Bahnhof etwas trinken möchten! Vielleicht könntest du mir ja helfen, das Land zu bekommen, mir Geld leihen, mit den anderen Gemeinderäten sprechen. Was meinst du zu meiner Idee?"

„Das ist eine gute Idee. Aber ich helfe dir nur unter einer Bedingung."

„Die wäre?"

„Du musst eine Versicherung für das Haus abschließen, so wie ich es dir schon zigmal geraten habe."

Josi war so erstaunt über das Gehörte, dass sie scheppernd gegen den Eimer stieß, den sie neben sich gestellt hatte. Sie stöhnte so laut auf, dass sie die beiden Männer bemerkten.

„Ist das wirklich wahr, Vater, willst du unter die Wirte gehen? Was wird dann aus dem Holzhandel?"

„Josi, was tust du denn hier? Das ist nicht für deine Ohren bestimmt. Hörst du? Das muss vorerst noch geheim bleiben."

„Ich wüsste nicht, wem ich etwas erzählen sollte. Was ist mit dem Holzhandel?"

„Wahrscheinlich werde ich ihn ganz an Heiri übertragen. Er ist sehr tüchtig. Die Mutter wünscht sich schon lange, wieder im Zentrum von Flüelen zu leben. Mit einem Restaurant könnten wir dies verwirklichen."

„Dann könnte ich sie auch öfter besuchen."

22 Jahre alt

Februar 1875

Gedankenverloren lehnte Josi am Geländer und blickte auf den See. In der fahlen Februarsonne genoss sie ein paar Augenblicke, die sie für einmal ganz für sich hatte. Einzig ein Schwarm Möwen vollführte in der Luft Kunststücke, während sich einige Enten auf dem Wasser schnatternd unterhielten.

Wie sehr sich doch Josis Leben verändert hatte, seit sie im Hotel Helvetia arbeitete! Es war besser, als sie zunächst befürchtet hatte. Brot gab es zuhause zum Beispiel nur für Kranke oder an ganz besonderen Feiertagen. Es war eine seltene Köstlichkeit, während es nun alltäglich war. Sie brach etwas von dem Stück in ihrer Hand ab, kaute es lange, ließ es genüsslich auf der Zunge zergehen, damit sich der süßliche Geschmack im Mund ausbreitete. Es störte sie nicht einmal, wenn ein paar Krümel ins Wasser fielen, wo sich die Enten sofort darum stritten. Es gab genug davon.

Das Leben mitten im Dorf war ganz anders als in der Säge am Gruonbach. Wenn sie hier einen Fuß vor die Tür setzte, traf sie Menschen, Einheimische und Fremde. Es war immer etwas los, es gab immer etwas zu beobachten oder zu hören. Zuhause hatte es nur die Familie gegeben, oft tagelang dieselben Gesichter, ohne jede Abwechslung.

Sie arbeitete hart im Hotel, auch wenn es um diese Jahreszeit ruhig in Flüelen war. Die Aufgaben waren vielseitig und abwechslungsreich, weil Josi jeden Tag an einem anderen Ort gebraucht wurde, nicht nur in der Küche. So lernte sie nach und nach jeden Bereich des Betriebs kennen.

Am besten gefiel ihr die Arbeit im Büro, wo sie dem Wirt beim Führen der Bücher half. Aber auch in der Küche oder beim Servieren der Speisen gab es genügend Interessantes zu lernen, keine Spur von Eintönigkeit wie zuhause. Am wenigsten mochte sie, die Nachttöpfe und die Eimer mit dem gebrauchten Wasser zu leeren oder die Treppen zu scheuern. Für Josi stand fest: im Hotel Helvetia hatte sie einen guten Platz gefunden, auch wenn er nicht genau ihrem Traum entsprach. Es hätte weit schlimmer kommen können, nachdem die Familie ihr Elternhaus verloren hatte.

Während sie so sinnierte, fiel unvermittelt ein Schatten auf Josi und jemand lehnte sich neben ihr aufs Geländer. Als sie ihren Kopf zur Seite wandte, strahlte sie Franz, der Sohn des Wirtes, an. Er mustere sie eine Weile wortlos, mit intensivem Blick. Sein Lächeln wurde breiter, als er aus heiterem Himmel fragte: „Willst du mich heiraten, Josi Gisler?"

Josi glaubte sich verhört zu haben. Sie verschluckte sich und mit dem einsetzenden Husten flogen Brotstücke im weitem Bogen den kreischenden Möwen entgegen. „Wie..., ähm..., was meinst du..., machst du Witze?" Sie starrte ihn ungläubig an, suchte in dem vertrauten Gegenüber nach Spott oder Hohn. Zu ihrer Verwunderung sah sie jedoch nur freundliche Wärme und eine gehörige Portion Ängstlichkeit. Er schien die Frage ernst zu meinen. Hatte er ihr tatsächlich einen *Heiratsantrag* gemacht? Einfach so, gänzlich unerwartet und ohne jede Andeutung bei einem ihrer früheren Gespräche? Josi wurde unruhig, wusste nicht, was sie davon halten sollte.

Ob ihrer Fassungslosigkeit fiel Franz' Gesicht in sich zusammen, als hätte er auf eine positive Antwort gehofft. Sichtlich nervös stammelte er: „Nein, nein, ich dachte nur… Bitte verzeihe mir. Ich wollte dir nicht zu nahetreten."

Es dauerte einen Moment, ehe Josi fragte: „Wie kommst du denn *darauf*? Ich dachte immer, du wolltest *nicht* heiraten?"

„Will ich eigentlich auch nicht, aber…"

„Aber was…?"

„Ich dachte nur so."

Wieder herrschte eine Weile Schweigen. Franz trat unruhig von einem Fuß auf den anderen. Er wandte den Blick von Josi, schaute in die Tiefe auf die Wellen die leicht gegen das Ufer schlugen. Er räusperte sich, brachte aber keinen Ton hervor.

Sie drehte sich um, sodass sie nun mit dem Rücken am Geländer lehnte, stützte einen Fuß auf die Querstange und beobachtete ihn scharf: „Du willst also *eigentlich nicht heiraten* und fragst *mich*, ob ich dich heiraten will? Das verstehe ich nicht."

Wieder verlagerte Franz sein Gewicht von einem Bein aufs andere und kratzte sich in seinem Bart. Offensichtlich war er noch immer um eine Antwort verlegen. Er wusste, wie wunderlich die Frage klingen mochte und hoffte verzweifelt, dass Josi ihn wegen seiner ausgefallenen Idee nicht zum Gespött des Dorfes machen würde. Zugleich fürchtete er, dass sie sich abwenden, schlimmer noch, dass sie nie wieder mit ihm sprechen würde wegen seiner Verwegenheit. „Ich verstehe ja, dass das ein bisschen plötzlich für dich kommt. Du kannst auch Nein sagen. Ich dachte nur..."

Josi fühlte sich von Moment zu Moment schlechter. Diese Situation war überaus seltsam. Sie verstand noch immer nicht, worauf Franz hinauswollte. Doch spürte sie eine Ernsthaftigkeit in seinem Verhalten. Sie drehte sich ihm zu, stützte sich auf ihren rechten Arm, um ihn genau zu beobachten. Irgendetwas drückte ihn, das sah sie an einem leichten Zucken unter seinem rechten Auge. Auch bewegte sich sein Adamsapfel, als ob er etwas kaute. Er suchte sichtlich nach Worten. Aber sie konnte keinen Hohn entdecken, nur eine hohe Anspannung und eine Unsicherheit, die er sonst nicht zeigte. Schließlich meinte er: „Du sagtest doch, du möchtest am liebsten einen Betrieb führen, nicht wahr..."

„Ja, das wäre mein Traum."

„Darum dachte ich mir, du möchtest mich vielleicht heiraten."

„Wie? Was hat das miteinander zu tun?"

„Ich dachte mir eben, die wärest geeignet, das Hotel Helvetia zu führen. Das könnte dir gefallen."

„Meinst du? Wie soll das gehen?" Josi horchte auf. Sie ahnte allmählich, welche Idee Franz hegte.

„Du musst wissen, mein Vater will *unbedingt*, dass *ich* das Hotel übernehme und sein Nachfolger werde und zwar möglichst bald."

„Was ist mit deinem Bruder. Sollte nicht er als Ältester in deines Vaters Fußtapfen treten?"

„Er kann nicht. Du weißt doch, er hat eine schwache Lunge. Er ist dauernd krank. Wir sind in ständiger Sorge um ihn. Er wird wahrscheinlich nicht alt werden."

„Ach so."

„Mein Vater macht richtig Druck. Er will sich zurückziehen. Er sagt, seine Kräfte genügten nicht mehr für das aufreibende Gewerbe. Ich erkenne ihn kaum wieder, seit ich zurück aus München bin. Aber ich kann das nicht, und ich will es auch nicht. Das will *er* wiederum nicht verstehen. Er meint, es sei meine *Pflicht*, die Familientradition weiterzuführen."

„Ja, ja, ein Hotel zu führen ist schon etwas Anderes als Farbe auf eine Leinwand zu pinseln." Josi konnte es nicht lassen, Franz zu necken. „Hat noch kein König nach deinen Kunstwerken verlangt? Ist das der Grund, weshalb dein Vater keinen Künstler in dir sieht?"

Franz schluckte schwer. Josi bereute ihre Worte bereits. Zu deutlich sah sie, wie sehr sie ihn verletzt hatte.

„Wie du weißt, habe ich vor kurzem mein eigenes Geschäft eröffnet. Ich will hart arbeiten. Ich werde dir beweisen, dass ich kein Träumer bin."

„Es tut mir leid, ich habe es nicht so gemeint."

Franz biss sich auf die Lippe. Er suchte erneut nach Worten.

„Ich hasse es, meinen Vater zu enttäuschen. Was kann ich dafür, dass ich nicht zum Wirt geboren bin? Es ist für mich schwierig genug, dass ich mit dem Anstreichen von Wänden meinen Unterhalt verdiene, statt mit dem Malen von Bildern. Mit dem Laden kann ich wenigstens meiner Leidenschaft für Farben nachkommen. Aber als Wirt wäre ich total unglücklich."

„Ich finde es auch bewundernswert, wie du deine Idee verfolgst. Es ist nicht einfach, sich gegen den Willen des eigenen Vaters zu stellen."

„Ich möchte das nicht, aber er lässt mir keine Wahl."

„Und du erwartest von mir…? Wie soll das gehen?"

„Bitte, ich meine es ernst. Mein Vater hat mir sogar gedroht, er *verkaufe* das Hotel und *enterbe* mich. Damit hätte ich auch kein Lokal mehr für meinen Laden und kein Atelier für meine Malerei. Es wäre das Ende von allem, von allem, was mir etwas bedeutet." Nach einer kurzen Pause fügte er noch hinzu: „Ich weiß auch nicht, ob *du* dann deine Stelle behalten könntest. Ein neuer Eigentümer will vielleicht andere Angestellte."

Das ließ Josi aufhorchen.

„Ich glaube, mein Vater mag dich."

Josi schmunzelte. „Aber ich soll nicht *ihn* heiraten, oder…?"

Nun musste auch Franz grinsen. „Das wäre natürlich auch eine Lösung."

Im gemeinsamen Gelächter löste sich die Spannung endlich.

„Ich meine es ernst. Wenn ich meinen Vater davon überzeugen kann, dass *du* das Hotel führst, wenn wir heiraten, dann wäre doch uns beiden gedient? Er will einfach, dass es in der Familie bleibt. Darum dachte ich mir: das wäre mit einer Hochzeit der Fall. Dann würdest du ja zur Familie gehören."

„Du meinst, er würde sich darauf einlassen?"

„Einen Versuch wäre es wert. Ich kann es mir vorstellen, auch wenn er sonst nichts von Frauen im Geschäftsleben hält."

„Und wir beide? Ich meine, *wir* wären dann miteinander *verheiratet*. Es geht dabei nicht nur ums Hotel. Willst du das denn?"

„Ich weiß nicht. Vorstellen kann ich es mir. Willst *du*?"

„Darüber habe ich noch nie nachgedacht. Ich wollte nie heiraten. Aber jetzt ist alles anders, seit ich von zuhause ausziehen musste."

„Eben."

„Was meinst du?"

„Für eine Frau ist es noch viel schwieriger ein Geschäft zu eröffnen als für einen Mann. Vor allem, wenn die Familie kein riesiges Vermögen hat. Ich jedenfalls wäre immer noch Geselle beim Meister Münsch. hätte mir mein Vater nicht geholfen, könnte ich meinen Laden nicht in seinem Hotel führen. Die Miete für ein Lokal könnte ich mir noch lange nicht leisten. Aber nun will er, dass ich das Hotel übernehme. Ich weiß nicht, was ich tun soll."

Nun war es an Josi traurig den Kopf hängenzulassen. „Unser Vermögen liegt gerade auf dem Seegrund. Zusammen mit meiner Aussteuer. Da werde ich bescheiden mit meinen Erwartungen an die Zukunft."

„Dann ist der Start noch schwieriger."

„Mein Vater kann mich jedenfalls nicht unterstützen. Er hat gerade seine Existenz verloren. Er würde das auch nie tun. Ich habe zu viele Brüder. Die brauchen eine Ausbildung. Er meint, dass ein Ehemann für mich sorgen soll. Das will ich aber nicht. Ich will für mich selbst sorgen. Er akzeptiert das nicht. Ein Weib gehöre ins Haus, meint er."

„Deine Lage ist ziemlich verzwickt, findest du nicht?"

„Du sagst es. Ich habe keinen Beruf. Mein Vater hat mir nicht erlaubt, eine Lehre zu besuchen, obwohl ich das wollte. Aber unterstützen will er mich auch nicht. In Zürich stellen sie nur ein, wer einen offiziellen Abschluss hat. Hier gibt es kaum Stellen. Ich bin froh, dass ich in eurem Hotel arbeiten kann. Aber für ein eigenes Geschäft wird es nie reichen. Ich kann es drehen und wenden, wie ich will, es hat immer einen Haken."

„Im Hotel hast du bewiesen, dass du Talent hast. Mein Vater ist sehr von dir angetan."

„Ist er das?"

„Ich glaube schon."

„Gut. Wenigstens etwas."

Josi dachte nach. Sie versuchte sich die Situation vorzustellen. Nach einer Weile fragte sie: „Hast du nicht Angst davor, was die Leute reden? Ein Mann, dessen Frau ein Geschäft führt, das ist nicht gerade üblich in

Flüelen. Sie werden sich das Maul zerreißen. Sie werden dir vorwerfen, du seist nicht Manns genug."

Franz grinste. „Das lass mal meine Sorge sein. Es hat doch auch seinen Reiz, die Leute ein wenig zu ärgern. In dieser Hinsicht vermisse ich München. Dort spürst du den Fortschritt. Dort wäre das kein Thema für Klatsch und Tratsch, im Gegenteil, da gibt es Frauen, die ihre Rechte einfordern. Sie wollen sogar *politische* Rechte."

„Wir sind aber nicht in München. Wir sind hier, in Flüelen. Hier haben Frauen *nichts* zu fordern." Josi dachte nicht nur an Klaus. Der würde mit allen Mitteln verhindern wollen, dass sie einen Beruf ausübte. Sie dachte auch an die vielen Sprüche, die sie im Laufe der Jahre gehört hatte. Von Männern, die sich über Mannsweiber beschwerten, von Männern, die alle Frauen für dumm hielten, von Männern, die kaum lesen konnten, sich aber für die Meister des Universums hielten, von Männern, die nicht rechnen konnten und ihr verbieten wollten, sich um Buchhaltung zu kümmern. Gerede würde es auf alle Fälle geben.

Und sie dachte auch an die Frauen, die hintenherum tuschelten, um zu verurteilen, wer ein wenig aus der Reihe tanzte. Sie dachte an den Pfarrer, der sie von der Kanzel herunter vor allen anderen verdammen würde. Für Frauen gab es keinen Platz in der Gemeinde. Sie mussten schweigen.

Je länger sie darüber nachdachte, desto klarer wurde ihre Einsicht, dieser Plan wäre nicht einfach umzusetzen. Er verstieß gegen alles, was den Leuten hier heilig war. Die Widerstände im Dorf wären gewiss enorm. Ob sie dem gewachsen wäre?

Franz riss sie aus ihren Gedanken. „In München gibt es sogar eine *Industrieschule für Mädchen*. Dort erlernen sie unterschiedliche Berufe, damit sie selbst ihren Lebensunterhalt verdienen können. Dort ist es *normal*, dass auch Frauen Geld verdienen, dort ist es *normal*, dass Frauen für sich selber sorgen können."

„Aber hier ist es nicht normal. Hier entscheidet der Mann. Er bestimmt alles."

„Dann ändern wir es eben. Ich hätte jedenfalls nichts dagegen, wenn meine Frau das Hotel führt. Ganz im Gegenteil." Damit schien sich Franz selbst Mut zuzusprechen. Doch Josi zweifelte: „Meinst du denn, die Leute würden das Gasthaus überhaupt noch besuchen, wenn es eine Frau führt?"

„Darüber habe ich noch nicht nachgedacht. Was meinst du?"

„Ich weiß nicht."

„Es ist für mich auch nicht einfach, hier ein Malergeschäft zu führen. Die Leute scheinen in mir nur einen jungen Träumer zu sehen, genau wie mein Vater oder wie du. Doch nach und nach gewinne ich mehr Aufträge. Wir brauchen nur uns selbst zu vertrauen. *Wir* dürfen nicht an uns zweifeln. Gemeinsam können wir es schaffen."

„Meinst du?" Und etwas gedankenverloren murmelte sie vor sich hin: „Die Kraft eines Bärentöters, ich brauche die Kraft eines Bärentöters."

„Wie? Was? Ich verstehe nicht."

Josi wandte sich Franz zu. Sie lächelte, horchte in sich hinein. „Ich erinnere mich nur gerade an meinen Großvater. Er hat mir die Geschichte meines Urgroßvaters erzählt. Der hatte als einziger den Mut und hat im Isenthal den letzten Bären getötet. Darum trägt unsere Familie den Beinamen *Bärentöter*. Er hat mir gesagt, ich solle nie verzagen, weil in mir das Blut eines Bärentöters fließt."

„Dann kann ja nichts schiefgehen, du Bärentöterin. Gemeinsam haben wir bestimmt den Mut etwas zu tun, was die anderen nicht tun. Was meinst du?"

„Darüber muss ich erst einmal in Ruhe nachdenken. Jetzt muss ich zurück an die Arbeit."

Franz wollte sie nicht gehenlassen. Er hielt sie am Arm fest, schaute ihr tief in die Augen, lächelte. Die unerwartete Berührung ließ Josi plötzlich eine Innigkeit spüren, die sich angenehm in ihr ausbreitete. „Bitte, überlege es dir, Josi. Ich glaube, wir zwei, wir sind etwas Besonderes. Ich bin fest davon überzeugt, dass wir diesen Kleingeistern beweisen können, dass *wir* etwas Neues schaffen, dass *wir* einer neuen Zeit angehören. Warum sollten denn Frauen keinen Beruf ausüben? In München ist das schon längst normal. Wir zwei, wir können das."

Josi hörte seinen flehenden Tonfall, spürte die Wärme seines Atems im Gesicht, sah seine ernsthaften Augen nahe vor sich. Franz hatte durchaus Charme. Sie musste sich eingestehen, dass ihr der junge Mann neben ihr gefiel. Da öffnete sich etwas in ihr, ein Gewicht fiel von ihr ab und sie fühlte sich mit einem Mal sehr zuversichtlich. Franz war tatsächlich ein besonderer Bursche. So einen wie ihn gab es in Flüelen kein zweites Mal. Er hatte sich gegen seinen Vater durchgesetzt, eine Lehre als Maler gemacht, war in die Fremde gezogen. Wer sonst im Dorf hatte etwas Ähnliches getan? Die anderen hielten sich an das, was ihre Väter und Vorväter getan hatten. Sie gingen den einfachen Weg.

Sie musterte Franz gründlich, mit einem neuen Blick. Sie wollte abschätzen, ob er geeignet wäre, etwas so Weitreichendes zu tun wie eine Heirat. Wäre er es wert? Würde es klappen? Würde er seine Versprechen halten? Würde sie mit ihm zusammen einen eigenen Betrieb führen können? Würde er sie tatsächlich gewähren lassen und ihr die Geschäftsführung überlassen? So viele Fragen.

„So, findest du?"

„Ich kenne dich schon lange, Josi. Du gefällst mir. Du bist nicht wie die anderen. Du lässt dich nicht so leicht unterkriegen. Du *hast* die Eigenschaften eines Bärentöters, daran zweifle ich keinen Moment. Ich bewundere dich, wie du es geschafft hast, immer wieder Neues zu lernen, ganz allein. Darum glaube ich, dass wir beide uns ein Leben erschaffen können, das anders ist. Natürlich wird es nicht leicht sein. Mit dir an meiner Seite wird es bestimmt gelingen."

„Ich werde es mir überlegen, Franz Ziegler, versprochen. Aber ich habe noch nicht Ja gesagt. Hast du verstanden? Mir gefällt dein Plan. Doch so eine Entscheidung erfordert reifliche Überlegung. Immerhin ist eine Ehe *für immer*. Bitte, versprich mir, dass du diese Idee noch für dich behältst, bis ich mir alles gründlich überlegt habe."

„Überlege nicht zu lange, bitte." Er ließ ihren Arm los. „Ich freue mich, mit dir zusammen so einen verrückten Plan auszuführen."

„Versprich es!"

„Also gut, versprochen."

„Ich muss jetzt wirklich gehen. Wenn ich zu spät komme, schmeißt mich dein Vater vielleicht raus. Dann wird auch nichts aus deiner Idee." Sie wandte sich von ihm ab und ging mit beschwingtem Schritt zurück zum Hotel.

Als sie in die Gaststube trat, sah sie sich um, als ob sie zum ersten Mal hier wäre. Sie ließ ihren Blick über die Theke schweifen, über die vertrauten Tische, die Dielen, die sie schon so oft gescheuert hatte. Sie ging in die Küche, musterte den Herd, in dem noch etwas Glut glimmte, die blitzenden Töpfe, den abgewetzten Tisch, an dem ihr Abenteuer im Hotel Helvetia begonnen hatte. Wie viele Kartoffeln hatte sie seither geschält?

Ins Arbeitszimmer des Wirtes wagte sie nicht zu gehen, doch sie stellte sich den Raum vor. Auch ihn kannte sie inzwischen bestens. Was sie hingegen nicht wusste: Wie wäre es, wenn *sie*, Josi, die Meisterin hier wäre? Wenn *sie* bestimmen könnte? Was würde sie verändern? Könnte sie das überhaupt? Im Geiste hörte sie Männerstimmen, Händler, Lieferanten, mit denen der Wirt um Preise feilschte. Es war oft ein zähes Ringen, ein Machtspiel. Ob sie dem gewachsen wäre? Ob Männer sie überhaupt beliefern würden?

Etwas mulmig war ihr zumute. Sie hatte keine Erfahrung. Es war schwierig, den Überblick über die unterschiedlichen Bereiche eines Hotels zu behalten. Doch sie würde lernen. Das wusste sie. Falls der Wirt ihr am Anfang zur Seite stünde, würde sie sich eine solche Aufgabe durchaus zutrauen.

Weitaus schwieriger war abzuschätzen, wie sich Flüelens Bewohner ihr gegenüber verhalten würden. Könnte sie deren Ablehnung verkraften? Würde sie zum finanziellen Ruin führen? Und dann? Wie würde sie mit der Enttäuschung des Wirtes, ihres zukünftigen Schwiegervaters, umgehen? Und was hieße ein Versagen für die Ehe mit Franz?

Fragen über Fragen, auf die Josi keine Antwort fand. Sie atmete tief durch und versuchte, sich nichts anmerken zu lassen. Sie war froh, dass an diesem Tag wenig los war und sie bald auf ihr Zimmer durfte.

In dieser Nacht war an Schlaf nicht zu denken. Josi klammerte sich an die Wärmeflasche, die ein wenig Behaglichkeit in der kalten Kammer vermitteln sollte. Doch so richtig wohl wurde ihr nicht. Die Laken blieben klamm, die Fenster mit Eisblumen bedeckt. Schon lange hatte sie sich nicht so alleine gefühlt. Niemand war da, den sie um Rat hätte fragen können, der sie in den Arm genommen, ihr Kraft gegeben hätte. Alle Vertrauten waren unendlich weit weg oder verstorben, die Wolke ihres Atems war ihr einziger Freund. Wie sollte sie allein zu einer klugen Entscheidung finden? Und das auch noch schnell?

Sie versuchte sich vorzustellen, wie es wohl wäre Franz zu küssen. Doch kein einziges Mal kam sie damit bis zum Moment, in dem sich ihre Lippen berührten, weil sich ein anderes Bild, ein anderes Gefühl dazwischendrängte. Es war Jean-Baptiste, den sie umarmte, *seine* Lippen, die sich auf ihre pressten, *sein* heißer Atem, der ihr ins Gesicht wehte. Die Reaktion in ihrem Körper galt *ihm*, nicht Franz.

Wie ihr Leben wohl an seiner Seite verlaufen wäre? Damals brauchte sie keine Bedenkzeit. Sofort wäre sie mit ihm mitgegangen, wohin auch immer, hätte alles aufgegeben, ohne auch nur einen einzigen Gedanken. So sicher war sie sich. So tief waren ihre Gefühle. Doch Jean-Baptiste war tot. Er würde nie mehr zurückkommen, würde sie nicht holen. Sie würde Évette nie sehen, nicht das Land der tausend Seen. Sie würde nicht mit Wein handeln. Dieser Traum war ausgeträumt.

Da dämmerte eine andere Einsicht, schlich sich in ihre Trauer, in ihre Enttäuschung über die verlorene Liebe. Sie erinnerte sich, als sie Franz am Seeufer von hinten gesehen hatte, wie ihr Herz einen Sprung machte, weil sie ihn für Jean-Baptiste hielt. Wenn sie länger darüber nachdachte, hatten die beiden überraschend viele Gemeinsamkeiten. Das weiche Gesicht, die feingliedrigen Hände, das schelmische Lächeln. Die dunklen Haare, die tiefgründigen Augen, die Verletzlichkeit. Dazu kamen das empfindsame Wesen, die Neugier auf Neues und der Glaube an die Zukunft. Beide hatten einen leisen Sinn für Humor. Mit beiden konnte sie scherzen und lachen.

Je länger sie über Franz nachdachte, desto vertrauter schien er ihr. Ein Leben an seiner Seite? Möglich wäre es…

Der Nachtwächter riss sie aus dem unruhigen viel zu kurzen Schlaf. Sie tastete nach ihren wollenen Strümpfen, einem warmen Schultertuch, zündete eine Kerze an und tappte die Treppe hinunter in die Küche. Es gehörte zu ihren Pflichten, am Morgen die Öfen einzuheizen. Sie hatte Glück, im Herd war noch Glut. Nachdem sie die Asche in einen blechernen Eimer geleert hatte, blies sie auf die glimmende Kohle, bis sie mit etwas Stroh und dürrem Reisig das Feuer entfacht hatte. Einen großen Topf Wasser stellte sie zum Sieden darauf.

Danach machte sie sich am Kachelofen zu schaffen, der die Gaststube wärmen würde. Auch hier kehrte sie erst die Asche vom Vortag aus, bevor sie ihn neu einheizte. Es würde einige Zeit dauern, bis der ausgekühlte Raum einladend würde. Noch war alles dunkel und kalt. Je mehr Lampen sie im Haus entzündete, desto zuversichtlicher wurde sie. Jede Flamme stand für eine neue Möglichkeit, jedes Feuer für ein Stück von einem besseren Leben.

Josi war froh, dass sie mit vertrauten Aufgaben beschäftigt war, die ihr Zeit zum Nachdenken ließen. An diesem Morgen war alles anders. Jeder Handgriff war von der Frage begleitet: Wie wäre es, wenn ich hier bestimmen könnte? Möchte ich das? Könnte ich es? Ist das hier meine Zukunft?

Franz bekam sie den ganzen Tag über nicht zu Gesicht. Er strich die Wände im Hotel Ochsen, das die Zwischensaison nutzte, um einzelne Zimmer aufzufrischen. Sie hätte sich gewünscht, ihre Zweifel mit ihm zu bereden, doch die Gedanken kreisten weiter einsam in ihrem Kopf.

Am nächsten Sonntag hörte Josi vertraute Stimmen aus dem Saal im oberen Stock. Die Türe war nur angelehnt. Als sie daran vorbeiging, schnappte sie ihren Namen auf. Die beiden Gesprächspartner, die sich angeregt unterhielten, waren der Wirt und ihr Vater. Was sollte das bedeuten? Auf Zehenspitzen schlich Josi näher. Sie musste unbedingt wissen, was die beiden miteinander zu besprechen hatten. Was sie vernahm, gefiel ihr ganz und gar nicht.

„Franz und Josi wollen sich also verloben?"

„Wäre das nicht auch in deinem Sinn?"

„Schon, aber was ist mit der Mitgift? Da kann ich nicht viel bieten."

„Josi ist ein gutes Mädchen. Sie gefällt mir. Sie hat Talent."

„Findest du?"

„Ich könnte mir keine bessere Schwiegertochter vorstellen."

„Franz ist auch ein guter Junge. Etwas verträumt zwar. Könnte er denn eine Familie ernähren?"

„Er arbeitet hart. Gerade ist er im Ochsen am Streichen. Ich hätte es ihm nicht zugetraut, dass er hier Fuß fasst. Er hat offensichtlich in München viel gelernt."

„Und sich dort seine Hörner abgestoßen?"

„Davon hat er nichts erzählt."

„Wie sollte er?" Die beiden lachten komplizenhaft.

Josi traute ihren Ohren kaum. Sie hatte genug gehört. Da verhandelten die beiden Väter bereits über sie, ohne dass sie auch nur ein Wort mitzureden hatte? Vor Wut schnaubend verließ sie das Haus, stampfte darum herum. Auf dessen Rückseite riss sie die Tür zu Franz' Laden auf. Sie war erleichtert, dass er am Tisch über einer Skizze saß.

„Wie konntest du nur? Du hattest es versprochen!"

Franz schreckte auf. Mit dem Bleistift in seiner Hand malte er einen dicken Strich über die gesamte Zeichnung, an der er gerade arbeitete. Sie war ruiniert. „Wovon sprichst du? Kannst du nicht anklopfen?"

„Du hattest es versprochen! Und nun verhandeln sie bereits über uns."

„Was versprochen?"

„Niemandem etwas von deinem Plan zu erzählen, bis ich mich entschieden hätte."

„Das habe ich auch nicht."

„Und wie kommt es dann, dass unsere Väter über unsere Verlobung sprechen, als ob sie bereits amtlich wäre?"

Nun war auch Franz erzürnt. „Ah, das sieht ihm ähnlich. Ich hätte es wissen müssen." Er zerknüllte die Zeichnung und warf sie in den Korb mit dem Feuerholz.

„Was hast du *getan*, Franz Ziegler? Ich habe zu nichts *Ja* gesagt! Wie soll ich dich heiraten, wenn ich dir nicht *vertrauen* kann? Du hattest es *versprochen*."

„Ich habe nicht gesagt, dass wir uns verloben wollen. Das musst du mir glauben, bitte, Josi."

„Was hast du dann *gesagt*? Du hast versprochen *nichts* zu sagen!"

„Ich habe meinen Vater lediglich gefragt, ob er sich vorstellen könnte, dass *du* an meiner Stelle das Hotel führst…"

„Na wunderbar. Etwas Besseres ist dir nicht eingefallen?"

„Ich meine, ich musste doch wissen, ob er meinen Plan irgendwie unterstützen würde. Ohne seine Zustimmung kann ich ihn nicht umsetzen."

„Franz Ziegler, wie konntest du nur? Es ist doch völlig klar, dass er zwei und zwei zusammenzählt. Dein Vater ist schließlich nicht blöd!"

„Was machen wir jetzt?"

„*Wir* machen gar nichts. Aber *du* gehst jetzt schnurstracks zu deinem Vater und sagst ihm, dass noch nichts beschlossen ist. Wehe, es gelangt auch nur ein Wort nach draußen!"

Aber es war bereits zu spät. Josi hörte, wie ihr Vater vor dem Hotel ihren Namen rief. Er müsse dringend mit ihr reden. Auch das noch!

„Nicht hier", rief Josi verzweifelt, als ihr Vater auf offener Straße das Thema anschneiden wollte. Sie packte ihn am Ärmel, zog ihn zurück ins Hotel und in den Saal im oberen Stock. „Ich habe noch nicht Ja gesagt", schnaubte sie.

„Das solltest du aber schleunigst", gab er genauso erregt zurück. „Eine solche Gelegenheit kommt für dich nicht noch einmal. Was gibt es denn da noch zu überlegen, verdammt nochmal? Der Sohn des Helvetia-Wirts! Das ist die beste Partie im Ort. Da sagt man doch nicht Nein, Kruzifix."

„Soll ihn heiraten, wer will! Eine Ehe ist für immer. Sollte ich je heiraten, dann nur einen, der *mir passt.*" Trotzig verschränkte sie die Arme vor der Brust.

„Was hast du an Franz auszusetzen?"

„Das weiß ich nicht."

„Sei nicht zu wählerisch, Josi. Eine Frau wie du findet nicht so leicht einen Mann."

„Was soll das heißen?"

„Viele Männer haben Angst vor einer Frau, wie du eine bist. Sie wollen keine, die ihnen sagt, wo es langgeht."

„Ich will auch keinen Mann, der *mir* sagt, wo es langgeht."

„Dann endest du als alte Jungfer."

„Na und?"

Der Vater atmete tief durch. Er wollte sich beruhigen. Er kannte seine Tochter gut genug, um zu wissen, wie trotzig sie sein konnte.

„Ich meine es nur gut mit dir, Josi. Vertrau mir! Du weißt doch, dass ich dir keine Mitgift geben kann. Nicht jetzt, nicht nach allem, was war. Das bereitet mir große Sorge. Wenn dich einer wie Franz trotzdem will, was kann dir Besseres passieren?"

„Er hat sein Wort gebrochen. Wie soll ich ihm je vertrauen? Ich will keinen Mann, dem ich nicht vertrauen kann."

„Franz ist ein guter Junge. Auf ihn kannst du dich verlassen. Er wird dich nicht enttäuschen. Schaue du mal, dass *du* ihn nicht enttäuschst!"

„Eben hat er mich enttäuscht. Und wie! Wie soll ich ihm je wieder vertrauen?" Tränen schossen ihr in die Augen.

„Was hat er denn so Schreckliches angestellt?", fragte der Vater nun versöhnlicher.

„Und du hast es auch noch im Dorf herumposaunt. Die Leute tuscheln bestimmt schon. Wie kann ich denn da noch *Nein* sagen?"

„Das sollst du doch auch nicht."

Der Wintersturm heulte über dem See, ließ Fensterläden klappern und wirbelte eine leere Dose durch die enge Gasse hinter dem Hotel. Pechschwarz war die Nacht, genauso fühlte sich Josi in ihrer eisigen Kammer. Sie konnte es drehen und wenden, wie sie wollte, fand keine eindeutige Antwort auf die Frage, wie sie sich entscheiden sollte.

Eine Ehe mit Franz schien trotz aller Bedenken die beste Lösung. Welche Alternativen gab es schon hier in Flüelen? Als Ledige standen ihr nur Berufe offen, die sie nicht interessierten. Außer in einem Hotel könnte sie als Dienstmagd oder als Wäscherin arbeiten. Niemand würde sie als Buchhalterin einstellen.

Ein eigenes Geschäft zu eröffnen war bei ihrem kargen Lohn aussichtslos. Und weggehen wollte sie nicht. Ohne Beruf waren auch in Zürich oder München die Aussichten auf ein selbstbestimmtes Leben gering, das stand außer Frage. Sollte sie in irgendeiner staubigen Fabrik arbeiten? Auf keinen Fall. Zu viele traurige Geschichten hatte sie gehört. Manch ein Mädchen wurde von einem Fabrikherrn bedrängt, wurde ungewollt schwanger und musste dann sehen, wie sie mit der Schande lebte. Nein, weggehen wollte sie nicht. Hier kannte sie die Menschen, wusste, wem sie vertrauen konnte.

War es also nicht die beste Lösung Franz zu heiraten und Wirtin zu werden? Hatte ihr Vater Recht? Aber, einen Mann heiraten, ohne dieses Verlangen, das sie mit Jean-Baptiste verspürt hatte? Könnte sie das denn?

Der Ruf des Nachtwächters riss sie aus ihren Gedanken. Er drehte seine einsamen Runden, beschützte die schlafenden Bewohner vor Unheil. Wenn es doch einen solchen Wächter im Herzen gäbe, der einen vor groben Fehlern bewahrte!

Das Gesicht ihrer Großmutter aus dem Isenthal drängte sich in ihre Gedanken, diese zahllosen Linien mit tausend Verästelungen, die einer Landkarte ähnelten. Sie wiesen einen Weg, einen Weg zu Zufriedenheit. Mochte ihr Leben noch so karg gewesen sein, sie hatte einen Weg gefunden, sich mit ihrem Schicksal auszusöhnen.

Diese Großmutter kannte das Rezept für ein gutes Leben. Sie hatte Josi davon erzählt. „Das Glück musst du dir selbst erschaffen", hatte sie mehrmals betont, „jeden Tag von neuem. Der Herrgott gibt dir das Leben, aber das Glück musst du selbst gestalten." Was würde sie raten? Was hätte Josi dafür gegeben, ein letztes Mal mit ihr zu sprechen!

Das Gesicht der Großmutter von Flüelen zeigte eine ganz andere Landkarte. Es waren keine Wege, es waren tiefe Furchen, die von hartem Kampf zeugten. Ihr fehlte dieses innere Leuchten. Sie hatte geduldet, ertragen, war irgendwie zurechtgekommen, bis zum Schluss, als sie als Krämerin von Tür zu Tür ging. Dieses Gewicht auf den Schultern hatte sie nicht nur gebeugt, es hatte sie gebrochen.

Und sie selbst? Wie würde ihr Leben aussehen? Wie würde sie *ihr Glück gestalten*? War es richtig, Fräulein Tobler nachzueifern? Sich von ihr leiten zu lassen? Josi war nicht Fräulein Tobler. Sie war ohne Vermögen, ohne reiche Verwandte. Josi war ein einfaches Mädchen in einem kleinen Dorf, ohne Ausbildung, ohne Geld, ohne Aussicht auf eine bessere Zukunft.

War es nicht doch *die Gelegenheit auf ein besseres Leben*, die sich ihr hier bot? Würde sie die Kraft aufbringen, mit Franz ihr Glück zu gestalten? Immerhin war er ihr sympathisch. Er hatte etwas an sich, das sie anzog. Wer weiß, vielleicht ließe sich daraus ein feines Netz aus Glück spinnen?

Wie immer zeigte er diesen etwas mürrischen Gesichtsausdruck, der keinen Hinweis darauf gab, was in ihm vorging. Unter seinen buschigen Augenbrauen musterte er Josi, ohne ein Wort zu sagen. Sein Blick schien sie zu durchbohren, eine innere Waage schien abzumessen, ob sie seines Vertrauens würdig sei. schließlich erhellte der Anflug eines Lächelns für einen kurzen Augenblick das Gesicht ihres zukünftigen Schwiegervaters. Er nahm seine samtene Wirtskappe vom Kopf und hieß sie mit einer Handbewegung Platz zu nehmen.

Anders als bei Franz war sein Kinn glattrasiert. Markant und angriffslustig ragte es aus dem Gesicht wie der Bug eines Schiffes, der das Wasser pflügt. Der Mann vor ihr pflügte durchs Leben, schaffte mit eisernem Willen alle Schwierigkeiten aus dem Weg. Er war ein Mann der Tat, der erhielt, was er wollte.

Josis Herz klopfte bis zum Hals. Sie zappelte auf ihrem Stuhl, ohne zu wissen, wie sie die Nervosität kontrollieren sollte. War es nicht doch ein Fehler gewesen? Hätte sie die Heirat mit Franz ablehnen sollen? Was hatte ihr Schwiegervater mit ihr zu bereden?

„Nun denn, Josi, du hast dich geschickt angestellt, seit du bei uns bist. Das gefällt mir. Darum möchte ich dir einen Vorschlag machen." Er räusperte sich, erhob sich und ging einige Schritte im Raum auf und ab. In der Ecke tickte eine alte Standuhr. Als sie die Stunde schlug, fürchtete Josi, ihr letztes Stündlein habe geschlagen, so eingeschüchtert war sie. „Wie du weißt, beweist mein Sohn kein Geschick für die Hotellerie. Darum muss ich nach einem ungewöhnlichen Weg suchen." Wieder ging er vornübergebeugt einige Schritte. Josi wurde unruhiger. Wieso kam er nicht zur Sache?

„Vor 27 Jahren habe ich dieses Hotel selbst gebaut und habe es zu dem gemacht, was es heute ist. Meine ganze Energie habe ich da reingesteckt. Es ist mein allergrößter Wunsch, dass es in der Familie bleibt und dass es weiter floriert. Es ist mein Vermächtnis an meine Nachkommen, Kinder und Kindeskinder. Es ist alles, was ich durch meiner Hände Werk erschaffen habe." Er machte eine längere Pause, während er den Raum ein weiteres Mal durchschritt.

„Da keiner meiner Söhne mein Erbe antreten will, musste ich eine Entscheidung treffen. Du kannst mir glauben, das ist mir nicht leichtgefallen." Josi folgte seiner Spur, blieb am Zifferblatt der Uhr hängen. War es möglich? Waren erst ein paar Minuten vergangen?

„Manche werden mich für verrückt erklären, aber da ich Dorfvogt* war und jetzt Ratsherr bin, genieße ich einen gewissen Ruf." Ein Lächeln zeichnete sich ab, verschwand aber so schnell, wie es gekommen war. „Einen Ruf. Genau. Man sagt mir nach, dass ich weiß, was ich will." Es folgte ein Räuspern, das in einen trockenen Husten überging. Als er sich beruhigt hatte, fuhr er fort: „Du hast bereits einen gewissen Einblick in die Abläufe im Hotel, Josi. Das ist gut. Du hast mir auch gezeigt, dass du einen Sinn fürs Geschäft hast. Immer wieder hast du mich überrascht mit deinen Ideen. Dank dir läuft unser Haus noch besser als zuvor. Darum will ich etwas Neues wagen. Etwas, was es in Flüelen noch nie gegeben hat." Erneut packte ihn ein Husten.

Unvermittelt erschien Josi der sonst stattliche Mann alt und müde. Sie bemerkte, dass er von seiner ursprünglichen Größe etwas eingebüßt hatte. Er ging leicht vornübergebeugt, versuchte es aber zu kaschieren, indem er seine Rechte ins Kreuz gelegt hatte. „Du gehörst ja bald zur Familie. Da habe ich mir überlegt, wenn du dich in den kommenden Jahren bewährst, dann will ich dir die Führung des Hotels übertragen, sobald ich mich auf mein Altenteil zurückziehe."

„Wie bitte…?" Josi glaubte sich verhört zu haben. War es möglich, dass dieser furchterregende Mann an sie glaubte? Wenn Franz so einen Gedanken äußerte, dann war das eins. Er war ein liebenswürdiger Träumer mit verrückten Ideen. Das hatte keinerlei Bedeutung und nur zu gerne hatte sie sich auf dieses verlockende Gedankenspiel eingelassen. Aber der Wirt? Hatte *er* tatsächlich gesagt, was sie eben vernommen hatte?

„Du hast schon richtig gehört, Josi. Ich bin mit meinem Anwalt noch im Gespräch. Es soll natürlich alles seine Richtigkeit haben. Wir werden miteinander einen Vertrag abschließen. Nicht, dass plötzlich jemand kommt, der dir das Geschäft streitig machen möchte. Wie gesagt, es ist gewagt für Flüelen, was sage ich, für den ganzen Kanton."

„Und Sie glauben, dass…"

„Du würdest mir eine riesige Freude bereiten, wenn du das Hotel in meinem Sinn weiterführst."

„Aber…"

„Ich werde dich am Anfang unterstützen, keine Angst. Ich habe gesehen, wie schnell du lernst."

„Wenn Sie meinen, Herr Ziegler. Das ehrt mich ungemein. Das würde ich sehr gerne. Ich hoffe nur, dass ich Ihr Vertrauen nicht enttäusche."

„Wenn jemand dieses Haus leiten kann, dann bist du es."

„Eigentlich müsste ich dich zum Teufel jagen, Franz Ziegler, weil du dein Versprechen gebrochen hast", sagte Josi in gespielter Entrüstung. Aber sie lächelte dazu und musterte Franz wohlwollend. Er fand ihre Grübchen entzückend.

„Und was hast du stattdessen entschieden?" Franz war sichtlich erleichtert, dass Josis Zorn verraucht war.

„Dein Vater hat mir tatsächlich angeboten, dass ich die Führung des Hotels übernehmen kann, *falls ich mich bewähre.*"

„Das ist doch wunderbar."

„Es gibt da nur ein Problem."

„Das wäre?"

„Wir müssen *vorher* heiraten. Was ist, wenn ich versage? Dann bleiben wir trotzdem verheiratet."

„Zweifelst du etwa?"

„Ich meine, wir müssen heiraten, damit das Hotel in der Familie bleibt. Diesen Schritt können wir nicht rückgängig machen."

„Dann hast du dich entschieden?"

„Und du?"

„Ich glaube, wir passen ganz gut zusammen."

„So, und woher willst du das wissen?"

Statt einer Antwort bewegte er sich auf Josi zu, strich ihr sanft über die Wange. Sie ließ ihn gewähren, schien es sogar zu genießen.

„Du bist ein ganz besonderes Mädchen, Josi. Wenn ich jemals heiraten sollte, dann nur eine Frau wie dich." Sie stellte sich auf die Zehenspitzen, schmatzte ihm einen Kuss auf die Wange und wandte sich erschrocken ab.

„Versprich mir eines, Franz Ziegler, wenn wir verheiratet sind, dann lässt du mich gewähren, dann redest du mir nicht rein, dann führe *ich* das Hotel. Kein Versuch, mir etwas vorzuschreiben. Du bist nur auf dem Papier der Wirt. Aber sonst bestimme *ich*. Versprichst du mir das?"

„Und du lässt mich *mein* Geschäft so führen, wie ich das will. Und du lässt mich auch zeichnen und malen, ohne Vorwürfe, ohne dich über mich lustig zu machen? Versprochen?"

„Versprochen."

März 1875

Josi würde sich verloben! Die Feier sollte in drei Wochen stattfinden. Sie konnte es noch immer kaum glauben. Nach und nach akzeptierte sie den Gedanken, freute sich sogar darauf. Doch, was gab es da plötzlich alles zu erledigen neben der Arbeit im Hotel!

Den größten Kummer bereitete ihr, ein passendes Verlobungsgeschenk für Franz zu finden. Es sollte ihre Bereitschaft für ein glückliches Eheleben ausdrücken, etwas Besonderes, etwas ganz Persönliches sein. Doch sie hatte kein Geld für etwas Angemessenes. Wie sollte sie also zu einer geeigneten Gabe für ihren Bräutigam kommen?

An der Verlobungsfeier würden alle Anwesenden ihr Geschenk begutachten, würden ihre Hingabe daran messen wollen, würden unverzüglich darüber zu orakeln beginnen, wie tief ihre Liebe war. Wenn sie es nicht für würdig erachteten, würden sie Josi als berechnendes Weibsbild abstempeln, das nur nach Franz' Erbe trachtete. Das Getuschel war bereits jetzt verurteilend genug. Warum sollte ausgerechnet sie, die kleine, arme Säger-Josi, den begehrtesten Junggesellen zum Mann erhalten? Sie musste sich etwas einfallen lassen.

Schließlich hatte sie die richtige Idee. Im Handarbeitskorb ihrer zukünftigen Schwiegermutter fand sie eine spitze Schere. Sie öffnete ihren Zopf, sodass ihr dunkles, volles Haar weit über die Schultern herunterfiel. Hingebungsvoll bürstete sie es, bis es glänzte. Mochte sie sich selbst auch nicht als Schönheit betrachten, ihre Haarpracht gefiel ihr. Leicht gewellt und wie Samt umgab sie ihr rundliches Gesicht, verlieh ihm einen eigenen Reiz.

Behutsam sammelte Josi alle losen Haare, ordnete sie auf einem weißen Tuch nach deren Länge. Erst jetzt stellte sie sich vor den Spiegel und schnitt an verschiedenen Stellen einzelne Strähnen heraus. Sie waren so dünn, dass niemand etwas bemerken würde. Jede einzelne legte sie auf das Tuch. Als sie schließlich genügend davon hatte, strich sie sie sorgfältig glatt und wickelte sie ein. *Das* war bestimmt etwas Besonderes! Was gab es schließlich Persönlicheres als das eigene Haar? Das Geld, um ihren Plan umzusetzen, würde sie sich von der Schwiegermutter leihen und es später zurückzahlen. Sie wäre bestimmt entzückt von dieser Idee!

Wenige Tage später ging sie nach Altdorf, um die vielen Besorgungen zu erledigen. Zuerst kaufte sie mehrere Meter vom besten schwarzen Seidentaft, ging damit zu den Schwestern Muheim hinter dem Tellenbrunnen, um sich daraus ihr Brautkleid schneidern zu lassen. Die beiden Frauen genossen weitherum den besten Ruf. Im *Bazar** hatte sie sich ein Modell ausgesucht. Es würde für die beiden ein Leichtes sein, ein vornehmes Kleid zu nähen. Sie nahmen Maß, besprachen die Details des Kleides und einigten sich über den Preis.

Ganz am Schluss trug Josi ihr geheimes Bündel zum Barbier. Etwas schüchtern betrat sie den Raum, der ungewohnt nach Seife und Rasierwasser roch. Über den Kopf seines Kunden hinweg hob der Meister erstaunt die Brauen, als er Josi sah. Doch als sie ihm ihren Wunsch erklärt hatte, lächelte er. Er verabschiedete den glattrasierten Kunden und wandte sich Josi zu.

„Natürlich. Sehr gerne. Ich zeige ihnen ein paar Muster, aus denen Sie auswählen können. Eine *Uhrenkette* aus ihrem wunderbaren Haar, das wird ihrem Bräutigam bestimmt gefallen. Das Haar ist der Sitz der Seele, müssen Sie wissen. Das drückt Ihre Verbundenheit mit Ihrem Zukünftigen wie nichts Anderes aus. Wer ist denn der Glückliche?" Während er beflissen plauderte, holte er ein Magazin hervor. Josi staunte über die vielen verschiedenen Formen und Muster. „Franz Ziegler, der Sohn vom Hotel Helvetia in Flüelen."

„Tia. Dann darf es bestimmt etwas Rechtes sein?" Er blies anerkennend etwas Luft aus. „Der Ziegler-Sohn also. Den Vater kenne ich gut.

Der hat hier ein großes Anwesen, müssen Sie wissen. Eine gute Familie, ganz gewiss. Gratuliere, gratuliere."

Den Redeschwall wenig beachtend, entschied sich Josi schließlich für ein Modell, für das ihre Haarlänge passte. „Dieses hier, das möchte ich gerne. Sagen Sie, wie können Sie denn aus den Haaren etwas so Filigranes flechten?"

„Kommen Sie mit mir. Ich zeige es Ihnen."

Abgetrennt hinter einem Vorhang versteckte sich ein ganzes Atelier mit Zubehör, das Josi noch nie gesehen hatte. Er griff nach einem hölzernen Gestell und suchte nach Bleigewichten.

Sichtlich stolz erklärte er: „Es ist eine Kunst, die nur wenige in Uri beherrschen, ganz gewiss. Und Aufträge gibt es auch nicht gerade viele für dieses außergewöhnliche Handwerk. Umso mehr bin ich über Ihren Auftrag erfreut.

Sehen Sie, verehrtes Fräulein, das hier ist eine Jatte. Damit kann ich beliebige Muster herstellen, auch Schmuck für das gnädige Fräulein. Wie wäre es mit Ohrhängern oder einem Collier? Das würde Ihnen vorzüglich stehen und ganz passend zu Ihren lieblichen Zügen.

Die Haare ziehe ich an Fäden durch das Loch hier in der Mitte, beschwere sie an einem Ende mit diesen Gewichten. So kann ich mithilfe der verschiedenen Abmessungen hier am oberen Rand und den unterschiedlichen Farben der Fäden das Muster flechten, ähnlich wie die Frauen Spitzen klöppeln. Ich freue mich schon auf die Arbeit. Das ist eine wunderbare Abwechslung zum Schaben von struppigen Bärten."

❧

Die beiden Väter waren sich schnell einig. So blieb Franz der Gang ins Haus von Josis Eltern erspart, wo er um ihre Hand hätte anhalten müssen. Josi brauchte keine Aussteuer mitzubringen, doch musste sie auch nach der Hochzeit im Hotel arbeiten. Sie würde dafür keinen Lohn erhalten. Die Vereinbarung war ganz nach ihrem Sinn. Im Ehevertrag war alles fein säuberlich festgehalten, sogar die Aussicht auf die Geschäftsführung. Doch Josi kümmerte sich nicht um den genauen Wortlaut. Sie vertraute auf die Väter, dass sie alles genau prüften und zu ihrem Besten vereinbarten.

Wie es sich für einen wohlhabenden Wirt gehörte, waren zur Verlobungsfeier nicht nur Verwandte eingeladen, sondern auch einige wichtige Lieferanten und Politiker. Es war ein fröhliches Fest, an das sich alle gerne erinnern würden. Josi freute sich, alle ihre Geschwister wiederzusehen. Nur Marianne versteckte sich schüchtern hinter der Mutter, weil Josi für sie eine Fremde war. Was gab es nicht alles zu erzählen!

Josis Geschenk fand allgemein großen Beifall. Der Barbier hatte nicht zu viel versprochen. Die Uhrenkette war äußerst kunstvoll, ein Meisterwerk. In Flüelen hatte es noch nie etwas Vergleichbares gegeben.

Auch Franz hatte sich etwas Besonderes einfallen lassen und für Josi einen Segensspruch gemalt.

Lasst uns einander liebhaben, denn die Liebe ist von Gott.

Die wunderschön gestalteten Buchstaben waren mit einer Blumengirlande sowie Vögeln und Schmetterlingen geschmückt und das so entstandene Bild steckte in einem passenden Rahmen. Es war das schönste Geschenk, das Josi je erhalten hatte. Noch nie hatte sich jemand für sie so viel Mühe gemacht, noch nie hatte sie jemand mit einer einfachen Geste so tief berührt. Sie drückte das Geschenk an ihre Brust und wusste, dass sie die richtige Entscheidung getroffen hatte.

September 1875

Die Klosterkirche von Einsiedeln* war das imposanteste Bauwerk, das Josi je gesehen hatte. Endlos erstreckte sich die Fassade, beeindruckend hoch zeigten die beiden Türme, die den geschwungenen Mittelteil flankierten, in den Himmel. Sie musste stehenbleiben, um mit offenem Mund das Gebäude zu bestaunen. Franz war weniger beeindruckt. In München hatte er verschiedene riesige Bauten gesehen, die Nymphenburg oder das Rathaus, war in der Alten Pinakothek ein- und ausgegangen. Trotzdem war auch er ergriffen von dem Anblick, der sich ihnen bot, denn der riesige offene Platz *vor* der Anlage war das Besondere. Er ermöglichte erst die außerordentliche Wirkung.

Zahllose Menschen verteilten sich über die weite, offene Fläche, auf der das halbe Dorf Flüelen Platz gefunden hätte. In ihrer Heimat gab es nirgends auch nicht annähernd so viel Raum wie hier. Zwischen Berg und See verliefen nur zwei enge, dunkle Gassen. Der Holzplatz am See war meist vollgestellt. Das Gewimmel hier war genauso groß wie beim Anlegen eines Dampfschiffes in Flüelen. Was für ein Kontrast zu der Stille, die sie den ganzen Tag begleitet hatte!

Gleich nach der Frühmesse waren sie aufgebrochen, mit der Kutsche nach Schwyz gefahren, um von dort den letzten Teil der Reise zu Fuß zurückzulegen. Josi war das Wandern nicht gewohnt, doch sie genoss die ungewohnte Zweisamkeit mit Franz. Sie hatten nicht viel gesprochen, weil der Aufstieg beschwerlich war. Erst im Alptal fassten sie sich an den Händen, gingen beschwingten Schrittes durch den Wald ihrem Ziel entgegen. Nun standen sie ergriffen am Fuße der ausladenden Treppe, die zum Eingang der Klosterkirche führte.

Die Pilger drängten zum Marienbrunnen, um aus allen 14 Röhren zu trinken. Dieses Ritual versprach ein langes Leben. Noch mehr Leute schlenderten vor den Verkaufsbuden, die allerlei Andenken feilboten. Die Menge verströmte keinerlei Feierlichkeit, sondern die fröhliche Ausgelassenheit eines Jahrmarkts. Die Wallfahrer schienen mehr an den unterschiedlich kunstvollen Nachbildungen der Gottesmutter, den Rosenkränzen, Kruzifixen oder Weihwassergefäßen interessiert zu sein als an der inneren Einkehr.

Franz und Josi schlenderten ebenfalls den Buden entlang. Madonnen aus Holz, Stein oder Wachs, gemalt oder gestickt und in den buntesten Farben wetteiferten mit Christusfiguren in ebenso vielen Ausführungen. Schlichte Kerzen lagen neben aufwendig dekorierten. Kreuze und Medaillons mit Heiligenbildern, Bildchen und Stahldrucke, fromme Traktate oder erbauliche Schriften mahnten die Gläubigen zur Einkehr und Reue. Die Auswahl war erschlagend. Franz konnte es sich nicht verkneifen seine Kommentare über die minderwertige künstlerische Qualität abzugeben. Schließlich machten sie sich ihren Spaß daraus, sich allerlei Schabernack auszudenken.

Doch dann wurde Josi wieder ernst. Sie suchte nach Andenken für sich und die Liebsten zuhause. Ein Blick in den schmalen Geldbeutel beschränkte die Auswahl erheblich. Eine schöne Kerze erstand sie für sich, damit sie sich in dunklen Stunden daran erinnern würde, dass ihre Ehe unter dem Schutz der Gottesmutter stand. Sie wollte diese spezielle Kerze an jedem Hochzeitstag anzünden. Ein Gnadenbild der Madonna wünschte sie sich für ihr Schlafzimmer. Schließlich kaufte Josi noch ein Wehenkreuz aus grünem Achat.

Dann stieg ihnen der Duft von frischen Lebkuchen in die Nase. Josi war von verschiedenen Verwandten gedrängt worden, ihnen etwas von dem köstlichen Gebäck mitzubringen. Die Verlobten erstanden eine große Tüte mit Schafböcken, wie die Honigkuchen genannt wurden, und gönnten sich gleich selbst einen.

Die Türklinke auf Josis Augenhöhe vermittelte ihr das Gefühl, klein und unbedeutend zu sein. Nur schwer ließ sich die riesige Pforte öffnen. Auch im Inneren der Klosterkirche war alles übergroß. Die dunkle

Kühle ließ sie erschauern, die Säulen, die den Himmel zu tragen schienen, die üppigen Verzierungen überall benebelten die Sinne. Zahllose Bilder an Wänden und an der Decke und ein Heer von Statuen verwirrten das suchende Auge. Sie mussten einen Moment stehenbleiben, um sich an die Atmosphäre zu gewöhnen.

Der Geruch von heißem Wachs, gemischt mit den flüchtigen Resten von Weihrauch, schlug ihnen entgegen. Dutzende Gläubige entzündeten eine geweihte Kerze, bevor sie sich vor die schwarze Madonna in der Gnadenkapelle aus dunklem Marmor knieten. Zu ihr flehten die Pilger, hofften auf Heilung oder Beistand. Josi wollte für ihre Ehe beten, für ihre Eltern und Schwiegereltern, die Geschwister und auch für ihre zukünftigen Kinder. Sie alle wollte sie unter den Schutz der Gottesmutter stellen. Noch nie hatte sie so innig gebetet.

Dann setzte sie sich auf die harte Holzbank, genoss diesen ruhigen Augenblick, erinnerte sich an den Weg, den sie während der letzten Stunden zurückgelegt hatte. Der Pilgerweg von Schwyz nach Einsiedeln war anstrengend gewesen, doch war Josi reich dafür entschädigt worden. Die ungewohnten Ausblicke, wenn sie eine Anhöhe erklommen, die unberührte Natur, die bereits in ihr Herbstkleid wechselte, die freundlichen Gespräche mit Bauern unterwegs, die spontanen Einladungen auf ein Glas Most, um den Durst zu stillen. Franz und sie würden miteinander ein gutes Leben haben. Er hatte sich auf ihrer Wanderung als rücksichts- und humorvollen Begleiter erwiesen. Es war ein Erlebnis, das Josi nie vergessen würde. So erfüllt war sie, dass im Laufe des Tages sämtliche Zweifel verflogen waren wie der Starenschwarm, dessen Flugkünste sie gemeinsam bewundert hatten. Sie war glücklich, wie sie noch nie in ihrem Leben gewesen war. Dieses Gefühl wollte sie für ihr zukünftiges Eheleben bewahren.

Als sie sich zum Abschluss der Pilgerreise dem Beichtstuhl näherten, widerhallte jedes Auftreten von Josis Bottinen, schwoll zu einem erschreckenden Getöse an. Josi schämte sich, dass sie die übrigen Besucher störte. Wie leise sie auch zu sein versuchte, der Klang ihrer Schritte wurde durch den Raum getragen und verstärkt, bis er sich im gesamten Gewölbe ausbreitete. Jedes noch so kleine Geräusch fiel in beängstigender Lautstärke auf den Verursacher zurück. *So beobachtet wohl Gott die Menschen*, ging es Josi durch den Kopf. *Ihm bleibt nichts verborgen, er sieht und hört alles. Jeder unreine Gedanke, jede noch so kleine Sünde wird aus seiner Sicht zu einem Donnergrollen verstärkt, das nicht unbemerkt bleiben kann.* Wie froh war sie daher, dass sie vor ihrem großen Tag nochmals sicherstellen konnte, reinen Herzens zu sein.

Am Ende der Beichte schob ihr der Klosterbruder ein kleines Bild der Einsiedler Gottesmutter zu. Auf der Rückseite war ein Gebet abgedruckt. Diese Geste rührte Josi, sodass sie mit den Tränen kämpfte. Dieses Heiligenbild würde sie ganz gewiss in den höchsten Ehren halten.

Am nächsten Morgen rief eine einzelne Glocke mit einem feinen hohen Ton die Gläubigen zum Gottesdienst. Nach kurzer Zeit begleiteten tiefere Töne den zarten Klang. Nach und nach setzen immer mehr Glocken ein, bis das Geläut ohrenbetäubend war. Josis Aufregung wuchs mit jedem Schritt, den sie und Franz auf die Klosterkirche zu machten. Beide wussten: dies war ihr Tag und er würde nie wiederkommen. Wie schön, dass es auch ein sonniger Tag zu werden versprach. Noch hatte sich die Sonne nicht hinter den waldigen Hügeln emporgeschoben, doch der Himmel erstrahlte bereits tief dunkelblau.

In der vordersten Bank der riesigen Klosterkirche sitzend, den Blick auf das Mosaik des Fußbodens gerichtet, die Hände zum Gebet gefaltet, zogen Josi unvermittelt die samtenen Stimmen der Mönche in den

Bann. Etwas Vergleichbares hatte sie noch nie gehört. Ganz leise setzten sie ein, dehnten sich durch das schmiedeeiserne Chorgitter aus, stiegen hinauf zur Decke des Hauptschiffes, wo sie zu einem Crescendo anschwollen. Der Choral füllte den Raum und berührte Josis Wesen. Wie eine wärmende Decke senkte er sich über die Pilger, hüllte sie in den schützenden Mantel der Gottesmutter, *Salve Regina.*

Dann setzte die Orgel ein. Mit der ganzen Macht der zahllosen Register füllte sie jeden Winkel der Kirche. Es war ein Brausen und Beben, ein Toben und Rasen wie es die Orgel zuhause nie hervorbrachte. Der Boden unter Josis Füssen vibrierte, leitete die feinen Schwingungen zur Brust und in ihr Herz. Bis ins Mark erschüttert von der Wucht der Musik, lauschte Josi, nicht mit den Ohren, nein, mit jeder Zelle ihres Körpers, bis sie vollkommen durchdrungen war. Sie fühlte sich wie die Raupe, die ihre Gestalt wechselte. In dieser Musik steckte die Magie, die sie vom Mädchen zur Frau werden ließ. Alle Ängste, alle Sorgen, alle alten Verletzungen fielen von ihr ab, verwandelten sich, formten sich neu zu Hoffnung und Vertrauen.

Als ob dieses Erlebnis nicht schon erschütternd genug gewesen wäre, erhellte sich nun die Kirche von Minute zu Minute. War der Raum beim Eintreten nur spärlich von einigen Kerzen erleuchtet gewesen, erstrahlte nun jede Säule mehr und mehr, warf das Licht der aufgehenden Sonne zurück. Die zahllosen Putenengel an der Decke und über den Bildern schienen einzustimmen in das glorreiche Halleluja der Orgel. Als Josi einen Blick nach oben in die riesige Kuppel wagte, erkannte sie dort das Weihnachtsgeschehen. Das Christkind in der Krippe lächelte und in der Laterne darüber winkte ihr Gottvater zu. Er hielt seine segnende Hand über sie und über ihre Ehe.

Der Duft des Weihrauches umnebelte vollends ihre Sinne. Die Grenzen ihres Wesens lösten sich auf. Wie in einem Traum erlebte sie die Zeremonie, die dieses heilige Band zwischen ihr und Franz knüpfte.

Nicht einen Zweifel hegte sie, dass dieser Bund im Himmel geschlossen wurde. Ihr *Ja* widerhallte im riesigen Raum, schwoll an und wurde schließlich vom Echo zum Himmel getragen.

Es war ein eigenartiges Gefühl, als die beiden Frischvermählten zum Hotel Helvetia zurückkehrten. Zwei Tage zuvor waren sie als Verlobte aufgebrochen, nun waren sie Mann und Frau. Alles schien irgendwie anders, obwohl seither nur wenig Zeit verstrichen war. Und so glücklich sie waren, galt es nun ihren Alltag zu organisieren.

Im Hotel gab es keine Wohnung für das junge Paar, lediglich ein kleines Zimmer mit zwei Holzbetten im ersten Stock, zwischen dem Saal und dem Schlafzimmer der Eltern. Die besten Räume mit Seeblick blieben für die Gäste reserviert.

Ein bisschen wehmütig fühlte sich Josi, dass sie ihr eigenes kleines Reich unter dem Dach schon wieder verlor. In ihrem Ehezimmer musste sie abermals alles teilen, den Kleiderschrank, die Waschkommode mit dem Spiegel, den winzigen Sekretär. Auch wenn sie Franz gerne mochte, sich auf die Zukunft mit ihm freute, fühlte sie sich eingeengt. Wo sollte sie ihre geheimen Schätze verstauen? *Durfte sie überhaupt irgendetwas vor ihrem Mann verbergen?* Was war mit Fräulein Toblers Briefen? Mit dem Buch über das Hotelwesen? Mit Großmutters Kochbuch? Gab es wohl im Schreibtisch ein Fach, das nur ihr vorbehalten blieb? Das heikle Thema ließ sich nicht diskutieren, bevor sie nicht wusste, ob sie ihre Geheimnisse mit Franz teilen wollte.

Obwohl sie nur auf die Mauer des Hotels *Du Lac* blickte, öffnete sie das Fenster und stellte sich davor. Den See konnte sie von hier nicht sehen, nur riechen. Sie musste den Kopf stark in den Nacken legen, um die schmale Mondsichel zwischen den Hausgiebeln zu finden. Der Schein der Straßenlaterne drang auch kaum zu ihr hoch, sodass nur eine

Kerze auf dem Nachtkästchen ihr neues Zuhause erhellte. Eine Weile lauschte sie dem leisen Plätschern der Wellen. Franz trat neben sie, legte seinen Arm um ihre Schultern, drückte sie liebevoll an sich. Josi seufzte. „Das war eine wunderschöne Reise. Ich werde sie immer in Erinnerung behalten."

Sie hörten die Eltern aus dem angrenzenden Zimmer. Die Wände schienen aus Papier. Sie blickten sich mit einem Lächeln an, senkten ihre Stimmen zu einem Flüstern.

„Es war der *Beginn* unserer Reise zu zweit, mein Liebes." Franz gab ihr einen Kuss auf die Stirne.

„Und sie steht unter dem Schutz der Heiligen Jungfrau. Ich glaube fest daran, dass wir miteinander glücklich werden." Sie seufzte erneut.

„Das will ich doch hoffen." Er öffnete ihren Zopf, sodass ihr Haar über die Schultern wallte, griff mit den Händen hinein, stellte sich dann vor sie und murmelte staunend: „Wunderschön."

Josi ließ ihn gewähren, genoss seine Nähe, seinen warmen Atem auf ihrer Haut. „Meine Großmutter im Isenthal hat gesagt: Gott gibt das Leben. Das Glück musst du dir selbst erschaffen. Versprichst du mir, dass wir das nie vergessen!"

Sie ging zum Waschtisch, griff nach ihrer Bürste, mit der sie ihr Haar glättete. Sie fühlte sich etwas gehemmt, diese intime kleine Toilette vor Franz auszuführen. Er folgte ihren Bewegungen, kniff dabei die Augen zusammen, als ob er gleich zu Stift und Papier greifen wollte. Sie wandte sich von ihm ab. Sie würde sich an seine Anwesenheit gewöhnen müssen. Er durfte sie nun jederzeit beobachten.

„Wir wissen nicht, was uns das Schicksal bringen wird. Wir haben uns versprochen, bis ans Ende unserer Tage füreinander da zu sein. Ich werde mein Bestes geben, damit wir ein gutes Leben miteinander haben. Der Rest liegt in Gottes Hand."

„Ich bin froh, dass ich dich an meiner Seite habe, dass du mich unterstützen willst."

„Ich auch." Erneut beugte er sich zu seiner Ehefrau und küsste sie zärtlich auf die Wange. „Ich bin sehr müde und möchte mich zur Ruhe legen. Es war ein langer Tag."

„Ich bin auch müde nach allem, was wir erlebt haben."

Sie löschten die Kerze, um im Schutze des fahlen Dämmerlichtes in ihre Nachthemden zu wechseln. Gehemmt wandten sie sich voneinander ab. Schweigend legten sie ihre Kleider auf je einen Stuhl neben ihren Betten. Josi fühlte Aufregung aufsteigen. Zum ersten Mal würde sie neben Franz liegen. Sie war zwar gewohnt, mit ihren Geschwistern ein Lager zu teilen, doch dies hier war etwas ganz Anderes. Sie würde die Nacht neben einem Mann verbringen, *ihrem Mann*, und sie wusste, was in dieser Nacht geschehen konnte. Sie wünschte es sich. Der Gedanke daran ließ sie erbeben. Sie wollte Franz nahe sein, sich ihm hingeben, doch zugleich war sie ängstlich. Sie hatte keine Übung mit Zärtlichkeiten, wusste nicht, was von ihr erwartet wurde. Sie konnte sich nicht erinnern, wann ihr Vater sie das letzte Mal umarmt hatte. Auch die Mutter hatte sie nur selten berührt. *Sie* war es gewesen, die ihre Geschwister auf den Schoss hob, wenn sie ein Kummer plagte. *Sie* hatte ihre Brüder und Schwestern zärtlich getröstet. Nun sollte sie sich den Liebkosungen eines Mannes hingeben.

Unsicher legte sie sich unter ihre Decke, drehte sich zum kleinen Graben, der die beiden Betten voneinander trennte. Über die scharfe Holzkante des Rahmens hinweg tastete sie nach ihrem Gatten. *Wir müssen ein größeres Bett kaufen*, schoss es ihr durch den Kopf. Sie fand seine Hand, die ebenfalls nach ihr suchte, ergriff sie und führte sie an ihre Lippen. Er entwand sich ihrer Umklammerung, fuhr ihren Wangenknochen entlang, fasste in ihr volles Haar. Ganz sanft zog er sie zu sich und hauchte einen Kuss auf ihre Lippen. Josi erstarrte. Der Schauer, der sie erbeben ließ, kam völlig unerwartet, süß und verlockend. Sie gab den Kuss zurück, nicht wissend, wie er darauf reagieren würde. Sie hörte ein wohliges Stöhnen. Erneut streichelte er ihr Haar, ihre Wangen, ihren Hals. Sie grübelte, ob sie über den Graben zu ihm rutschen sollte, damit sie sich näherkamen. Er atmete entspannt. Während sie noch überlegte, was sie tun sollte, hörte sie seinen ruhigen Atem. Er war eingeschlafen.

Obwohl auch Josi erschöpft war, ließ der Schlaf auf sich warten. Zu viele Dinge gingen ihr durch den Kopf, zu viele Fragen quälten sie. Sie war nun Franz' Ehefrau, hatte ihm die Treue bis zum Ende ihrer Tage geschworen. Sie hatte diese Entscheidung getroffen und sie war froh darüber. Sie war kein Mädchen mehr, brauchte nicht mehr zu träumen, wie ihre Zukunft wohl aussähe. Sie war nicht mehr Josi Gisler, sie hieß nun Josi Ziegler, gehörte nicht mehr zu ihrer Sippe, sondern war Teil ihrer neuen Familie. Ein Glück, dass sie sich mit ihrer Schwiegermutter gut verstand.

Als Erwachsene musste sie Verantwortung übernehmen. Sie würde eine eigene Familie gründen und sie würde die Wirtin des Hotels Helvetia sein. Damit würde eine große Bürde auf ihren Schultern liegen. Doch sie freute sich darauf. Was hätte sie sich Besseres wünschen können?

Schließlich entspannte sie sich. Es war gut hier zu sein. Es war gut, Franz an ihrer Seite zu wissen. Es war gut, verheiratet zu sein. Allmählich versank auch sie in einen Schlummer. Sie sah sich mit ihrem Ehemann, mit einer Schar Kinder. Sie waren glücklich. Doch *Es** war trügerisch, *Es* war noch immer erzürnt, sann auf Rache. Josi wusste nicht, warum *Es* zürnte. War es noch immer die Axenstraße? Trug sie doch Schuld an Stinelis Tod? *Es* war höchst bedrohlich. Eine Gefahr lauerte, der sich Josi nicht entziehen konnte, wuchs von Moment zu Moment. *Es* nahm die Gestalt von Wasser an, war nicht greifbar, glitt durch ihre Hände. Sie selbst sah sich von Nebelwesen bedroht, sie griffen nach ihr, wollten sie mit sich in die Wellen ziehen. Wasser war plötzlich überall. Es drohte ein Unglück, eine Katastrophe, auf die sie unaufhaltsam zusteuerte. Josi geriet in Panik, konnte nichts dagegen unternehmen. Als sie endlich die Gefahr durch die Wasserschleier zu erkennen glaubte, erwachte sie, völlig außer Atem und schweißgebadet. Sie brauchte einen Moment, um sich zu erinnern, wo sie war.

Gottseidank, es war nur ein schlechter Traum. Franz schlief ruhig in seinem Bett. Kein Unglück, keine Katastrophe. Doch etwas in ihrem Inneren war noch immer in Alarmbereitschaft. Sie wollte wachsam bleiben, die Gefahr abwenden, sich und ihre Liebsten verteidigen gegen etwas, was sie nicht kannte, denn Josi wusste, das war kein Traum. Es war eine Vorahnung.

Ausblick auf den 2. Band

Gegen die Widerstände im Dorf, erobert sich Josi ihren Platz als Wirtin des Hotels Helvetia. Sie gründet eine eigene Familie und bringt die verschiedenen Anforderungen unter einen Hut. Die Eröffnung der Gotthardbahn erweist sich als Gefahr für ihr Hotel. Die Gäste bleiben aus. Sie muss es für eine Weile verpachten und zieht nach Altdorf. Zurück in Flüelen, wächst ihre Familie weiter. Der Tourismus kommt zu einer Hochblüte und Josi glaubt ihre Schwierigkeiten überwunden. Doch ihr Glück ist nicht von Dauer und wieder verliert sie alles…

Anhang

Nachwort

Ich bin der festen Überzeugung, dass es in jeder Familiengeschichte etwas gibt, das erzählt werden will.

MARK WOLYNN

Was sind Familien anderes als Erzählungen? Geschichten, die aus einem bestimmten Grund über eine bestimmte Gruppe von Menschen erzählt werden? Und wie alle Geschichten werden Familien nicht geboren, sie werden erfunden, werden zusammengefügt aus Liebe und Lügen und nichts Anderem.

MICHAEL CHRISTIE

Diese Geschichte begann mit einer großen Schachtel voller Dokumente, die mir meine Mutter hinterlassen hat. Es waren über tausend Briefe aus der langen Verlobungszeit meiner Eltern. Daneben fanden sich Tagebücher, Schulaufsätze, alte Fotos, Ahnentafeln und Chroniken, die verschiedene Familienmitglieder im Laufe der Zeit erstellt hatten. Teilweise reichten sie zurück bis ins 14. Jahrhundert, als meine Vorfahren Bürgermeister von Zürich waren.

Unter all den Papieren berührte mich am meisten der Entwurf zu einem Brief, den meine Mutter an mich hatte schreiben wollen, aber nie abgeschickt hat. Ich fand ihn nur durch Zufall in all den Dokumenten. Er enthielt die folgende Passage:

Aber nun, wohin damit? Ich meine, nur zur Unterhaltung will ich diese kostbaren Dokumente niemandem geben. Bei dir, bin ich sicher, dass sie gewürdigt werden und du Verständnis hast. Ich wünsche mir, dass du damit etwas Sinnvolles machst.

Ich empfand ihre Worte als Aufforderung, mich mit meinen Ahnen zu beschäftigen.

Aus diesem Fundus hätte ich viele unterschiedliche Geschichten erzählen können, von vermögenden Kaufleuten, die ihren Reichtum auf hoher See verloren oder von armen Waisen- und Verdingkindern, die sich durch harte Arbeit ein Vermögen erwirtschafteten. Es war von Falschmünzern genauso die Rede wie von angesehenen Politikern oder erfolgreichen Sportlern. In diesen Dokumenten waren die unglaublichsten Begebenheiten erwähnt, und ich fand die Namen von einigen bekannten Persönlichkeiten.

Am meisten interessierte mich meine Urgroßmutter mütterlicherseits, die ich in der vorliegenden Geschichte Josi nannte. Wie kam es, dass diese Frau im 19. Jahrhundert ein Hotel führte? Den Frauen wurde damals eingeredet, ihre einzig wahre Berufung sei die der Hausfrau und Mutter. Für Mädchen gab es keine weiterführenden Schulen, außer man hatte viel Geld. So begann ich zu forschen.

Im kurzen Nachruf auf meine Urgroßmutter, der im *Urner Wochenblatt* erschienen war, ist von einem kummerbeschwerten und sorgenreichen Leben die Rede. *Kummer* und *Sorge* werden in allen möglichen Zusammensetzungen verwendet. Genauso oft finden sich Wörter wie *Arbeit* oder *Lebensernst.*

Glücklicherweise ist der Kanton Uri sehr fortschrittlich, wenn es um die Digitalisierung von historischen Dokumenten geht. Ich war erstaunt und erfreut, wie viel mir zugänglich war, ohne dass ich dazu viel reisen musste. Das erwies sich während der verschiedenen Lockdowns als sehr hilfreich. Für die historisch interessierten Leserinnen und Leser gebe ich am Ende einige Quellen bekannt.

Ich beschäftigte mich mit den unterschiedlichsten Themenbereichen des 19. Jahrhunderts, um mich richtig in diese Zeit hineinversetzen zu können. Eine Schwierigkeit bestand darin, dass es viele Quellen und Forschungsergebnisse über die großen geschichtlichen Ereignisse gibt, aber nur wenig darüber, wie sich diese Ereignisse auf den *Alltag* der betroffenen Menschen auswirkten.

Zusätzlich war Geschichtsschreibung sehr von Männern dominiert. Sie prägten den Blick darauf, was erwähnenswert war. Frauen und deren Lebensumstände blieben meistens ausgeklammert. Als Beispiel dafür möchte ich den Bericht von Georg Hoffmann von 1843 anfügen (Wanderungen in der Gletscherwelt). Er widmet dem Jäger Infanger ein ganzes Kapitel und erwähnt, wie sauber und ordentlich sein Heimwesen mit den vielen Kindern sei:

„Sein vor zwei Jahren neu erbautes Haus steht als sprechendes Bild der sorgfältigsten Reinlichkeit da. Als Familienvater hält er die musterhafteste Ordnung, ohne welche freilich bei seiner zahlreichen Familie das Hauswesen zerfallen würde; denn nicht weniger als zehn lebende Kinder versammeln sich, wie die Ölzweige, um seinen Tisch."

Mit keinem Wort erwähnt er die Ehefrau, die wohl eher für die Ordentlichkeit verantwortlich ist! Hoffmann bemerkt seine Widersprüchlichkeit nicht, wenn er zuvor seitenlang über das Jagdfieber spricht, das den Mann vor Sonnenaufgang aus dem Haus treibt und ihn erst in der Nacht zurückkommen lässt, um frühmorgens wieder aufzubrechen.

Richtig erschüttert war ich, als ich im Staatsarchiv Uri auf einen wunderschön gezeichneten Stammbaum meiner Vorfahren stieß. Er reichte mehrere Jahrhunderte zurück. Unverzüglich suchte ich nach meiner Urgroßmutter, konnte sie aber nicht finden. Endlich bemerkte ich, dass auf diesem Stammbaum *keine Frauen vermerkt waren.* Es fehlten sämtliche Töchter! Genauso war es in einem Stammbaum eines anderen Zweiges meiner Familie. Auch in dieser Chronik fehlten die Frauen. Meine Mutter hatte mit Bleistift die Namen ihrer weiblichen Vorfahren ergänzt.

Darum möchte ich mit diesem Buch den Blick auf die Frauen richten, die unter den schwierigen Bedingungen Unglaubliches geleistet haben, ohne dass sie deswegen Eingang in die Geschichtsbücher fanden. Josis Geschichte soll stellvertretend für diejenige von zahllosen Frauen jener Zeit stehen. Es spielt dabei keine Rolle, ob sie auf dem Land oder in der Stadt lebten. Sie leisteten Unglaubliches, ohne dass dies je ausreichend gewürdigt wurde.

Der Sinn und Zweck von historischen Romanen besteht meiner Meinung nach darin, etwas über eine interessante Zeitepoche zu lernen, aber auf unterhaltsame Art. Genau die Dinge, die eine Geschichte lebendig machen, wie Gefühle und Gespräche, Beziehungen und Schicksalsschläge, sind häufig undokumentiert und haben deshalb keinen Platz in Sachbüchern. Als Autorin besteht die Herausforderung darin, eine Balance zwischen den bekannten Fakten und der erdachten Geschichte zu finden, d. h. die Lücken in den Quellen zu füllen.

Mit dieser Geschichte möchte ich eine Zeit beleuchten, die sich sehr von der Gegenwart unterscheidet, aber sichtbare Spuren hinterlassen hat. Die Axenstraße und die Gotthardbahn sind für den Nord-Süd-Transit nicht mehr wegzudenken. Unzählige weitere technische und soziale Errungenschaften gehen auf das 19. Jahrhundert zurück. Selten machen wir uns Gedanken darüber, wie das Leben vorher war.

Darüber hinaus haben es erste Frauen gewagt, Grenzen zu übertreten und Rechte einzufordern. Wie meine Urgroßmutter waren sie Einzelkämpferinnen, die wahrscheinlich nichts von den anderen Pionierinnen wussten, zumal die bekannten Aktivistinnen meist aus bürgerlichen Kreisen stammten. Die so genannten „einfachen Frauen", die sich ganz auf sich gestellt durch den Alltag kämpften, die Schicksalsschläge zu bewältigen und sich selbst helfen mussten, haben den Weg für die Gleichstellung von Mann und Frau geebnet, auch wenn wir sie nicht kennen.

Josis Geschichte ist erfunden, obwohl ich möglichst viele historische Fakten einfließen ließ. Ich folgte den Stammbäumen meiner Vorfahren mit den unglaublich zahlreichen Nachkommen und den spärlichen Angaben, die dort vermerkt sind, wie z. B. *ertrunken, Krämerin* oder *Wirtin.* Ich habe aber sämtliche Namen verändert und manchmal Vorkommnisse aus anderen Regionen einfließen lassen. Die geschichtlichen Ereignisse musste ich straffen. Die beiden Projekte der Axenstraße und der Gotthardbahn erstreckten sich über Jahrzehnte. Auch der Prozess der Anwohner am Gruonbach gegen den Kanton Uri dauerte fast zehn Jahre. Um den Erzählfluss zu wahren, habe ich diese Ereignisse nicht ganz genau wiedergegeben. Frei erdacht sind das Hotel Ochsen mit Käthi, Fräulein Tobler, die Witwe Moretti, Alois Zgraggen sowie der Soldat Jean-Baptiste. Am Schluss füge ich noch einige zusätzliche Erklärungen zu den historischen Fakten oder zu speziellen Ausdrücken an.

Klaus verkörpert den Zeitgeist, der Frauen geringschätzte. Es gibt keinen historischen Beleg für den Zwist zwischen Josi und ihrem Bruder. Bei 16 Kindern ist jedoch anzunehmen, dass nicht alle gleich gut miteinander auskamen.

Auch für Josis Aufenthalt in Isenthal nach dem Tod ihrer Tante gibt es keine historischen Belege. Es war aber üblich, dass Mädchen bei Verwandten aufhalfen. Ich fügte diesen Teil ein, um auch über die Lebensverhältnisse in Isenthal berichten zu können.

Fräulein Tobler verkörpert die aufkeimende Frauenbewegung. Es gab in Zürich und anderen Städten erste Frauen, die für ihre Rechte kämpften. Einzelne Studentinnen fanden Zugang an Universitäten, wenige Frauen führten eigene Firmen. Sie waren aber eine Ausnahme. In Uri waren sie kaum zu finden.

Neben Josis entstand eine zweite Geschichte, eine ganz persönliche über meine Familie, die für mich sehr wichtig ist. Sie blieb lückenhaft. Viele Fragen ließen sich nicht beantworten. Sie führte mich dennoch zu meinen Wurzeln und ließ mich Vieles besser verstehen. Unsere Vorfahrinnen und Vorfahren leben als Teil von uns weiter und ohne sie gäbe es uns nicht. Das Verständnis dafür, Teil von etwas Größerem zu sein, wirkte auf mich beseelend und entlastend.

So wünsche ich Ihnen, liebe Leserinnen und Leser, dass Sie Josis Geschichte inspiriert, sich ebenfalls mit Ihren Wurzeln zu beschäftigen. Fragen Sie nach Ihren Großeltern und Urgroßeltern und forschen Sie nach! Auch wenn es nur Bruchstücke sind, die Sie vielleicht erfahren werden, können es Schlüsselpunkte für Ihr eigenes Leben sein.

Falls Ihnen Josis Geschichte gefallen hat, können Sie mich unterstützen. Schreiben Sie eine Kritik auf der Plattform, von der sie das Buch gekauft haben, empfehlen sie es weiter. Vielen Dank!

Dank

Viele Menschen haben mich während der langen Entstehungszeit dieses Buches unterstützt. Ihnen gehört mein aufrichtiger Dank. Allen voran ist dies mein Lebenspartner, Edwin Isenschmid, der mir den Rücken freihielt und immer an mich glaubte. Raphael Schildgen gab mir wertvolles Feedback, das mich anspornte, immer besser zu werden. Ihm ist es zu verdanken, dass der Text so viele historische Details enthält. Verwandte aus verschiedenen Zweigen meiner Familie stellten mir wertvolle Dokumente und Fotografien zur Verfügung. Darunter war ein Schulaufsatz, den eine Enkelin meiner Urgroßmutter nach einem Gespräch mit ihr geschrieben hatte. Er enthielt wertvolle Einzelheiten zum Unglück am Gruonbach. Mehrere Freunde und Freundinnen lasen den Text, in einem frühen Stadium. Sie halfen mir, Unstimmigkeiten zu entdecken und die Spannung hoch zu halten. Mein uneingeschränkter Dank gebührt jedoch meinen Vorfahren, die ihr Leben auf die für sie bestmögliche Art gemeistert haben.

Erklärungen

Altdorf: Hauptort des Kantons Uri, (ca. 2'100 Einwohner zu Beginn der Geschichte).

Amtsblatt des Kantons Uri: Offizielles Publikationsorgan der Regierung, erscheint seit 1848 wöchentlich. Zwischen 1848 – 1876 war es die einzige Zeitung im Kanton Uri. Neben den amtlichen Mitteilungen finden sich darin auch Anzeigen.

Anna in Isenthal: In meinem Stammbaum fand ich drei junge Mädchen, die mit 16 einen Mann heirateten, der bereits über 30 Jahre alt war. Sie war die einzige, die damit auch zur Stiefmutter wurde. Mädchen konnten bereits ab 14 Jahren heiraten (oder verheiratet werden).

Axen: Berg am Ostufer des Urnersees

Axenstraße: 1862-1865 wurde eine Straße mit Felsgalerien gebaut, die bald eine touristische Attraktion wurde. Sie bildet die erste fahrbare Verbindung auf dem Land von Uri Richtung Norden. Im 20. Jahrhundert wurde sie immer mehr in den Berg verlegt. Heute ist die alte Straße für Fußgänger und Radfahrer zugänglich. Welche Erleichterung diese Straße brachte, zeigt die Beschreibung im ⇨ Bädeker von 1844, wo der Saumweg zwischen Brunnen und ⇨ Flüelen wie folgt beschrieben wird: *Der Fußweg nach Flüelen über Morschach, Sissigen, Tellsplatte und den Axenberg nimmt einen ganzen Tag in Anspruch, ist aber Niemandem anzuraten, da er besonders bei schlechtem Wetter sehr gefährlich ist, und jedenfalls einen ganz schwindelfreien Kopf erfordert.*

Axenstraße – Prozess: Die erste Klage muss Josis Vater bereits 1865, d. h. nach der Eröffnung der Straße, eingereicht haben. Es sind nicht alle Dokumente erhalten. Das erste Aktenstück ist datiert vom Juni 1866 und bezieht sich auf eine Klage vom Vorjahr. Der Prozess zog sich daher über fast zehn Jahre hin. Ich verkürzte ihn, um den Erzählfluss zu wahren.

Nach dem Hochwasser und Dammbruch von 1987 wurden auch die Ursachen von 1868 analysiert. Die Fließgeschwindigkeit war zu tief, weshalb sich Geschiebe ablagerte, das die ⇨ Reuß zum Überschwemmen brachte. Dieser Zusammenhang war den Vätern der Gewässerkorrektionen offensichtlich zu wenig bewusst. Es ist dieselbe Ursache, die Josis Vater beim Gruonbach beanstandete.

Bädeker, Karl (1801 – 1859): Ein deutscher Verleger und Autor, Begründer der Bädeker-Reiseführer, die bald zum Synonym für „Reiseführer" wurden. 1844 veröffentlichte er die erste Auflage von *Die Schweiz. Handbuch für Reisende, nach eigener Anschauung und den besten Hülfsquellen bearbeitet.* Dieses Werk war so erfolgreich, dass es bald in zahlreichen weiteren Auflagen erschien. Die Erstauflage ähnelte einem Geschichtsbuch und umfasste über 500 Seiten. Es finden sich auch lange Passagen aus Schillers ⇨ Wilhelm Tell. In späteren Auflagen wurden diese Teile gekürzt und vermehrt Empfehlungen und Bewertungen für bestimmte Hotels mit deren Preisen aufgenommen.

Bauch, dicker: Schwangerschaft. Alles rund um Schwangerschaft und Geburt wurde als „unrein" oder „ungehörig" betrachtet. Darum wurde kaum darüber geredet und man verwendete Verschleierungen wie *sie ist wieder dick, ein Tambour, in anderen Umständen, trägt etwas unter dem Herzen.*

Bazar, der: Illustrierte Damen-Zeitung. Eine der wichtigsten deutschen Frauen-Zeitschriften zwischen 1854 und 1937 mit Informationen zur neuesten Mode, Schnittmustern für Handarbeiten, Kochrezepten, Anleitungen zum Basteln, Klaviernoten von zeitgenössischer Unterhaltungsmusik und Texte von bekannten Autoren.

Bébé: Säugling, Kleinkind, Baby.

Binde: Die ersten Binden zur Monatshygiene bestanden aus zusammengeknüllten Stoffresten, die in ein dünneres Gewebe eingepackt waren. Später kamen Binden mit einer Füllung aus Moos oder Holzwolle auf. Auf dem Land trugen viele Frauen überhaupt keine Unterwäsche und keine Binden. Sie bluteten in ihr Unterhemd.

Bismarck, Otto von (1815-1898): Preußischer Politiker und Staatsmann. Er trieb die Vorherrschaft Preußens voran und war maßgeblich an der Gründung des Deutschen Reiches beteiligt.

Bourbaki Armee: Armée de l'Est (Ostarmee), benannt nach General Charles Denis Bourbaki, ihrem ersten Kommandeur. Eine französische Armee im Deutsch-Französischen Krieg von 1870/71. Sie wurde erst gegen Ende des Krieges aus Einheiten der Loirearmee, Freischärlern und frisch rekrutierten Truppen gebildet. Anfang Februar 1871 übertraten 87'000 Mann und 12'000 Pferde im Jura die schweizerische Grenze, mussten Waffen, Munition und Material abgeben und wurden für sechs Wochen interniert. Sie wurden auf die ganze Schweiz verteilt und gepflegt.

Neben Militär, Behörden und Hilfsorganisationen wie das noch sehr junge *Internationale Komitee der Hilfsgesellschaften für die Verwundetenpflege* (das heutige IKRK) (⇨ Dunant) – setzte sich auch die Zivilbevölkerung bei der Betreuung ein.

Brattig: Kalender für ein ganzes Jahr, in dem neben den Tagen und Monaten auch Nützliches (z. B. Markttage) und Unterhaltsames abgedruckt ist. Solche Kalender waren äußerst populär. Sie waren der Lesestoff der einfacheren Leute. Es gibt sie bis heute.

Bundesrat: Die Regierung der Schweizerischen Eidgenossenschaft, oberste leitende und vollziehende Behörde (Exekutive). Der Sitz ist in Bern.

Der hinkende Bot: Einer der ältesten Volkskalender Europas (⇨Brattig). Seit über 300 Jahren berichtet er Jahr für Jahr über das Zeitgeschehen im Kanton Bern, in der übrigen Schweiz und in der ganzen Welt. Er war im 19. Jahrhundert, auch in Uri, sehr verbreitet.

Dorfvogt: Dorfvorsteher. ⇨ *Vogt*

Dufour, Guillaume Henri (1787-1875): Der erste General in der Geschichte der Armee des Schweizer Bundesstaats. Zudem war er Ingenieur, Kartograf, Politiker und Humanist. Er erstellte die erste detaillierte Karte der Schweiz, die „Dufourkarte". Die ⇨ Axenstraße wurde von ihm unterstützt und als nötig erachtet. Er war einer der Gründer des Internationalen Komitees vom Roten Kreuz (⇨ Dunant). Schon zu seinen Lebzeiten wurde der höchste Gipfel der Schweiz nach ihm benannt, die Dufourspitze.

Dunant, Henry (1828-1910): Ein Schweizer Geschäftsmann. Während einer Geschäftsreise wurde er im Juni 1859 in der Nähe der italienischen Stadt Solferino Zeuge der erschreckenden Zustände unter den Verwundeten nach einer Schlacht. Über seine Erlebnisse schrieb er 1862 ein Buch mit dem Titel *Eine Erinnerung an Solferino*. Ein Jahr später wurde deswegen das *Internationale Komitee der Hülfsgesellschaften für die Verwundetenpflege* gegründet, das seit 1876 den Namen Internationales Komitee vom Roten Kreuz (IKRK) trägt. Die 1864 beschlossene Genfer Konvention geht wesentlich auf Vorschläge aus Dunants Buch zurück. Im Jahr 1901 erhielt er für seine Lebensleistung zusammen mit dem französischen Pazifisten Frédéric Passy den ersten Friedensnobelpreis.

Eigen: Eigentum, Land, Wald, Bäume etc., alles, was jemandem gehört. Es wird meistens sorgfältig eingezäunt, um die Besitzverhältnisse klar zu machen.

Einsiedeln: Kloster im Kanton Schwyz, meistbesuchter Wallfahrtsort der Schweiz mit dem bedeutendsten Barockbau der Schweiz. Hier wird seit Jahrhunderten die Schwarze Madonna verehrt.

Es: Im Volksglauben eine immer bedrohlich präsente, gestaltlose Kraft. Sie beinhaltet alles Unbestimmte, Unsichere, Unfassbare, vor dem man sich in Acht nehmen muss. *Es* verlangt nach einem bestimmten Benehmen, das aber nicht genau festgelegt ist. Verstößt jemand dagegen (auch unwissentlich), droht Verderben (⇨ Frevel). *Es* wird nicht mit dem Artikel (das *Es*) genannt.

Die Vorstellung von *Es* existierte neben dem christlichen Glauben, bei dem die Angst vor dem Teufel und ewiger Verdammnis genauso wichtig waren, und war die Art der Alpenbewohner, mit den Bedrohungen im Alltag durch Naturkatastrophen umzugehen.

Escher, Alfred (1819-1882): Ein Schweizer Politiker, Wirtschaftsführer und Eisenbahnunternehmer. Er war der eigentliche Initiant der Gotthardbahn sowie weiterer Institutionen wie des Eidgenössischen Polytechnikums (heute ETH), der Schweizerischen Kreditanstalt und der Schweizerischen Lebensversicherungs- und Rentenanstalt.

Expropriation: Enteignung. Nach der Gründung der Eidgenossenschaft 1848, wurde 1850 ein Expropriationsgesetz auf nationaler Ebene geschaffen. Es ermöglichte die Planung von großräumigen Projekten wie den Bau von Eisenbahnen mit internationalem Anschluss. Das Gesetz zur Enteignung zum Bau der ⇨ Axenstraße wurde 1861 vom Urner Regierungsrat verabschiedet. Quelle: Amtsblatt von Uri 1861, Beilage zur Ausgabe Nr. 47, S. 236ff

Fätschen: Einen Säugling so eng mit einer Binde umwickeln, dass nur sein Köpfchen frei beweglich bleibt. Arme und Beine liegen am Körper an. Es war bis anfangs 20. Jahrhundert üblich.

Favre, Louis (1826-1879): Ein Schweizer Bauunternehmer und autodidaktischer Ingenieur. Er leitete den Bau des Gotthardtunnels. Er starb vor der Fertigstellung des Baus.

Flüelen: Jahrhundertelang ein wichtiger, wenn auch nur sehr kleiner (ca. 600 Einwohner zu Beginn der Geschichte) Etappenort auf dem Weg über den Gotthard. Vor dem Bau der ⇨ Axenstraße und der Gotthardbahn mussten hier alle Personen und Waren vom Schiff auf die Kutsche oder das Fuhrwerk umsteigen. Darum gab es immer eine große Zahl Gasthäuser und Stallungen. Mit der Eröffnung der Axenstraße und der Gotthardbahn verschwand die Bedeutung als Umsteigeort. Flüelen war während der Belle Époque ein beliebter Touristenort, verlor aber im 20. Jahrhundert, u. a. durch den Bau der Autobahn A2, diese Bedeutung mehr und mehr.

Föhn: Ein warmer, trockener Fallwind. Die Bezeichnung stammt aus dem deutschsprachigen Alpenraum. Er entsteht meist großräumig, kann stetig wehen, aber auch böig sein. In bestimmten Gegenden, zu denen das Urner ⇨ Reußtal gehört, kann er Orkanstärke annehmen. Er war ein Risikofaktor für die Schifffahrt und führte oft zu tagelangen Verzögerungen.

Frevel, freveln: Im Volksglauben gegen ⇨ Es verstoßen. Er zieht schärfste Strafen, oft sogar den Tod, nach sich.

Gartenlaube – Illustriertes Familienblatt: Die Zeitschrift erschien ab 1853 in Leipzig und war ein Vorläufer moderner Illustrierten. Sie war das erste große erfolgreiche deutsche Massenblatt und wurde auch in der Schweiz gelesen. Sie berichtete u. a. über Sehenswürdigkeiten in der Schweiz und half mit, den Tourismus anzukurbeln. Bereits im Jahr 1857 erschien ein Artikel, der sich über den „Massentourismus" als Folge der beliebten ⇨ Bädeker Reiseführer lustig machte und stattdessen den Besuch in einsamen Bergtälern anpries. (⇨zitierte Quellen)

Gessler: Ein legendärer habsburgischer Landvogt in Uri, der als rücksichtslos und tyrannisch angesehen wurde. Er wurde von ⇨ Tell erschossen.

Girizämoos: Ein sagenhafter, abgelegener Ort in einer Moorlandschaft. Hierher wurden nach dem Volksglauben ledige Frauen nach ihrem Tod verbannt und mussten als Strafe für die Ehelosigkeit ewig herumwandeln und eine sinnlose Tätigkeit ausführen.

Glarus: Hauptort des gleichnamigen Kantons. Der Großbrand 1861 zerstörte fast den gesamten Ort. Nur wenige Gebäude aus der Zeit vor dem Brand blieben im Stadtbild erhalten. Er führte zu einer der ersten internationalen Spendensammlungen. Auswanderer aus Übersee unterstützten ebenfalls ihre Landsleute.

Hadern: Lumpen, textile Abfälle. Sie bildeten den Faserrohstoff bei der Herstellung von Papier.

Hafner: Ofenbauer. Er entwirft und baut Back- und Kachelöfen sowie Kamine und ähnliche Feuerstätten. Ursprünglich stellte er auch Ofenkacheln her. Das „innere Hafnerhaus" in Flüelen musst 1863 der ⇨ Axenstraße weichen.

Heiland: Jesus Christus als Erlöser der Menschen.

Heiratsinserate: Im Verlauf des 19. Jahrhunderts wurde diese Form der Brautwerbung immer gebräuchlicher. Allein in der Zeitung *Der Bund* gab es hunderte Annoncen.

Holländerbrunnen: Stampfwerk, um die Textilfasern bei der Papierherstellung zu zerkleinern.

Hotels in Flüelen: Die am Anfang des Buches erwähnten Gasthäuser waren größtenteils sehr einfach, eher Absteigen als Hotels. Die meisten wurden von Säumern und Fuhrleuten besucht, die möglichst wenig Geld ausgeben wollten.
Das Hotel 'Helvetia' wurde im Jahr 1848 erbaut und war eines der wenigen etwas besseren Häuser. Der eigentliche Bauboom setzte in den 1880er Jahren ein. 'Josi' vergrößerte 'ihr' Hotel im Jahr 1901. Es war eines der wenigen, das alle Krisen, z. B. den 1. Weltkrieg, überstand. Im Jahr 2015 wich es einer Überbauung mit Eigentumswohnungen.

Herrgottswinkel: Eine mit einem Kruzifix, Heiligenbildern oder Bildern von Verstorbenen gestaltete Zimmerecke, meist in einer Ecke mit zwei Außenwänden. Er soll das Haus beschützen.

Institut: Internat. In der zweiten Hälfte des 19. und zu Beginn des 20. Jahrhunderts waren katholische, meist von Nonnen geführte, Institute (Pensionate) in der französisch- oder italienischsprachigen Schweiz sehr in Mode. Dort lernten die Mädchen, neben der Fremdsprache, vor allem das Führen eines gepflegten Haushaltes. Internate für Knaben waren meist einem Kloster angegliedert und entsprachen einem Gymnasium.

Isenthal: ca. 450 Einwohner zu Beginn der Geschichte. Der Ort war nur über Saumpfade erreichbar. 1901 wurde eine Fahrstraße von ⇨ Isleten ins Dorf gebaut. Erst 1954-56 folgte die Verbindung zwischen Seedorf und Isleten, wodurch der Autoverkehr ins Tal kam. Auf die Unterscheidung zu Isental, dem geografischen Tal, habe ich verzichtet.

Isleten: Delta/ Halbinsel beim Einfluss des Isenthaler Baches in den Urner See. Anlegestelle des Dampfschiffes für Personen und Waren ins ⇨ Isental. 1853 entstand eine Papierfabrik, die auch ein Kinderheim war (⇨ Müller). 1873 gründete Alfred ⇨ Nobel dort eine Sprengstofffabrik zum Herstellen von Dynamit, das für den Bau des Gotthard-Eisenbahntunnels verwendet wurde.

Kanonenofen: Ein kleiner gusseiserner zylinderförmiger Ofen. Meist wird er mit Kohle beheizt, es können aber auch andere feste Stoffe wie Holz oder Torf verbrannt werden.

Kaput: Soldatenmantel.

Knörr, Casimir Friedrich (1808-1882): Luzerner Unternehmer. Er betrieb 1837 das erste Dampfschiff auf dem Vierwaldstädtersee und gründete die „Dampfschifffahrtsgesellschaft des Vierwaldstättersees, Luzern". Dadurch entstand eine schnellere Verbindung zwischen Uri und Luzern und das Transportwesen auf dem Vierwaldstättersee wurde auf den Kopf gestellt. Das Schiff war weniger vom Wetter (⇨ Föhn) abhängig und war mit einem Frachtvermögen von 10 Tonnen und Platz für 300 Personen für die Schiffleute mit ihren ⇨ Nauen eine unerträgliche Konkurrenz. Es entstand heftiger Widerstand in Schwyz und Uri. Trotzdem ließ er 1843 ein zweites Dampfschiff vom Stapel laufen. Im selben Jahr gründete ⇨ Karl Emanuel Müller die „Postdampfschiffgesellschaft" als erklärtes Konkurrenzunternehmen.

Im Jahre 1870 wurden alle Unternehmungen auf dem Vierwaldstättersee zur „Vereinigten Dampfschifffahrts-Gesellschaft des Vierwaldstättersees (VDGV)" zusammengefasst.

Landammann: Der Vorsitzende der Kantonsregierung

Landrat: Kantonsparlament

Landsgemeinde: Eine unter feierlichem Zeremoniell abgehaltene Versammlung der Stimmberechtigten, an der die Behörden gewählt werden und über Sachgeschäfte abgestimmt wird.

Leichenhuhn: Im Auftrag der Trauerfamilie ging eine ältere Frau, oft eine Witwe, von Haus zu Haus, um den Hinschied anzuzeigen. Es war für Frauen eine der wenigen Verdienstmöglichkeiten.

Liebesgaben: Spenden nach einer Katastrophe.

Ludwig II., König von Bayern (1845-1886): Fasziniert von Schillers „Wilhelm ⇨ Tell" besuchte er 1865 erstmals die Zentralschweiz, wo er die wichtigsten Stationen von Tells Geschichte besichtigte. Er äußerte auch die Idee, das ⇨ Rütli kaufen zu wollen und hätte gerne das Schweizer Ehrenbürgerrecht (!) erhalten. 1866 reichten 12 Urner eine Volksinitiative ein, um diesem Wunsch nachzukommen, der aber von ⇨ Bundesrat Dubs abgelehnt wurde. Einige Urner versuchten Ludwig das Gasthaus „Tell" in Bürglen zu verkaufen, was nicht zustande kam. Der Landschaftsmaler Jost Anton Muheim (1837-1919) malte in seinem Auftrag einige Bilder.

Makkaroni: Kurze Röhrennudeln. Im 19. Jahrhundert könnten damit auch andere Formen von Teigwaren gemeint gewesen sein.

Mädchenschule: Mädchen und Buben wurden getrennt unterrichtet. 1866 gab es in ⇨ Flüelen 1 Lehrer und 1 Lehrerin, die 43 Knaben und 53 Mädchen, 1875 1 Lehrer und 1 Lehrerin, die 70 Knaben und 76 Mädchen unterrichteten. Mitte des 19. Jahrhunderts war die Schulpflicht zwar eingeführt, aber sie wurde nur mangelhaft befolgt. Darum finden sich im ⇨ Amtsblatt immer wieder Aufforderungen an die Eltern, ihre Kinder regelmäßig zum Unterricht zu schicken und es wurden Geldstrafen angedroht.

Erst 1875 wurde eine neue Schulordnung eingeführt. Die Schulpflicht begann im 7. Lebensjahr und wurde neu auf 6 Jahre festgesetzt, mit folgenden Fächern: *a) Religionsunterricht (Katechismus und biblische Geschichte), b) Verstandes- und Gedächtnisübungen, Anschauungsunterricht, c) Lesen und Schreiben, d) Kopf- und Zifferrechnen, e) Für die obern Abtheilungen kleinere Stylübungen, die ersten Anfangsgründe der Aufsatzlehre, der vaterländischen Geschichte und der Geographie der Schweiz. Ferner, wo es immer thunlich ist, Gesang, und für die Knaben Turnunterricht, für die Mädchen Anleitung zu weiblichen Arbeiten.*

Nach der Primarschule musste jedes Schulkind bis zum erfüllten 15. Altersjahr noch einen Repetitionskurs von wenigstens zwei Stunden wöchentlich besuchen. Zusätzlich zur Schule besuchten die Kinder sonntags die Christenlehre.

1866 gab es eine *Töchterschule* in ⇨ Altdorf. Sie hatte im Winter 16, im Sommer 6 Schülerinnen. Das Gymnasium war nur für Knaben. 1866 besuchten 25 Schüler die sog. *Kantonsschule.*

1875 gab es in Altdorf eine *Sekundarschule für Mädchen*, die von 21 Schülerinnen besucht wurde. 12 Mädchen besuchten die Schule nur nachmittags *zum Erlernen der weiblichen Handarbeiten*. Die Kantonsschule wurde von 40 Schülern besucht. 1875 gab es in Uri keine berufsbildenden Schulen.

Erst gegen Ende des 19. Jahrhunderts wurden Mädchen oft in Internate in die französische oder italienische Schweiz geschickt, wo sie zu Hausfrauen ausgebildet wurden.

Das erste Urner Mädchen, das 1929 die Maturität erreichen konnte, war Carla Epp, die am Institut Sainte Croix in Fribourg das Gymnasium besucht hatte. Die gymnasiale Bildung mit einer Matura war für Mädchen in Uri erst 1969 möglich.

Am 2. Aug. 1879 veröffentlichte das *Urner Wochenblatt* einen Artikel, der die Zustände in Urner Schulstuben illustriert: ***Isenthal.*** *Längst gefühlten Übelständen abzuhelfen, trägt sich unsere Gemeinde mit dem Gedanken, einen zweiten Lehrer in der Person eines Geistlichen anzustellen. Es dürfte dies wohl nicht sehr verwundern, wenn bedacht wird, dass unser hoch. Hr. Pfarrer im letzten Schuljahr als einziger Lehrer nicht weniger als* ***104*** *Schulkinder hatte. Wenn gleich vom Schulinspektor ihm ein sehr* *gutes Zeugnis ausgestellt worden ist, so kann man doch nicht einem einzigen Lehrer zumuthen, dass er diese Masse von Kindern allein gehörig schreiben und lesen lehre, abgesehen davon, dass er, als einziger Priester in unserer Gemeinde, jeden Augenblick noch gefasst sein muss, zu irgend einem Kranken abberufen zu werden. (zitiert nach Iten, Uri damals)*

Müller, Karl Emanuel (1804-1869): Urner Bauingenieur, Politiker und Unternehmer. Er wirkte am Bau der Gotthardpassstraße mit. Bereits in den 1830er Jahren entwarf er Pläne für den Bau einer ⇨ Axenstraße. Er bekleidete verschiedene wichtige Ämter im Kanton Uri, Regierungsrat, ⇨ Landammann und war Urner Ständerat. Als Unternehmer leitete er die Reußkorrektion zwischen Attinghausen und Seedorf, er baute auf der ⇨ Isleten eine Papierfabrik, er errichtete das Nadelwehr in Luzern (⇨ Reuß). 1847 gründete er die Postdampfschiffgesellschaft, als Konkurrenz zu Friedrich ⇨ Knörr. Auch in Bern und Solothurn verwirklichte er wichtige Bauwerke. Ab 1853 betrieb er Vermessungs- und Trassierungsarbeiten für die Gotthardbahn. Er schuf für die Arbeiter der Axenstraße eine Krankenkasse und trug einen großen Teil der Kosten für den Bau des Kantonsspitals in Altdorf.

Nadelwehr (in Luzern): Es wird heute noch genutzt und reguliert den Seespiegel des Vierwaldstättersees. Es besteht aus einer Reihe von Nadeln genannten Stangen, die in die ⇨ Reuß gestellt werden. Die Durchflussmenge wird durch Wegnehmen oder Hinzufügen von einzelnen Nadeln reguliert.

Nationalrat: Die Große Kammer des Schweizer Parlaments mit 200 Mitgliedern. Der Sitz ist in Bern.

Nauen: Flaches Frachtschiff, das stehend gerudert wurde und teilweise Segelunterstützung hatte. Sämtliche Waren, bis zu ganzen Viehherden, wurden darauf über den See nach Uri transportiert.

Nobel, Alfred (1833-1896): Ein schwedischer Erfinder. Er hat das Dynamit erfunden und ist Stifter des Nobelpreises.

Ochsen, Hotel: Ein solches Hotel gab es in ⇨ Flüelen 1860 noch nicht. Die Hotels und Gasthäuser waren recht einfach. Die vornehmeren Touristen übernachteten in ⇨ Altdorf. Die ersten besseren Hotels bis hin zu Grandhotels entstanden erst nach der Eröffnung der Axenstraße, ein eigentlicher Boom setzte während der Belle Époque ein, als rund um den Vierwaldstädtersee Grandhotels aus dem Boden schossen.

Pickel: Ein Handwerkzeug, wird auch Picke, Spitzhacke, Pickhacke oder Krampen genannt.

Polenta: Ein aus Maisgrieß hergestellter Brei, der auch fest eingekocht werden kann und dann als Schnitte gegessen wird.

Reuß: Viertlängster Fluss der Schweiz. Sie entspringt im Gotthardmassiv und fließt bei Flüelen in den Urner See. Bei Luzern verlässt sie den Vierwaldstättersee und mündet bei Windisch in die Aare. 1850-1863 wurde sie zwischen Seedorf und Attinghausen begradigt. Zwischen 1859 und 1861 wurde beim Ausfluss in Luzern das ⇨ Nadelwehr errichtet, das den Pegelstand des Sees reguliert. Beide Bauwerke gehen maßgeblich auf Karl Emanuel ⇨Müller zurück.

Rigi, 1797 m: Seit dem 18. Jahrhundert ein beliebtes Ausflugsziel. Schon vorher war sie bekannt als Wallfahrtsort und Badekurort (Kaltbad). 1816 entstand das erste Gästehaus, 1875 wurde das Grandhotel Schreiber eröffnet. Seit 1871 fährt die Vitznau-Rigi-Bahn, die erste Zahnradbahn Europas. 1875 folgte die Bahn von Arth-Goldau.

Rösti: Röstkartoffeln, ein typisch schweizerisches Gericht aus grob geraspelten und in Fett gebratenen Kartoffeln.

Rütli, Rütliwiese: Das Rütli ist eine Wiese am westlichen Ufer des Urnersees. Hier soll der Legende nach das Bündnis der drei Urkantone Uri, Schwyz und Unterwalden (Ob- und Nidwalden) geschlossen worden sein, der so genannte Rütlischwur. Als „Wiege der Schweiz" hat sie den Charakter eines Nationaldenkmals. Seit 1860 ist sie „unveräußerliches Nationaleigentum" und der Schweizerischen Gemeinnützigen Gesellschaft zur Verwaltung zugewiesen. 1865 wollte der Bayernkönig ⇨ Ludwig II. die Wiese kaufen, um darauf ein Schloss zu errichten, was aber unmöglich war.

Schifflände: Schiffanlegestelle

Schöllenen: Eine Schlucht der ⇨ Reuß zwischen den Gemeinden Göschenen und Andermatt. Sie war während Jahrhunderten unpassierbar. Eine erste Brücke war der sog. „Stiebende Steg", eine aufgehängte Konstruktion, die immer wieder weggeschwemmt wurde. Um den Engpass zu beseitigen baute 1707/09 Pietro Morettini das „Urnerloch", den ersten Alpentunnel. Er war 64 Meter lang, unbeleuchtet und „gerade hoch genug, dass die Saumtiere ohne Reiter einen Durchgang fanden". Über den Fluss führt die bekannte ⇨ Teufelsbrücke.

Schule: ⇨ Mädchenschule

Schwarzes: Schwarzer Kaffee, er wurde (und wird) gern und oft getrunken, für Kinder stark verdünnt, für Erwachsene oft mit Schnaps (⇨ Träsch) angereichert. Das Verb *schwarznen* bedeutet *gemütliches Zusammensein* (meist mit Kaffee Schnaps)

Schweizerpsalm: Die Nationalhymne der Schweizerischen Eidgenossenschaft. Sie wurde 1841 von Alberich Zwyssig komponiert.

Spediteur: Ein Dienstleister, der den Transport von Waren organisiert. Schon im 19. Jahrhundert wurde Fracht zu Fixpreisen von Uri aus, nicht nur nach Europa, sondern auch nach Übersee verschickt oder importiert. Der Handel mit Gütern, bis hin zu so genannten „Kolonialwaren", war sehr rege.

Spundwand: Ein Verbau für die Abdichtung gegen Wasser oder zur Sicherung von Baugruben. Bereits die Römer verwendeten Spundwände. Bis gegen Ende des 19. Jahrhunderts gab es sie nur aus Holz.

Ständerat: Die kleine Kammer ist die Vertretung der Kantone im Schweizer Parlament mit 46 Mitgliedern. Der Sitz ist in Bern.

Sust in Flüelen: Ursprünglich ein Magazin für die Lagerung der Transitgüter. Sie schützte die Waren vor Wetter und Diebstahl. Dort wurden die Waren gewogen und signiert. Nach 1805 war die Sust nur noch Zollamt, weil alle Waren von „Karren" zur Sust in Altdorf geführt werden mussten. Mit dem Wegfall des Zolls im Jahre 1850 büßte die Sust schließlich auch diese Funktion ein. Es gab auch eine Sust an der ⇨ Isleten.

Tell, Wilhelm: Ein legendärer Schweizer Freiheitskämpfer. 1804 wurde das Drama von Friedrich Schiller uraufgeführt, 1829 folgte eine Oper von Gioachino Rossini. Über die Grenzen der Schweiz hinweg ist er zu einem Symbol für den Freiheitskampf geworden. Seit Ende des 19. Jahrhunderts gilt Tell als Nationalheld der Schweiz, obwohl seine Existenz nicht belegt ist. Die Tell-Sage hat ihren Ursprung wahrscheinlich in Skandinavien. Sie findet sich auch in den „Deutschen Sagen", Band 2, der Brüder Grimm. Bis heute ist Tell eine Identifikationsfigur für die Schweizer. Sein „Porträt" ist auf der Rückseite des Fünffrankenstückes.

Die Sage: Der habsburgische Landvogt ⇨ Gessler lässt in ⇨ Altdorf einen Hut auf eine Stange stecken und befiehlt den einheimischen Untertanen, diesen jedes Mal zu grüßen, wenn sie an ihm vorübergehen. Ein „redlicher Mann", genannt Tell, verweigert den Gruß. Am folgenden Tag befiehlt ihm der ⇨ Vogt, mit der Armbrust einen Apfel vom Kopf seines Sohnes zu schießen. Tell trifft den Apfel. Er wird gefragt, wozu er sich einen zweiten Pfeil genommen habe. Er antwortet, hätte er sein Kind getroffen, wäre der zweite Pfeil für Gessler bestimmt gewesen. Daher lässt der Vogt ihn gefesselt auf seine Burg nach Küssnacht überführen, wo er lebenslang eingekerkert werden soll.

Auf dem Vierwaldstättersee aber bringt ein Sturm das Schiff in Gefahr und Tell wird seiner Fesseln entledigt, um das Boot zu lenken. Geschickt steuert er es gegen das Ufer, wo sich die Steilwand ⇨ Axen erhebt, und springt dort auf eine hervorstehende Felsplatte. Er eilt über die Berge nach Küssnacht und erwartet den heimkehrenden Vogt in einem Hohlweg, der Hohlen Gasse, und erschießt ihn aus dem Hinterhalt mit der Armbrust. Seither soll die Schweiz frei sein.

Teuerung 1866: Der Preis für einen Doppelzentner Weizenkörner stieg von 25Fr. Anfang 1866 bis auf 41Fr. Anfang 1867, derjenige für ein Pfund Brot von 13Rp. auf 21Rp. Das entspricht über 60%. (Quelle: Amtsblatt des Kantons Uri 1866/1867) In Zug stieg der Preis für 1 Zentner Kartoffeln von 2.30Fr. auf 3.90Fr., in Zürich sogar bis auf 4.50Fr. (Quelle: Der Zugerbieter 1866)

Teufelsbrücke: Brücke über die Reuß in der ⇨ Schöllenen, 1830 nach zehnjähriger Bauzeit fertiggestellt.

Die Sage: die Urner waren verzweifelt, weil die Brücke über die Schöllenen immer wieder mitgerissen wurde. Schließlich rief ein Landamman: „Soll doch der Teufel eine Brücke bauen!" Der Teufel versprach, er werde eine Brücke bauen, aber die erste Seele, die sie überschreite, soll ihm gehören. Nachdem man auf diesen Handel eingegangen war, stand auch schon bald eine neue starke Brücke über der Schlucht. Die Urner kamen auf die Idee, als erstes einen Ziegenbock auf die andere Seite zu jagen. Rasend vor Wut, ergriff der Teufel einen Felsblock und drohte damit, sein Werk zu zerstören. Darauf kam ein altes Weiblein des Wegs und ritzte ein Kreuz in den Stein. Als der Teufel dies sah, verfehlte er sein Ziel, und der Fels landete in der Nähe von Göschenen. Die Brücke nennt man seit dieser Zeit die Teufelsbrücke.

Theodolit: Ein Winkelmessinstrument, das in der Geodäsie (Vermessungskunde) verwendet wird.

Toggeli: Nachtmahr. Eine Sagengestalt in den Schweizer Alpen. Sie setzt sich nachts auf die Brust, bis jemand nicht mehr atmen kann, und verursacht oft Albträume.

Trämel: Baumstamm, großes Holzstück

Träsch: Ein Schnaps aus Kernobst, meist Birnen. Er enthält bis zu 78 Volumenprozent Alkohol, wird hauptsächlich vermischt mit leichtem Kaffee getrunken, auch ⇨ „Schwarzes", „Kaffee Träsch", oder „Kaffee fertig" genannt.

Tulla, Johann Gottfried (1770-1828): Badischer Ingenieur. Er führte die Rheinbegradigung zwischen der Schweizergrenze und Hessen durch, baute Brücken und Straßen, schuf eine erste Generalkarte für Baden. Er war maßgeblich an der Linthkorrektion beteiligt.

Typhus: Bakterielle Infektionskrankheit, auch Nerven- oder Fleckfieber genannt, die oft durchs Trinkwasser, bzw. Fäkalbakterien übertragen wird.

Uri Rotstock, 2928 m: Er bildet mit seiner Gipfelpyramide eine der auffälligsten Erhebungen der Urner Alpen.

Der Uri Rotstock liegt zwischen dem Engelbergertal und dem Vierwaldstättersee. Die westliche Flanke des Uri Rotstock fällt ins Großtal, seine östliche Flanke ins Kleintal ab (⇨ Isental).

Vogt: Der Begriff wurde in vielen unterschiedlichen Bereichen verwendet, mit Bedeutungen wie *Aufseher*, *Vorsteher* oder *Vormund*. Der habsburgische Vogt ⇨ Gessler war ein *Verwalter*, der ⇨ Dorfvogt war ein *Vorsteher*. Daneben gab es den *Waisenvogt*, den *Kirchenvogt* etc. Verheiratete Frauen waren durch ihren Ehemann *bevogtet.* Unverheiratete Frauen wurden nie mündig, auch nicht durch Volljährigkeit. Unmündige Waisen wurden *bevogtet,* auch wenn die Mutter noch lebte, und deren Vermögen wurde vom Vogt verwaltet.

Vornamen: Zwei bis fünf Vornamen waren üblich. Es konnte vorkommen, dass zwei Kinder in derselben Familie genau gleich hießen, wobei andere Namen als Rufnamen verwendet wurden. Die Variationen der Namen waren gering. Oft hießen die Kinder wie ihre Eltern, Großeltern oder andere Verwandte. Die Namen *Maria* und *Josef* wurden für Mädchen und für Jungen gebraucht.

Vor allem Mädchen wurden sächlich angesprochen. Viele Frauen blieben also ein lebenslang z. B. *das* Josi.

Welschland: Französische Schweiz

Wohlgängerli: Schutzengel. Der Ausdruck wurde für (früh) verstorbene Kinder verwendet.

Würgeengel: Diphterie, eine bakterielle Infektionskrankheit im Rachenraum. Häufig schwillt auch der Kehlkopf an und es kommt zu heftigen trockenen Hustenattacken und Heiserkeit. Deshalb hieß die Diphtherie früher „Krupp-Husten". Vor allem Kinder starben oft daran.

Zeller-Horner, Heinrich (1810-1897): Er zeichnete und aquarellierte die Schweizer Bergwelt. Seine Arbeiten wurden im Jahrbuch des Schweizer Alpenclubs (SAC) veröffentlicht. In der künstlerischen und kartografischen Technik war er wegweisend. Er war bei der Erstbesteigung des ⇨ Uri Rotstock dabei und erstellte 1834-1836 ein Relief dieses Berges im Maßstab 1:22'500.

Zündnadelgewehr: Hinterladergewehr. Es wurde in der preußischen Armee verwendet und soll 1866 im *Deutschen Krieg* mit zum Sieg beigetragen haben, weil die Gegner mit Vorderladern nicht schnell genug nachladen konnten. ⇨Bismarck.

Quellen und Literatur

Bei Links auf Webseiten Dritter übernehme ich keine Haftung für deren Inhalte, da ich mir diese nicht zu eigen mache, sondern lediglich auf deren Stand zum Zeitpunkt der Erstveröffentlichung verweise.

Abkürzungen

AB: Amtsblatt von Uri

GF: Der Geschichtsfreund: Mitteilungen des Historischen Vereins Zentralschweiz

NB: Historischer Verein Uri, Historisches Neujahrsblatt

Zitierte Quellen (mit Auslassungen und in moderner Orthographie)

Buchtitel, diverse: kursiv gesetzte, lange Buchtitel fand ich als Werbung in Kalendern, Illustrierten und Zeitschriften.

Schiller Wilhelm Tell, diverse Stellen

S. 29 Aufruf für den Ankauf des Rütli: AB 1859, Nr. 11, S. 61ff

S. 45 Anekdote Hölle: Hinkender Bote 1859, zweitletzte Seite

S. 50 Inserat über 10'000 Gewehr-Schäfte aus Nussbaum, AB Nr. 43, 24. Oktober 1860, S. 233, 234 und andere

S. 73 Begrüssungsrede des Pfarrers am ersten Schultag: AB 1849, Nr. 46, S. 206f. Ähnliche Aufrufe fanden sich auch in späteren Ausgaben. In Kalendern wurden Geschichten erzählt, die sich über „dumme" (d.h. die nicht lesen konnten) Leute lustig machten. Sie sollten das Leselernen schmackhaft machen.
Schulfächer: AB 1875, Nr. 10, Beilage, S. 102ff.

S. 92 Bädeker von 1844. Text über Flüelen, S. 213

S. 99 Aufruf an die Einwohner von Altdorf zu einer Kollekte für Glarus, AB, 1861, Nr. 20, S. 91f und S. 95

S. 198 Spottverse über eine alte Jungfer: Bär-Vetsch Walter: «Und fir mich git's kei gressèri Büass, as wenn ich ledig schtärbä müass.» https://www.urikon.ch/UR_pdf/34_WB_Ledig.pdf

S. 217 Artikel in der Gartenlaube: 1857, Heft 15, S. 205-206. Der Text bezieht sich auf die Via Mala, passt aber genauso fürs Isenthal.

S. 231 Inserat Witwe gibt Unterricht: AB, Nr. 36, 8. September 1864, S. 232

S. 259 Ehrenbürgerrecht für König Ludwig: AB 1866, Nr. 15, S. 197f

S. 328 Ablehnender Bescheid gegen das Begehren der Anwohner am Gruonbach: AB, Nr. 5, 2. Februar 1871 und Nr. 13, 30. März 1871

S. 329 Zerstörung Gruonbach: Protokoll des Gemeinderates Flüelen

S. 346 Heirats-Antrag: Der Bund, Band 12, Nummer 213, 3. August 1861,

S. 347 Inserat Für ledige Herren und Wittwer: Der Bund, Band 19, Nummer 2, 3. Januar 1868

S. 266 Teuerung 1866: Zürcherische Freitagszeitung Nr. 20, 18. Mai 1866 und die folgenden Nummern

S. 366 Eröffnung Malergeschäft: AB, Nr. 22, 28 Mai 1874 u.a.

Websites, die ich als Nachschlagewerke benutzte

- Alfred Escher Stiftung, Briefedition: https://briefedition.alfred-escher.ch
- Amtsblatt von Uri seit 1849: https://staur-digitalplattform.ch/
- Bauen, Gemeinde in Uri: https://www.bauen-uri.ch und https://bauen-ur.ch
- Bundesamt für Landestopografie, swisstopo, Zeitreise Karten: https://map.geo.admin.ch/
- Das Historische Lexikon der Schweiz HLS: https://hls-dhs-dss.ch/de/
  Es ist ein wissenschaftlich erarbeitetes, vernetztes, aktuelles und multimediales Fachlexikon zur Schweizer Geschichte. Es versteht sich sowohl als verlässliche Forschungsinfrastruktur für die wissenschaftliche Gemeinschaft wie als umfassende und attraktive Informationsdienstleistung für die breite Öffentlichkeit.
- Der hinkende Bot. Stämpfli Verlag AG. Kalender seit 1718. Digitalisiert: https://www.e-periodica.ch/digbib/volumes?UID=hib-001
  Die Gartenlaube, Illustriertes Familienblatt, Leipzig, verschiedene Jahrgänge, digitalisiert: https://de.wikisource.org/wiki/Die_Gartenlaube

- Elektronisches Lexikon: https://peter-hug.ch. Einfaches und effizientes Lexikon. Grundlage sind geprüfte Texte von historischen Lexika mit klaren Fakten der Jahre 1888–1910 bzw. 1950.
- E-Newspaper Archives.ch: https://www.e-newspaperarchives.ch Hier werden Zeitungen präsentiert, die von der Schweizerischen Nationalbibliothek und ihren Partnern digitalisiert wurden. Leider fehlen die meisten Innerschweizer Zeitungen.
- Flüelen: www.flueelen.ch
- Gotthardbahn, private Website: https://www.gotthardbahn.ch
- Historisches und Volkskundliches zu Uri: http://www.urikon.ch/
- Isenthal: www.isenthaler.ch und www.isenthal.ch
- Periodica der ETH: https://www.e-periodica.ch Eine Sammlung von digitalisierten Zeitschriften aus der Schweiz.
- Schweizer Wetterarchiv: https://www.meteoschweiz.admin.ch/home/klima/klima-der-schweiz/monats-und-jahresrueckblick/das-schweizer-wetterarchiv.html
- Staatsarchiv Uri: www.staur.ch
- Stammbäume: https://www.urnergeschlechter.ch/

Weitere Quellen

- A. G.: Ein Bild aus der Grenzbesetzung im Jahre 1859. In: Das Rote Kreuz: offizielles Organ des Schweizerischen Centralvereins vom Roten Kreuz, des Schweiz. Militärsanitätsvereins und des Samariterbundes, Heft 23, 1915, S. 363ff.
- Akten zum Gruonbach-Prozess: Staatsarchiv Uri: R-150-15/60
- Album der Schiller-Feier im Rütli und am Mythenstein 1859 & 1860, Schwyz 1860.
- Aschwanden Felix: Neues Urner Mundart Wörterbuch. Altdorf 2013
- Bächtold Hanns: Die Gebräuche bei Verlobung und Hochzeit mit besondrer Berücksichtigung der Schweiz. Eine vergleichend volkskundliche Studie. 1. Band. Schriften der Schweizerischen Gesellschaft für Volkskunde 11, Basel 1914. Eduard Hoffmann- Krayer und John Meier.

- Bädeker Karl: Die Schweiz. Handbüchlein für Reisende, nach eigener Anschauung und den besten Hülfsquellen bearbeitet. Koblenz 1844 (und weitere Jahrgänge. Sie zeigen die Entwicklung des Tourismus in der Schweiz. Mir stand auch die Ausgabe von 1897 zur Verfügung)
- Bär-Vetsch Walter: Kraft aus einer andern Welt. Zeichen und Handlungen des Volksglaubens und der Volksfrömmigkeit in Uri. Altdorf 2019. Publiziert auf Urikon.ch (mehr als 800 Seiten volkskundliches Wissen!)
- Barben Marie-Louise, Ryter Elisabeth, Hsg.: Verflixt und zugenäht! Frauenbildung – Frauenerwerbsarbeit 1888 – 1988, Zürich 1988
- Bielmann Jürg: Die Lebensverhältnisse im Urnerland während des 18. und zu Beginn des 19. Jahrhunderts. Basel und Stuttgart 1972
- Beckh und Gerwig: Die Gotthardbahn in technischer Beziehung und Rentabilitäts-Berechnung auf Grundlage des kommerziellen und technischen Gutachtens. Zürich, 1865
- Bitterli-Waldvogel, Thomas: Vom Kalkbrennen im Urnerland. In: GF, Band 143 (1990).
- Christen Alex Dr.: Altes Urner Eherecht. In: NB, Band 79-80 (1988-1989).
- Das Beste aus Reader's Digest AG, Zürich: Die Schweiz um die Jahrhundertwende. Zürich 1985
- Denkschrift über die Beziehungen zwischen der Schweiz und dem neutralisierten Savoyen 1859.
- Dunant Henry: Eine Erinnerung an Solferino. Deutsche, vom Verfasser autorisierte Ausgabe. Basel 1863.
- Eidgenössische Zeitung, Nummer 300, 29. Oktober 1860: Enthüllungsfeier des Schillerdenkmals am Mythenstein beim Rütli den 21. Okt. 1860.
- Flückiger Strebel Erika: Tourismusgeschichte Zentralschweiz. Detailprojekt. ViaStoria – Zentrum für Verkehrsgeschichte Universität Bern, Mai 2013.
- Fryberg Stefan: Die Hochblüte des Urner Tourismus nach dem Bau der Gotthardbahn. In: NB Band 106, 2015, S.89ff.
- Gasser Helmi: Die Kunstdenkmäler des Kantons Uri; Band 2: Die Seegemeinden, Band 78, Basel 1986
- Gemeindearchiv Flüelen, Protokolle des Gemeinderates und des Waisenamtes, handschriftliche Dokumente, verschiedene Jahre

- Gerhard Ute: Verhältnisse und Verhinderungen. Frauenarbeit, Familie, Rechte der Frauen im 19. Jahrhundert. Mit Dokumenten, Frankfurt am Main 1978
- Gisler-Jauch, Rolf: «Die jämmerliche Kiste eines Bahnhofes»: ein kleiner Abriss über die Wunsch- und Standorte der Bahnhöfe Altdorf und Flüelen. In NB, Band 85-86, 1994-1995, S. 37ff.
- Guyer Eduard: Das Hotelwesen der Gegenwart. 2. Aufl., Zürich, 1885.
- Hauser Albert: Das Neue kommt. Schweizer Alltag im 19. Jahrhundert. Zürich 1989
- Hoffmann Georg: Wanderungen in der Gletscherwelt, Zürich 1843
- Hagmayer Claudia: Bis dass der Tod euch scheidet. Witwen in der Schweiz um 1900. Zürich 1994 (Dissertation)
- Iten Karl: Uri damals. Photographien und Zeitdokumente 1855 – 1925. Altdorf 1984
- Jung Joseph: Alfred Escher: 1819 – 1882. Der Aufbruch zur modernen Schweiz. Zürich 2006, 2. Auflage
- Jung Joseph: Das Laboratorium des Fortschritts. Die Schweiz im 19. Jahrhundert. Zürich 2019
- Kleiner-Aschwanden Hedwig: Isenthal im 18. und 19. Jahrhundert.
- Koller G.: Die Gotthardbahn in kommerzieller Beziehung. Zürich, 1864.
- König Franz Niklaus: Reise in die Alpen, Bern 1814.
- Landsgemeinde des Kantons Uri: Gesetz über Vermächtnisse. AB, Nr. 19, 8. Mai 1873
- Lang Josef: Demokratie in der Schweiz. Geschichte und Gegenwart. Zürich 2020, 2. Auflage
- Leske Marie: Illustrirtes Spielbuch für Mädchen. 1500 unterhaltende und anregende Belustigungen, Spiele, Beschäftigungen für Körper und Geist, im Freien sowie im Zimmer. Nebst einem Anhange: 500 allerlei Kurzweil und kurzweiliges Allerlei für Jung und Alt. Zur geselligen Unterhaltung an langen Winterabenden. Sechste Auflage, Berlin, Heidelberg 1877 (Reprint)
- Messerli Alfred: Lesenlernen zwischen 1700 und 1900. In: Der Schweizer Monat. Dossier: «Kein Ende der Leselust». Ausgabe 952 – April 2007.
- Müller Joseph: Sagen aus dem Isental. In: NB, Band 23, 1917, S. 64.

- Müller Susanna: Das fleissige Hausmütterchen. Ein Führer durch das praktische Leben für Frauen und erwachsene Töchter. Zürich 1923, 22. Auflage (Ihre Anleitungen und Ratschläge wurden seit 1870 in der 'Berliner Modewelt' publiziert. Ähnliche Werke gab es auch von anderen Autorinnen. Sie waren alle äusserst populär.)
- Otto Louise: Das Recht der Frauen auf Erwerb. Blicke auf das Frauenleben der Gegenwart. Hamburg 1866.
- Püntener Peter: Hochwasser im Kanton Uri: ein historischer Rückblick auf das Hochwasser vom 24./25. August 1987. In: Schweizer Ingenieur und Architekt, Band 118, Heft 36,2000.
- Raststättegesellschaft A2 Uri AG: Der Urnersee. Verkehrswege in Uri, Altdorf 1993
- Raststättegesellschaft A2 Uri AG: Die Axenstrasse. Verkehrswege in Uri, Altdorf 2000
- Ringholz Odilo P.: Die Einsiedler Wallfahrts-Andenken einst und jetzt. In: Schweizerisches Archiv für Volkskunde, Band 22, 1918-1920.
- Scheffel, Philipp Jakob: Nekrolog auf Johann Gottfried Tulla: gestorben in Paris am 27. März 1828, Karlsruhe 1830.
- Schenda Rudolf: Hinkende Botschaften? Zur Entwicklung und Bedeutung der schweizerischen Volkskalender. Artikel in: Schweizerisches Archiv für Volkskunde, Band 92, Heft 2, 1996.
- Schulaufsatz: "Was mir lieb Grossmütterlein erzählte», geschrieben von einer Enkelin nach einem Gespräch mit «Josi»
- Schweizerische Gemeinnützige Gesellschaft. Rütli-Geschichte.
- Seewald Berthold: Das Supergewehr und 5 weitere Gründe für Preussens Sieg. Welt online, 30.6.2016.
- Stadler-Planzer Hans: Das Isenthal. Geschichte und Gegenwart. Einwohnergemeinde Isenthal 2021
- Stadler-Planzer Hans: Karl Emanuel Müller 1804 – 1869. Ingenieur, Unternehmer, Staatsmann. Schattdorf 1999
- Stalder Helmut: Gotthard. Der Pass und sein Mythos. Zürich 2016
- Töngi Claudia: Ehekonflikte in Uri im 19. Jahrhundert. Überlegungen zum Verhältnis von Männlichkeit und Gewalt. In: Traverse: Zeitschrift für Geschichte, Band 7 (2000).

- Tschudi Nikolaus: Glarus vor, während und nach dem Brande des 10./11. Mai 1861. Geschichtliche Darstellungen aus der Gemeinde Glarus, wie sie in einer pergamentenen Urkunde in den Eckstein der neuen Kirche in Glarus am 1. Mai 1864 niedergelegt wurden. Glarus 1864.
- Universität Bern: 1868 – das Hochwasser, das die Schweiz veränderte. Ursachen, Folgen und Lehren für die Zukunft.
- Van Orsouw Michael: Der Rütlifan; Blog Landesmuseum
- Weber-Kellermann Ingeborg: Frauenleben im 19. Jahrhundert. Empire und Romantik, Biedermeier und Gründerzeit. München 1988, 2. Auflage
- Weigelt Dieter, Schweizerisches Zündholzmuseum, Schönenwerd: Zündholzfabriken im Kanton Uri.
- Winteler Jakob: Der Brand von Glarus, 10./ 11. Mai 1861. In: Appenzeller, Band 240, 1961.
- Zeller-Horner Heinrich: Relief des Uri Rotstocks 1834-36. Heute: Geografisches Institut, Universität Zürich:
- Zurfluh-Wipfli Kurt: Drei Jahrhunderte im Dienst der Altdorfer Mädchenbildung. In: NB, Band 99, (2008).

Die Links zu den digitalisierten Quellen können bei der Autorin erfragt werden.

Über die Autorin

Dr. Eva-Maria Müller hat ihre Wurzeln in Uri. Ihre Vorfahren mütterlicherseits wanderten von Isenthal nach Flüelen aus, wo sie mit Holz handelten und eine Säge betrieben. Dort wuchs ihre Urgroßmutter (*1853) auf. Von deren Lebensgeschichte fasziniert, begann die Autorin eine intensive Recherche über die Zeit, als die Schweizerische Eidgenossenschaft eben erst im Entstehen war.

Als Kind und Jugendliche verbrachte sie oft ihre Ferien im Isental.

Eva-Maria Müller lebt heute in Uster bei Zürich. Sie hat über ein Dutzend Sachbücher geschrieben, darunter zwei mit Bezug zum Kanton Uri: Heinrich Danioths literarisches Werk – Spiegel seines Wesens und der magischen Welt (Dissertation) und Erlebnis Gitschenen – Führer zu einer Alp in den Urner Bergen. Für das zweite Werk erhielt sie einen Innovationspreis.

Das Buch 'Die Urgroßmutter' ist ihr Herzensprojekt.

Anschrift: Wührestraße 55, 8610 Uster

Printed in Poland
by Amazon Fulfillment
Poland Sp. z o.o., Wrocław

51769515R00256